kara
Boghazköi
Tigris
Euphrat
Edessa
ia (Ikonium)
Issos
Haran
Tarsos
Pylae Ciliciae
Iskenderun (Alexandrette)
Aleppo
Kloster des Hl. Symeon
des Styliten
Dura
Europos
Antiochia
Ra's al-Shamra (Ugarit)
Krak des Chevaliers
PERN
Homs
Byblos
Ba'albek
Beyrouth
Ma'lula
Damaskus
Tyros
LIBANON
Jericho
Amman
Jerusalem
Bethlehem
Totes Meer
Petra
San al-Hajar
Suez
Cairo

Vardiman

Die Frau in der Antike

E. E. Vardiman

DIE FRAU IN DER ANTIKE

Sittengeschichte der Frau im Altertum

Econ Verlag
Wien · Düsseldorf

Fotonachweis:
Sämtliche Fotos und Illustrationen hat der Autor zur Verfügung gestellt.

1. Auflage 1982

Gesetzt aus der Digiset-Times der Firma Hell, Kiel
Satz, Druck und Bindearbeiten: Bercker, Kevelaer
Papier: Papierfabrik Schleipen GmbH, Bad Dürkheim
Printed in Germany
ISBN 3 430 19336 2

Meiner Lebenspartnerin
Cilly

INHALT

EINLEITUNG 11

ERSTER TEIL: DIE FRAU ALS MYTHOS 15

1. Das Mutterrecht 17

Vorgeschichte 17, Die Forschung 20, Frau Gott 24, In Ton geschrieben 27, Ägypten, das Land der Morgenröte 29, Isis, die erste aller Muttergöttinnen 33, Wie spanische Stierkämpfer 37, Gab es Amazonen? 41

2. Die Muttergöttin 45

Göttinnen mit Vogelgesichtern 45, Die Wasserspenderin von Mari 51, Die »große Hure« Babylon 54, Die Mysterien in Eleusis 59, Die Mutter-Tochter-These 64, Attis - Adonis - Osiris 66

3. Für und wider Baal 70

Anat und ihr Prinzgemahl Baal 70, Baumgöttin und Pfahl 76, Israel und der Baumkult 79, Die Bibel - ein Mythos? 84, Die erste Frau wird verteufelt 86, Das absolute Patriarchat 89

4. Zeitwende 92

Die Emanzipation in der hellenistischen Epoche 92, Akademikerinnen 94, Frauen in der Politik 95, Die Göttin der Emanzipation 100, Frauen als Trägerinnen der Gläubigkeit 103, Jesus und die Frauen 104, Die Nächstenliebe 108, Die dienende Frau 109

ZWEITER TEIL:
LEBENSLAUF EINER FRAU IN DER ANTIKE 117

1. Kindheit 119

Gefahren der Geburt 119, Berühmte Findelkinder 121, Kinderplanung in der Antike 123, Namensgebung 124, Ein 5000 Jahre altes Wiegenlied 127, Muttermilch, Himmelsmilch und Ammenmilch 129

2. Jugend 132

Erste Lebensphase 132, Erziehung wozu? 133, Die Beschneidung und die väterliche Gewalt 136, Inzest, der heimliche Wunsch nach Zärtlichkeit 138, Initiationsritual: lebendig begraben sein 143, Erste Liebe 146, Das Hohelied der Liebe 151, Die Hochzeit der Felsentaube 154

3. Heirat 159

Brautkauf für ein Schaf 159, Ehekaufverträge 161, Mitgift 164, Das Heiratsalter 167, Der Kampf um die Frau 168, Vorbereitungen zur Hochzeit 172, Der Hochzeitsschmaus 174, Brautzug – einst und jetzt 175, Sapphos Hochzeitslied 178, Die Nacht der Geheimnisse 180, Das erste Erlebnis 181

4. Eheleben 184

Harte Ehegesetze 184, »Die Frauen sind eure Äcker« 191, »Schaffe mir Kinder, sonst sterbe ich« 193, Hauptfrau und Nebenfrauen 195, Junge schöne Sklavin bevorzugt 197, Aphrodisiaka und Hokuspokus 199, Wunderheilungen 202, Schwangerschaft – wodurch? 204

5. Geburt 207

»In Schmerzen sollst du gebären« 207, Infektion und Wochenbettfieber 210, »Ein Sohn ist uns geboren« 212, Mutterliebe 215

6. Haus und Arbeit 218

Die Hausfrau als Schildkröte 218, Spinnen und Weben 220, Die Tempel als Großunternehmen 223, Bedeutender Anteil am Wirtschaftsleben 226, Zwei berühmte königliche Geschäftsfrauen 229, Siegel 232

7. Das Bild der Frau 234

Vom Fellumhang zum Pelzmantel 234, Mode und Sittlichkeit 239, Der Schmuck 240, Kosmetik 242, Ohne Gesicht und Individualität 244, »Gepriesen sei der Herr, der mich nicht ... zu einer Frau machte« 248, Alle Frauen sind Xanthippen 250

8. Erotik 253

»Herzenserhebung« 253, Dirne und Heilige 257, Mädchen »zur Lust« 259, Liebe nach der Wasseruhr 261, Liebe aus Pflicht und Liebe aus Freude 264

9. Ehekonflikt 268

Zweierlei Maßstab 268, Das Ordal 269, Die Steinigung 272, Verlassen, entlassen oder verstoßen? 274, Die Rache der Medea 277

10. Alter 282

Witfrau – Bittfrau 282, Ruth, die Ährenaufsammlerin 284, Keusche Witwenschaft 286, Vorzeitiger Herbst 288

11. Tod 291

Trauersitten 291, Stille und laute Trauer 294, Klagefrauen 295, Im Haus der Ewigkeit 297, Grabsteine reden 299, Frau Tod oder Herr Tod 302

ZEITTAFEL 305

LITERATURVERZEICHNIS 307

REGISTER 312

EINLEITUNG

Die fiktive Leitlinie der Gesellschaftsordnung nach dem streng bildlichen Gegensatz »Oben – Unten« spielte nach dem Wiener Psychologen Alfred Adler »in der Kulturentwicklung der Menschen eine ungeheure Rolle, die wahrscheinlich schon an den Beginn des aufrechten Ganges der Menschheit anknüpft«. Fraglich ist, ob die *Unter*legenheit der Frau mit ihrer aufgezwungenen sozialen Rolle, ihrer selbstgewählten Unmündigkeit oder mit ihrem biologischen Schicksal zusammenhängt.

Im geschichtlichen Bewußtsein sind die Beziehungen zwischen Mann und Frau ein zeitloses Thema. Alles Bestehende hat seine Wurzel in der Vergangenheit, unser Verhalten und Denken ist mit uraltem Erbgut belastet, und keiner kann, wie ein Sprichwort sagt, »über seinen Schatten springen«. Die unheilvolle Tatsache des Oben-unten-Prinzips, das zur Disharmonie unserer Gesellschaftsordnung führte, entstand nicht erst, als der Neandertaler den aufrechten Gang erlernte, sondern schon mit der Erschaffung der Welt. Im visionären Paradies, heißt es, soll es weder Hunger noch Liebe, nur gähnende Monotonie gegeben haben. Liebe und Hunger erwecken Wünsche und Wollen, Zärtlichkeit und Zorn. Sie bringen das Weltgetriebe in Bewegung. Alles, was Menschen erdachten, erfanden, konstruierten, jede schöpferische Leistung erzwangen der Hunger und die Not. Alles, was Menschen erträumten, dichteten, in Liedern besangen, mit Gedanken durchpflügten, in Bildern gestalteten und in Marmor verewigten, entstand unter dem Diktat der Liebe. Erst das Paradies brachte die Transparenz, Verklärung und Klärung der Dinge, die zur Lebenserhaltung notwendig und nur in der Liebe enthalten sind. Es war die Frau, die es als erste wagte, die Frucht vom Baum der Erkenntnis zu pflücken. Sie hieß Eva. Kein Name hat sich im Gedächtnis der Menschheit tiefer eingeprägt als ihrer. Die Erkenntnis brachte eine Umwertung der Werte und eine Entwertung der Frau. Sie war die Sünde.

Erst seit 5000 Jahren – das ist eine sehr kurze Zeitspanne in der Menschheitsgeschichte – versteht es der Mensch, seine Gedanken in Schriftzeichen umzusetzen. Es ist erstaunlich, wie in den unzählig aufgefundenen offiziellen Aufzeichnungen die Völker und die Regierungen in ihrer Weltauffassung gleich und *unverwandelt* waren, so unaufhaltsam sich auch das Leben wandelte. Den »Nabel der Welt« bildete der Mann, der Herrscher, der Held, der Schicksalslenker. In den Chroniken wird die Frau entweder überhaupt nicht erwähnt – oder zur Nebenfigur abgedrängt. Der griechische Historiker Thukydides, Vorbild objektiver Geschichtswissenschaft in unserem Sinn und Begründer der sogenannten pragmatischen Geschichtsschreibung, hinterließ acht Bände Biographien führender Charaktere von sachlicher Zuverlässigkeit, aber auf keiner einzigen Seite wird die Biographie einer Frau erwähnt. Frauen erscheinen nur als zurückgestellte, passive, bedeutungslose Randfiguren. Drastische Beispiele patriarchischer Gesellschaftsstruktur liefert die Orientalistik. Die ältesten ausgegrabenen Gesetze des Zweistromlandes spiegeln deutlich als Folge der geschichtlichen, politischen und soziologischen Entwicklung die Grundauffassung einer Sklavenhaltergesellschaft wider. Nur die Allerärmsten besaßen keine Sklaven. Es gab keine naturgegebene Gleichheit aller Menschen – und schon gar nicht beider Geschlechter. Die Frau nahm dieselbe untergeordnete Stellung wie der Sklave ein, durfte nur zurückgezogen ihrer Hausfrauen- und Mutterpflicht dienen. Der Mann war, und das noch bei den Römern, als »Pater familias« unumschränkter Herr im Haus. Spuren in der Mythologie, den Epen und Sagen lassen erkennen, daß es ursprünglich – als der Mensch noch nicht zu schreiben verstand – eine Periode des Matriarchats gegeben haben muß, in der die Frau im öffentlichen Leben einen hervorragenden Platz einnahm und im religiösen Bereich die einzige angebetete Himmelsgottheit, die Magna Mater als Verkörperung und Personifizierung der fruchtbaren Erde, darstellte. Reste dieser Epoche sind in verschiedenen Mittelmeerkulturen durch Ausgrabungen nachweisbar. Es ist unklar, wann, warum, wo und durch wen die Umwertung der Frau erfolgte.

Die Archäologie verschafft uns auch einen Einblick in den Alltag einfacher Menschen der patriarchischen Periode. Von den schriftlichen Dokumenten auf Tontafeln und Papyri sind es insbesondere Privatbriefe, die mit ihren Austausch- und Erfahrungswerten viel sich Widersprechendes und Individuelles enthalten. Entgegen den gesetzlichen Einschränkungen und religiösen Vorurteilen verstand manche Frau, dank ihrer Intelligenz und ihrer Persönlichkeit, sich in ihrem Heim durchzusetzen und Anerkennung zu finden. Auch ökonomisch waren Frauen vielfach selbständig und besaßen eigenes Vermögen. Frauen des Mittelstandes arbeiteten zusammen mit ihren Männern in deren Beruf.

Erschütternd ist jedoch der Brief einer reichen Ägypterin, die, unselbständig erzogen, nach dem Tod ihres Mannes unfähig war, »auf eigenen Füßen zu stehen«, sich und ihre Kinder als Sklaven verkaufte und obendrein die Sklavenhaltung mit ihrem Vermögen als Pensionsgebühr bezahlte. Aus diesen Briefen, die wir öfter zitieren, spricht der antike Mensch ganz unreflektiert zu uns. Es sind keine Heldenepen, keine von der Obrigkeit bestellten Chroniken – nur Geschichten, die das Leben schrieb. Neben den schriftlichen müssen auch die stummen Aussagen der Fetische, Amulette, Grabbeilagen, Vasenbilder, Wandmalereien, Mumienporträts, Moden u. a. m. beachtet werden, um ein abgerundetes Bild der privaten Sphäre einer Frau im Altertum zu gewinnen.

Der geographische Raum unserer Betrachtungen umfaßt die gesamte östliche Mittelmeerwelt, den alten Orient und Griechenland. Die ältesten griechischen Texte, die mykenischen Linear-B-Tafeln, beweisen mit Sicherheit, daß sich als Teil der internationalen Kultur altorientalische und indoeuropäische Elemente miteinander mischen. Auch die Verbindung der Nachbarvölker mit den indoeuropäischen Hellenen erwies sich als »glückliche Ehe«. Jede Kultur hat eine solche »Völkerhochzeit« zur Voraussetzung. Seit den Tagen der Ilias verspürten die Griechen einen Drang nach dem Osten. Nach dort war ihre geistige und existentielle Front, ihr Wander- und Handelsunternehmen und ihr Kolonialdrang gerichtet. Alexander des Großen Zug war eher die Erfüllung als der Beginn griechischer Ausstrahlung nach Osten. Mit dem Hellenismus nach 330 v. Chr. beginnt die Annäherung der Nachbarvölker an griechische Art. Hellenisten werden zum Beispiel in der Apostelgeschichte (6, 1) Juden genannt, die griechische Sprache und Kultur angenommen hatten.

Vom Osten übernahmen die Griechen vielerlei, und einige Forscher behaupten, daß auch die Unterdrückung der Frau die Griechen von den Orientalen übernommen hätten. Diese Behauptung läßt sich nicht beweisen. Lange vor der Begegnung mit dem Osten schätzten die gleichen Griechen, die in ihren bis heute unerreichten bildhauerischen Darstellungen sterbliche Schönheiten zu göttlichen Wesen idealisierten und mit diesen ihre Tempel schmückten, im profanen Leben die Frauen genauso gering ein. »Überschüssige« Töchter wurden ausgesetzt oder geopfert, Jungfrauen verkauft und Ehefrauen nur als schweigende Haushälterinnen geduldet. Mit ihrem überzeugenden Intellekt untermauerten die Griechen die Oben-unten-Gesellschaftsordnung durch philosophische Spitzfindigkeit. Danach ist und bleibt die Frau *das* andere, rätselhaft und bedrohend, verlockend und verführerisch.

Das Evangelium rief zu einer neuen Lebenshaltung »aus dem Geiste« auf, aber das paulinische Christentum dachte nicht an eine revolutionäre Veränderung der Gesellschaftsstruktur. Sklave blieb Sklave, und die Frau blieb *das* andere.

Es wäre ein guter Prüfstein einer vorurteilslosen Einstellung, wenn wir es vertragen könnten, daß die Frau ihre Eigengeltung behält, ja, wenn wir sie darin noch unterstützen würden.

Tel Aviv – Köln, Frühjahr 1980 *E. E. Vardiman*

ERSTER TEIL

Die Frau als Mythos

1. DAS MUTTERRECHT

Vorgeschichte

Wann das zweibeinige, aufrechtgehende Individuum seinen halbtierischen Urzustand überwand, ist unbekannt. Als Menschen im heutigen Sinne können wir erst jene Wesen ansehen, die wie Enriku im über 3300 Jahre alten Gilgamesch-Epos Wildnis und Isolierung verließen und eine Bindung in der Gemeinschaft eingingen. Aus der Keimzelle der frühgeschichtlichen Familienform nach der Promiskuität entstand der Sippenverband. Ihm folgten die feste Siedlung und schließlich der Staat. Jeder Kulturfortschritt hing von hart erkämpften Verbesserungen der Nahrungsbedingungen ab. Der Mensch der Jägerepoche mit seiner schweifenden Lebensweise war von der Frischfleischnahrung abhängig. Das hatte die langsame Dezimierung und Ausrottung des Jagdwildbestandes zur Folge. Wenn die Wildtiere, wie z. B. heute das Ren, ihre Weiden wechselten, mußte der Jäger und Waldmensch dem Zug der Tiere folgen. Er lebte in der Regel ausschließlich in Männergesellschaft, einzig und allein seinem aufregenden und hungerstillenden Vergnügen – der Jagd – folgend; nur von Zeit zu Zeit suchte er Frauen auf, ohne jedoch eine Auswahl zu treffen. Er war wie Enriku, der Waldmensch.

Dann entwickelte sich der Jäger, der ständig um seine Existenz kämpfen mußte, zum Hirten, der durch kluge Selektion und Pflege eingefangene Wildtiere domestizierte und sie – anstatt sie zu jagen – als Haustiere hegte und pflegte. Bei den primitiven nomadischen Kleinviehzüchtern ist so etwas wie ein erstes Gemeinschaftsleben festzustellen. Bei ihnen besitzt allerdings der Mann keine Vorrangstellung; ihre gesellschaftlichen und religiösen Institutionen sahen keine ungleiche Stellung der Geschlechter vor: Es gab kein Eigentum, keine Erbschaft, kein Recht, nur Stammesbesitz und Gemeinschaftsinteresse. Die Menschen waren nicht von häuslichen regierenden Tyrannen, sondern von den Launen der Natur abhängig.

Durch Dürren kam es bei den nur von Kleinviehzucht lebenden Hirtenvölkern zu periodisch auftretenden Hungersnöten. Das veranlaßte die Frau, durch Wurzel- und Kräutersammeln die Nahrung zu strecken. Den Versuch, durch Mangel und Hunger getrieben, Wildgräser auf geeignetem Boden anzupflanzen, unternahm wahrscheinlich eine Wurzel- und Kräutersammlerin im Nahen Osten. Aus der Wildgras-Rupferin wurde eine erfinderische Wildgras-Anpflanzerin, der nach und nach die Kultivierung des mahl- und kochbaren Wildgrases zu lagerbeständigem Brotkorn gelang, das als verläßliche Reservenahrung Hungerperioden zu überbrücken half. Im Nahen Osten wurden nicht nur das Urgetreide, wie Spelt und Emmer, sondern auch die frühesten landwirtschaftlichen Ansiedlungen entdeckt. Die in diesen gefundenen Getreidereste konnten auf etwa 8500 v. Chr. datiert werden.

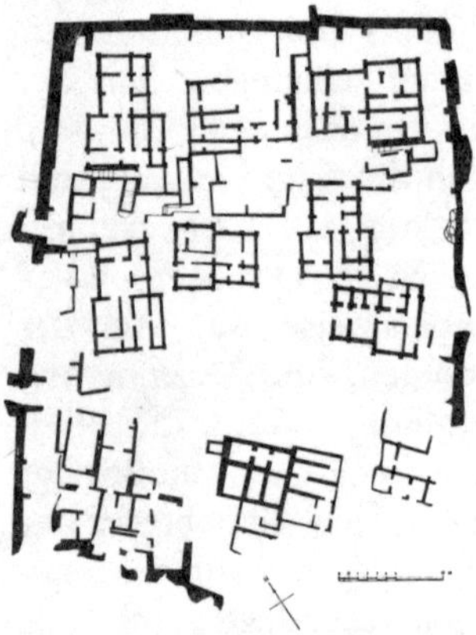

Plan einer Siedlung (Tell as-Sawwan in Nord-Irak) aus dem 6. Jahrtausend. Sie hat eine Länge von 230 m und eine Breite von 110 m. Die zahlreich vorhandenen Vorratsräume deuten auf größere Ernteerträge hin. Es wurden zahlreiche Gräber unter den Fußböden der Häuser entdeckt, hauptsächlich von Kindern. Die Gräber enthielten Beigaben wie Tongeschirr und Schmuck sowie Statuetten. Überraschend ist, daß ausschließlich Frauenfiguren aus Terrakotta und Alabaster vom Typ der »Muttergottheit« gefunden wurden. Das ist keine Ausnahme. Männliche Darstellungen sind in allen anderen prähistorischen Siedlungen eine Seltenheit.

Das in die Erde gedrückte Saatkorn braucht ein halbes Jahr zum Wachsen und Reifen. Das zwang die ersten Bauernfrauen, ihr Herumziehen mit den Männern aufzugeben und am gleichen Ort, an dem sie das Samenkorn in die Erde versenkt hatten, die Ernte abzuwarten. Die Sorge um das Kleinkind zwang bereits die Urfrau, in schützenden Höhlen zu hausen und später in der Ebene nahe dem eingesäten Feld eine Laub- oder Lehmhütte zu errichten.

Die Gemeinschaft von Mutter und Kind und die Ortsgebundenheit durch die Landwirtschaft zwang die Frauen, sich zum Schutz gegen zwei- und vierfüßige Angreifer zusammenzuschließen: Das Dorf entstand.

»Bei Völkern auf urgemeinschaftlicher Entwicklungsstufe erlangte die Frau vor der Entstehung des Privateigentums an Produktionsmitteln eine dominierende Stellung im Sippen- und Stammesleben, da ihre Arbeit (Sammeln von Pflanzen, Hackbau) entscheidend für die Ernährung wurde. Dieses ökonomische Übergewicht der Frau führte zu ihrer vorrangigen sozialen Stellung, sie wurde auch das Familienoberhaupt. Mit dem Übergang zu höheren Formen des Ackerbaus und der Viehzucht entwickelte sich das Privateigentum, und die Arbeit des Mannes garantierte die Ernährung, somit verdrängte der Mann die Frau von ihrer Stellung in der Gens. Das Vaterrecht schließlich, das Patriarchat, löste das Mutterrecht ab.« Das schreibt G. Poethke treffend im »Lexikon der Antike«.

Die Umwälzung, die der Mann in die Landwirtschaft brachte, erzählt der Demeter-Mythos. Demeter wird als Göttin der Erde verehrt, die die Menschen den Ackerbau lehrte. Das sterbende Saatkorn und die daraus aufsprießende Ähre verkörperte ihre Tochter Kore; beide waren die Hauptgöttinnen im Matriarchat des Nahen Ostens. Ausgräber in Eleusis fanden ein interessantes Flachrelief: Es zeigt Demeter mit einem Sohn, Triptolemos, der den Menschen im Auftrag der Mutter den Pflug gebracht haben soll. Zwar hat die Frau mit dem Hackstock den primitiven Ackerbau begonnen, doch erst der Mann hat mit der Erfindung des Pfluges die fortschrittliche Landwirtschaft mit größeren Produktionsergebnissen entwickelt.

Dazu ein Zahlenvergleich aus einer UNO-Statistik. Ein vorkolumbianischer Indianer, der mit dem Hackstock seinen Boden bearbeitete, brauchte 20 Quadratkilometer Land für seinen Lebensunterhalt; ein Buschmann, der in Mittelaustralien nur von der Jagd lebt, braucht dafür ein Gebiet von 100 Quadratkilometern. Im alten Ägypten konnte ein einziger Quadratkilometer Land, der mit dem Pflug bearbeitet wurde, den Lebensunterhalt für 250 Menschen sichern!

Der Menschheit der Frühzeit, nicht nur der griechischen, erschien der Pflug als eine so ungeheure Sache, daß sie ihn in ihren Mythen als Geschenk des Himmels pries. Die Überlieferung spricht Triptolemos auch das Verdienst zu, er habe »die Menschheit zu gesittetem Leben geführt«.

Erst als der ehemalige Jäger Großherdenbesitzer wurde – ganz gleich, ob durch eigene Zucht oder Raubüberfälle –, entstand der erste Typ des Oberpatriarchats: der Herrscher, Häuptling, Fürst oder König. Diese Führerpersönlichkeit – sozusagen der erste Organisator im Großformat – übernahm auch die Herrschaft über die von den Frauen gegründeten, zerstreuten landwirtschaftlichen Siedlungen, schirmte diese mit starken Mauern gegen Überfälle ab, sorgte für

Die Kornmutter Demeter des Matriarchats wird später vom Patriarchat usurpiert. Ihr wird ein Sohn angedichtet: Triptolemos. Zwar hat sie den Mensch die Feldbestellung gelehrt, aber der Pflug, die intensive Landwirtschaft, ist erst durch den Erfindungsgeist des Mannes entstanden. Triptolemos bedeutet dreimal pflügen. (Vasenbild)

ihren Schutz und schuf den ersten Stadtstaat. Die in den Kriegen, die er zur Machtstabilisierung und Machterweiterung führen mußte, erbeuteten Kriegsgefangenen ließ er größere Bodenflächen bearbeiten. Mit den dadurch gewonnenen Produktionsüberschüssen konnte er seinen Hofstaat erhalten. So wurde die Unterwerfung der matriarchalischen Gesellschaft durch den zum Krieger gewordenen Jäger vervollkommnet. Genau wie der Oberpatriarch in der erstarkten Hirtengesellschaft, so übernahm der Mann in der kleinsten Zelle der Gesellschaft, der Familie, die absolute Herrschaft über die Frau.

Das Zusammenspiel von Familien- und Staatsverband charakterisiert der Schweizer Psychologe C. G. Jung treffend: *»Die Psychologie des einzelnen entspricht der Psychologie der Nation. Was die Nationen tun, tut auch jeder einzelne, und solange es jeder einzelne tut, tut es auch die Nation.«*

Die Forschung

Fast gleichzeitig begannen drei Gelehrte mit der Untersuchung des Mutterrechts: der amerikanische Ethnologe L. H. Morgan (1818 bis 1881), der schottische Rechtsforscher J. F. McLennan (1827 bis 1881) und der Schweizer Rechtshistoriker J. J. Bachofen (1815 bis 1887). Nach McLennan existiert das Mutterrecht häufig und stark ausgeprägt noch bei Stock- und Hackbauernstämmen, bei denen der Anbau von Getreide und Kräutern weiter in den Händen der Frauen blieb, so bei den Irokesen in Nordamerika, ferner bei primitiven ackerbautreibenden Stämmen in Melanesien, in Afrika und auch noch auf der »modernen« Sumatra-Insel, wo trotz islamischen Glaubens die zwanzig Millionen Bewohner nach dem Mutterrecht leben und Frauen ihre Männer wählen. Ganz außer der Regel zeigt sich das Mutterrecht auch bei Jäger- und Sammlerstämmen in Australien und bei manchen Hirtennomaden in Afrika. Spuren von Polyandrie (Vielmännerei) sind noch heute in Tibet und Vorderindien nachzuweisen, wo eine Frau mehrere Brüder heiratet.

Morgan unterschied beim Studium der altindianischen Stammesverbände die »Clans« – Familienverbände mit Mutterfolge, die sich von denselben verehrten Ahnen ableiten – und die »Gentes«, so bezeichnet er die Sippen mit Vaterfolge, die vorgeben, von einem verehrten Heroen abzustammen, und in der Minderheit sind. Der arg verkannte und unterschätzte Baseler Johann Jakob Bachofen wagte in seinem 1859 erschienenen Werk »Das Mutterrecht« zu behaupten, *»den Schlüssel gefunden zu haben, der gar vieles* (Geheimnisvolles) *öffnet«*. Die enthüllten Geheimnisse entfachten sowohl bei Nietzschianern als auch bei Theologen einen gelehrten Entrüstungssturm mit der Begründung, eine ausgeprägte Frauenherrschaft existiere nur im Mythos von den kriegerischen Amazonen. Nach Ansicht seiner Feinde war Bachofen *»der scheußliche Mutterrechtler; . . . der, in religiöser Beziehung von minderwertigen Orientalen ausgehend, . . . an den Überlieferungen rüttelt«*.

Gynaikokratie, Mutterrecht in »reinster Form« wollen griechische Geschichts- und Reiseschriftsteller »bei wilden Stämmen der Nubier, Lykier, Mandäer, Nasomomen und Massageten gefunden haben, wo Frauen mehrere Männer in ihrer Macht hatten und das Zepter führten, alles furchtbare Dinge, die die überheblichen Griechen als »barbarische Entgleisung« geißelten. Daß die Polyandrie auch bei den frühen griechischen Stämmen herrschte, das verschweigen Herodot und Strabo. Noch heute wird alljährlich im griechischen Gebirgsort Monoklissia nach altem Brauch aus der matriarchalischen Epoche der »Tag der Amazonen« gefeiert. An diesem Tage ruhen die Frauen oder amüsieren sich im Kaffeehaus; inzwischen müssen die Männer alle Pflichten der Frauen vom Kochen bis zum Kinderwickeln übernehmen.

Auf den Hauptvorwurf seiner Gegner, warum er sich bei seiner Beweisführung mehr auf die Mythologie als auf die Geschichte stütze, antwortete Bachofen: *»Nur sie kann die Vorzeit aufzeigen, weil* *sie zwar alles verschleiert, umdichtet, aber auch sich selbst aus der Urzeit erklärt. Sie ist eine ursprüngliche, größere und wichtigere Wirklichkeit . . . Denn«,* wie Bachofen sich ausdrückt, *»was nicht geschehen sein kann, ist jedenfalls gedacht worden. An die Stelle der äußeren Wahrheit tritt also die innere.«* Die Mythen beantworten nicht das Warum, sondern das Woher, die Frage nach der Ursache, dem Urzustand und dem Ursprünglichen. Die meisten Prähistoriker glauben nachweisen zu können, daß der Mythos – das sind die Sagen und Dichtungen, Märchen und Legenden von Göttern, Helden und Geistern aus der Urzeit eines Volkes – im Religiösen seinen Ursprung hat und so alt ist wie die Menschheit selbst. Aber je nach den sich wandelnden gesellschaftlichen Ansprüchen erfuhr er immer wieder eine neue Deutung oder Umformung.

Früher hielt man den Mythos aus rationalistischem Denken für unwirkliches Blendwerk, Aberglauben und unentwickeltes Denken mit vorwiegend bildhaften Vorstellungen. Aber wenn wir uns heute ehrlich prüfen, müssen wir eingestehen, daß der Mythos unserem alltäglichen Denken keineswegs fremd ist und einer wissenschaftlichen Untersuchung durchaus standhalten kann. Wenn er nur Irrtum ist, sind dann nicht auch unsere wissenschaftlichen Erkenntnisse Irrtümer, die dazu verurteilt sind, ständig von neuen Wahrheiten überholt zu werden? Auch der Mythos, der den antiken Menschen zur Daseinsbewältigung diente, machte in den langen Epochen der Vorgeschichte viele Umwandlungen durch. Gerade die vielgestaltigen oder umgewandelten Reste einer Überlieferung erlauben uns Rückschlüsse auf die Geheimnisse einer vergangenen Epoche. Sie sind Wahrheiten einer Welt, die zu entziffern wir uns noch viel Mühe geben müssen. Sie sind voll Zauber, voll Poesie und reich an Bedeutungen. Die Mythen, die unsere Dichter und Künstler inspirierten und die zum kostbaren Vermächtnis unserer Kultur gehören, ruhen noch in jedem einzelnen von uns – so sonderbar es klingen mag –, in unserem Denken, Fühlen und Wollen.

Die großen urtümlichen Bilder sind vererbte Möglichkeiten menschlicher Vorstellungen, die sich als mythische oder Sagenmotive auf der ganzen Erde wiederholen.

Diese ältesten und allgemeinen Vorstellungsformen der Menschheit sind ebenso Gefühl wie Gedanke, ja, sie haben sogar eine Art von Seele, die sich in unerklärlicher Weise auf die unbewußte Wahrnehmung als Erkenntnisquelle stützt.

Zu Beginn unseres Jahrhunderts brachen durch die Forschungen Sigmund Freuds (1856 bis 1939) die aus dem rationalistischen Verständnis als Märchen verdrängten »mythischen Kräfte« in die neutralisierte Wissenschaft ein. Mythische, das heißt unerklärliche Vorstellungen, Ängste und Einwirkungen, wurden bis dahin als »Hysterie« und »Geistesverwirrung« abgetan. Sigmund Freud hoffte, die Chemie der seelischen Prozesse zu finden und die Psychoanalyse als Wissenschaft der unbewußt wirkenden Kräfte auf naturwissenschaftliche Füße zu stellen. Aber seine Forschungsergebnisse ließen keinen Zweifel daran, daß gewisse Krankheiten als Ergebnis von inneren Konflikten und unbewußten Verdrängungen des Erkrankten erklärt werden müssen.

Psyche (Seele) und Soma (Körper) laufen als ziemlich selbständige Einheiten nebeneinander her, funktionieren nach eigenen Gesetzen und beeinflussen sich nach bestimmten uralten Regeln gegenseitig. Außerdem gibt es – so glaubten unsere Vorväter noch – eine magische Kraft, »Mana« genannt, die alles beeinflußt und um die sich alles dreht. Die größten und besten Gedanken der Menschheit formen sich nach den urtümlichen Bildern der geheimnisvollen Mächte. Die Illusion und Ergriffenheit im Guten wie im Bösen sind der Grund, warum die Menschen immer den Glauben an die polaren Kräfte brauchten – die Dämonen, die sie bedrohten, und die Götter, die sie beschützten. Ohne die Idee eines übermächtigen göttlichen Wesens, einer Superiorität, einer schöpferischen Kraft, konnten unsere Vorfahren nicht leben.

Wie sonderbar – oder gerade wie bezeichnend –, daß diese erste, nachweisbar angebetete Kraft eine Frau, eine Muttergöttin war. Die Erscheinung der Frau im Mythos birgt trotz aller Problematik die Grundsituationen menschlicher Wirklichkeit seit der Urzeit. Eine Frau der Urzeit wurde aus ihrer Einsamkeit, Verlassenheit, Begrenztheit und Angst heraus zur Erfinderin der Religion. Sie sah sich als Teil der Natur, als Teil alles Mystischen, Finsteren, Unwissenden und Leidenschaftlichen, aus dem Glück oder Gram, Leben oder Tod kommen können. Sie wurde bewegt vom Streben, Leben zu schaffen und zu erhalten, zu gebären und zu ernähren. Damit wurde sie zur Mittlerin zwischen dieser Welt und dem Jenseits. Sie öffnete das Tor zum Übernatürlichen und Überwirklichen.

Bachofens vielumstrittene matriarchalische Theorie unterstützen nicht nur Mythenforscher und Psychoanalytiker, sondern auch Archäologen, die in den Gräbern und Grabbeilagen aus der Frühzeit der Menschheit greifbares Beweismaterial dazu entdecken konnten.

Frau Gott

Zur Überraschung aller Forscher war die erste Gottesvorstellung des Urmenschen, die er in Holz schnitzte oder in Ton formte, nicht ein »Herr« Gott, sondern eine »Frau« Gott, und zwar eine überirdische Vegetationsmacht. Sie war die personifizierte Mutter Erde, die die Menschen am Anfang ihrer »grünen Epoche« anbeteten; aus ihr wurden sie, sie ernährte sie, und zu ihr kehrten sie wieder zurück. Wann begann diese »grüne Epoche«? Der amerikanische Archäologe R. J. Braidwood vom Chikagoer Oriental Institute versuchte in den Jahren 1948 und 1955 diese Frage durch eine Vergleichsgrabung zu klären.

An den Quellen eines Nebenflusses des Tigris im irakischen Bergland entdeckte er die Höhlen von Schamidar, die er auf das Ende der Eiszeit – zwischen 34 000 und 30 000 – datierte, und im gleichen Raum die kleine landwirtschaftliche Siedlung Dscharmo, die er als eine der ältesten Ackerbauwirtschaften der Welt bezeichnete und auf die Zeit zwischen 9000 und 6500 datierte.

Die Höhlen stammten also aus dem mittleren Paläolithikum (Altsteinzeit) und die Siedlung aus dem Neolithikum (Jungsteinzeit). Beide, Höhle und Dorf, charakterisieren zwei Stadien der menschlichen Entwicklung: das Stadium des gorillaartigen Urmenschen, der in Höhlen hauste, wie ein Tier auf Nahrungssuche ging und das Stadium des Dorfbewohners, der es verstand, seine Nahrung selbst zu züchten und zu erzeugen.

Eine Höhlenmalerei in Algier zeigt einen jagenden Mann, er ist von Genital zu Genital mit der Frau verbunden. »Genitalis« bedeutet im Lateinischen »zeugend, befruchtend«. Ihre erhobenen Arme sind fraglos religiös zu verstehen als deutlicher Ausdruck der zauberischen Funktion des Weiblichen, welche die oberen Mächte zum Spenden (»zeugen«) reicher Jagdgründe veranlassen kann.

In der sogenannten »neolithischen Revolution« erfolgte der Übergang von der Stufe des schweigenden Jägers zum seßhaften Ackerbauern, in dessen Dasein die Frauen eine entscheidende Rolle spielten. Das Wort »Revolution« meint dabei nicht ein plötzlich eintretendes Ereignis, sondern einen Prozeß, der sich über eine längere Zeit, vielleicht mehrere Jahrtausende, hinzog. Drei archäologische Fundorte kennzeichnen die Umordnung zu einer neuen Gesellschaftsform: Dscharmo im Irak, Çhatal Hüyük, 50 Kilometer südöstlich von Konya in der Südtürkei, und das altberühmte Jericho, 25 Kilometer südöstlich von Jerusalem. In diesen Siedlungen befanden sich bereits Steinwerkzeuge zur Bodenbearbeitung, Mahlsteine, Mörser und Stößel zum Mehlmahlen. In den Frauengräbern lagen als Beigabe Korn und Idol-Figürchen.

Eine verblüffende Ausnahme bildet hier Jericho, wo der jungsteinzeitliche Mensch, lange bevor er gelernt hatte, Tontöpfe zu formen und zu brennen, seine Siedlung mit massiven Steinmauern befestigte und zu kultischen Zwecken auf menschlichen Totenschädeln die Züge der lebenden Menschen mit unheimlicher Ähnlichkeit in Gips modellierte. Das Fleckchen fruchtbarer Erde im Jordantal und die Kornspeicher in Jericho forderten die Angriffe hungriger Jäger und Nachbarn heraus, so daß es aus Notwehr bauliche Leistungen vollbrachte – wie die berühmte Stadtmauer von Jericho –, die uns fast unglaublich erscheinen. Der Stadtcharakter Jerichos entstand aus Notwehr, ebenso wie die Erfindung der Landwirtschaft aus Mangel erfolgte. Furcht vor allen Lebensgefahren führte zur Religion.

Totenschädel aus Jericho, auf dem zu kultischen Zwecken die Züge des lebenden Menschen, einer Frau, in Gips nachmodelliert sind. Das Gesicht ist stark tätowiert, und die Augen sind mit Muscheln ausgelegt. Er stammt aus der Jungsteinzeit um 7000 und stellt wahrscheinlich eine Stadtgöttin oder deren Priesterin in Jericho dar. (Staatl. Museum, Jerusalem)

Doch während die Jagdvölker der Eiszeit ihre Höhlen noch mit Tier- und Jagdszenen schmückten, tauchten nach der »neolithischen Revolution« in den landwirtschaftlichen Siedlungen zahlreiche kleine Figuren auf: Es sind immer wieder Urbilder der »Mutter

Erde«, der »Erdgöttin«, der »Muttergottheit«, die alles schafft und alle ernährt. Über Muttergottheiten in ihren zahlreichen Abwandlungen soll später ausführlich berichtet werden. Der amerikanische Forscher Braidwood führt einen interessanten Gedankengang aus, um die »neolithische Revolution« zu begründen: *»Aller Wahrscheinlichkeit nach war es nicht der optimistische, fähige Mensch (Jäger oder Nomade), der sich von den zweifelhaften Versprechungen seßhaften Lebens verlocken ließ; eher war es der schwache und enttäuschte, der sich von seinem erfolgreichen Genossen trennte und den ersten unbeholfenen Versuch unternahm.«* Braidwood sagt nicht ausdrücklich *»Frau«*, nur *»der Schwache«*. Dagegen spricht James Mellaart, der Ausgräber von Çhatal Hüyük, der Frau den Drang zum seßhaften Leben zu; sie habe durch ihre Produktionserfolge bei der Feldwirtschaft eine günstige, bevorzugte Stellung in der Gesellschaft eingenommen. Das beweisen die Frauengräber in Çhatal Hüyük. *»Nur Frauen, niemals Männer«*, stellt Mellaart fest, *»erhielten diese würdige Bestattung.«* Die Gräber enthielten neben Korn als Speiseopfer auch Figuren von Muttergottheiten.

Kornreiben ist mit Frauentum seit Urzeiten unzertrennlich verbunden. Diese Kornreiben, fast 10000 Jahre alt, wurden in den ältesten Siedlungen in Vorderasien gefunden. Feuersteinmesser und Pfeilspitzen aus Feuerstein sowie andere Steinwaffen gehörten zum Mann aus der Jägerperiode, Hausgeräte aber der Frau.

Alle Ergebnisse der Grabungen in den ersten landwirtschaftlichen Ansiedlungen in Mesopotamien und Jericho faßt F. M. Heichelheim in seiner »Wirtschaftsgeschichte des Altertums« (Leiden 1969) so zusammen:

»Seit Urzeiten dominierten, was den Pflanzenanbau angeht, Instinkt und Intelligenz der Frau über die Unternehmungslust des Mannes. Sie kam auf die brillante Idee, Wildkorn, statt zu sammeln, in den Boden zu stecken. Es ist anzunehmen, daß eine so wichtige Tat wie diese, die vom Bewußtwerden eines tiefen Hineindenkens in die Lebenszusammenhänge abhängt, nicht in rationaler, sondern mythisch-symbolischer Denkform erfolgt ist.« Die Gräber, die Höhlen, die Steinwälle und die

Trümmerhügel können nicht reden und nicht bezeugen. Sind die Annahmen, die die Forscher Braidwood und Mellaart anhand der gefundenen Kornreste, Mühlen und Idole aufstellten, nicht rein hypothetisch? Nein! Die Keilschrifttafeln von Sumer liefern die schriftlichen unüberhörbaren Aussagen.

In Ton geschrieben

Die Sumerer gelten als die Erfinder der Schrift und Begründer der ersten Hochkultur der Menschheit in Mesopotamien. In den sumerischen mythologischen Texten entdeckte S. N. Kramer, Professor der Assyrologie an der Universität von Philadelphia, viele Themen, die den biblischen ähnlich sind und diesen vorangingen. Einer dieser Texte schildert den Zustand der Welt vor der Erschaffung des Menschen: *»Als die Götter Menschen waren, leisteten sie Fronarbeit, trugen das Ziegelbrett – da das Ziegelbrett der Götter groß war, war die Fronarbeit schwer, viel gab es an Mühsal, wobei die großen Götter siebenfach die niederen Götter die Fronarbeit verrichten ließen.«*

Kosmischer Stern. Mit den ersten primitiven Lehmziegelhäusern, die der Mensch errichtete, baute er auch Gotteshäuser. In Tell Ailat el-Ghassul, südöstlich von Jericho, fand man diese polychromene Tempera-Malerei auf einer Hauswand (um 4000). Während die ersten aufgefundenen heiligen Statuetten kaum handgroß sind, ist der Durchmesser dieses Sterns 1,85 m!

Die Muttergöttin, die alle Götter schuf, hieß Mama, sie soll auch den Menschen erschaffen haben. Dies geschah unter Zuhilfenahme von Lehm, vermischt mit dem Blut eines erschlagenen Gottes. Leider ist der alte sumerische Text hier lückenhaft, so daß manches unklar bleibt. Das erste Menschenwesen heißt Lulla, und wenn es nach dem Ebenbild der Schöpferin geformt war, muß es eine Frau gewesen sein. Nach Aussage der Bibel ist Adam, der Mann, der erste Mensch, aber nach dem älteren sumerischen Mythos ist die Frau die Stammutter der Menschheit. Sie ist aus der Erde geschaffen und Teil der »Mutter Erde«. Früh entstand die Verehrung der »Mutter Erde«, der »Erdmutter«, der »Muttergöttin«, in deren Obhut das Wachstum allen Lebens lag, die das »tägliche Brot« sicherte. Lulla symbolisiert die Fruchtbarkeit. Sie und ihre Töchter vermehrten sich dermaßen, daß, wie es im sumerischen Mythos heißt, »das Gedränge der Menschen« auf der überfüllten Erde so gewaltig wurde, daß die Götter mit einer Sintflut eingreifen mußten. Die höchste Geburtenrate erreichten Lullas Töchter und Enkelinnen durch die Polyandrie.

Eine Reminiszenz daran fand der amerikanische Forscher Kramer auf einer frühen Inschrift des sumerischen Reformkönigs Urukagina um 2350: »In der vorangegangenen Zeit pflegten bei uns Frauen mehrere Männer zu nehmen; eine Frau, die dasselbe heute wagt, wird gesteinigt.«

a

b

Mutterrechtliche Züge sind auf Siegelabdrücken aus Kreta und Sumer deutlich zu erkennen. So wie die Frauen der Mittelpunkt des öffentlichen Lebens waren, so gab es auch in ihrer Religion nur weibliche Göttinen. a) Auf dem Siegel aus Kreta (1500 v. Chr.) sieht man die Muttergöttin mit mehreren Töchtern. b) Auf dem Siegel von Susa in Sumer (um 2500) erscheinen nur weibliche Gottheiten und Priesterinnen. Das einzige männliche Wesen ist als Halbtier und Dämon dargestellt.

In den Museen und Sammlungen der Welt lagern aus archäologischen Grabungen schätzungsweise eine halbe Million Tontafeln mit Keilschrifttexten. Neben zahlreichen mythologischen Schriften befinden sich darunter auch Gesetzestafeln, Gerichtsentscheide und private Mitteilungen, die beweisen, daß die Frau in Sumer eine sehr geachtete Stellung einnahm.

Warum führen wir als historisches Zeugnis für die älteste menschliche Kultur gerade Sumer an? Bei der Rede zur Eröffnung einer Ausstellung im Britischen Museum in London, die die ungeheuren Schätze aus den Königsgräbern von Ur zum erstenmal der breiten

Öffentlichkeit zugänglich machte, führte L. Woolley (1880 bis 1934) aus: *»Wir sind in einer Zeit großgeworden, in der der Ursprung aller Kultur noch auf die Griechen zurückgeführt wurde, und man glaubte, sie wäre wie Pallas Athene dem Haupte des Olympiers Zeus entsprungen. Wir haben jedoch gesehen, wie diese Kulturblüte ihre Lebenskraft von allen Nachbarvölkern gezogen hatte. Die Wurzeln gehen aber noch weiter zurück. Hinter all diesen Völkern stehen die Proto-Sumerer.*

Nach ihrer Wirkung auf die Entwicklung der Geschichte beurteilt, verdienen die Sumerer, auf eine noch viel höhere Stufe als die anderen Vorbildstaaten gestellt zu werden. Ihrer Kultur, die in eine noch in tiefer Barbarei versunkene Welt hineinleuchtet, kommt die Bedeutung zu, eines der ersten Antriebsmomente in der Welt gewesen zu sein.«

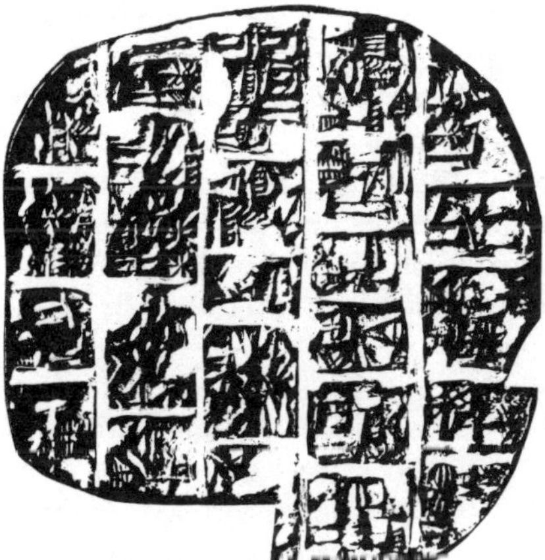

Die Sumerer kamen vor 5000 Jahren auf die Idee, die Bilderschrift in abstrakte Zeichen, Striche und Keile aufzulösen. Die Abertausende Bilder reduzierten sie bald auf 500 und zuletzt auf 30 Zeichen. Dank der Tontafeln und Tonbriefe können wir ein Bild des kultischen und sozialen Lebens jener Zeit konstruieren. Die abgebildete Tafel aus Abu Salabilah bei Bagdad stammt aus dem 3. Jahrtausend. Sie erzählt von Ninsun, der Gattin des Königs Lugalbanda von Uruk, Mutter des legendären Gilgamesch. Sie wird als göttliches Wesen gerühmt.

Diesen Ruhm teilen die Sumerer mit den Ägyptern. Auch diese gelten, unabhängig von den Sumerern, als Erfinder der Schrift; nur ist aus ihren Hieroglyphen, die sprachliche Elemente wiedergeben, eine reiche Mythologie, aber wenig Realität herauszulesen. Wir müssen uns darum auf die Auslegung der Mythen beschränken.

Ägypten, das Land der Morgenröte

In einem Reisebericht aus dem Niltal (um 500 v. Chr.) sagt Herodot, weil Ägypten sich am weitgehendsten mit dem Mutterrecht identifizierte, *»nehmen die ägyptischen Frauen einen hervorragenden und ehrenvollen Platz ein, und ihre Söhne benennen sich mit Vorliebe nach* *ihrer Mutter und nicht nach ihrem Vater«*. Die Frauen der Vorzeit hätten den Grundstock für die wirtschaftliche und geistige Kultur gelegt.

Ägypten lebt nur vom Wasser des Nils und von dem durch die Nilüberschwemmungen abgelagerten fruchtbaren Nilschlamm. Die Ägypter verehrten früher diese segensreichen Naturkräfte als weibliche Gottheiten. Das Fruchtbarkeit bringende Wasser war der Göttin Hekate zu verdanken: Tau und Regen, in Ägypten eine seltene Erscheinung, wurden als Tränen der Göttin Tefnut gedeutet; die Göttin Nechbet regulierte die lebenspendende Überschwemmung des Nils, und sie war es auch, die aus dem wunderbaren Nilschlamm den ersten Menschen schuf.

Eine der ältesten und schönsten Plastiken aus bemaltem Ton entstammt der Zeit um 4000 und wurde auf dem prähistorischen Friedhof von Mamarîga in Oberägypten gefunden: Sie stellt ein übermenschliches weibliches Wesen mit breiten Hüften, stark eingezogener Taille und segnend erhobenen Armen dar. Der Kopf ist – ganz wie bei den frühesten Gottheitsdarstellungen der Sumerer – nur grob durch einen Vogelkopf angedeutet. Die Füße nehmen eine schwebende Haltung ein. Was diese prähistorische, aber hochkünstlerische Frauengestalt wundervoll zum Ausdruck bringt, ist die großartige Gebärde, das Sichaufrecken der menschlichen Gestalt über die Wildheit und das Tierhafte ihrer Epoche.

Kein Zweifel, der Künstler gehörte dem Kreis der seßhaften Frauengesellschaft und nicht den schweifenden Jägerhorden dieser Zeit an. Nicht nur die Landwirtschaft, auch die Kultur sollen nach Aussage des ägyptischen Mythos die Frauen begründet haben. Neben den Sumerern waren die Ägypter das älteste Kulturvolk des Altertums. Die Göttin Seschat soll die Menschen die Schrift und Arithmetik gelehrt haben. Deshalb wurde sie Herrin der Bücher und Urkunden und »Berechnerin der Zeiten« genannt. Bei jeder Grundsteinlegung für einen Tempel oder Königspalast half Seschat dem Pharao beim Spannen der Meßschnur, zeichnete den Grundriß des Bauwerks und berechnete es.

Als älteste »Bauingenieurin« der Weltgeschichte ist sie auch für die Konstruktion der Pyramiden verantwortlich. Ihre ersten Schreibversuche unternahm sie auf Palmblättern, später – in der patriarchischen Epoche – wurde die Erfindung von Schrift und Papyrus nicht ihr, sondern ihrem Gatten, dem ibisgestaltigen Mondgott Thot, zugeschrieben und sie zu seiner »Schreibsekretärin« herabgesetzt.

Die günstigen Bedingungen, unter denen die Ägypter lebten, ließen sie zum tolerantesten Menschenschlag des Altertums werden. Die zahlreichen ursprünglichen Muttergottheiten wurden nicht aus-

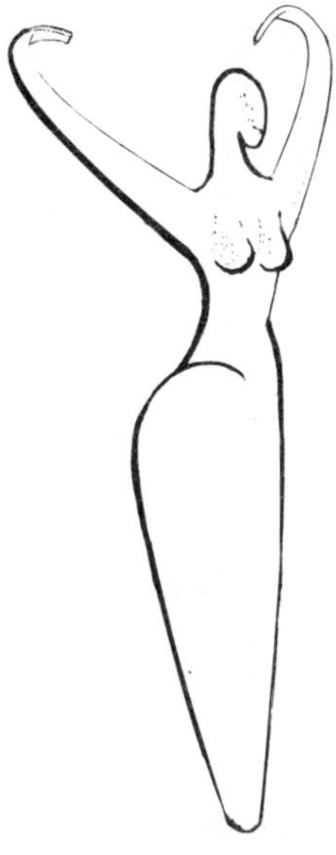

Eine der ältesten und schönsten ägyptischen Plastiken aus bemaltem Ton ist die 6000 Jahre alte schwebende weibliche Figur mit den erhobenen Händen (Gebetsgeste?). Sie wirkt wie eine moderne Plastik. – (Vom prähistorischen Friedhof von Marmarîga, Oberägypten. (Brooklyn Museum)

gemerzt, sondern verschmolzen oder vereinigten sich friedlich mit den Männergottheiten; sie wurden in der dynastischen Epoche Mütter, Schwestern oder Töchter der neuen Staatsgottheiten. In keiner Religion konnten sich so viele angebetete weibliche Gottheiten und weibliche Elemente behaupten wie in der ägyptischen. Die schützende, blau strahlende Himmelsglocke wurde als weibliche Gottheit empfunden, dagegen die Erde – überall sonst der gebärenden Muttergottheit zugeschrieben – als staub- und schmutzbedeckte männliche Gottheit. Es ist Nut, die mit ihrem über die Erde gebeugten Körper das Firmament bildet und mit der Milch ihrer Brüste alle Lebewesen nährt. Ihre beiden Augen sind Sonne und Mond, die – abwechselnd bei Tag und Nacht am Himmel sichtbar – niemals ihren Schützling, den Menschen, aus den Augen verlieren. Später erzählte man, daß sie, die täglich die Sonne gebiert, den Obergott der Pharaonenzeit, den Sonnengott Ra, gebar. Das Blut, das sie täglich bei der Geburt der Sonne und des Sonnengottes vergieße, färbe das Morgenrot am Himmel, das rosig verblaßt. Später trennte der Luftgott Schu die Muttergöttin Nut vom Erdgott Geb, ihrem Gemahl, und schuf so die zweigespaltene Welt.

Bezeichnend für die Evolution der ägyptischen Religion ist die Umdeutung der Göttin Neith. Zuerst beschützte sie als Kriegsgöttin mit ihren Attributen Pfeil und Bogen die ägyptischen Amazonenstämme, dann wurde sie in der 26. Dynastie (664 bis 525) zur ober-

Hathor als Himmelskuh, die aus ihrem Euter »Milch und Honig« auf die Erde regnen läßt. Auf ihren Bauch sieht man das Sonnenschiff mit Sternen und den Sonnengott. Die Füße der Kuh werden von vielen Göttern berührt und gestützt. (Grabbild um 1300)

sten Staatsgöttin für Frauenwesen ernannt. Zu dieser Zeit, als der Handel mit Geweben eine große wirtschaftliche Bedeutung errang, wurde die Kampfgöttin zur Schutzherrin des Frauengewerbes, und ihr Attribut, der kriegerische Bogen, in ein Weberschiffchen verwandelt.

Nur *eine* Urzeitgöttin konnte in den langen, tausendjährigen Epochen der gesellschaftlichen und politischen Umstürze unverwandelt ihr Aussehen wahren und noch ausprägen: Isis. Ihr sollen die Staatsidee und das Herrschaftssystem zu verdanken sein. Isis, die das Horuskind gebar, ist auch die Mutter jedes Pharaos. Der Gottkönig herrschte als Inkarnation des Horus auf Erden; er war der göttliche Horus, der falkengestaltige Himmelsgott selbst.

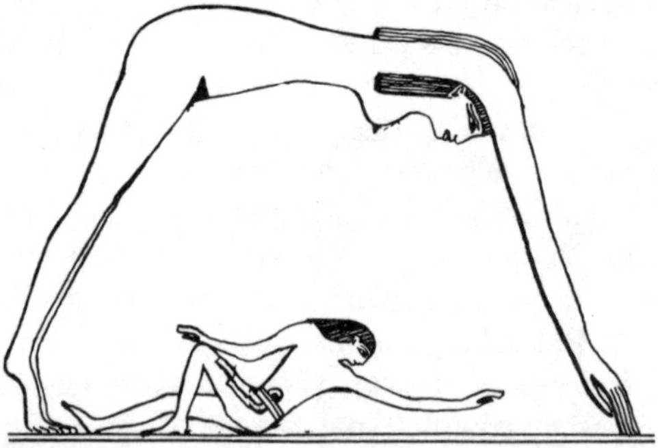

Nach patriarchisch-religionspsychologischen Erkenntnissen stellt das »Obensein« das Männliche, das Taghelle, Beherrschende, kurz: das Positive dar, während das »Untensein« das Weibliche, die Sünde, Erde und Schmutz, kurz: das Negative darstellen. Daß es in der vorangegangenen matriarchalischen Zeit ganz anders war, demonstriert die altägyptische unverfälschte Vorstellung: Die Göttin Nut personifiziert das Himmelsgewölbe, unter ihr liegt der Erdgott Geb, eine winzige Gestalt. (Nach dem Papyrus Grennfield, 21. Dyn., Britisches Museum, London)

Isis, die erste aller Muttergöttinnen

Bis vor 200 Jahren erschien allen Reisenden und Forschern Ägypten als ein rätselhaftes, unergründliches und abstoßendes Land. Erst im Jahre 1798 lichtete sich der geheimnisvolle Nebel, der das wahre Ägypten verbarg, als Napoleon auf seinem Kriegszug gegen die verkommene Provinz des Osmanischen Reiches – ähnlich wie Alexander

a b c d

f

e

Die unübersehbare Vielzahl ägyptischer Gottheiten – für uns ganz unverständlich – entspricht dem toleranten Geist des ägyptischen Volkes. In der Vorzeit hatte jeder Stamm seine eigenen Lokalgötter. Als die selbständigen Gaue zu einem zentralen Großreich zusammengeschweißt wurden, verdrängten die Pharaonen die unterlegenen Lokalgötter nicht, sondern nahmen sie in toleranter Weise in ihr Pantheon auf und glichen sie dem »nationalen Charakter« an.
a) *Hathor,* die gehörnte Hauptgöttin ist gleichzeitig die Göttin der Liebe und des Glücks. Bei der Geburt eines Kindes kamen 7 Hathoren und bestimmten sein Schicksal. b) *Seshat* soll die Architektur und die Schriftkunst den Menschen gelehrt haben. Alle ihre Kulturerreichungen wurden später ihrem Gatten Thot zugeschrieben. c) *Selket* mit dem stechenden Skorpion auf dem Haupt verlieh den Zauberern und Heilkundigen ihre Kraft. Aus dem Gift des Skorpions schuf sie die ersten Arzneien. d) *Maat* trägt auf dem Kopf eine Straußenfeder, das Zeichen ihres Namens. Sie ist die Inkarnation der Wahrheit und der Gerechtigkeit. e) *Neith,* die Urgöttin von Saîs, war ursprünglich Kriegsgöttin, die ihre Schützlinge mit Pfeil und Bogen verteidigte, dann wurde sie Schutzherrin der Frauen und des Frauengewerbes. f) *Sachmet,* die löwenköpfige Göttin war »die Mächtige« und Totbringende. Aber wer töten kann, versteht auch zu leben, und ihre Priester bildeten unter ihrem Namen die älteste Vereinigung von Ärzten und Tierärzten.

der Große – einen Stab von Gelehrten, Zeichnern und Vermessern mitbrachte, um das Niltal erforschen, messen und aufnehmen zu lassen. Auf einer Skizze eines seiner Begleiter, Vivant Denon, sieht man die Vermessung einer Sphinx bei Giseh, südlich von Kairo, durch zwei Gelehrte. Denon notierte: *»Beim Anblick dieser Ruinen machte die Armee ohne Befehl halt und legte spontan die Waffen nieder.«*

Es war am 22. Juli 1798. Napoleon wies auf Sphinx und Pyramiden, die Denon »Ruinen« nannte, und rief die berühmten Worte: *»Soldaten! 40 Jahrhunderte blicken auf euch herab!«* Die mächtige Figur, halb Mensch, halb Löwe, die im gelbroten Sand die Pyramide bewacht, hat die stattliche Länge von 80 Metern. Es gibt Sphinxe mit männlichem und weiblichem Kopf. Sie entsprechen einer uralten Vorstellung von Wächtern des Lebens und des Todes oder von Wächtern und Bewahrern eines Heiligtums.

Sphinx auf einer griechischen Münze. Die Mischgestalt aus Löwenleib und Menschenkopf übernahmen die Griechen von den Ägyptern, fügten ihr Flügel und Brüste hinzu. Sie legt ihre Pranke auf das Schicksalsrad und gibt allen Rätsel auf; wer diese nicht lösen kann, den verschlingt sie.

Für die Griechen stellte die Sphinx, deren Löwenpranke auf einem Schicksalsrad ruht, die Nemesis, die Feindin allzu großen Glückes dar, die dem Menschen Rätsel aufbürdet. Im altgriechischen Mythos gibt die Sphinx dem Ödipus ein Rätsel auf; falls er es nicht löst, tötet sie ihn: *»Was ist das? Am Morgen vierfüßig, am Mittag zweifüßig, am Abend dreifüßig?«* Ödipus rät, damit sei der Mensch gemeint; als Kind krieche er auf Händen und Füßen, dann gehe er gerade und aufrecht, und als gebeugter Greis nehme er den Stock zu Hilfe. Aber nicht das Rätsel der Frau sah Denon in der Sphinx verkörpert, sondern die Rätsel Ägyptens. Ohne Entzifferung der ägyptischen Schrift konnte man den Schleier ihres Geheimnisses nicht lüften. Ein Offizier Napoleons entdeckte den »Stein von Rosette«, der eine Inschrift in altägyptischen Hieroglyphen, in Demotisch und in Griechisch trug. Dieser Stein machte es dem Altphilologen Jean François Champollion (1790 bis 1832) möglich, das Rätsel der altägyptischen Schrift und Literatur zu lösen. Er schrieb voller Begeisterung: *»Unsere Unkenntnis von dem geheimnisvollen Ägypten verschwindet wie der Morgennebel vor der aufgehenden Sonne.«*

Isis war die populärste Gottheit des ägyptischen Pantheon. Sie war der Typ der über den Tod hinaus getreuen Gattin und aufopfernden Mutter. Ständig wuchs die Zahl ihrer Gläubigen, die bei ihrer Güte, Liebe und Zuverlässigkeit Zuflucht suchten. (Staatl. Museum, Berlin)

Eine ägyptologische Begeisterung erfaßte ganz Europa. Die Ägyptomanie nutzten bedenkenlose Vandalen aus, um die Gräber zu plündern und die Schätze außer Landes zu verschleppen. Sogenannte »Reliquien« erzielten höchste Preise. In christlichen Kreisen war bekannt, daß die Heilige Familie mit dem Jesuskind zeitweise in Ägypten weilte. Ein italienischer Abenteurer, den die hektische Nachfrage zum »Archäologen« gemacht hatte, bahnte sich mit Brechstangen und Sprenggeräten habgierig und rücksichtlos den Weg zu den Grabschätzen. Er berichtete ungeniert: *»Bei jedem Schritt, den ich tat, traf ich bei den Sphinxen Mumien und Muttergottesfiguren.«* Als authentische »Muttergottesfiguren aus der Entstehungszeit« verkaufte der gerissene Italiener zahlreiche von ihm geraubte Statuetten der Isis mit dem Horuskind. Auch die Kopten und Gnostiker akzeptierten diese Deutung allen Ernstes; sie hielten Maria tatsächlich für eine neue Erscheinungsform der Muttergöttin Isis und Horus für das Jesuskind.

In ihrer langen Geschichte nahmen die Ägypter durch Berührung mit anderen Völkern immer mehr neue Götter auf. Ihr unüberschaubar zahlreicher, ja, zahlloser Götterhimmel rief bei Fremden oft Spott hervor. Lediglich eine Göttin konnte ihre Spitzenstellung wahren,

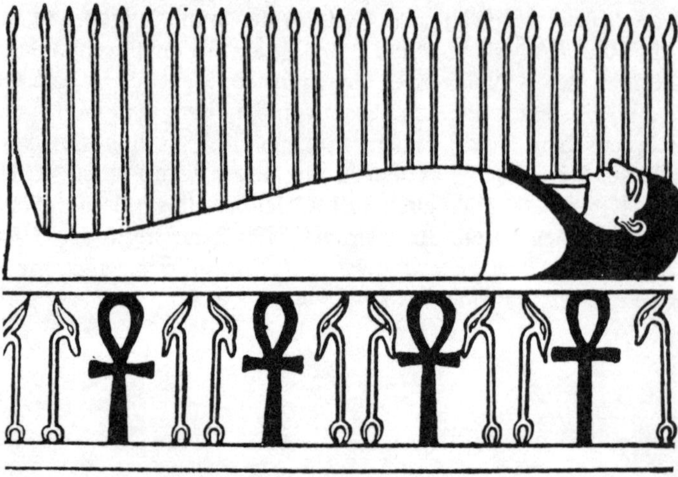

Osiris, von seinem Bruder erschlagen, konnte nur durch Isis auf wunderbare Weise wieder zum Leben erweckt werden. Durch die Liebe seiner Gattin konnte er den Tod überwinden und allen Sterblichen die berechtigte Hoffnung auf ein ewiges Fortleben geben. Ursprünglich war Osiris ein Gott der Fruchtbarkeit, der im Herbst starb und aus dessen wiederbelebten Körper im Frühjahr Getreide sproß. (Von einem Papyrus)

und das nur wegen ihrer steten Wandelbarkeit: Isis. Aus dem Sichanpassen und Sichabheben ging immer wieder etwas Neues hervor. In ihr gingen all die lokalen Göttinnen auf, bis sie schließlich zu *der* großen Muttergottheit des Altertums wuchs. Zusammen mit ihrem Gemahl und Bruder Osiris, dem Auferstehungsgott, und ihrem »Gotteskind«, dem Horusknaben, gehörte sie durch ihre menschlich ergreifenden Züge zu den volkstümlichsten Gottheiten auch im griechisch-römischen Kulturkreis. Alles, was wir vom Isis-Kult konkreter wissen, verdanken wir Nichtägyptern, in erster Linie Herodot und Apuleius.

Isis, die universale Muttergottheit, brachte jede Seite des individuellen Lebens allumfassend zum Ausdruck. Sie lehrte die Frau die Häuslichkeit, als große Zauberin half sie mit magischer Kraft allen Leidenden und lehrte die Menschen in ihrer Güte die Heilkunst. Als ihr Gatte Osiris heimtückisch erschlagen wurde, zog sie als erste Witwenkleider an und gab durch ihr heroisches Beispiel allen Trauernden und Einsamen Trost und nahm durch ihren Auferstehungsglauben die Todesangst von den Menschen. Am häufigsten wurde sie als Mutter mit dem Horusknaben (griech.: »Harpokrates«) verehrt; wie

Apuleius beschreibt, strömte von dieser Göttin »süße Mutterliebe« aus. Alle Menschenkinder konnten von der Beschützerin des Gotteskindes ebenfalls mütterliche Fürsorge erwarten.

Die große und weitverbreitete Verehrung, die Isis zuteil wurde, kam auch den Frauen zugute. In keinem Lande hatte die Frau eine ähnlich geachtete Stellung wie in Ägypten. Es ist bezeichnend, daß gerade zur Zeit des Hellenismus Isis nach der Idee Alexander des Großen zur völkerverbindenden Weltgöttin aufrückte.

Die ursprüngliche kuhköpfige Vegetationsgöttin verwandelte sich in die universale Gottesmutter, die den Weltgott und Weltkönig Harpokrates gebiert. Die altägyptische Göttin wird durch griechische Philosophie und griechische Kleidung »modernisiert«. Die mütterliche Isis, die den erlösenden Gottessohn gebiert und zum Mittelpunkt einer Mysterienreligion wurde, gab den bedrückten Menschen neue Hoffnung. *»Die Weihe zum Isis-Mysterium«,* schreibt Apuleius, geb. etwa 125 n. Chr., in seiner »Metamorphose«, *»besteht im Symbol eines freiwilligen Todes und einer aus Gnade gewährten Erlösung.«* Der Segen der Göttin führt jeden Geweihten, dem *»das Zeitmaß des Lebens abzulaufen droht, der schon auf der Schwelle des erlöschenden Lichtes steht, zum Lebenslauf, zu einer neuen Erlösung zurück«.* Die Neubekehrten in der außerägyptischen Welt waren hauptsächlich Frauen; sie hofften durch den Isis-Glauben mehr Verständnis für ihre Probleme zu finden als durch ihre bisherigen, auf Vatergottheiten ausgerichteten Religionen.

Eine Aufschrift auf einem römischen Tempel der Isis lautet: *»Ich bin alles, was da ist, was da war und was dasein wird, und meinen Schleier hat kein Sterblicher aufgehoben.«* Immanuel Kant sagte zu diesem Offenbarungsspruch: *»Vielleicht ist nie etwas Erhabeneres gesagt oder ein Gedanke erhabener ausgedrückt worden als in jener Aufschrift über dem Tempel der Isis.«*

Wie spanische Stierkämpfer

Gibt es Spuren des Matriarchats auch im europäischen Teil des östlichen Mittelmeerraumes? Unser Erdteil ist nach Europa benannt, der phönizischen Prinzessin, die der lüsterne Zeus in Gestalt des altmediterranen Stiergottes nach Kreta entführte. Wichtig ist hier, daß unser Europäertum auf geheimnisvolle Art mit Kreta, der Hochburg des Mutterrechts im positiven und negativen Sinne, verbunden ist. Die zauberhafte und größte Insel des östlichen Mittelmeeres mit ihrem gebirgigen Innern und ihren reichen Ölbaum- und Weinbergbeständen hatte eine nichtindoeuropäische Bevölkerung von erstaunlich hohem Zivilisationsniveau. Sie liegt ganz nahe an Ägypten, und von hier könnte der matriarchalische Einfluß gekommen sein, der sich dann weiterentwickelte.

Ein Schüler und begeisterter Anhänger Champollions, des Entzifferers der altägyptischen Schrift, war der Engländer Arthur Evans (1851 bis 1941). Er machte es sich zur Lebensaufgabe, die den Hieroglyphen ähnliche bilderreiche Schrift Kretas im Vergleichsverfahren zu entschlüsseln. Seine Aufdeckungen stellten die Wissenschaft vom frühgeschichtlichen Griechenland auf einen ganz neuen Boden. Evans kam 1899 aus rein philologischem Interesse nach Kreta; er wollte sich Schriftmaterial verschaffen. Da er auf der Insel weder in Museen noch in Geschäften das Geeignete fand, mußte er notgedrungen selbst zur Schaufel greifen und Archäologe werden.

Er plante, seine Forschung innerhalb von sechs Monaten abzuschließen, aber die Insel der Mythen und Rätsel hielt ihn weitere 30 Jahre fest in ihrem Bann

Bereits nach kurzer Ausgrabungstätigkeit tauchten aus der Schutthalde von Iraklion (Knossos) die ersten Gebäudereste auf. In nüchternen Worten beschreibt Evans den erregenden Augenblick: *»Brennend heiß schien die Sonne, ich war in Schweiß gebadet.«* Die Mauerreste entpuppten sich als Teile eines riesigen Palastes von 250 000 Quadratmetern Fläche. *»Er ist so groß«,* schreibt Evans, *»wie der Bukkingham-Palast.«* Die Mitte des Palastes nimmt ein Hof ein. Um ihn herum ist eine Vielzahl von Räumen und Kämmerchen angeordnet, die durch verschlungene, an das sagenhafte Labyrinth erinnernde Gänge miteinander verbunden sind. Von einer erstaunlichen Kulturhöhe zeugen herrliche Wandmalereien von einmaligem Wert. *»Vor den Wandbildern«,* notiert Evans, *»verspürten selbst unsere ungebildeten Grabarbeiter Zauber und Verzauberung.«* Evans fiel nicht nur auf den Fresken, sondern auch in der gesamten Kleinkunst – den Siegeln

Stierspielfresko um 1500 v. Chr. aus dem Palast von Knossos. Einen Stier – Symbol männlicher Kraft im kretischen Kult – packt ein leichtbekleidetes Mädchen an den Hörnern. Vielleicht stellt das Bild ein Mysterienspiel dar, da in der Vorzeit alle 9 Jahre einem Stiergott Menschen geopfert wurden. (Museum Iraklion)

und dem Schmuck, die er im Palast entdeckte – *»das spezifisch Feministische«* auf.

Die Frauen trugen eine besonders eigenwillige Tracht mit vorne geschlitzten, buntgemusterten Röcken, ein enges Mieder mit Gürtel und eine die beiden Brüste kühn freilassende Bluse. Von den langen Gewändern der Frauen sticht die Kleidung der Männer ab; auf den Bildern sind sie wie Sklaven nur mit einem Lendenschurz bekleidet.

Das Hauptwandbild im Palast von Knossos zeigt zwei Mädchen und einen Knaben bei der Bezwingung eines Stiers. Dabei springen sie mit artistischer Gewandtheit über das wilde Tier hinweg und landen hinter seinem Rücken.

»Der Luftsprung über den Stier«, konstatiert Evans, *»stellt geradezu den Inbegriff von verzückter Raserei dar, wie es in den Muttergottheit-Religionen üblich war.«* Der deutsche Kulturhistoriker E. Kornemann schreibt: *»Wer einmal den Wandmalereien an den kretischen Palästen gegenübergestanden hat, mit ihren Massenszenen, in denen die Frau bei den verschiedenen Gelegenheiten gleichberechtigt neben dem Manne erscheint, und gar Frauen selber bei den religiösen Stierspielen oder sonstigen gymnastischen Veranstaltungen in der Tracht der Männer, nur den Schurz um die Hüften, aktiv mitwirken sieht, dem ist es längst schon klar, daß hier eine andere Welt lebendig gewesen ist wie diejenige der späteren klassisch-griechischen Zeit, wo jeder Frau bei Todesstrafe verboten war, den Wettkämpfen der nackten Männer in Olympia zuzuschauen.«*

Die Stierkämpfe waren im matriarchalischen Kreta ein bedeutendes Fest. Die ursprünglichen Jungfrauenopfer an einen lokalen Stiergott, der Minotauros hieß, wurden dabei durch ein Sportfest ersetzt; der Stier selbst wurde besiegt und geopfert. Der Stiergott Minotauros soll ein Mischwesen, eine Menschengestalt mit einem Stierkopf, gewesen sein. Im griechischen Mythos sind Mischgestalten Zeichen von Urweltlichkeit – wie auch die Zentauren, die – halb Pferd, halb Mensch – als Schreckensbilder der Vorzeit auftauchen.

Der Stier stellt im Mythos – auch in Ägypten und Mesopotamien – das wilde, alles bezwingende männliche Prinzip dar. In Kreta wird es vom matriarchalischen Prinzip bezwungen. Der Minotauros soll ein Nachkomme jener Europa gewesen sein, die Zeus in Gestalt eines Stieres nach Kreta entführte und besprang. In der prähistorischen Welt nährte sich der Stiergott vom Menschenopfer, später wurde der Stier das beliebteste Opfertier.

Als in der klassisch-griechischen Zeit die attischen Stämme Kreta eroberten, schrieben sie den Sieg über die Insel und den Minotauros ihrem Nationalhelden Theseus zu.

Kretische Göttin die zwei Schlangen (Phallusse?) bezwingt. Im Gesichtsausdruck, im Kleid mit unbedeckten Brüsten, in der Überwindung sexueller Abhängigkeit drückt diese Göttin emanzipiertes Kretertum aus. Fayencestatuette um 1500 v. Chr. aus Knossos. (Museum Iraklion)

Wie läßt es sich nachweisen, daß Kreta matriarchalisch war? Platon und Plutarch wissen, daß die Kreter nicht vom Vaterland reden, sondern vom *Mutter*land. Für die kultischen Zeremonien auf der Insel waren nur Priesterinnen zuständig. Die Männer, die Hilfsdienste leisteten, mußten weibliche Kleidung tragen, wahrscheinlich waren sie wie die Isis-Priester kastriert. Auch fällt auf, daß weibliche Gottheiten in Kreta wesentlich zahlreicher waren als männliche. Auf die Freiheit der Frau weist auch ihre offenherzige Kleidung hin. Allgemein dürfte gelten, daß die Frau überall dort zu möglichst vollständiger Verhüllung genötigt wird, wo sie nur als Besitz des Mannes gilt und keine Selbständigkeit besitzt. Leider konnte die altkretische Schrift – wegen der Evans auf die Insel kam und all seine Energie einsetzte – noch nicht restlos entziffert werden, so bleibt uns vieles noch ein Rätsel.

a b

Die Siegelabdrücke aus Kreta zeigen dem matriarchalischen Prinzip entsprechend nur weibliche Gottheiten. Männer sind aus diesem Kult total ausgeschlossen. a) Die *Berggöttin* aus Knossos steht auf dem nördlichen Gottesberg (»Zafon«) und wird von zwei zornigen Löwen flankiert. b) *Muttergöttin* mit Töchter und Kinder. Die Muttergöttin ist durch Granatäpfel-Früchte, die Töchter durch Blüten charakterisiert, ansonsten sind sie nicht zu unterscheiden. (Siegelabdrucke um 1500 v. Chr. aus Mykenä)

Von Gortyn, einer Stadt auf Kreta, ist eine Kodifikation in griechischer Sprache aus dem Jahre 450 v. Chr. erhalten, die aber auf einem älteren Stadtrecht beruht. Sie enthält Bestimmungen zum Personen-, Familien-, Erb-, Vermögens- und Schuldrecht mit einer relativ humanen Berücksichtigung der Frau, die nur in der Zeit des Matriarchats ihren Ursprung haben kann.

Man könnte zuletzt fragen: War Kreta am Ende ein Amazonenstaat?

Wieweit der matriarchalische Einfluß von Kreta ausstrahlte, zeigt diese Elfenbeinschnitzerei um 1150 v. Chr. aus Ugarit in Kleinasien. Die kanaanäische Fruchtbarkeitsgöttin trägt einen original kretischen Rock mit »oben ohne«. Sie hält Ährenbündel in den Händen, nach denen sich zwei Ziegenböcke recken.

Gab es Amazonen?

Gab es tatsächlich ein kriegerisches Frauenvolk der Amazonen, oder entsprang es nur der unerschöpflichen Phantasie der Griechen – wie auch der Minotauros von Kreta? Seit Homer haben die Dichter nicht aufgehört, von diesen tapferen Frauen zu reden. Töpfer und Bildhauer stellten sie auf Vasenbildern und als Marmorstatuen dar. Für den Artemis-Tempel im kleinasiatischen Ephesos schufen vier große

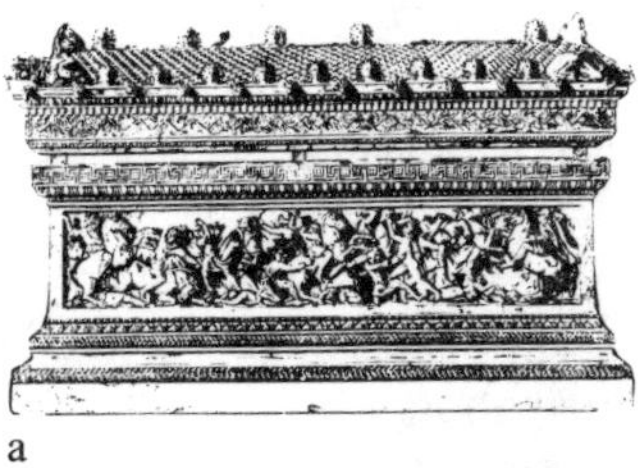

a

b

Alexander der Große soll seine schwerste Schlacht gegen die unerschrockenen tapferen Mannweiber im nördlichen Kleinasien ausgefochten haben, das zeigt sein Sarkophag. a) Seit damals waren Amazonenkämpfe auf hellenistischen Sarkophagen ein beliebtes Thema. (Museum Istanbul) b) Amazonenszene. (Museum Haifa)

Bildhauer – Pheidas, Polyklitos, Kresilas und Phradmon – herrliche Statuen der einbrüstigen Heldinnen, von denen zahlreiche Kopien erhalten blieben. Jeder der vier Künstler gestaltete sie anders, aber keiner sah in ihnen perverse Verzerrungen des Femininen wie Eitelkeit und Grausamkeit; sie achteten sie als Stützpfeiler der Frauengöttin Artemis, deren ungeheure Anziehungskraft noch Paulus überraschte.

Die radikalen Feministinnen verkehrten angeblich nur einmal im Jahr mit Männern benachbarter Völkerschaften, um ihr Geschlecht fortzupflanzen. Sie zogen nur den weiblichen Nachwuchs auf, brannten den Mädchen die rechte Brust aus, damit sie ihnen beim Spannen des Bogens nicht hinderlich sei, und zogen sie – wie die Spartaner die Knaben – für den Kriegsdienst groß. Der Name »Amazone« bedeutet fälschlich »die Brustlosen«. Dieses verwegene, tapfere Frauenvolk lieferte den größten Helden, wie Theseus, Herakles, Achilleus und zuletzt angeblich auch Alexander dem Großen, schwere Gefechte.

Amazone mit Lanze (?) nach einer Marmorstatue des bedeutenden griechischen Bildhauers Phidias (um 470 v. Chr.). Sie trägt einen kurzen geschürzten Chiton und hält die linke abgeschnittene Brust bedeckt. Das Gesicht der Amazone drückt die Trauer einer Gefangenen, nicht den Trotz eines Mannweibes aus. (Römische Kopie im Vatikan-Museum)

Die einen Forscher sehen in den Amazonen den Höhepunkt überlegener Frauenherrschaft und Frauenemanzipation, die anderen lehnen die Möglichkeit, daß es extrem mutterrechtlich ausgerichtete Stadtstaaten gab, als phantasievollen Mythos ab, »als gehäufte Metapher für gräßliche Mannweiber, als ein überhitztes Ineinanderfließen von Sinnes- und Mordlust, von sexueller und mörderischer Assoziation«. Dagegen schreibt E. Kornemann: *»Es steht außer allem Zweifel, daß die uns griechischerseits überlieferten Amazonensagen gerade in der von den Griechen ›zurechtgemachten‹ Form nichts anderes sind als der im Mythos erhaltene und hier noch übertriebene Niederschlag einer mit höherer Stellung der Frauen und mit Frauenkult ausgestatteten Völkerwelt vergangener Zeiten.«* Moderne Völkerkundler stellten fest, daß die Amazonensagen im Kern historisch glaubhafte Wirklichkeit enthalten.

Platon fordert, daß im Idealstaat auch die Mädchen im Reitsport und Waffendienst ausgebildet werden, und verweist auf die Sarmaten, *»wo wir sehen können, wie die Frauen reiten, mit dem Bogen umgehen können und in den Krieg ziehen«*. Man dürfe durch Zurücksetzung der Frau nicht die Hälfte der nationalen Kräfte des Staates brachliegen lassen. Die Sarmaten sind ein kleinasiatisches Volk, und in ihrem Land siedelt Homer das Amazonenreich der Penthesilea an, die der belagerten Stadt Troja zu Hilfe eilte. Anklänge an Amazonenheere findet man nach dem Bericht des griechischen Historikers Nikolaos von Damaskos (geb. 64 v. Chr.) noch bei den Balkanvölkern, wo in den hinteren Reihen der Kämpfer Frauen mitmarschierten, die die Männer mit Geschrei anfeuerten und jene, die sich zur Flucht wandten, durch Schmähungen daran hinderten. Als die Stadt Argos um 510 v. Chr. von Sparta niedergeworfen und ihrer wehrfähigen Männer völlig entblößt wurde, stand eine Dichterin namens Telesilla auf, die sonst Frauenchöre für kultische Feiern einübte. Mit ihnen organisierte sie eine Frauenarmee und rettete die gefangenen Männer. Zur Erinnerung daran wurde in Argos alljährlich das Hybristika-Fest gefeiert, bei dem die Geschlechter die Kleider tauschten.

Dort, im asiatischen Kaukasus, woher die Amazonen laut Homer und Alexander gekommen sein sollen, fanden Völkerkundler am Ende des 18. Jahrhunderts kriegerische Frauenorganisationen mit mutterrechtlichen Funktionen vor. Im kaukasischen Terekgebiet wurden in Gräbern Frauenleichen mit Waffenbeigaben entdeckt. Weitere Amazonengräber fanden russische Archäologen im heutigen Turkmenistan, Usbekistan und Kirgisien. Völkerkundler fanden zahlreiche Stämme in Afrika, aber auch auf der südlichen Sinaihalbinsel, bei denen es nur »Zelte der Frauen« gibt und wo die Männer zeitweise darin als Gäste weilen. In Saudi-Arabien leben die Bene-Hadendan-Beduinen, deren Frauen sich das Recht nehmen, ihre Männer zu beschimpfen, ja, zu prügeln, ohne daß die Männer sich wehren oder drohen, die Frau zu verjagen. Und das in einem Land, in dem die extremen islamischen Gesetze die Frauen in der Stadt dazu zwingen, stets zurückgezogen, völlig verschleiert und unterwürfig zu bleiben.

Für die Griechen stand die frühere Existenz dieses selbständigen Frauenreiches außer Frage; die Entstehungsgeschichte ihrer Kultur, ihre religiösen Überzeugungen, ihre Sagen und Mythen basieren weitgehend auf dem sagenhaften Kampf der griechischen Heroen gegen das mächtige Amazonenheer. Gleichwohl ist es der modernen Archäologie bisher nicht gelungen, Relikte dieses fernen Amazonenreiches aufzufinden.

Was bedeuten die Amazonensagen den Menschen heute? Der sterbende Amazonenstaat entschwindet wie ein Traum in der Morgendämmerung der Menschheit, aber wie ein unvergeßlich schöner Traum. So erscheint die Amazonenkönigin Penthesilea, die laut Homer auf seiten der Trojaner kämpfte, dem siegreichen Achilleus im Augenblick ihres Todes doppelt schön; erst an der Sterbenden entdeckt er den ganzen Liebreiz ihrer Eigenart. Doch nach Ansicht der Sagenbildner sollte die Amazone im siegreichen Helden die höhere Kraft des Mannes anerkennen. Stellten die Amazonen als eine bis ins Unnatürliche entartete Frauengesellschaft eine Antwort auf die entsprechend entartete Männergesellschaft dar?

2. DIE MUTTERGÖTTIN

Göttinnen mit Vogelgesichtern

»Kunst und Religion«, behauptet der amerikanische Archäologe R. J. Braidwood, *»sind von Anfang an unzertrennlich miteinander verbunden.«* Die ältesten Idole, die man in Höhlengräbern der Moustérienzeit fand, werden der dritten der vier Rassen zugeschrieben, die nach unserem Wissen am Anfang der Menschheit stehen: Es ist der Cromagnonmensch, der vor etwa 40 000 Jahren auftauchte und den Neandertaler verdrängte oder ausrottete. Diese neue Menschenrasse besaß, wie es ihre Gravierungen, Höhlenmalereien und Kunstgegenstände beweisen, ein beachtliches Kunstverständnis und – laut Braidwood – auch ein entsprechendes Religionsverständnis. Unter Idolen versteht man mehr oder weniger bearbeitete Gegenstände mit Tier- oder Menschenbildern aus Stein, Knochen, Holz, Ton und anderem Material bis ca. zwanzig Zentimeter Größe. Sie sind Ausdruck frühester Vergegenständlichung magisch religiöser Verehrung.

Die Idole des Cromagnonmenschen stellen Urmütter dar, aber sie sind ohne primitive Obszönität, die man bei den triebhaften Menschen der Eiszeit vermuten könnte. In der zweiten Epoche, zu Beginn der landwirtschaftlichen Revolution im Neolithikum, zeigen die in den ältesten Dörfern des östlichen Mittelmeergebietes aufgefundenen Frauenidole abstrakt-sinnliche Schwellformen von enormem Umfang. Dann werden die Figuren schlanker, jünger und vor allem mysteriöser. Das Individuelle, zumal das Gesicht, bleibt gänzlich unausgeprägt. Brüste und Unterleib sind dagegen stark hervorgehoben; das Geschlecht ist das einzig Wirkliche, die gebärende, vermehrende, nahrungbringende Naturkraft.

Es ist eine göttliche Macht, denn aus beider Leib, dem der irdischen und dem der überirdischen Mutter, bricht das Leben hervor, durch beide lebten die Familie, die Sippe, der Stamm fort. Kinder und Ernten erscheinen wie übernatürliche Gaben.

Fettsteißiges Fruchtbarkeitsidol mit abstrakt sinnlichen Schwellformen von enormem Umfang wurden aus dem Neolithikum an vielen Orten der Alten Welt gefunden. Die Zeitspanne primitiven Menschentums war überall verschieden lang. In Ägypten und dem Vorderen Orient endete das Neolithikum im 4. Jahrtausend, in Mitteleuropa im 2. Jahrtausend! (Museum, Tel Aviv)

Bezeichnend ist bei den Frauenidolen der zweiten Periode der nur angedeutete reptilien- oder vogelartige Kopf, der keinerlei Ähnlichkeit mit menschlichen Gesichtszügen aufweist. Das Reptilartige sollte an ein Wesen, das unter der Erde, das Vogelartige an eines, das in den Lüften lebt, erinnern. Die alte Vorstellung von überirdischen Wesen – Göttern mit einem menschlichen Körper und einem Tierkopf – blieb in Ägypten erhalten.

Noch in viel späterer Zeit stellten die Griechen geflügelte Windgeister, die Harpyien, als weibliche Wesen mit Vogelgesichtern dar; sie symbolisierten aber nicht mehr segnende Kräfte, sondern nach der veränderten Lehre das Gegenteil, eine plötzlich erscheinende unheilbringende Macht. Anders die Kolonialgriechen in Kleinasien, die von den eingeborenen Völkern stark beeinflußt waren. So schmückten sie den Mantel der »Erdmutter« Demeter mit Tiergestalten und webten im Saum Frauengestalten ein, die verschiedene Tiermasken, auch Vogelköpfe, tragen.

In der dritten Periode finden wir ganze und halbe Frauenkörper von beachtlichem künstlerischen Ausdrucksvermögen. In Ur, dem sumerischen Stadtstaat um 2000, sind es schlanke, aufrechtstehende, in Phönizien und Kleinasien auch schwangere Gestalten. Bei zahlreichen, in Kanaan gefundenen Halbfiguren liegt der Schwerpunkt der Darstellung nicht auf dem Unterleib, sondern auf den mit beiden Armen gestützten, großen Brüsten einer stillenden Mutter.

Pharao Sethos I. demonstriert seine enge Verbundenheit mit der Göttin Hathor. Ihre Hände sind wie bei einem Liebespaar verschlungen, und mit der rechten Hand berührt er den »Menate«, die Halskette der Göttin, die zugleich geschlechtliche Lust ausdrückt. (Wandmalerei aus Sethos' Grab im Tal der Könige)

Von den üppigen Brüsten der Himmelsmutter träufelte Tau, Regen und Milch; der Leib der Mutter Erde bringt Honig und Fett hervor. Milch und Honig bzw. Milch und Fett schlossen alle Bauernvölker in ihre Wunschgebete zu den Himmlischen ein. An die hebräischen Hirtenstämme erging immer wieder der Ruf: *»Seid fruchtbar und mehret euch«,* und für die Seßhaftwerdung wurde ihnen ein Land, in dem *»Milch und Honig fließt«,* zugesagt. Es überraschte die Archäologen, daß sie aus der Zeit und in der Heimat des Propheten Amos, der gegen den Stierkult in der benachbarten Hauptstadt Samaria harte Scheltworte schleuderte, tönerne Halbfiguren von üppigen Damen »oben ohne« fanden, die er mit keinem Wort erwähnte.

Die englische Archäologin Kathrin Kenyon entdeckte zwischen 1961 und 1967 in und bei Jerusalem Tonfigurenfragmente. Sie berichtet: *»Neben Gefäßen kamen hauptsächlich Bruchstücke kleiner Menschenplastiken vom Typ der Muttergottheit bei den Ausgrabungen zum Vorschein. Sie dienten sicherlich einem Fruchtbarkeitskult. Die den Muttergöttin-Typ verkörpernden Darstellungen besitzen einen nach unten hin pfeilerartig auslaufenden walzenförmigen Rumpf, ihre Arme sind unter den Brüsten verschlungen. Die Köpfe haben entweder einen perückenähnlichen viereckigen Haarschnitt oder aber, hauptsächlich in Jerusalem, verkniffene, vogelartige Gesichtszüge. Vollständige Stücke dieser Kleinplastik wurden nicht gefunden. Vielleicht kann man daraus schließen, daß die Stücke absichtlich kultisch zerbrochen wurden.«*

Nicht zerbrochen, sondern sie wurden zur Saatzeit der Erdgöttin »geopfert«, damit sie in den Schoß der Erde eingingen und dort als gebärende Urkraft wieder neue Fruchtbarkeit erzeugten.

Mutter, ein Kind säugend, wahrscheinlich Ischtar. Solche kleine Figuren wurden in Tempeln, aber in noch größerer Zahl in Häusern gefunden. Über die Zweckbestimmung dieser Figuren kann man nur Vermutungen anstellen. Allgemein läßt sich nur sagen, daß dieses sehr alte Motiv wohl den Zweck hatte, die Geburt eines Kindes zu bewirken. (Fundort: Uruk-Warkar)

Neben den sexuell betonten Einzelfiguren treten bald auch Mutter-und-Kind-Idole auf. Das älteste bekannte Muttergottesbild wurde in Tepe Gaura gefunden und ist rund 7000 Jahre alt. Der amerikanische Ausgräber Arthur J. Tobler deutete diese Figur aus religiöser Scheu als menschenähnlichen Spielstein, gleichsam als Königin in einem Schachspiel. Nur eine einzige männliche Figur fand Tobler in Gaura, alle anderen - und zwar eine stattliche Zahl - waren weibliche Statuetten. Die ältesten Muttergottesfiguren zeigen ein schlangenähnliches Antlitz, oder das Kleinkind sitzt auf ihrem Schoß, die

Nach dem Urmythos wird die Macht der Gottheit in Verbindung mit Löwen gebracht. Sie wird von Löwen flankiert oder reitet auf Löwen. Hier tritt die hurritische Göttin Hepat mit ihrem Sohn Scharumma dem Wettergott Keschub entgegen, um ihn zu zwingen den Menschen und der Erde Regen zu bringen. Felsbild von Yazilikaya. (Staatliche Museen, Berlin)

Beine gegrätscht, schlangenartig um ihren Leib gewunden. Die Schlange wird bereits in uralter Vorstellung mit der Fruchtbarkeit in Verbindung gebracht! Sollten diese imaginären Zwitterwesen mit den Schlangengesichtern wie jene mit den reptilien- und vogelartigen Köpfen das Dämonische ausdrücken? *»Keineswegs«,* antwortet Professor Braidwood. *»Der Urmensch scheute sich, seine Gottheit ganz nach seinem Bilde zu schaffen.«* Waren also die, die das Bild dieser Gottheit schufen, selbst Frauen? Sie bildeten den Körper der Gottheit ihrem eigenen Körper nach, doch nicht den Kopf, den Ort des Verstandes und des Geistes; der Geist der Gottheit war dem des Menschen zu überlegen.

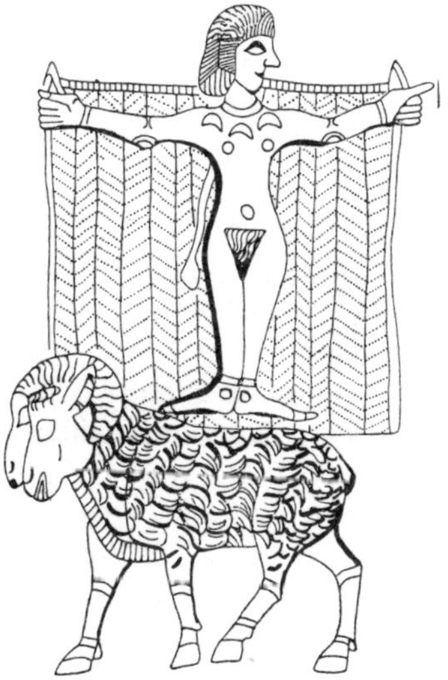

In der Hirtenzeit brachte man Göttinnen nicht mit Löwen, sondern mit Widder in Verbindung. Die hethitische Göttin, völlig entblößt, breitet ihren magischen Mantel über das Tier, um Fruchtbarkeit der ganzen Herde zu bringen. (Von einer Goldschale um 1150 v. Chr. aus Hasanlu)

In der letzten Periode, der Übergangszeit zum Patriarchat, erhält statt der Zweiheit von Mutter und Kind die Dreiheit eine besondere Bedeutung: So wie Himmel, Erde und Luft zusammengehörten, so mußten Mutter, Frau und Tochter miteinander verbunden sein. Im griechischen Mythos sind es Rhea (Urmutter), Demeter (Frau) und Persephone (ihre Tochter). Erst später kommt als viertes das männliche Element dazu.

Braidwood sagt abschließend: *»Auffällig ist, daß die in Dscharmo und anderswo in den ältesten landwirtschaftlichen Siedlungen um 8500 auftauchenden weiblichen Tonstatuetten bereits serienweise als Massenware hergestellt sind. Das läßt auf eine enorme Nachfrage schließen und auf ein weit ausgebreitetes religiöses Empfinden.«*

Fragmente von Fruchtbarkeitsidolen wurden trotz Prophetenschelte auch bei Jerusalem gefunden, und zwar aus dem 8. und 7. Jahrhundert. Die kleinen Amulette zerschlugen die israelitischen Bauern nach kanaanäischer Sitte und vergruben sie in den eingesäten Boden. (Nach Albright und Kenyon)

Das frühe religiöse Empfinden, das sich weitgehendst erhalten sollte, kommt zuerst in den Muttergottheit-Idolen der Frauen zum Ausdruck und nicht in den Jagdfetischen der Männer – wie Löwen-, Stier-, Adler- und Sonnensymbolen. Wie kommt es, daß es – nach Aussage der archäologischen Funde – gerade Frauen waren, die als erste zu einem religiösen Erlebnis, zu einer religiösen Erkenntnis und damit zur Verehrung eines höheren Wesens fanden? Verehrung äußert sich in Hingabe, Bindung, Selbstentäußerung, Unterwerfung, ja, in der totalen Abhängigkeit des Kreatürlichen vom Angebeteten. Die Ableitung des Wortes »Religion« von dem lateinischen »Religari« (an Gott gebunden sein) entspricht ganz dieser Auffassung. Das religiöse Erleben der Frau im frühen Stadium der Naturreligion gründet sich psychologisch auf den Urkern der begrenzten Familiengemeinschaft; die Frau und ihre Kinder bilden den zentralen Teil des Universums, und wie die Mutter mit allen Mitteln uneigennützig für ihre Kinder sorgt, so sorgt die Erdmutter uneingeschränkt für ihre Erdenkinder. Auch Sokrates bezeichnet die Erde als den *»Mutterschoß alles Lebenden«*, als die ehrwürdigste, geheimnisvollste und allerälteste Urmacht der Liebe.

Ebenso wie im alten Orient fand man auch in Griechenland und in den griechischen Kolonien mehr Statuen von Göttinnen als von Göttern, mehr Darstellungen von Artemis als von Ares, dem schicksalsentscheidenden Kriegsgott. Im Mittelpunkt des religiösen Weltbildes steht beim Mann nicht – wie bei der Frau – die mystische und doch rationale Familie, sondern ein überdimensionaler Staat, den nur ein souveräner Vatergott mit Macht und Gesetzen regieren kann.

Der begrenzten Vorstellung der primitiven Frauen entsprechend, sind alle Muttergottheiten, die man im »Fruchtbaren Halbmond« zwischen Dscharmo und Jericho aus der Frühzeit der Ansässigkeit ausgrub, nur kleine Tonstatuetten, etwa 5 bis 25 Zentimeter groß. Sie waren nicht für die Anbetung in einem Tempel gedacht. Die erste Kultstatue in »Lebensgröße« kam in Mari zum Vorschein.

Die Wasserspenderin von Mari

An einem späten Nachmittag im Sommer 1933 machte eine Karawane, die zwischen Mosul und Damaskus unterwegs war, am abgelegenen Hügel Tell Hariri (einst Mari) halt, um für einen Beduinen, der auf der Reise gestorben war, ein Grab auszuheben. Nach islamischem Ritus muß jeder Verstorbene noch an seinem Todestag vor Sonnenuntergang bestattet werden. Beim Graben stießen die Schaufeln der Männer auf eine Leiche, die bereits früher hier verscharrt worden war. Aus Furcht, man könnte sie für die Mörder halten, meldeten sie ihren Fund bei der nächsten Behörde. Damals gehörte dieses Gebiet zur französischen Mandatsverwaltung.

Der mißtrauische französische Beamte schenkte den berüchtigten Grenzgängern keinen Glauben und überzeugte sich bei einem Lokaltermin selbst. Die ersten Recherchen ergaben, daß es sich nicht um einen auf einem einsamen Hügel verscharrten Ermordeten, sondern vielmehr um eine guterhaltene, lebensgroße Marmorstatue einer Frau handelte. Der Kolonialbeamte kabelte einen ausführlichen Bericht an das Kultusministerium in Paris. Einige Monate später schickte dieses eine Kommission mit dem renommierten Archäologen André Parrot nach Mari.

30 Jahre später gestand Parrot nach Abschluß seiner dreizehnten Grabungskampagne, von der durch die Frauenstatue entdeckten

Die erste Großfigur einer Göttin stammt um 1800 v. Chr. aus Mari. Aus dem Gefäß, das sie mit beiden Händen hält, floß durch eine installierte Leitung während des Gottesdienstes Weihwasser aus. Die Wasserspenderin mit den hohlen Augen ist 1,50 Meter groß. (Nach Parrot)

Stadt nur einen kleinen Teil erschlossen zu haben. Diese Stadt stand bereits um 4000 in Blüte, wurde 1695 v. Chr. von den Amoritern erobert und spielte danach keine politische Rolle mehr. In der vordynastischen Zeit gab es in Mari nur Heiligtümer von Frauengottheiten – wie der Ischtup-ilum, Ischtar-virilis, Ischtarat, Ninchursag, Ninni-Zaza. In dynastischer Zeit kamen zwei staatlich autorisierte Männergottheiten dazu, Dagan und Schamasch, die aber die höchst populären Frauengottheiten nicht verdrängen konnten.

»Plötzlich«, schreibt André Parrot im Schlußbericht seiner ersten Expedition, *»tauchte aus der Grube erstmals eine lebensgroße Frauenfigur auf, nicht eine der bis dahin zahlreich gefundenen, bis handgroßen Erdmutterstatuetten.«* Die sechs Mitglieder der französischen Ausgrabungskommission ließen sich stolz neben der 3500 Jahre alten gleich großen Göttin fotografieren.

Der Fall wurde in der Presse als Sensation gefeiert. Stolz und ausführlich beschreibt der französische Wissenschaftler die von ihm entdeckte Dame: *»Ihre Augenhöhlen sind leer, ihre Nase ist zerschlagen. Es bleibt das Lächeln, das Grübchen am Kinn und die Zartheit der fein modellierten Wange. Das durch die Masse des Götterhelms ein wenig erdrückte Oval des Gesichtes wird von der schweren Haarflechte wie von einem Pelzkragen umrahmt. Die Göttin neigt mit beiden Händen einen Aryballos, aus dem sich dank einer sinnvollen Einrichtung bei gewissen Anlässen das Wasser der Fruchtbarkeit ergoß. Es rieselte über die Falten des Gewandes und schloß die Statue in eine fließende Bewegung ein.«*

Der völlig in ihren Bann geratene Franzose ist überzeugt, daß die Figur ursprünglich bemalt, ihr Kleid mit Goldauflagen besetzt, das Auge mit Edelsteinen ausgelegt und mit Bitumen unterstrichen war. *»Trotz ihrer leeren Augen noch immer ganz Lächeln und Charme!«*

Wer war die Göttin? Parrot konnte schließlich ihren Namen aus einer Inschrift erfahren. Sie hieß Ischtup-ilum und war keine Erdgöttin, sondern – als Zeichen der höheren kulturellen Entwicklungsstufe – eine wasserspendende Gottheit. Wasser war in dieser niederschlagsarmen Landschaft von großer Bedeutung. Auf einer Wandmalerei im Palast von Mari, die Parrot das »Investitur-Fresko« nennt, erscheint die gleiche Göttin als besonders hervorgehobenes Motiv neben dem König Zimrilim von Mari (1716 bis 1695 v. Chr.). Das Wandbild entstand, als die Königsmacht von Mari, und damit das Patriarchat, im Zenit seiner Macht stand.

Man hätte daher vermuten können, daß der König sich eher mit einem Vatergott als mit einer Muttergöttin abbilden ließe, einem Vatergott, der vollkommen dem Vaterrecht seines Volkes entsprach;

einem Vatergott, der die Gedanken, Gesetze, die Ordnung und die Prinzipien wie ein König der Könige verkörperte; einem Vatergott, der gleichzeitig Kriegs- und Rachegott war, der mit Strenge nicht nur sein Volk, sondern alle Völker der Welt leitete und richtete. Aber trotz der neuen Gesellschaftsstruktur läßt sich König Zimrilim nicht mit einem Vatergott, sondern mit einer Muttergöttin darstellen, die nicht das harte Ordnungsprinzip, sondern das allumfassende Segensprinzip symbolisiert. Das Wasser, das sie aus den Wolkenschleusen zur Erde fließen läßt, bringt Segen den Feldern des Königs und des Bettelmannes, dem Besten und dem Schwächsten. König Zimrilim war Frauen gegenüber sehr tolerant. Er überließ seiner klugen Gattin Schibtu einen Teil seiner auswärtigen Regierungsschäfte. Ihre Korrespondenz ist in Bruchstücken erhalten. Schibtu wird in einem Brief vom König Tvschruttu von Mitanni »die Staatssekretärin« genannt.

Auch den Tempel der Ischtup-ilum konnte der Franzose Parrot finden und ausgraben. *»Er war einem Wohnhaus nachgebildet, wie es sich für eine Frau geziemt. Im weiträumigen Hof, soweit wie möglich von der Eingangstür entfernt, befand sich ein Podium, und zwar genau an der Stelle, wo sonst im alten Mesopotamien der Herd, das Symbol jedes Frauentums, steht. Hier war die lebensgroße Göttinnenstatue aufgestellt.«* Der Wasserkrug, den sie in den Händen hält, war durch eine Leitung mit einem Brunnen verbunden, und bei jedem Fest – wahrscheinlich »Wasserschöpffest« – sprudelte aus der Vase Wasser, in das die Gläubigen ihre Finger tauchten. Das Lebenswasser gehörte zum Hauptmotiv ihres Kultes.

Das Wasser, das sie schenkte, gewährleistete eine blühende Landwirtschaft, mehr Nahrungsmittel und gehobenen Lebensstandard. Das Wasser, das sie verwehrte, bedeutete Mangel, Hunger und Not. Der Wasserkrug war ihr Symbol und das Symbol des Frauentums.

Das Wasserschöpfen oblag damals – und obliegt im Orient noch heute – ausschließlich den Frauen. Von den Quellen oder Brunnen transportierten sie das Wasser für ihre Felder und für den Hausbedarf mühsam in einem Krug, der auf den Schultern oder auf dem Kopf getragen wurde, über weite Strecken. Auch bei den Griechen war Wasserschöpfen Pflicht der Frau – eine schwere Pflicht. Die 49 Töchter des Königs Danaos von Argolis mußten als Strafe für Gattenmord Tag und Nacht unaufhörlich Wasser in ein Faß schöpfen, dessen Boden durchlöchert war. Man nannte es »Danaidenfaß«. Wie sehr eine Sisyphusarbeit zur Gewohnheit werden kann, zeigt eine Zeitungsmeldung aus jüngster Zeit. Wasserholen ist für die isoliert lebenden Mohammedanerinnen nicht nur schwere Arbeit, sondern auch ein freudiges Ereignis, eine Gelegenheit zu einem Schwätzchen.

In einem kleinen Kabylendorf im Norden des Irak zerstörten die Frauen einen von der Regierung im Herzen des Dorfes errichteten modernen Brunnen, der ihnen das Vergnügen raubte, sich morgens und abends bei der Quelle außerhalb des Dorfes zu treffen und zu plaudern, die einzige Abwechslung in ihrem abgeschlossenen Leben.

Kein Wunder, wenn alle antiken Völker, nicht nur die Bewohner von Mari, das nasse Lebenselement mit einer weiblichen Gottheit in Verbindung brachten. In Ägypten wurde Hekate als Göttin des lebenspendenden Wassers verehrt, in Persien war es Anahita (Anaïtis); in Griechenland wurde jede Quelle mit einer besonderen Göttin in Verbindung gebracht. Alle Quellen umschwirrten Nixen. Sonnenflecke umtanzten das hüpfende Wasser. Verlockende Musik stieg leise aus dem Naß empor. Und dort, wo die Quellen schweigen und die Nixen vertrieben sind, da murmelt, da plaudert das hervorströmende Quellwasser; nur die schöpfenden Frauen verstehen es.

Die »große Hure« Babylon

Viele Gelehrte der westlichen Welt, allen voran Franzosen und Engländer, versuchten seit dem Jahre 1786, als der Botaniker Michaux einen mit magischen Zeichen bedeckten Reliefstein von einer Orientreise nach Paris mitbrachte, die durch die Bibel berühmte, doch verschollene babylonische Metropole am Euphrat zu entdecken. Die Araber, an die sich die Forscher wandten, um alten lokalen Überlieferungen nachzuspüren, wußten nur, daß Allah in seinem Zorn die Ruinen des Sündenpfuhls in alle Winde zerstreut hatte, so daß kein Stein davon zu finden sei.

Der französische Konsul in Mosul, P. E. Botta (1802 bis 1870), setzte als erster im Jahre 1842 die Hacke an einem Hügel an und leitete damit die Geschichte der Archäologie in Vorderasien erfolgreich ein. Ihm folgte der nicht weniger ruhmreiche Engländer Layard (1817 bis 1894). Die französischen Konsuln Fresnel und E. de Sarzec sowie der Engländer Waska versuchten durch Ausgrabungen in den Jahren 1852 und 1877, die Lage der »großen Hure« genau zu bestimmen. 1889 schlossen sich zwei Amerikaner, Peters und Haynes, der Suche an. Schließlich trat – wie in jedem internationalen Wettbewerb verspätet – ein Deutscher auf den Plan: Robert Koldewey (1855 bis 1925), ein Architekt und Archäologe von hohem Rang. Ihm aber sollte es endlich gelingen, die alte Weltmetropole 80 Kilometer nördlich von Bagdad am Rande einer prächtigen Oase zu entdecken.

Am 2. Oktober 1898 teilte Koldewey seinen Freunden unter dem

Das Ischtartor zur Zeit Nebukadnezar II. in Babylon (um 550 v. Chr.). Es war mit blauer Fayence bedeckt und mit Fabeltieren geschmückt. Hier startete an jedem Neujahrsfest der Prozessionszug der Gläubigen, die zum Fest der »Heiligen Hochzeit« zogen. (Nach Koldewey)

Siegel der Verschwiegenheit mit, daß er im Auftrag der Deutschen Orientgesellschaft eine babylonische Reise plane. Veranschlagte Kosten: 500 000 Mark. Dauer der Forschungsreise: fünf Jahre. Sie dauerte tatsächlich achtzehn Jahre, von 1899 bis 1917. Sein erster Bericht klingt abenteuerlich: *»In die gegrabenen Schächte und Tunnels pflege ich immer erstmal hineinzuschießen, um das Getier, wie Eulen, Hyänen, und das Gesindel zu vertreiben.«* Das »Gesindel« waren Wüsten- und Grabräuber, die alte Gewölbe als Schlupfwinkel nutzten.

Bereits nach vierzehntägiger Abtragezeit stieß Koldewey auf die ersten Reste der Stadtmauer. Sie war achtzehn Kilometer lang, an einigen Stellen acht bis zwölf Meter breit und stellte mit ihren 360 Wehrtürmen das stärkste Bollwerk der alten Welt dar. Außerdem war der Stadtkern von einer inneren Doppelmauer geschützt. Diese »bestaunenswerte« Riesenstadt, die als Symbol für Glanz und Elend steht, wurde um 4000 gegründet, erreichte um 1700 v. Chr. unter dem amoritischen Großkönig Hammurapi ihre erste, um 570 unter dem Chaldäerkönig Nebukadnezar II. ihre zweite Blütezeit. Der letztere vergrößerte die Stadt erheblich und schmückte sie mit Palästen und Stufentempeln. Südlich vom Hauptpalast, am Ufer des Euphrat, lag das Marduk-Heiligtum Esagila mit der Zikkurat (Stufenturm) Eteme-

Nach Fundamentresten des Babylonischen Turmes und noch erhaltenen Beschreibungen zeichnete der Entdecker Koldewey den sagenhaften Wolkenkratzer, der laut der Bibel »den Himmel kratze«. Im oberen Stockwerk soll zum Neujahrsfest die »Heilige Hochzeit« gefeiert worden sein. (Nach Koldewey)

naki, die nach Aussage der Bibel bis zum Himmel reichte. »Etemenaki« bedeutet »das Haus des Grundsteins des Himmels und der Erde«.

Nach Koldeweys Berechnung hatte der Turm eine Höhe von 90 Metern, und ebensogroß war seine Seitenlänge. Einst als höchste menschliche Vermessenheit empfunden, würde er heute kaum Aufsehen erregen.

Den plumpen Sakralbau mit blauer Verkleidung aus glasierten Ziegeln, mit weißleuchtenden Terrassen, krönte eine in der Sonne funkelnde, goldene Marduk-Statue, die, wenn man Herodot Glauben schenken will, aus reinem Gold und umgerechnet 23 500 Kilogramm schwer gewesen sein soll. Nach einer folkloristischen Überlieferung des späteren Judentums errichteten die Babylonier auf der Turmspitze ein Idol, das ein Schwert gegen den Himmel hob, als wollte es sagen: »Gott hat kein Recht, die obere Welt für sich selbst zu wählen und die untere uns zu überlassen. Wir wollen Krieg führen mit Gott und ihm ein besseres Leben abringen.«

Das höchste Fest der Babylonier war das Neujahrsfest. An diesem Tag entschied Marduk, welcher Mensch ins Lebensbuch einzutragen sei, ob dem Land im kommenden Jahr Regen oder Dürre, Krieg oder Frieden beschieden sei und ob der König noch ein Jahr regieren werde. Es war ein schicksalhafter Tag für die Menschen und das Land. Bei diesem Fest, das auch »Thronbesteigungsfest« genannt wurde, weil an diesem Tage Marduk alle rivalisierenden Götter besiegte und den Thron im Pantheon bestieg, mußten auch der babylonische König sowie sein Stellvertreter sich vor dem Bild des Gottes im Tempelinnern demütigen. Der Priester befahl ihm niederzuknien, nahm ihm die Herrschaftsabzeichen ab und ließ ihn ein Schuldbekenntnis ablegen. Dabei geißelte er ihn. Anschließend gab er ihm die Herrschaftszeichen zurück. Am achten Tag des Festes versammelte sich das Volk, das aus allen Teilen des Landes zusammengekommen war, am Ischtar-Tor und zog auf der Ai-ibur-schabu, der Haupt- und Prozessionsstraße, zum Tempel. Diese Straße war schachtartig von blauen, hohen Mauern eingefaßt, auf denen in glasierten Ziegelreliefs 120 Löwen, die heiligen Tiere der Ischtar, schritten. Der Ausgangspunkt der Prunkstraße war das Tor der Ischtar. Es war wie ein Triumphbogen gebaut und mit den Darstellungen von 575 Stieren und Drachen, den Symbolfiguren Marduks, geschmückt. Wer sich heute das Tor vergegenwärtigen will, besuche die gelungene Rekonstruktion im Ostberliner Museum. Sie stammt aus der chaldäischen Periode, also ca. 1000 bis 500, zur Glanzzeit der patriarchischen Religion, als ein Vatergott, König der Könige, regierte und seine Thronbesteigung als Einsetzung gefeiert wurde. Diese konnte aber nur erfolgen, wenn er sich mit der Muttergottheit in der »Heiligen Hochzeit« vermählte.

Ischtar war die weibliche Hauptgottheit der Babylonier. Als Morgenstern war sie Göttin des Kampfes, als Abendstern Göttin der Liebe. An diesem Tag, dem Neujahrs- und Thronbesteigungsfest, wurde sie als Göttin der Liebe und als Hauptakteurin der »Heiligen Hochzeit« gefeiert.

Alle Landmanngruppen, die sich von nah und fern am Ischtar-Tor eingefunden hatten, führten ihre Statue und Geschenke für sie mit sich. Das erinnerte Koldewey an ein früheres Erlebnis: *»Ich habe einmal erlebt, wie das überlebensgroße, silberne Standbild der Maria beladen mit Weihgeschenken, Ringen, Edelsteinen, Gold und Silber, auf einer Tragbahre von 40 Männern getragen, im Portal des Domes von Syrakus hoch über den Köpfen des wimmelnden Volkes erschien, um im feierlichen Zuge bei rauschender Musik und unter dem stürmischen Beten der Menge in die Gärten der Latomien hinausgebracht zu werden. So ähnlich denke ich mir eine Prozession in Babylon . . .«*

Die Prozession stellte keinen Triumphzug der Ischtar, sondern des Marduk dar.

Inmitten der Reste von Ziegelmauern und Türmen fand Koldewey ein erstes bemerkenswertes Symbol des Patriarchats, der männlichen Herrschergewalt über die weibliche Erdgottheit: den berühmten, über einer liegenden Frauengestalt stehenden babylonischen Löwen.

Ist Babylon als wichtige Zwischenstation auf dem Wege von der matriarchalischen zur patriarchischen Gesellschaftsordnung anzusehen? Für jene, die glaubten, daß der Geschlechtsakt ein Besitzergreifen von seiten des Mannes, ein Gewaltakt und eine Vergewaltigung der Frau ist, stellt die »Heilige Hochzeit« von Babylon einen Sieg des männlichen Weltprinzips dar; für jene, die glaubten, daß der Geschlechtsakt eine blinde Abhängigkeit und Gebundenheit des Mannes in seiner Leidenschaft und Triebhaftigkeit an die Frau ausdrückt, stellt die »Heilige Hochzeit« einen Sieg des weiblichen Weltprinzips dar. Eine dritte Gruppe dagegen glaubte, daß die kultische »Heilige Hochzeit« eine Vereinigung, eine Verschmelzung, ein Ineinanderfließen der beiden magischen Kräfte bewirkte, aus denen der Weltsegen sproß, nämlich die herrschende, ordnende Kraft des Vatergottes und die Liebende, alle und alles umschließende der Muttergottheit.

Die »Heilige Hochzeit« der Götter oder ihrer stellvertretenden Hohenpriester kam aus Pietät nie zur Darstellung, nur nachvollzogene Liebesakte gewöhnlicher Sterblicher mit Tempeldienerinnen. Es handelt sich um Talismane, durch die man Kindersegen beschwören wollte.

Im obersten Stockwerk der Zikkurat war ein kleiner Kultraum, nur mit einem Tisch und Sofa möbliert. Hier erwartete eine Priesterin das ganze Jahr über den Besuch des Gottes Marduk, falls er irgendwann am Tage oder in der Nacht einmal Lust verspüren sollte, das »aufgedeckte Bett« zu besuchen. Am hohen Neujahrsfest mußte sie ihren Platz einer größeren Persönlichkeit räumen, die hier mit dem König selbst oder seinem Vertreter die »Heilige Hochzeit« feierte. Einzelheiten darüber sind nicht bekannt; sie wurden als strenges Geheimnis gehütet. Die »Gottesbraut« wurde durch ein Orakel bestimmt und gehörte dem Königshaus oder der »High-Society« an. Viele Könige – von Sargon, dem ersten, bis Nabonid, dem letzten König von Babylon – ließen ihre Töchter für diese Zeremonie erwählen.

Was sich im heiligen Brautgemach abspielte, wissen wir nicht. Wir wissen nur, daß keine der Priesterinnen je schwanger wurde. Nicht die Schwängerung, einzig und allein der feierliche Geschlechtsakt sollte den Segen der Götter nach sich ziehen.

Die geschlechtliche Vereinigung wurde im Kult zu einem geheiligten Akt von zentraler Bedeutung erhoben. Die Naturreligionen, die sich die Götter wie Menschen agierend vorstellten, auch in der Liebe und in der Geschlechtslust, brachten es mit sich, daß das Sexuelle einen bedeutenden Platz im Kult einnahm.

Während der König zum Brautgemach auf der Spitze der Zikkurat hinaufstieg, sang der Chor der Priesterinnen das »Bräutigam-Lied«: *»Bräutigam, Teurer meines Herzens, groß ist deine Schönheit, süß ist deine Liebe, löwenstark deiner Lenden Kraft. Komm, o komm, führe mich in dein Schlafgemach, schenke mir deine Liebkosungen. Mein Herr Gott, mein Herr und Beschützer, mein Schu-Sin, der Enlils Herz erfreut, schenk mir bitte deine Liebkosungen.«*

Der Vermählungsakt des Götterpaares wurde vom Volk mit den niederen Priesterinnen der Ischtar, den Hierodulen, »im Haus der Liebe« orgienhaft nachvollzogen. Durch die kultische Vermählung sicherte der oberste Gott oder König der Welt die Fruchtbarkeit. Der Landmann sicherte sich mit dem nachvollzogenen Akt das Gedeihen seiner Familie, seiner Ernte und seiner Tiere für das kommende Jahr.

Nur in festlicher Kleidung und in andächtigem Schweigen bestieg der Pilger, der es sich leisten konnte, das Podest, auf dem der Altar der Liebe stand, und erlebte als Mensch die Gottheit. Erst im Laufe der Zeit sank das, was ursprünglich geheiligtes Fruchtbarkeitsritual am höchsten Feiertag war, zur Prostitution herab, um die Tempeleinnahmen zu erhöhen.

Die Mysterien in Eleusis

Die »Heilige Hochzeit« als zentrales Fruchtbarkeitsfest wurde nicht nur von den Babyloniern, sondern auch von den Assyrern, Hethitern, Kanaanäern, Griechen, Ägyptern und – nach Aussagen des »Hohenliedes« – auch bei den Urhebräern gefeiert. Der englische Ethnologe J. G. Frazer hat ähnliche Feste bei heutigen Naturvölkern registriert: *»Noch gibt es zahlreiche primitive Stämme, die keinen Unterschied zwischen dem Natürlichen und dem Übernatürlichen machen, in ihren Priestern und Priesterinnen, Zauberern und Zauberinnen die verkörperte Gottheit sehen und durch den feierlichen Geschlechtsakt die Erde mit Fruchtbarkeit segnen.«*

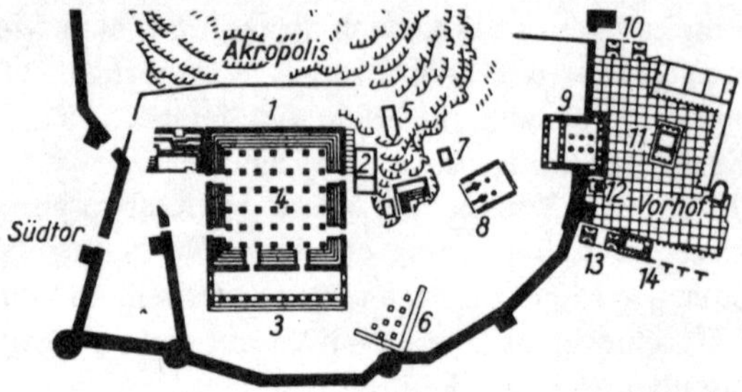

Das Demeterheiligtum in Eleusis. 1) Terrasse 2) Demeterheiligtum 3) Vorhalle 4) Tempel 5) Kapelle 6) Speicher 7) Plutonium 8 und 9) Propyläen 10, 13 und 14) Festtor 11) Artemistempel und 12 Vorhof

Bereits Homer ist der Mythos bekannt, wonach Demeter, die Erd- und Muttergöttin, auf einem dreimal gepflügten Feld den Himmel- und Regengenius Iasion umarmt und das mystische Kind, den Plutos, gebiert. »Plutos« bedeutet im Griechischen »Reichtum« und bezieht sich auf die landwirtschaftlichen Erträge. Laut Homer sind die Göttin und Iasion in dauernder Begattung umschlungen. Aischylos sagt ganz ähnlich: *»Der Ackerboden* (Demeter) *lechzt danach, in Sehnsucht nach Hochzeit ergriffen. Regen fällt von dem liebessuchenden Himmel*(sgott) *und schwängert die Erde. Und sie gebiert* (Reichtum) *reichliches Futter für das Vieh und Brotkorn für die Menschen.«*

Das Hochzeitsfest der Demeter wurde in Eleusis, ihrer Hauptkultstätte, »im Monat der Aussaat«, im Herbst, mit Geheimriten, die der Fruchtbarkeit von Mensch und Natur dienten, gefeiert. An diesem Tag versah man die Statue der Göttin mit dem Schmuck einer jungen Braut und führte sie in einer Prozession durch die Stadt bis zu einem verhängten Heiligtum, in dem ein Hochzeitsbett vorbereitet war. Der Hohepriester des Zeus betrat den verhängten Raum bei erloschenen Fackeln. Vorher mußte er sich durch einen besonderen Trank seiner Manneskräfte entäußern. Nach einer Weile trat die Hohepriesterin der Demeter, von den Betern in atemloser Stille erwartet, vor den Vorhang und zeigte eine Kornähre, die sie – nach dem Glauben des Volkes – im Augenblick gezeugt und sofort geboren hatte. Der Hohepriester des Zeus rief: *»Das ist der heilige Knabe, der Gottessohn, den die Kornmutter geboren hat.«* Im späteren mythologischen Denken um die Zeitwende geht aus der Hochzeit des Weltelternpaares nicht das Saatkorn, sondern tatsächlich der Gottessohn und Welterlöser hervor.

Die Ruinen des berühmten Kult- und Mysterienheiligtums Eleusis, heute das Dorf Levsina, 22 Kilometer nordwestlich von Athen, wurden in den Jahren 1882 bis 1890 von der Griechischen Archäologischen Gesellschaft ausgegraben. Die um 600 v. Chr. errichtete quadratische Säulenhalle, ringsum mit Sitzreihen ausgestattet, konnte über 3000 Beter, genauer: über 3000 in die Mysterien Eingeweihte, fassen. Sie lag und liegt an einer Bucht in einer selten schönen Landschaft. *»Noch heute«,* schreibt ein Archäologe, *»wird man mit ein wenig Wissen um die griechische Mythologie und mit historischer Phantasie beim Anblick der nächtlichen Traumlandschaft wie damals vom Zauber der Mysterienfeiern ergriffen, als die Berge und die Bucht von begeisterten Gesängen widerhallten und am Strand der Schein von Tausenden Fackeln der Pilger sich in den Wellen widerspiegelte.«*

In der Mitte des Heiligtums im Anakkoron, dem Allerheiligsten, standen auf überhöhtem Platz die Kultbilder beider Gottheiten, Demeter und Kore (Persephone). »Kore« bedeutet im Griechischen »die Tochter«. Demeter, die Erdgöttin, thronte auf einem Getreidekorb, und Kore, die Auferstehungsgöttin, hielt eine Fackel. Die Grundmauern des Heiligtums stammen nach Feststellung der Ausgräber noch aus vorgriechischer Zeit; sie zeigen Elemente der kretisch-minoischen mutterrechtlichen Kultur, die von den Griechen nicht unterdrückt werden konnte. Im Gegenteil! Bald beteten auch die Sieger die alles in ihren Bann ziehende »große Mutter« Demeter der besiegten Urbevölkerung an. Dic »Heilige Hochzeit« in Eleusis drückt die Vereinigung des »patriarchischen Zeus« mit der »matriarchalischen Demeter« als Verschmelzungsprozeß beider Kulte aus, wobei die Urmuttergottheit die Oberhand behielt, und das auf griechischem Boden.

Seit 700 v. Chr. gehört Eleusis zum Regierungsbezirk von Athen. Beide Städte waren durch eine »Heilige Straße« – ähnlich der Prozessionsstraße in Babylon, doch hier 22 Kilometer lang – miteinander verbunden. Auf ihr zogen im Herbst Abertausende von »geweihten« Pilgern aus Athen zum Hauptfest der Demeter nach Eleusis. In der großen Prozession trugen die Männer bekränzte Ackergeräte und Ähren, die Frauen Eppich, Myrrhensträuße und Fackeln. Obwohl im Lauf der Jahrhunderte unzählige in die eleusischen Mysterien eingeweiht worden sind, hat doch keiner Einzelheiten des geheimen Kultes ausgeplaudert. Der große Tragiker Sophokles gehörte zu den Geweihten. *»Nur wer der heiligen Schau teilhaftig wurde«,* so sagt er, *»wird im Hades Leben finden, nur er wird der Gnade teilhaft, das Ende des Lebens als neu gegebenen Anfang zu empfinden.«* Stille und Zuversicht vor dem Tode seien die Heilsgabe der eleusischen Weihe. Noch direkter drückt es ein anderer Dichter aus: »*Wer aber ungeweiht bleibt, wer am Heiligen keinen Anteil hat, dem wird nicht das gleiche Los* (wie einem Geweihten) *zuteil; er wird in der dumpfen Finsternis der Erde für immer dahinschwinden.*« Nur Demeter, die das Korn gebiert, kann die Wiedergeburt des Menschen garantieren, denn nur die, die gebiert, kann wiedergebären. Das Samenkorn liegt im Erdenschoß wie der menschliche Samen im Mutterschoß.

In dem Demeter-Persephone-Mythos kommt die enge Urbeziehung zwischen Mutter und Tochter zum Ausdruck. Das Männliche, hier Hades der Unterweltgott, kann nur durch Gewalt beide trennen. Das Motiv Raub, Vergewaltigung und Bluthochzeit klingt hier an. (Von einem Sarkophag in Askalon)

Im Auferstehungsmythos ist sie nicht mit einem Sohn, sondern mit einer Tochter, Persephone, auch Kore genannt, in Verbindung gebracht. Ein Hymnos, der Homer zugeschrieben wird, erzählt, wie das Mädchen mit seinen Gespielinnen fröhlich auf einer Wiese spielt, als sich die Erde plötzlich auftut und Hades (Pluton) erscheint, das spielende Kind raubt und in sein Unterweltreich entführt. Neun Tage irrt die Mutter jammernd und suchend umher, und als sie ihr Kind nicht findet, verbirgt sie sich zürnend.

Auferstehung der Persephone, daneben Demeter mit Fackeln, dahinter Hermes der Seelenbegleiter. Das Wiederfinden der Tochter, beziehungsweise die Wiedervereinigung von Mutter und Tochter bildete den wesentlichen Teil der Mysterien in Eleusis. (Vasenbild aus Kreta)

Ohne ihre Fürsorge verdorrt alles, und die grünen üppigen Felder werden zu braunen öden Wüsten. Die Menschen hungern, und es fehlt ihnen an Speisen, um den Göttern zu opfern. Da greift Zeus als Weltenrichter ein und beschließt, daß Kore (Persephone) einen Teil des Jahres bei ihrem Gemahl in der Unterwelt verbringen muß und den anderen Teil bei ihrer Mutter in der Oberwelt.

Demeter, die dem Unterweltgott die Auferstehung ihrer Tochter abringen konnte, hatte nach den eleusischen Mysterien auch die Macht, alle Geweihten, ihre Kinder, aus der finsteren Unterwelt des Grabes zu befreien und ihre Wiedergeburt zu ermöglichen. Bei der Aufnahme in den Kreis der Geweihten wurde jeder Neuling von einer Priesterin mit Wasser besprengt, und eine andere schwenkte über ihn ein Getreidesieb mit Saatkörnern als Zeichen der Wiedergeburt und Auferstehung. Das »Abendmahl der Geweihten« verband die Menschen mit der Gottheit.

Eine dramatische Darstellung des Mythos von Zeugung und Geburt, Entsühnung und Weihe, Sterben und Verschwinden, Wiedergeburt und Auferstehung, war Teil der Mysterienspiele in Eleusis. Der geschlechtliche Akt der »Heiligen Hochzeit« wurde in Eleusis ins Seelisch-Geistige erhoben, ohne daß er seine Naturnähe und enge Naturverbundenheit verloren hätte. Der Demeter-Kult in Eleusis entsprang uraltem Agrarkult; in ihm sind Kinderzeugen und Säen nach Auffassung der alten Griechen gleichbedeutend. *»In Schwangerschaft und Erzeugung geht nicht die Frau der Erde, sondern die Erde der Frau als Beispiel voraus.«* Dazu ein Kommentar des Schweizers J. J. Bachofen: *»Nicht die Erde ahmt die Frau, sondern die Frau die Erde nach. Die Ehe (und das Geschlechtsleben) wird von den Alten als agrarisches Verhältnis aufgefaßt, die die ganze eherechtliche Terminologie von den Ackerbauverhältnissen entlehnte.«*

Erst im 5. Jahrhundert n. Chr. verschwinden die aus uralten Zeiten stammenden Eleusis-Mysterien aus der Geschichte. Doch wie tief der Glaube an die Allmacht der »großen Mutter« Demeter als Trösterin und Hoffnungsträgerin noch bis in die Gegenwart in den Gemütern der griechischen Bauern verankert ist, erfuhr ein Mitglied der Archäologischen Gesellschaft im Herbst 1890 in Eleusis, als er ein »Fest der Einsaat und der Auferstehung« unter den christlichen griechischen Nachkommen im Nachbardorf Levsina erlebte; es zeigte in Form und Brauch viele Ähnlichkeiten, nur wurde statt des Bildes der Demeter das Bild der Gottesmutter Maria verehrt.

Die Mutter-Tochter-These

Bei der Untersuchung der »Frauenfrage« im antiken Mythos ist die Gestalt der Tochter ebenso gewichtig wie die Gestalt der Mutter. In der Urzeit werden drei Göttinnen verehrt: die Mutter (Rhea), die Frau (Demeter) und die Tochter (Persephone). Später kommt als viertes ein männliches Element dazu (Hades). Rhea, die Urgöttin und Mutter aller olympischen Götter, verschwindet aus dem Gedächtnis der späteren Menschen, und die Dreiheit bilden nun Demeter (die Mutter), Persephone (das Mädchen) und Hades (der Mann). Der Mann spielt in diesem Trio eine häßliche Rolle: Er ist Räuber, Fürst der Unterwelt, und er verkörpert überhaupt das Dunkle, Drohende. Für urzeitliche Vorstellungen bezeichnend ist der Mädchenraub, der sowohl Hochzeit und Tod als auch Tod und Geburt in einen engen Zusammenhang stellt. Persephone wird durch Hades Braut und Opfer zugleich.

Obwohl der imposante, bärtige, lockige, alle und alles beherrschende Zeus Persephones Vater ist, ist sie keine Vaterstochter, sondern eine Mutterstochter, die ganz und gar mit dem Schicksal der Mutter verbunden bleibt. Mutter und Tochter standen im Allerheiligsten von Eleusis als Doppelgestalt - ohne Hades. Die Doppelgestaltigkeit symbolisiert die ununterbrochene Fortsetzung des Lebens; die Tochter ist die wiedergeborene Mutter. Die Muttergöttin mit ihrer bedingungslosen Liebe erfüllt die tiefsten Sehnsüchte des Menschen; sie ist Heimat, Haus, Familie, Geborgenheit, Wärme und Nahrung zugleich. Dieses Naturgefühl überträgt sich auf die Tochter. Sie setzt fort und ist, was die Mutter ist. Die Vorstellung der Mutter-Tochter-Einheit führte bei jenen Menschen der Vorzeit, die die primäre Bindung an die Natur beibehielten und darin Sicherheit fanden, zu einem Leben in Urmutter-Gemeinschaften mit enger Mutterbindung. In diesen Gemeinschaften, die separiert von den Männern lebten - denn der Mann stellte Bedrohung und Tod dar -, waren alle ökonomisch-sozialen Gesetze auf die Mutter-Tochter-Beziehung ausgerichtet. Die Tochter allein erbte nach matriarchalischem Recht das Haus, den Besitz, die Stammesherrschaft; sie schaffte, sorgte und kämpfte an der Seite der Mutter. Demeter-Kore als Mutter-Tochter-Verbindung ist der höchste religiöse Ausdruck des Matriarchats.

Die kämpfenden Frauen stellten sich die Griechen als Löwenweiber, mit Löwenfell bekleidete Kämpferinnen, vor. Gegen wen kämpften sie? In ältesten Zeiten mußten sich die seßhaften Frauen gegen jene hungrigen Jäger- und Räuberhorden zur Wehr setzen, die nachts in ihre Siedlungen einfielen und ihre Nahrungsvorräte und Töchter raubten. Es war der Geschlechtstrieb, der Hades aus seinem Schattenreich ins Licht trieb. Ebenso trieben der Hunger- und der Geschlechtstrieb die Hadessöhne in die matriarchalischen Siedlungen. Jede Mutter der Urzeit erlebte es einmal, daß ihre Tochter von einem Augenblick zum anderen buchstäblich »verschwand«.

Irrsinnig vor Angst und vor Wut, kämpften die Demeter-Urmütter wie Löwinnen für ihre Töchter und drangen, wenn alles nichts nutzte, mit ihren Klagen bis zum Himmel vor, bis Zeus ihnen die Töchter aus dem Reich des Hades wenigstens zeitweilig zurückbrachte. Ist nicht das ganze Leben nur eine zeitweilige Frist? Ein Finden und Verlieren, ein Sichängstigen und Suchen? Das Urbild der Trennung von Mutter und Tochter symbolisiert eine Zerreißprobe der Liebe und das unzerstörbare, immer wiederkehrende Leben.

Persephone, die Knospenhafte, das Frühlingswesen, von Hades geraubt, wird später im Mythos zur Hinwelkenden, zur Nacht- und Totengöttin. Die komplizierte Deutung Persephones als Tochter, Geraubte, Braut und Beherrscherin des Todes zugleich erklärt der

Kybele auf einem Löwengespann begegnet dem phrygischen Hirten Attis. Er trägt offene persische Plumphosen und lehnt bezeichnenderweise an einem Pinienbaum, an dem er sich selbst entmannte und der ihm später geheiligt wurde. Die Pinienzapfen sollten und sollen nach kleinasiatischem Volksglauben die Sexualkraft stärken. (Römisches Relief)

ungarische Psychologe K. Kerényi damit, daß das Schicksal Persephones ja nur entsprechende Stadien des Menschseins widerspiegele: *»So darf man auch das Schicksal eines jeden Lebewesens auffassen. Denn alle sind zugleich Sterbewesen mit der einzigen Hoffnung, die gleichfalls durch das Persephonemythologem vorgebildet wird: durch die Wiederkehr der Geraubten. Es war jene Wiederkehr, die in* (den Mysterien in) *Eleusis mit der Verkündigung einer Geburt im Tode gefeiert wurde: als ein sich immer wiederholendes, unerschöpflich lebenspendendes göttliches Ereignis.«*

Die antiken Religionen verschließen sich nicht vor der grausamen Realität des Todes als absolutes Nichtsein; auch Persephone gehört nach ihrem Verschwinden in der Unterwelt ins Reich des Nichtseins, aber sie vereinigt Leben und Tod in sich zugleich. Wenn sie zur Mutter zurückkehrt, kehrt der Frühling zur Erde zurück, und aus der Todesgöttin wird die Geburtsgöttin. Das Sterben hat seine Schwere verloren; in der Wiedergeburt wird neues Leben. Darum galt der Tod in Eleusis als »Geheimnis alles Lebenden«.

Neben den eleusischen Mysterien im griechischen Mutterland gab es noch andere Mysterien in Kleinasien, dem Land, in dem schon seit Urzeiten zahlreiche matriarchalische Staaten angesiedelt waren, z. B. Lykien, Lydien, Karien, Phrygien, Samothraka u. a. Am populärsten waren die Mysterien der Artemis in Ephesos und der Kybele in Sardeis. Georges M. A. Haafmann, einer der Ausgräber von Sardeis, schreibt: *»Im Jahre 1958 fanden wir nördlich des Artemis-Tempels in einer byzantinischen Mauer eingebaut ein Relief der Kybele, das dem 4. Jahrhundert angehören dürfte. Als ein Zeugnis für die Hellenisierung von Sardeis ist das Relief von hohem Wert.«* Denn bis dahin, bis zur Eroberung dieses Landstrichs durch Alexander den Großen, war Sardeis, die Hauptstadt Lydiens, eine Stadt mit matriarchalischem Recht. Sie wurde von einer Königin namens Omphale regiert, die sich – mit einem Löwenfell bekleidet – auf einer Vase abbilden ließ, die ebenfalls gefunden wurde.

Attis – Adonis – Osiris

Bei Sardeis, etwa 100 Kilometer von der Westküste Kleinasiens entfernt, in der heutigen Türkei, im fruchtbaren Teil des Hermus (türkisch: Gediz Çay) gelegen, fand man die eindrucksvolle Sitzstatue einer von Löwen umgebenen Göttin aus den Felsen herausgemeißelt. Sie stammt zweifellos aus hethitischer oder vorhethitischer Epoche, etwa aus der Zeit zwischen 2000 bis 1200. In der hethitischen Literatur wird die Gottheit Kubaba genannt. Sie ist die Vorläuferin der lydischen Kybele, späterhin als Berggöttin von Sardeis bekannt. Auf steinernem Steilhang über einem jetzt recht ausgedehnten Teich gelegen, an dem Schafe und Ziegen weiden, macht das kolossale verwitterte Bild einen starken Eindruck. Die Tatsache, daß die Göttin nach der Urvorstellung von kämpferischen Löwenweibern zwischen zwei Löwen sitzt, ist für den Beschauer eindeutig. Was fraglich scheint, ist die sprachlich einwandfreie Gleichsetzung der lydischen Kybele mit der hethitischen Göttin Kubaba. Beide sind wilde Berggöttinnen, und beider Kult entsprach ihrer wilden Natur; Panther und Löwen sind ihre Begleiter. Das älteste Heiligtum der Kybele lag auf dem Gipfel des Dyndimon, ebenfalls in dieser Gegend.

In nächster Nähe, im Walddunkel verborgen, befand sich das Grab ihres schönen Lieblings Attis, eines sterblichen, zarten Hirtenknaben, der nach seinem frühen Tod durch ihre Liebe unsterblich wurde. Attis mußte der Göttin untertänigst Treue und Keuschheit schwören, brach aber, schwach von Natur, von einer Waldnymphe verlockt, den Schwur und entmannte sich, als er Kybeles Rufe vernahm, daraufhin in einem Wahnsinnsanfall unter einem Pinienbaum. Dann tötete er sich in seiner Verzweiflung. Attis soll Kybeles Priester und Apostel gewesen sein; er habe weibliche Kleidung getragen und den Kybele-Kult in ganz Kleinasien verbreitet.

Majestätische Pinien mit schirmförmiger Krone, das charakteristische Kieferngewächs des Mittelmeerraumes, beschatteten daher alle Orte, an denen der schöne Attis verehrt wurde.

Wenn die Frühlingsstürme über die waldigen Höhen von Anatolien brausten, dann sagten die Hirten: *»Auf ihrem Löwengespann rast Kybele durch das Land, von ihrem wilden Gefolge begleitet. Von allen Bergwänden hallt ihr Jammergeschrei wider: ›Attis! Attis! Wo bist du?‹ Man könnte verrückt werden vor Entsetzen.«* Alljährlich, Ende März, wenn Attis' Opfertod in den zahlreichen Kybele-Gemeinden gefeiert wurde, streiften die fanatischen Priester, die wie Attis kastriert und mit Frauenkleidern bekleidet sein mußten, unter der rauschenden Musik von Hörnern, Pfeifen, Pauken und Kastagnetten, im Scheine lodernder Fackeln, suchend durch Wald und Gebirge. Die Kybele-Verehrer, die ihnen folgten, trieben ihre orgiastische Raserei zum Teil so weit, daß sie sich selbst oder auch gegenseitig verwundeten. Sollte die Selbstkastration die Überwindung der Mann-Weib-Polarität ausdrücken?

Der kybelische Priester mußte als Novize über sich auch die Bluttaufe ergehen lassen. Er stieg in eine Grube, über der ein Stier geschlachtet wurde, dessen Blut auf sein Haupt tropfte. Dieser Akt entsprach vollkommen dem Sakrament der Taufe; er war mit dem Gedanken der Reinigung, Wiedergeburt und mit der mystischen Vorstellung des Einsseins mit der Gottheit verbunden. Bei einem heiligen Mahl sprach er, laut Clemens Alexandrinus (um 150 n. Chr.), die Worte: *»Ich bin ins Adyton eingegangen.«* Das Adyton ist das Allerheiligste eines Tempels, das nur Priestern zugänglich war. Es kann aber auch als göttliches »Brautgemach« verstanden werden, in dem die »Heilige Hochzeit« des Eingeweihten mit der Göttin gefeiert wird. Der evangelische Religionsforscher J. Leipoldt vermutet: *»Was* *die Wirkung der Kybele-Attis-Religion betrifft, so ist ernstlich zu erwägen, ob sie teilweise in den christlichen Montanisten nachlebt, die auch einfach als ›Phryger‹ bezeichnet werden. Bei ihnen spielte allem Anschein nach ekstatisches Wesen eine größere Rolle.«*

Die phrygische Muttergöttin wurde oft mit Artemis von Ephesos, mit Aphrodite von Zypern und anderen kleinasiatischen Göttinnen identifiziert und im Jahr 204 v. Chr. auf Rat des Sibylle-Orakels in die römische Staatsreligion aufgenommen. Tatsächlich besaß der Aphrodite-Adonis-Kult, der ebenfalls in Kleinasien entstanden war und ein sakrales Zentrum in Byblos (Libanon) hatte, eine frappante Ähnlichkeit mit dem Kybele-Attis-Kult.

Der junge, sprichwörtlich schöne Adonis, den Aphrodite liebte, war ein Hirte wie Attis. Nur tötete er sich nach kurzem Liebesfrühling nicht selbst, sondern er wurde von einem Eber zerrissen. Die untröstliche Aphrodite erreichte bei den Göttern, daß ihr Geliebter ein halbes Jahr zu ihr zurückkehren durfte. Erinnert diese Geschichte nicht an den Demeter-Persephone-Mythos? Bei Attis und Adonis spielt allerdings nicht die Tochter, sondern der Geliebte die entscheidende Rolle; er verkörpert die entschwindende und wiederauferstehende *Liebe*. Das »Adonai«-Fest wurde einen Monat später als das Attis-Fest, also etwa April/Mai, drei Tage lang gefeiert. Die Frauen pflanzten schnell wachsende Blumen, die in drei Tagen erblühten und verwelkten. Am ersten Tag wurde Adonis' Verschwinden von den Frauengemeinden leidenschaftlich betrauert, am letzten Tag seine Wiederkehr mit Jubel begrüßt. Der Hohepriester öffnete dabei Adonis' vermeintliches Grab und verkündete der Gemeinde: *»Er ist auferstanden, auch ihr werdet einst aus der Fäulnis des Grabes auferstehen, drum jubelt!«*

In jedem Ort erfuhr das Attis-Auferstehungsfest andere Nuancen und kultische Umdeutungen. In Alexandrien näherte er sich dem Isis-Osiris-Kult an. H. Hepding erklärt diese sonderbaren Religionsvermischungen in »Attis, seine Mythen und sein Kult« folgendermaßen: *»Wir dürfen uns nicht wundern, daß die überlieferten Sagen vom phrygischen Gott Attis so sehr voneinander abweichen. Die Erklärung dafür ist in dem Charakter der alten Religionen zu suchen, der frei von allem Dogmatismus in der Ausübung altüberlieferter Riten bestand. Wie sich der einzelne den Ursprung der Bräuche erklärte, war ganz unwesentlich.*

Der ursprüngliche Sinn der Bräuche geriet häufig in Vergessenheit, und es entstanden neue Mythen zur Erklärung und Rechtfertigung der gottesdienstlichen Handlungen, die an verschiedenen Orten verschieden sein konnten. Bei der Erforschung und Erklärung alter Religionen ist es falsch, die Mythologie in den Vordergrund zu stellen, andererseits sind die alten Mythen als Zeugnisse der herrschenden Anschauungen von der Natur der Götter zu jener Zeit nicht zu unterschätzen.«

Der weitverbreitete Kybele-Attis-Kult, mit schattigen Wäldern und wilden Bergen verbunden, fand nach Rudolf Pörtner auch in den römischen Grenzniederlassungen am Rhein Eingang. *»Noch für das 4. Jahrhundert n. Chr. läßt sich der Kybelekult am Niederrhein nachweisen, wo er nach den Berichten antiker Schriftsteller einer der hartnäckigsten Gegner des Christentums war. Die jüngsten Ausgrabungen in Neuss haben ihn durch eine einzigartige Entdeckung einer sogenannten Blutgrube belegt – eine Fossa sanguinis –, wie sie bisher nur einmal, und zwar im Heiligen Bezirk der Großen Göttermutter von Ostia bei Rom, gefunden wurde.«*

Nachzutragen ist, daß Attis, Adonis und Adonai ebenso wie Baal, der Name des semitischen Wetter- und Himmelsgottes, einfach »Herr« bedeuten. Das führt uns von Sardeis nach Ugarit, dem nordsyrischen Stadtstaat, der an derselben östlichen Mittelmeerküste liegt und den Schlüssel zur Lösung des Geheimnisses birgt.

3. FÜR UND WIDER BAAL

Anat und ihr Prinzgemahl Baal

Genau wie in Mari führte auch in Ras Schamra an der kleinasiatischen Küste ein Zufallsfund zur Entdeckung des bedeutenden kanaanäischen Stadtstaates Ugarit, der unter dem Ansturm der ägäischen Seevölker um 1200 v. Chr. – zur gleichen Zeit wie Troja – unterging. Im März 1928 stieß ein libanesischer Bauer beim Pflügen seines Ackers auf einen Stein, der, wie sich nach näherer Prüfung herausstellte, zu den Resten eines mykenischen Friedhofes gehörte. Er lag am Abhang eines Hügels, den die syrischen Araber nach dem Kraut, das dort üppig wuchs, »Ras Schamra«, das heißt »Fenchelhügel«, nannten. Die Ausgrabungen wurden von der *Académie des Inscriptions et Belles-Lettres de Paris* unter Leitung von Claude Schaeffer ab April 1929 durchgeführt und sind bis heute mit vorübergehenden Unterbrechungen während des Zweiten Weltkrieges noch nicht abgeschlossen.

Der Hügel, in der Fachsprache »Tell« genannt, also Tell Ras Schamra, weist fünf Siedlungsperioden auf. Sie reichen von der Jungsteinzeit um 4000 bis zur ersten Eisenzeit um 1200. Der antike Name des Ortes war, wie Inschriften bezeugen, Ugarit. Als internationale kanaanäische Handels- und Hafenstadt unterhielt Ugarit Beziehungen zu der ägäischen Inselwelt, zu den Hethitern, Churritern, Assyrern und zu Akkad, Mari, Kanaan und Ägypten. Das macht diese Stadt besonders interessant. In einem aufgefundenen Schreiben bittet ein Herrscher von Ugarit den König Hammurapi, seinen Sohn bei Zimrilim, dem Herrscher von Mari, einzuführen, damit er dessen prächtigen Palastbau besichtigen und sich technische Anregungen holen kann. Einerseits war Ugarit bereit, von der gesamten Umwelt zu lernen, andererseits beherbergte es selbst die zentrale Universität der kanaanäischen Kultur. Die zahlreichen aufgefundenen Texte können nach Aussagen Professor Schaeffers als Enzyklopädie der kanaanäischen Kultur bezeichnet werden. Auf der Spitze des Hügels fand der französische Ausgräber ein Gebäude, das mit dem Tempel des Baal verbunden war. Aufgrund der Menge von Schrifttafeln, die er hier fand, hält er es für die größte Bibliothek kultischer Urkunden des Vorderen Orients, die zugleich als Verlag diente, in dem alte kanaanäische Schriften fleißig kopiert wurden. Die Abschreiber waren Schüler der Schreibschule. Sie mußten die Hymnen auf Baal und Anat aus dem Kopf kopieren.

Der Gründer dieser Bibliothek soll König Niqmadu II. (um 1340 v. Chr.) gewesen sein, ein rechter Förderer der Gelehrsamkeit und ein bescheidener Herr. Sein Siegel zeigt links eine Göttin als Fürsprecherin, einen Priester als Vermittler und rechts den bärtigen König, der auf einem Stuhl sitzt. Wohlgemerkt: Auch hier wird der König nicht mit einem Vatergott, sondern mit einer Muttergottheit konfrontiert. Schaeffer deutet die Darstellung so: *»Dem König wurde gehuldigt, aber er wurde nicht angebetet. Die Anbetung war in Ugarit der weiblichen Gottheit vorbehalten.«*

Drei Tempel fand Schaeffer, einen des jungen Gottes Baal, einen des Gottvaters Dagon (auch El genannt) und einen von einer weiblichen Gottheit, der Anat-Aschera. Dem Tempel des Baal war ein Turm angeschlossen, ähnlich dem 90 Meter hohen Stufenturm neben dem Marduk-Tempel in Babylon; nur hatte er in der Provinzstadt Ugarit eine viel bescheidenere Höhe.

In diesem Turm feierte, nach Ansicht der Textforscher, Baal mit Anat-Aschera alljährlich die »Heilige Hochzeit«, so wurden das Thronbesteigungsfest des weltlichen und des himmlischen Königs, genau wie in Babylon, miteinander verbunden. *»Dasselbe Brauch-*

Die kanaanäische Anat wurde in erster Linie als Kriegsgöttin angebetet. Auf einem Relief um 1200 v. Chr. aus Ugarit sitzt in ihrer vollen Herrlichkeit, gerüstet mit Schild, Speer und Keule auf dem Thron, um die Menschheit zu richten. (Syrisches Museum)

tum«, schreibt der Textforscher Arvid S. Kapelrud, *»übernahmen die Israeliten, als sie im Land seßhaft wurden, von den Kanaanäern, nur bekam das Fest einen anderen Charakter und wurde auf Jahwe bezogen.«*

Im Laufe der Zeit wurde Jahwe, der »HERR«, der »König der Könige« auf Erden, durch die geläuterte prophetische Religion aus der primitiven Naturgebundenheit in die transzendente Sphäre des einzigen Gottes erhoben, der keine göttliche Gemahlin besaß und seine Hochzeit nur mit seinem auserwählten Volk feiern konnte. Die mythologischen Texte von Ugarit sind für die Religionsforschung deshalb so wichtig, weil sie eine frappante Ähnlichkeit, manchmal sogar Übereinstimmung, mit der Gedankenwelt der Bibel aufzeigen. Selbst wo solche Parallelen nur zu vermuten sind, versuchten eifrige Textausleger, die ugaritischen Schriften durch kleine Korrekturen in völlige Übereinstimmung mit der Bibel zu bringen. So sagt Schaeffer: *»Es sollte nicht vergessen werden, daß der bruchstückhafte Zustand vieler Tafeln und die Schwierigkeit einer Sprache in einer Mundart von beschränkter Ausdrucksfähigkeit den Übersetzern unüberwindliche Schwierigkeiten entgegensetzt. Es scheint daher notwendig, denen einen Warnruf zuzurufen, die aus den Ras-Schamra-Texten bestätigen wollen, was sie ›buchstäbliche Wahrheit der Bibel‹ nennen. Wer unsere Urkunden in dieser Weise auswerten will, muß mit der größten Vorsicht und absoluter Wahrhaftigkeit vorgehen.«*

Über die Ablösung der matriarchalischen Muttergottheiten durch die patriarchischen Vatergottheiten im Judentum wird noch zu sprechen sein. Welche Aussagen finden wir aber in Ugarit über die Geliebte des Baal, die als Liebesgöttin da Aschera (Astarte) und als Kriegsgöttin Anat hieß? Im Königspalast fand Schaeffer feine Arbeiten aus Elfenbein; eine davon, eine Bettleiste von über 100 Zentimetern Länge und 50 Zentimetern Breite, bezeichnet er als das größte Einzelstück von Elfenbeinschnitzerei, das bisher im Nahen Osten gefunden wurde. Die Leiste zeigt Szenen aus dem Leben eines Königs sowie eine Göttin, die an ihrer Brust zwei Königskinder säugt. Hier wird als Schutzmacht des Königs und der Königskinder eine Göttin und kein Gott hervorgehoben.

Besonders interessant ist ein elfenbeinerner Deckel einer Schachtel, die im Hafenviertel gefunden wurde. Darin ist eine halbnackte Göttin eingeschnitzt; sie hält in beiden Händen einige Kornähren, und zwei Ziegenböcke versuchen, springend danach zu schnappen. Die Frauengestalt trägt einen Rock, der stark an die Kleidung in der kretisch-mutterrechtlichen Kultur erinnert. Kam die matriarchalische Kultus- und Kulturvorstellung in Ugarit von Kreta?

Ebenfalls im Hafenviertel von Ugarit fand Schaeffer einen Goldanhänger. Er zeigt die Göttin, wie sie nackt auf einem Löwen steht und in beiden Händen gebundene Jungtiere hält. An ihren Seiten ringeln sich Schlangen empor, Symbole der Fruchtbarkeit. Immer wieder erscheint die Göttin der Liebe, die hier besondere Volkstümlichkeit besaß, in ständig wechselnder Gestalt auf goldenen Anhängern oder als Idol aus Elfenbein, Ton und Stein. Männliche Idole wurden in Ugarit kaum gefunden.

Wen stellen die zahlreichen weiblichen Figurinen dar? Es ist Anat, die westsemitische Göttin des Kampfes, der Jagd und des Rechtes, deren babylonische Entsprechung Ischtar war. Sie wird auch mit Astarte (Aschera), der Göttin der Liebe, identifiziert und als Geliebte einem Baal beigestellt.

Im ganzen Vorderen Orient, von Ugarit über Kleinasien, Syrien, Ägypten, Kanaan bis nach Südarabien wird sie als Göttin der Lust und Liebe verehrt. Auch in Israel war sie bekannt. Die Propheten wettern gegen die Männer Israels, die ständig *»Gäste im Hause der Hure Aschera«* seien. Es sind *»stramme geile Hengste, die nach allen Weibern wiehern«.*

In den Texten von Ugarit aber erscheint sie in der Urfassung hauptsächlich als Anat, die Kämpferin. Als Gefährtin des Baal ist sie die aktivere Persönlichkeit; sie streitet für ihn, schlägt seine Feinde nieder, erlistet den Thron für ihn und springt immer wieder für ihren unselbständigen Prinzgemahl tapfer ein. Oft fragt man sich, ob sie nicht der eigentliche Baal (Herr) in diesem ungleichen Götterpaar ist.

Zahlreiche Aschera-Figuren, auch mit Kronen und Lotosblüten, fand man an allen Orten der vorisraelitischen Periode im westlichen Jordanland. Sie stellten eine Art Heiligenbilder dar. Unter einem einzigen Haus, südlich von Jerusalem (Tell Mirsim), fand man allein 12 solcher Tontäfelchen.

Laut des altorientalischen Mythos mußte ein Gott, der sich über alle Götter erheben wollte, erst einen Urdrachen oder ein Chaos-Ungeheuer besiegen. So bezwingt Marduk, der junge babylonische Gott, die Chaos-Göttin Tiamat mit ihrem Unterweltgefolge. Im ugaritischen Mythos aber kämpft Anat siegreich gegen den Drachen Tannin. Später wurde diese für Baal peinliche Darstellung korrigiert und der Sieg dem Baal zugeschrieben. In einem anderen Text ist sie Aschera, die Gattin des Urgottes El – und Baal ist ihr Sohn und Geliebter. Um ihm zur Oberherrschaft zu verhelfen, besucht sie ihren alten Gatten in seinem Wolkenschloß.

»Sobald El sie wahrnimmt«, heißt es wörtlich, *»öffnet er seine Kinnbacken und lacht. Seine Füße setzt er auf den Fußschemel und dreht seine Daumen. Er erhebt seine Donnerstimme und ruft: ›Warum ist Aschera gekommen?‹«* In dieser Audienz gelingt es der Göttin, dem alten Herrn listig eine Konzession für den Bau eines Tempels für ihren Sohn und Geliebten abzuschmeicheln. Zuerst ruft El empört: *»Was, bin ich sein Sklave? Sein Ziegelformer?«* Doch bald erliegt er ihrem weiblichen Charme und gibt nach; er läßt seinem Sohn den Tempel erbauen und entthront sich damit selbst. Der babylonische Marduk wie auch der griechische Zeus mußten ihre Väter in schweren Kämpfen besiegen, Baal aber übernimmt – durch Weiberlist – die Herrschaft kampflos.

Er läßt Anat-Aschera für sich kämpfen. Sie ist fest entschlossen, selbst ihren eigenen Mann vom Thron zu stürzen, um ihrem Sohn und Geliebten die Herrschaft zu sichern. Das Schicksal aber nimmt seinen Lauf. Der ugaritische Mythos beschreibt, wie es Mot, dem Unterweltgott, gelingt, seinen schwächlichen Bruder Baal zu einem Trinkgelage in sein Reich einzuladen. Vorher sucht Baal, um sein Gewissen zu erleichtern, seine Gattin zu einem Schäferstündchen auf. Aus diesem Anlaß verwandelt er Anat in ein junges tänzelndes Kalb und bespringt sie als mächtiger Stier. Später, als Baal nicht von dem Saufgelage zurückkehrt, sucht Anat ihn, und es heißt im Lied: *»Wie das Herz einer Kuh nach dem Kälbchen, wie das Herz eines Schafs nach dem Lämmchen, so sehnt sich Anats Herz nach Baal.«*

Wieviel Naturnähe und Urempfinden liegt in diesen Versen! Die unaufhörliche Spannung im Herzen der Menschen und Tiere ist von gleicher existenzieller triebhafter Kraft; die kanaanäische Hymne identifiziert das höchste Gefühl der Liebe als unterschwellige Naturverbundenheit von Mensch und Tier, als verbindende Einheit. Selbst die Göttin sehnt sich nicht anders, nicht stärker nach ihrem Geliebten als eine Kuh nach ihrem Kälbchen, das man ihr geraubt hat.

Was unternimmt Anat, als sie die schreckliche Nachricht vom

Tode ihres Geliebten erfährt? Isis, Demeter, Kybele, Aphrodite und andere Naturgöttinnen verfallen in Niedergeschlagenheit, Trauer, Jammer, ängstliche Einsamkeit, bis ein höherer Gott sich ihrer erbarmt und die abgestorbene Liebe wieder aufblühen läßt. Ganz anders bei Anat-Aschera: Sie wendet sich nicht an den Vatergott El, sie handelt allein: Der Schicksalsschlag weckt ihre Wut und ihren Kampfgeist. Mit bewußter Entschlossenheit steigt sie in die Unterwelt hinab – nicht wie Orpheus, um mit süßem Gesang Mot zu betören, sondern um ihn zum Zweikampf herauszufordern. *»Sie ergreift den Gott Mot«,* so heißt es weiter im Lied, *»mit einem Sichelschwert spaltet sie ihn, mit einem Sieb worfelt sie ihn, mit Feuer verbrennt sie ihn, zwischen Mühlsteinen zerreibt sie ihn, auf das Feld streut sie ihn, daß die Vögel seine Reste fressen.«* Die anschauliche kanaanäische Lyrik wählt für den Existenzkampf, in dem es um Leben und Tod geht, Bilder aus dem Bauernleben.

Anat-Aschera ist hier die Göttin der Ernte, die den Gott Mot wie ein Getreidebüschel mit sicherer Faust faßt und niedermäht; wie Ähren worfelt sie ihn auf der Tenne, sie verbrennt seine Spreu, streut sie als Dung auf die Felder und mahlt das Korn zu Mehl.

Das Bild des in den Luftraum aufsteigenden Baumes bewegte die Menschen seit jeher. In seinem Schatten suchte man Schutz und Ruhe, und seine Früchte stillten Hunger und Durst. Die Baumgöttin Hathor aber, wie die Abb. aus einem Grab der 18. Dynastie zeigt, schenkte auch verstorbenen Seelen Nahrung.

Josephus Flavius, der 1300 Jahre nach dem Untergang Ugarits lebte und gewiß nichts von den ugaritischen Hymnen wußte, berichtet, daß die Juden noch zu seiner Zeit im ersten Frühlingsvollmond (Osterzeit) das frisch geschnittene Korn nicht berühren durften, bevor sie nicht die Riten des Kornmähens, Siebens, Brennens und Zermahlens kultisch nachvollzogen hatten. Außerdem aßen sie während der sieben vorhergehenden Tage nur ungesäuertes Brot (Matzen) und feierten die »Auferstehung« Israels aus der Knechtschaft

Ägyptens. Diese Sitte übernahmen die Israeliten von der kanaanäischen Urbevölkerung. Im ersten Frühlingsvollmond und mit dem ersten Sichelschlag feierten die Kanaanäer die Auferstehung Baals als Dankfest für Anat, denn sie hatte das Wunder vollbracht. Die Israeliten feierten es als Dankfest für Jahwe, denn er hatte ihre Auferstehung, ihre Befreiung aus der ägyptischen Knechtschaft, bewirkt.

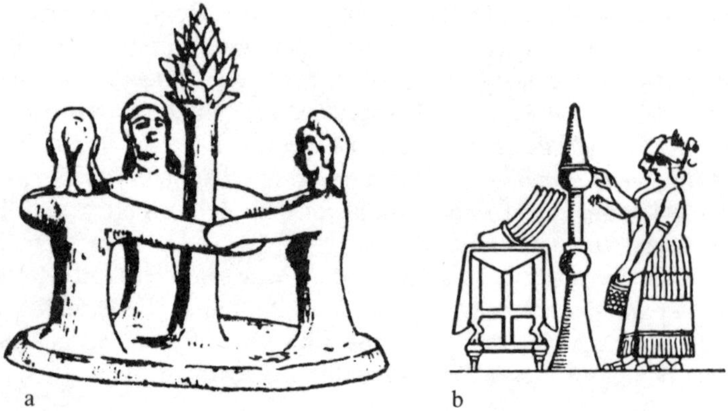

a b

Vom heiligen Baum zum Kultpfahl. a) Drei Frauen tanzen im verzückten Reigen um einen Kultbaum. b) Zwei Priesterinnen salben einen künstlerisch geschnitzten Kultpfahl. Daneben ein Altar. – a) Tonmodell um 1000 v. Chr. aus Zypern, b) Relief um 800 v. Chr. aus Assur

Baumgöttin und Pfahl

Immer mehr verlor Anat das Kriegerische und wurde zur ausschließlichen Liebesgöttin Aschera. Aschera, nicht Anat, erscheint in Kanaan in zwei Abwandlungen, als Baum und als Pfahl. Öfters berichtet die Bibel, daß unter jedem Baum, der auf einer Anhöhe stand, »gehurt«, das heißt die Liebesgöttin verehrt, wurde. Ursprünglich glaubte der Mensch, daß den Bäumen eine magische Macht innewohne, die in jedem Frühjahr neues Leben, nämlich grüne Blätter und Früchte hervorbringe. Die ältesten mythischen Bäume, der »Baum des Lebens« wie der »Baum der Erkenntnis«, standen im Mittelpunkt des Paradieses. Die Wurzeln der Bäume, so dachten die Menschen, waren im Mutterleib der Erde verankert und standen mit ihm in fortdauernder Verbindung. Sie wurden deswegen für die Quelle der Lebenskraft gehalten. Die kleinasiatischen Lykier glaubten sogar, daß die Bäume älter als die Erde sind.

Auf die Frage nach der Abstammung der Menschen antwortet der Lykier Glaukos dem Griechen Diomed in Homers »Ilias« folgendermaßen: *»Gleich wie Blätter im Walde, so sind die Geschlechter der Menschen. Blätter verweht zur Erde der Wind nun, andere treibt dann wieder der knopsende Wald, wann neu auflebet der Frühling: So der Menschen Geschlecht, dies wächst, und jenes verschwindet.«* Mit diesem Naturbild beschreibt der Lykier das Mutterrecht seines Landes: Die Blätter des Baumes entstehen nicht unabhängig voneinander, sondern sind alle durch einen Stamm verbunden. Nicht das Blatt ist des Blattes Erzeuger, sondern aller Blätter gemeinsamer Erzeuger ist der Stamm, der aus der mütterlichen Erde kommt und in ihr wurzelt. Wir sprechen noch heute vom Stammbaum.

Es ist naheliegend, daß der Baumkult insbesondere auf Frauen eine große Anziehungskraft ausübte. Für die Frau mit ihrer ursprünglichen Naturverbundenheit wird die Natur zum Schauplatz von Mächten, die den Objekten innewohnen oder mit ihnen identisch sein können. Der Baum konnte nur Ausdruck einer Frauengottheit sein; seine grüne Baumkrone spendet schützenden Schatten, und seine Früchte dienen als Nahrung.

Auch die Griechen, Römer und andere Völker glaubten, daß das Leben mit dem Baum verbunden sei, und pflanzten bei der Geburt eines Kindes einen Baum als den Schutzgeist. In seinem Laub birgt der Baum die Nester der Vögel und der Seelen, denn die Alten verstanden die Seelen der Menschen als Vögel. Deshalb erscheinen auf ägyptischen Darstellungen häufig Bäume mit zahlreichen Vögeln darauf oder Bäume bzw. Baumgöttinen, die verstorbene, unsterbliche Seelen speisen. Ist das der Grund, weshalb wir noch heute auf den Friedhöfen Platanen pflanzen? Eine Frau, die einen heiligen Baum besuchte, war – bewußt oder unbewußt – bereit zur Meditation, Versenkung, Entzückung, um in einer »Unio mystica« mit diesem zu verschmelzen und aus seinem Rauschen das Orakel herauszulesen.

Viele Prophetinnen der Urzeit weissagten im Schatten der Bäume. Im Allerheiligsten von Delphi stand ein Lorbeerbaum. Die Nymphe Daphne, die der Gott Apollo mit seiner Leidenschaft verfolgte, bat ihren Vater Zeus, sie zu retten, und er verwandelte sie in diesen Lorbeerbaum. Er erbebte, wenn Pythia, die weissagende Priesterin, in Ekstase geriet, und die dunklen Worte ihrer Orakelsprüche waren laut Plutarch »wohlriechend duftend« wie der Duft der Lorbeerblüten. Das dunkle Raunen der windgeschüttelten Kultbäume konnte nur von Frauen gedeutet werden, und trotz der zweideutigen Formulierungen waren ihre Aussagen von schicksalhafter Bedeutung für die Umwelt.

Die Gebrüder Grimm bewiesen übrigens nach philologischen Untersuchungen, daß das altdeutsche Wort für »Tempel« mehr oder weniger ein baumreiches Heiligtum und einen Wohnsitz der Götter bezeichnete, der von geweihten Frauen betreut wurde.

Als der Mensch den Gottheiten Häuser zu bauen begann, fällte er die Kultbäume und stellte sie als Pfahl oder Säule im oder vor dem Gotteshaus auf. Noch heute errichten Naturvölker einen Pfahl als Fetisch vor dem Heim eines neuvermählten Paares. »Fetisch« ist ein Wort aus der Bantusprache, das über das Portugiesische zu uns kam; es bezeichnet einen zum Gott erklärten Gegenstand. Fetischismus findet sich bereits in der kretischen Religion und dann bei den Griechen der Frühzeit. Baum oder Pfahl waren keine abstrakten Prinzipien, sondern konkrete Persönlichkeiten. Die Frau, die sich unter einem Kultbaum beim »Heiligen Hochzeitsfest« hingab, empfing von Aschera, der Göttin, und nicht vom Mann die Lebenskraft, und der Mann, der eine Hierodule umarmte, umarmte durch sie die Göttin der Fruchtbarkeit selbst. Eine phönizische Tonstatuette aus Zypern hält eine solche Szene fest: Drei Frauen fassen sich an den Händen und tanzen um einen stilisierten Pfahl, der wie ein belaubter Phallus wirkt. Diesen Phallus-Tanz bezeichnen die alttestamentarischen Propheten als »Hurerei«.

Eine Braut von heute würde erschrocken aufhorchen, wenn der Priester, der sie traut, den Myrtenkranz, den sie als Brautkrone trägt, »Hurenzeichen« schimpfen würde. Tatsächlich war die immergrüne Myrte mit den weißen, stark duftenden Blüten typisches Gewächs des Mittelmeerraumes, Symbol der Liebesgöttinnen Aphrodite und Venus. Myrtenzweige wurden nicht nur bei den Hochzeitszeremonien getragen, sondern auch bei den Fruchtbarkeitsprozessionen für Demeter im Frühjahr und Herbst zur Zeit der Aussaat. Diese Prozessionen waren mit Geheimriten, die der Fruchtbarkeit von Mensch und Natur dienten, verbunden, an denen nur Frauen teilnehmen durften. Die Prozessionsstraße von Athen nach Eleusis war mit heiligen Ölbäumen bepflanzt. Der Ölbaum galt als Baum der Sattheit, des Langmuts und des Friedens und war der Göttin Athene geweiht. Hera wiederum wurde mit einem Granatapfel, Symbol der Fruchtbarkeit, dargestellt.

Doch zurück zu Aschera! Das Wort an sich konnte im Hebräischen sowohl »Pfahl«, »Fetisch«, »Lustzeichen« als auch »Idolfigürchen« bedeuten. Ebenso wie C. Schaeffer in Ugarit fand der bekannte amerikanische Archäologe W. F. Albright (1891 bis 1971) von der John-Hopkins-Universität in Baltimore, der vier Jahrzehnte lang erfolgreich im Heiligen Land tätig war, zu seiner Enttäuschung fast nur weibliche Idole. Er stellte fest: *»Fast könnte man sagen, daß die Kanaanäer auch Monotheisten wie die Hebräer waren, nur hatten sie eine Frau Gott und nicht einen Herrn Gott. Aschera besaß zwar auch einen männlichen Begleiter, den Baal, aber dieser war nur ihr Schatten, nur eine bedeutungsschwache Randfigur.«*

Israel und der Baumkult

Die baumärmste Region der Erde ist die Wüste. Hier gibt es keine Ölbäume, Lorbeerbäume, Myrten und Granatapfelbäume. Aus der unendlichen Sandöde ragt als einziges der kahle Dornbusch, der im Licht der sinkenden Sonne zu flammen scheint. Bei einem solchen Strauch erlebte vor 2400 Jahren ein Mann, der am Königshof von Ägypten als Findelkind erzogen wurde, aber wegen Totschlags eines Sklavenaufsehers fliehen mußte, eine Offenbarung. Der Mann hieß Mose. Er sollte der Begründer des *Monotheismus* werden. Man muß sich bei dieser als außerordentliches Phänomen aufgefaßten Szene klarmachen, daß die Phantasie der Menschen in den öden Regionen beim Anblick eines im Abendlicht glühenden Baumes viel stärker angeregt wird als die eines Europäers, der bei einer Wüstenreise vielleicht den außerordentlichen Baum botanisch-wissenschaftlich einzuordnen versuchen würde. Für den biblischen Berichterstatter war der Dornbusch ein beseeltes Ding, das sprechen und offenbaren konnte, ein Teil des göttlichen Kosmos, eben Gott selbst. *»Mose, Mose!«* rief eine Stimme aus dem Busch, *»tritt nicht hinzu, zieh deine Schuhe aus, denn der Ort, darauf du stehst, ist heiliges Land.«* Im Katharinen-Kloster im südlichen Sinai wird die Stelle gezeigt, an der der Dornbusch der Offenbarung gestanden haben soll; wer sie heute besuchen will, muß ebenfalls die Schuhe abstreifen wie einst Mose. Der früchtelose, stachlige Dornbusch ist kein Symbol des Weiblichen, keine Personifizierung der Fruchtbarkeitsgöttin, sondern das Symbol der patriarchischen Religionsvorstellungen der Wüstenwanderer. Vielleicht will der biblische Schriftsteller mit dem Dornbusch nichts Mythisches, nur Tatsächliches ausdrücken: Als Israel noch in der Wüste lebte, kannte es keinen Öl-, keinen Feigen-, keinen Fruchtbaum, nur den kahlen Dornbusch.

Von den Ahnen der Hebräer wird erzählt, daß sie auch Baumanbeter wie die Kanaanäer waren, nur auf der Basis einer anderen Kulturvorstellung. Abraham opferte an der urzeitlichen Orakel-Terebinthe in Sichem.

Als er von dort weiterwanderte, pflanzte er seinen eigenen Kultbaum, eine Tamariske, in Beer-Seba. Während die Terebinthe, eine fruchtbare Pistazienart, ein Gewächs des Mittelmeerraumes ist, ist die vulgäre Tamariske ohne eßbare Früchte eine typische Pflanze der Steppen- und Wüstenzone. Rebekka, Abrahams Schwiegertochter, begrub ihre geliebte Amme Debora unter einer »Trauereiche«, wieder bei Sichem. Rebekkas Sohn Jakob mußte vor seinem grollenden Bruder nach Aram fliehen. Als er nach zwanzig Jahren in seine Heimat zurückkehrte, nahm er in einer bezeichnenden Szene seinen beiden aramäischen Frauen ihren goldenen Schmuck, der als anthropomorphisches Amulett diente, ab und begrub oder opferte ihn unter der Terebinthe in Sichem, an der bereits Abraham geopfert hatte. Diese Szene kann auf viele Weisen gedeutet, aber nicht entmythologisiert werden. Sie illustriert eine Zeit, in der der supranaturale Monotheismus vor Mose noch keine scharfen Konturen hatte. Danach muß bei Sichem ein bodenständiges Baumheiligtum gestanden haben, dem auch die hebräischen Stämme huldigten. Bei ihrer langsamen Durchdringung des Landes und Vermischung mit der Urbevölkerung kam es zur Aufnahme altkanaanäischer polytheistischer Mythen und Kulte, also der Verarbeitung von Religionen, die viele Götter anbeteten, hin zur Verherrlichung eines einzigen, allmächtigen Gottes (Monotheismus).

In der Bibel werden nur vier Blumen namhaft erwähnt, aber Bäume? Von rauschenden Wäldern spricht die Bibel genau wie das kanaanäische Epos, und es gibt die mannigfaltigsten Baumarten. Zwei Namen »ela« (Tamariske) und »alon« (Eiche), sind mit dem Gottesnamen »El« verbunden. Alle Bäume – von der Zeder, die stolz ihr Haupt über die Schneewipfel des Libanons erhebt und ihr kostbares Holz zum Bau des Gotteshauses gab, bis zum flammenden Dornbusch in der Wüste, der die Gottesoffenbarung für Mose enthielt – wurden mit heiligen Symbolen in Verbindung gebracht. Gesegnet war jede Familie, die im Schatten eines Feigenbaumes saß und Kinder hatte – so zahlreich wie die Sprößlinge eines Ölbaums. Noch Paulus vergleicht die Neuchristen mit Sprößlingen des alten Ölbaums Israel. Der Ölberg östlich von Jerusalem und die uralten zerfurchten Ölbäume, die die Franziskaner dort anpflanzten, sind mit der Passion Jesu verbunden. Der Prophet Jesaja sieht Israel als einen Baum, den die Völker fällten. Aber aus dem Baumstumpf werde ein Reis sprießen, *»der künftige Messias«*. Unter der Herrschaft des Messias werden einst statt Dornbüschen Zypressen und statt Distelsträuchern Myrtenbäume wachsen; *»alle Bäume werden in Jubel ausbrechen und in die Hände klatschen«*. Und der Psalmist fügt hinzu: *»Dann jauchzen alle Bäume des Waldes vor dem Herrn, wenn er kommt.«*

Die Bäume konnten jauchzen, reden, in die Hände klatschen und mit ihren Asthänden greifen, ganz wie magische Wesen. *»Einst wollten die Bäume«*, erzählt eine biblische Fabel, *»einen König über sich salben und sprachen zum Ölbaum: ›Sei unser König!‹ Der antwortete ihnen: ›Soll ich meine Fettigkeit lassen, mit der man Götter und Menschen ehrt, und hingehen, über den Bäumen zu schweben?‹«* Die gleiche Antwort erhalten sie vom Feigenbaum und vom Weinstock, der sagt: *»Soll ich meinen Wein lassen, der Götter und Menschen fröhlich macht?«* (Man beachte die Pluralbezeichnung »Götter«, deren Existenz die Bibel hier anerkennt!) Zuletzt bieten die enttäuschten Bäume ihre Krone dem minderwertigen Dornbusch an. Da schüttelt der kahle Strauch ungläubig seine Dornen und antwortet stachlig: *»Wollt ihr in Wahrheit mich salben, daß ich König über euch sei? So kommt und legt euch in den Schutz meines Schattens.«*

Der Olivenbaum wurde von den Hebräern als höchstes Fruchtbarkeitssymbol verehrt. Im Richterbuch (9, 8 ff.) wird ihm das Königstum über alle Bäume angeboten. Der Ölbaum lehnt es mit den Worten ab: »Soll ich meine Fettigkeit lassen, mit der man Götter und Menschen ehrt...«

Ja, auch die Hebräer waren dem Zauber der Bäume erlegen und wurden in ihren Bann gezogen. Aber er war in ihrer Vorstellung eine männliche und nicht – wie bei den Kanaanäern – eine weibliche Kraft. Dieselbe Entwicklung ist auch bei anderen Völkern nachweisbar. Die Bäume, früher den weiblichen Göttern zugeschrieben, wurden in patriarchischer Zeit mit bestimmten männlichen Göttern in Verbindung gebracht, die Eiche mit Zeus, der Lorbeer mit Apollon, die Pinie mit Attis, der Feigenbaum mit Romulus; nur der Ölbaum blieb heiliges Symbol einer Frau, der Athene.

Die aus der Wüste eingewanderten, zerstreuten hebräischen Stämme waren zahlenmäßig, wirtschaftlich und militärisch den in einzelnen Stadtkönigtümern zersplitterten Kanaanäern weit unterlegen. Sie fürchteten deren hervorragende Stadtbefestigungen, die eisernen Kriegswagen, die gepanzerten Goliaths; Kanaanäer bildeten in ihren Augen eine feudalistische Großmacht, eine sittlich verwerfliche und entartete Gesellschaft, zwar technisch hochstehend, aber moralisch und religiös verkommen. Um nicht von den in jeder Beziehung höherstehenden, aber zersplitterten Kanaanäern aufgesogen zu werden, mußten sich die hebräischen Stämme mit allen ihnen zur Verfügung stehenden Mitteln zur Wehr setzen. So auch mit ihrer originellen monotheistischen Gottesidee, durch die sie sich von ihrer geistigen Umwelt unterscheiden. Wieso und weshalb sie vom Anfang ihres Geschichtsbewußtseins an der Idee einer einzigen, allein herrschenden Gottheit folgten, ist unbekannt. Aber die Gottheit war *männlich* und drückte damit auch religiös den Anspruch des Patriarchats gegenüber den noch weitgehend matriarchalisch orientierten kanaanäischen Kulten aus; und die ließen sich wiederum so schnell nicht ausrotten.

Noch um das Jahr 600 v. Chr., also 600 bis 800 Jahre nach ihrer Einwanderung, als die Kanaanäer längst von der historischen Bühne verschwunden waren, wetterten die Propheten gegen jene Frauen, die unter den Bäumen tanzen, *»die in Brunst geraten unter jedem Baum«*. Das bezieht sich nicht auf Kanaanäerinnen, sondern auf israelitische Frauen und Mädchen, die noch immer dem Zauber der bodenständigen Religionsriten erlegen waren. Die englische Archäologin Kathrin Kenyon fand im Boden Jerusalems zahlreiche kleine, meist zerschlagene Tonfiguren der Aschera, die ihre ausladenden Brüste stützt. Sie stammen aus dem 9. bis 7. Jahrhundert, der Regierungszeit der judäischen Könige. Das heißt: Fast bis zum letzten Tag des Bestehens des autonomen Israel-Staates hielt sich der Fruchtbarkeitskult trotz des Eiferns der Propheten im Volk. Im Tempel zu Jerusalem gab es Frauen, die für Aschera »Schleier webten«, wahrscheinlich Aschera-Priesterinnen, die Hierodulendienst leisteten.

Laut der Propheten formten die israelitischen Frauen nach kanaanäischen Riten bestimmte Brote wie Geschlechtsteile, brachten Wasseropfer dar und ließen sich in den Hurenhäusern – so werden die Götzentempel genannt – bis zur Ekstase schlagen, »um Getreide und Wein«, um bessere Korn- und Weinernten zu erbitten. Jahwe war ein Gott der Hirten, der seine Schützlinge beim Weidewechsel begleitete, ihre Lämmer hütete und ihnen paradiesische Weiden versprach. Aber die Fluren, die Ölhaine und die Weingärten gehörten ihm nicht; diese unterstanden den kanaanäischen Göttern.

Erst in höchster Not, etwa 15 Jahre vor der Zerstörung Jerusalems durch Nebukadnezar II., führte der Reformationskönig Josia (639 bis 609) auf Anraten des Propheten Jeremia eine radikale Religionsbereinigung durch:

»Er ließ die Aschera aus dem Tempel hinausschaffen und im Kidron-

tal vor Jerusalem zu Staub zerstampfen. Er riß die Wohnungen der Hierodulen nieder, die beim Tempel des Herrn waren, in denen Frauen für die Aschera Schleier webten. Er entweihte die Höhen von Geba bis nach Beerseba, wo gehurt wurde. Auch den Altar und das Höhenheiligtum zu Bethel riß er nieder, zerschlug es zu Staub, und die Aschera verbrannte er.«

Während Nebukadnezars Belagerungsring sich immer enger um Jerusalem schloß, die Geschosse seiner Ballisten und Katapulte die Mauern erschütterten, lief Jeremia durch die Straßen und rief wieder und wieder: *»Wendet die Katastrophe ab! Kehret um zu Jahwe! Durch Aschera sind wir ins Unglück geraten!«* Das Volk dagegen glaubte, daß das Land gerade durch die Vernachlässigung des Aschera-Kultes ins Unglück gestürzt sei; zur politischen Notlage kam durch eine Mißernte noch eine Hungersnot hinzu. Es erwiderte dem Propheten:

Mit dem Beginn des Patriarchat versanken die Himmelsgöttinnen in die Unterwelt und wurden zu Chaoswesen und Drachen. Das zeigt der Siegelabdruck um 2250 aus Tell Asmar: Hier kämpft der zur Herrschaft gelangte Marduk-Gott gegen den vierköpfigen Feuerdrachen aus dem Heer der Göttin Tiamar. (Iraq-Museum, Bagdad)

»Wir wollen der Himmelskönigin opfern und dienen, wie es unsere Väter, Könige und Fürsten und ein jeder auf den Gassen Jerusalems getan haben. Da hatten wir Brot genug und waren glücklich. Seitdem wir aufgehört haben, der Himmelskönigin zu dienen, leiden wir Mangel an allem und kommen um durch Schwert und Hunger« (Jr. 44,17 f.). Jeremia wetterte dagegen. Das Volk aber bedrohte ihn und rief: *»Rede nur, was immer du zu uns redest im Namen des Herrn, du redest zu tauben Ohren!«*

Dieser Dialog gibt die heftige Auseinandersetzung zwischen der »prophetischen Idee« und der »Volksreligion« wieder. Durch ihre höchsten Moralforderungen kämpften die Propheten den Kampf Jahwes gegen jeden Animismus und Pantheismus, gegen jeden

Fruchtbarkeitskult, der ihnen als »Prostitution« galt. Nur nach vielen Krisen gelang es ihnen schließlich, anstelle der verlockenden Bräuche triebhafter Sinnlichkeit und Naturanbetung sittliche Verantwortung, höhere Bewertung des Lebens und Pflichtbewußtsein zu setzen. Den Kampfbericht dieser beiden Mächte, moralisches Pflichtbewußtsein, durch Gesetze festgelegt, gegen emotionelle, triebhafte Freiheit, stellt die Bibel dar.

Die Bibel – ein Mythos?

Was bedeutet »Mythos«? Er ist die allgemeine Form des gesellschaftlichen Bewußtseins auf einer relativ niedrig entwickelten Stufe der Menschheit, die später wie der Ödipus-Mythos als Komplex im unterdrückten Unterbewußtsein versank. Damit gehört der Mythos zu den wichtigsten Elementen in der Geschichte der menschlichen Erkenntnis und Handlungsweise. Im Griechischen bedeutet »Mythos« eigentlich nur »Gedanke«, »Motiv«, Projekt«. Er kann auch als »Bericht« von den Begebenheiten der göttlichen Welt aufgefaßt werden, durch den Ursprung, Verlauf und Ende der menschlichen Welt beleuchtet werden sollten. Diese Bedeutung stammt noch aus jener Zeit, als die Götter sich menschlich benahmen und die Menschen wie Götter mit Riesenkräften gegen übernatürliche Mächte sieghaft kämpften. Mit mythischen Motiven versuchten die Alten, die ihnen rätselhaften Vorgänge der Natur und des Kosmos auf Geschehen in der Götterwelt zurückzuführen und für ihre eigenen Lebensrätsel Parallelen im Überirdischen zu suchen. Der Mythos erweist sich unter den Bedingungen seiner Epoche als legitime Form theoretischer und praktischer Daseinsbewältigung; in phantastischen Bildern überwindet und gestaltet der Mensch die Naturkräfte in seiner Einbildung und durch seine Einbildung.

Daß bei den verschiedensten Völkern ähnliche Mythen auftauchen, macht deutlich, wie sich die Denkweisen von Gesellschaften auf ähnlicher Entwicklungsstufe einander völlig entsprechen, sofern diese den gleichen Ursprung haben. Ohne jeden Zweifel stand ein universaler Mythos auch beim Bericht der Bibel über die Erschaffung der Welt Pate.

»Insofern die Entstehung des Göttlichen«, schreibt Dr. Fritz Jurfs, *»im Prozeß der mythischen Wirklichkeitserfassung selbst begründet ist, bilden Mythos, Religion und Kultur ursprünglich eine untrennbare Einheit, aus der sich ihre selbständige Berücksichtigung (Religio) durch eine an spezifische Verfahrensweise (Ritus) gebundene Pflege (Cultus)*

ableiten läßt. Der Streit um die Priorität von Kultus und Mythos scheint müßig; sie entwickeln sich mit- und aneinander wie Theorie und Praxis« (Lexikon der Antike, Leipzig 1978).

Mannigfaltige mythische Motive finden wir im Psalter, einer Sammlung uralter Volkslieder, die Hirten bereits in vormosaischer Zeit zur Blockflöte sangen. Natürlich gibt es für die primitiven Hirten Götter und Göttinnen, und auch der Psalmist glaubt daran. Das kommt unmißverständlich im 82. Psalm zum Ausdruck; der Herr beruft eine Götterversammlung ein und geht mit ihr ins Gericht: *»Was? Götter seid ihr? Wahrlich, wie Menschen sollt ihr sterben, ihr sollt stürzen wie einer der Fürsten der Völker.«* Der Psalmist, Asaph (Sammler) genannt, glaubt also selbst noch, daß es Götter gibt, die der Herr beim Weltgericht stürzen wird.

Die Psalme 18, 19 und 148 sprechen Sonne, Mond und Sterne als mythische Personen an, die Sonne als Bräutigam, den Mond als Frau und die Sterne als beider Söhne, genau wie in der kosmisch-astrologischen Religionsvorstellung der alten Babylonier. Zufall? Lyrische Wortbilder? Auch die Genesis berichtet von Söhnen Gottes: *»Als die Menschen* (die Söhne Adams) *sich auf Erden vermehrten und ihnen Töchter geboren wurden, sahen die Söhne Gottes, daß die irdenen Töchter sehr schön waren, gesellten sich zu ihnen, und diese gebaren die Riesen auf Erden. Das sind die Recken der Urzeit, die Hochberühmten.«* Klingt das nicht wie ein heidnischer Mythos? Es sind die Heroen, die von Göttern und irdischen Frauen gezeugten Halbgötter, die die hochberühmten Heldentaten der Vorzeit vollbrachten. Ihre Vorbilder waren die Götter selbst, die, donnernd und blitzend, fortwährend kämpften und siegten. Im babylonischen Mythos besiegt Marduk die Chaos-Göttin Tiamat, spaltet sie und schafft aus ihren beiden Teilen Himmel und Erde. Im kanaanäischen Epos besiegt der Schöpfergott El den Meeresgott Yam (»Yam« bedeutet »Meer«), sein weibliches Gefolge, die Drachen der Unterwelt, den Leviathan und seine Geliebte Rahab.

In den Psalmen der Bibel kommen ähnliche mythische Vorstellungen zum Ausdruck: *»ER,* (der Schöpfergott) *hat das Meer* (Yam) *gespalten, die Häupter der Drachen über den Fluten zerschmettert und den Levihan zerschlagen«* (Ps 74). *»ER hat die Urzeithure Rahab niedergetreten«* (Ps 89).

Auch im Buch Hiob und bei den Propheten findet man Reste des Urmythos. Bei Hiob erscheinen *»tagverfluchende Nachtgeister«,* die *»den in der Unterwelt schlummernden Drachen wecken«* (3, 9). Hiob nennt Tiamat *»das Tor des Urmeeres, es ist ihr Mutterschoß* (38, 8). Der Prophet Jesaja, wohl die größte Persönlichkeit unter den alttestamentarischen Propheten, glaubte, daß die Mächte der Unterwelt als weibliche Wesen weiter existieren und Unglück über die Menschheit bringen. Erst am Tage des Weltgerichtes werde der Herr *»den Leviathan, den flüchtigen Drachen, und den Leviathan, die gewundene Riesenschlange«* endgültig vernichten (27, 1). Die Heroisierung des Kampfes des Lichtgottes gegen den Drachen ist durch die Apokalypse des Johannes christianisiert worden.

Im Laufe der Zeit versuchten die wahrheitsfanatischen Propheten, die mythologischen Züge der Bibel zu verwischen, sie zu »entmythologisieren«, sie umzuformen, zu verändern oder zu verdrängen. Die Propheten versahen jeden Mythos mit einer theologischen Substanz und Deutung. Aber ganz gelang es ihnen nicht. Zahlreiche Reste der Urfassung blieben absichtlich oder unabsichtlich stehen. Betrachten wir jetzt aus dieser Perspektive den Bericht von der Erschaffung der Frau in der Bibel, ein Mythos, der bis heute noch nicht »entmythologisiert« wurde.

Die erste Frau wird verteufelt

Einen Bericht über die Erschaffung der Welt und des Menschen fanden die Ethnologen in dieser oder jener Variante in ganz Europa, Vorder- und Mittelasien, Indien, Afrika, sogar in Nordwestamerika und China. Er ist zweifellos uraltes Gedankengut der Menschheit. Aber der Mythos vom Sündenfall fand sich bei keinem anderen Volk der Antike. Er ist ganz originell.

Gewisse Beziehungen der biblischen Eva zur sumerischen Mythologie entdeckte der bekannte und amerikanische Wissenschaftler S. N. Kramer. Im sumerischen Paradies ließ die große Muttergöttin Ninchursag acht Pflanzen sprießen, von denen keiner essen durfte. Enki mißachtete dieses Verbot. Dafür wurde er von der Muttergöttin zwar nicht aus dem Paradies vertrieben, aber mit der Todesstrafe bedroht. Enki wurde todkrank, und erst auf die Fürsprache der anderen Götter hin ließ sich die zürnende Ninhursag bestimmen, Enki zu retten. Aus jedem seiner schmerzenden erkrankten Organe schuf sie eine bestimmte Heilgottheit. Das achte Organ war die Rippe, die ihn besonders schmerzte. *»Aus dieser«,* sprach die Muttergöttin, *»werde ich deine Gefährtin, die Göttin Ninti, erschaffen.«* »Ninti« heißt im Sumerischen »Herrin der Rippe« und »Herrin des Lebens«, da ihr Name aus zwei Silben mit den Bedeutungen »Rippe« und »Leben schaffen« besteht. Sie wurde erschaffen, um das Gebot der Muttergöttin zu achten.

»Der biblische Schöpfungsmythos beginnt dort, wo der babylonische (sumerische) endet. Im Gegensatz zu der Tatsache wird der Mann nicht durch die Frau geboren, sondern die Frau wird aus dem Mann geboren« (Erich Fromm). In der Genesis stehen zwei verschiedene Vorstellungen von der Schöpfung des Menschen nebeneinander. In der älteren wird der Mensch als Hermaphrodit geschaffen; Mann und Frau bilden eine Materie. In der zweiten und späteren erscheint zuerst der Mann als Krone der Schöpfung; die Frau wird erst viel später geschaffen und auch nicht aus dem gleichen Urstoff, sondern nur aus einem Teil des Mannes, aus seiner Rippe.

Damit sie eine Einheit bilden? O nein, Eva personifiziert nicht das menschlich Gleiche, sondern »das andere«, das fremd ist und fremd bleibt. Eva ist der materielle Leib, Adam der ideelle Geist. Alles in der stofflichen Welt ist zweiteilig geschaffen, Himmel und Erde, Tag und Nacht, Sonne und Mond, Licht und Finsternis, Werden und Vergehen – auch die männliche und die weibliche Natur. So sah es die Bibel, und so sahen es die griechischen Denker. Erst der Einsatz zweier gegensätzlicher Kräfte ermöglicht die Erzeugung neuen Lebens und den Fortgang der Welt.

Nach Platons philosophischem Weltbild wurde der erste Mensch ursprünglich ebenfalls hermaphroditisch geschaffen, später aber von Zeus wegen seines »frevlerischen Vergehens« in zwei Teile gespalten, die sich von nun an fremd waren und sich wieder vereinen sollten: *»Von daher ist die Liebe der Menschen zueinander angeboren, um die ursprüngliche Natur wiederherzustellen, aus zwei eins zu machen und die menschlichen Unzulänglichkeiten auszumerzen.«*

In der Liebe und Sehnsucht nach Vollkommenheit allein, in welcher Gestalt auch immer, sieht Platon die schöpferische Kraft, die neues Leben und ein neues Weltbild zu schaffen vermag. Erst als die ersten Menschenwesen »sündigten«, wurden sie mündig. Bei Platon empört sich das erste doppelgeschlechtliche Wesen gegen die Götter und wird zur Strafe gespalten.

In der Bibel ist es Eva, die die prometheische Tat vollbringt und den Mann verleitet, von der Frucht des verbotenen Baumes »des Wissens« zu kosten. Dafür wurden beide aus dem Paradies verstoßen. Ohne Evas Verschulden gäbe es keine Not und keinen Tod auf der Welt, aber es gäbe auch keine Liebe und keine Nachkommen. In diesem Entwicklungsdrama wird Eva als die Aktivere und Wissensdurstige, Adam dagegen als Naiver, Passiver und Unwissender dargestellt. Ja, der Talmud nennt ihn sogar »Lehmklotz«. *»Er ließ sich betören, weil er nicht wußte und nicht danach fragte, von welchem Baum die unbekannte Frucht stammte, die Eva ihm zum Abendbrot* *vorsetzte. Er war absolut kein schwaches, nachgiebiges Wesen, aber ein unwissendes. Zunächst wollte die Schlange sich an den Mann wenden, aber sie dachte: ›Mit Adam zu reden ist zwecklos, er ist ein Lehmklotz, besser, ich spreche mit Eva, sie ist geschmeidiger, voller Neugier und will alles wissen . . .‹«*

Was wollte Eva »wissen«? »Wissen« und »Erkenntnis« (hebr.: jeda) bedeuten im Hebräischen, aber auch im Altsemitischen und Altindischen »Zeugen« und »Erschaffen«. Erst als Adam von der verbotenen Frucht aß, *»wurden seine Augen aufgetan, und er sah, daß sie beide nackt waren«*. Adam entdeckte plötzlich, wie begehrenswert Eva war; Eva wird »Adamserweckerin« genannt. Sie erweckte in ihm die Begierde, den Trieb, das Liebesverlangen; das wird im Mythos als Fluch der Menschheit angesehen und hat die Verfluchung des Weibes zur Folge. Die Verfluchung Evas und des ganzen weiblichen Geschlechts, der Evastöchter, wurde zum vielerörterten Thema aller Theologen. Die einen sehen den Sinn des Eva-Mythos als Verpflichtung zur sittlichen Verantwortung und zum Gottesgehorsam an. Von einem Geschlechtsakt ist im Urtext nicht die Rede, nur, genau wie im babylonischen Urmythos, von einer Mißachtung des göttlichen Gebots.

Immer wieder wird das Weibliche – wie Eva beim Sündenfall – mit der Schlange in Partnerschaft gebracht, als Liebesgöttin mit 2 Schlangen in den Händen, und dort, wo sie fruchtbar auftritt, ist sie die uroborische Schlangenfrau. a) Altmesopotamische Liebesgöttin Ischtar oder Kadescha. Sie hält zwei Schlangen und herrscht über Liebe, Schicksal und Tod. (Nach Bonnet.) b) Die chthonische Göttin Hekate mit den Attributen ihrer Macht: Dolch, Geißel, Fackel und Schlange. Sie kann den Schoß zum Lebendigsein öffnen oder schließen, dann steht das Leben still. (Griech. Gemme)

Der deutsche (evangelische) Forscher Hermann Gunkel bringt dagegen folgende Interpretation:

»Die Verfluchung des Weibes entspricht ihrem Geschlechtsleben, sie hat ihr (Geschlecht) durch eine (Sünde) erkannt.« Gunkel stützt sich auf das hebräische Wort »Jeda« im Urtext, das »Wissen« und »geschlechtlicher Verkehr« bedeutet. Der Kirchenlehrer Augustinus (354 bis 430) verdichtete diese Anschauung zu der prägnanten Formel: *»Die schlimmste Strafe für den Sündenfall ist die Konkupiszenz. Der Geschlechtstrieb wie der Zeugungsakt ist immer vitiös, unter keinen Umständen frei von Sünde.«* Der Angstkomplex, mit dem Liebestrieb auch der Sünde zu verfallen, bedrückt noch heute einen großen Teil der Menschheit. Noch immer haftet das Verdrängte im Unterbewußtsein, und zwar nach Aussage des Schweizer Psychologen C. G. Jung »im Höllenschlund des Leibes«.

Jung stellt fest: *»Die Frau als Ungeheuer ist die Erfindung des männlichen Traumas.«*

Das absolute Patriarchat

Der Eva-Mythos führt wie alle Mythen auf ein historisches dichterisch umgestaltetes Ereignis zurück und bedeutet den Untergang des Mutterrechtes. Im Mutterrecht wird die Abstammung der Blutsverwandten nur von der weiblichen Linie hergeleitet, in der Genesis aber wird entgegen dem biologischen Gesetz das Urmännliche nicht von einer Frau, dagegen das Urweibliche aus dem Manne geboren. In der patriarchischen Revolution entspringt die Urfrau dem Manne wie Pallas Athene dem Kopf des Vatergottes Zeus. Im griechischen wie im christlichen Mythos ist das rein Männliche das All, die schöpferische Kraft. Man kann wie Jung sagen: Der Wandel der Bewertung der Frau, ihre Herabsetzung und Diskriminierung, ist eine Erfindung des männlichen Traumas, einzig und allein »seinem Kopf« entsprungen. Eva war zweifelsohne ursprünglich eine sagenumwobene Muttergöttin, die – mit Luthers drastischen Worten – nach der weltgeschichtlichen Niederlage des Matriarchats zu des »Teufels Hure« wurde. Im Eva-Mythos wird die »große Mutter« entthront und zu einer subalternen Gestalt verbannt. In ihr wird die Mutter erniedrigt, ihr Gebärvermögen als Sünde und Verführung herabgesetzt; zum Gebären »mit Schmerzen« wird sie verurteilt. War sie vorher geheiligt und verehrt, so war sie nun unrein und verachtet.

Ohne Kenntnis der religiösen und mythischen Erfahrungen der Vorzeit ist das menschliche Schicksal nicht zu verstehen; in ihnen liegen die Wurzeln der langen Menschheitsgeschichte. Der Genesis-Mythos beschreibt nicht das Weltall und die Menschen, sondern den

Die Wertung der Schlange war in den Frühkulturen verschieden. Die Babylonier und Hebräer sahen in ihr die Verkörperung des Bösen, die Ägypter und Griechen die Verkörperung der Klugheit. Der Heilgott Äskulap wurde mit einer Schlange, die sich um einen Stab windet, dargestellt. Auch Isis wurde in griechisch-römischer Zeit als Göttin der Klugheit und des Heiles mit einer um den Arm gewundenen Schlange dargestellt. (Römisches Relief)

Sieg des Vatergottes und die Souveränität der patriarchischen Gedankenwelt. – Was bedeutet Patriarchat?

»Pater« heißt im Lateinischen »Vater«; unter dem Patriarchat versteht man die vaterrechtliche Gesellschaftsform. Die Hebräer waren – wenn auch nicht im gesellschaftlichen, so doch im religiösen Sinne – wahrscheinlich die ersten, die das absolute Patriarchat schufen.

Jedenfalls wurde der Begriff »Patriarchat« auch in der katholischen Kirche aus der hebräischen Sphäre herangezogen. Er bezeichnet die Stammesväter, die Väter einer Familie oder einer Großfamilie und – im transzendenten Bereich – den Vater- und Stammesgott, der mit allen männlichen Attributen der patriarchischen Gesellschaft ausgestattet ist. Er ist ein donnernder Gott, ein strenger, aber gerechter Vater, er straft und belohnt, er herrscht und beherrscht souverän alles. Er verkörpert nicht die Welt des Gefühls und Mitleids, sondern die Welt der Gedanken, der Gesetze, Ordnung und Disziplin.

Anders als alle anderen Völker, die die Bindung an die Natur und das Verlangen nach mütterlicher Geborgenheit noch beibehielten, unterwarfen sich die hebräischen Hirtenstämme einem Stammesgott, der sie führte und richtete wie ein Stammeshäuptling. Es dauerte lange, bis aus diesem in monarchischer Zeit ein Nationalgott und in der Nachexil-Epoche ein Universalgott wurde. *»Eng verbunden damit«*, schreibt Erich Fromm, *»war eine andere Funktion, die mit der sozialökonomischen Entwicklung zusammenhängt. Als sich im Laufe der Geschichte das Privateigentum entwickelte und der Besitz von einem der Söhne geerbt werden konnte, wurde der Vater an dem Sohn interessiert, der ihn einmal beerben konnte. Natürlich war es immer jener*

Sohn, der dem Vater als Nachfolger am geeignetsten schien – jener also, der ihm am meisten ähnlich war und den er folglich am liebsten hatte.«

Wesentlich bei der Vaterliebe ist, daß sie Verpflichtungen und Forderungen stellt und daß die Liebe zum Sohn von dessen Gehorsam gegenüber den Forderungen abhängt. Nur der gehorsame Sohn kann seines Vaters Lieblingssohn sein. Das hat positive und negative Seiten.

Da die Liebe Bedingungen stellt, kann sie durch Nichterfüllung derselben verlorengehen, aber durch Anstrengung auch erworben werden. Dafür ist es erforderlich, daß der Mensch sich ganz und gar auf seinen Vatergott einstellt und sich nicht von einem Empfinden ablenken läßt. Der Körper ist ein Kerker der Seele, und nur durch Überwindung der sinnlichen Instinkte kann der Mensch sich zum Göttlichen erheben. Religion bedeutet für die Frau Hingabe und Liebe, das drücken die Muttergottheiten aus. Für den Mann bedeutet Religion Gesetz, Verpflichtung und Logos. Dem Judentum gelang es als erster Religion, den kosmischen Polytheismus als göttlichen Geschlechterkampf der Naturmächte zu überwinden und durch die moralischen Gesetze eines Vatergottes zu ersetzen. Dabei erlitt allerdings die Wertschätzung der Frau, die im Matriarchat an erster Stelle stand, eine empfindliche Einbuße. Das Christentum hat die Theophanie des Gottvaters samt dem Eva-Mythos vom Judentum übernommen und weiterentwickelt. Wie und wohin?

Wie stand Jesus, der Urheber des Christentums, den seine Nachfolger als Sohn des Gott*vaters* bezeichneten, zu den Frauen? Um uns das zu verdeutlichen, müssen wir uns statt mit mythisch-spekulativen Deutungen der schriftlichen Überlieferungen mit dem geschichtlichen Hintergrund beschäftigen, aus dem das Christentum hervorging. Es war die Zeit des Hellenismus, die auf allen Gebieten – den politischen, sozialen, kulturellen und religiösen – eine Wende brachte.

4. ZEITWENDE

Die Emanzipation in der hellenistischen Epoche

Man hat die griechische Geschichte mit einem fünfaktigen Drama verglichen. Der erste Akt umfaßt das »ägäische Präludium«, in dessen Mittelpunkt die vorgriechische kretische Kultur steht und das von 3500 bis 1000 reicht. Der zweite Akt bringt den Aufstieg der griechischen Stadtstaaten Athen und Sparta bis 480 v. Chr. Im dritten Akt wird mit dem Goldenen (Perikleischen) Zeitalter ein Höhepunkt erreicht, während im vierten der Niedergang mit der verlorenen Freiheit beginnt (399 bis 322). Der letzte Akt bringt nach dem Tode Alexander des Großen das »Zeitalter des Hellenismus« mit sich. Es ist die Zeit der größten »äußeren« Blüte und weltweiten Entfaltung Hellas, und sie leitete eine Revolution ein, deren Einfluß von Spanien bis nach China reichte. Was der Siegeszug Alexander des Großen und des von ihm begründeten »Hellenistischen Frühlings« wirklich bewirkte, war ein weltgeschichtlicher Sturm, der alles Alte und Überlebte hinwegfegte und eine überkontinentale Kultur- und Völkerverbindung erzwang. In ihrer Folge setzten sich neue Anschauungen auf allen Gebieten des Denkens und der Religion sowie in der gesellschaftlichen Stellung der Frau durch. Die weitgehende Völkerangleichung führte zu zahlreichen Mischehen, wie es Ulrich Wilcken in seiner »Chrestomathie der Papyrusurkunden« erforschte. Um 250 v. Chr. lebten, nach einem von ihm erforschten Papyrus, in Fajum, südlich des heutigen Kairo, der Makedone Machatas mit seiner Frau Asia, wohl eine Freigelassene aus dem Gebiet, auf das ihr Name hinweist. Während der Mann seinen griechischen Göttern treu blieb, gestattete er seiner Frau, weiterhin ihre syrische Göttin Kybele zu verehren. Die Nachkommen der beiden waren kompromißbereit und beteten sowohl Zeus als auch Kybele an. Aus anderen Papyri geht hervor, daß Makedonier ihren nichtgriechischen Frauen gestatteten, nicht nur ihren nichtgriechischen Göttern zu dienen, sondern sich diesen auch selbst anschlossen.

Der Mensch ist die Welt im kleinen, die Welt ist der Mensch im großen. Mit dem durch den Hellenismus erweiterten geographischen Horizont wurde auch das Denken der Menschen weiter. Es entstand eine neue humanistische Lebensauffassung. Eine Humanität wie die hellenistische gab es weder früher noch später. Der griechische Dichter Menander (342 bis 290), ein Zeitgenosse Alexander des Großen, formuliert den hellenistischen Humanismus als religiöse Erscheinung eines ethischen Monotheismus: *»Für alle ist der Gott der gleiche, sowohl für Freie wie für Sklaven.«* Und: *»Kein einziger ist Fremdling mir, denn von Natur sind alle Menschen gleich.«* Menander hat einen weiteren berühmten Satz geprägt: *»Was für ein liebes nettes Ding ist der Mensch – wenn er Mensch ist.«* Das Menschsein, der Mensch als zivilisiertes Wesen, gründete das Ideal des »homo humanus«. Menander schloß darin Frauen und Sklaven als Gleichberechtigte ein. Als scharfer Beobachter menschlicher Verhaltensweisen, Leidenschaften und Not war der Dichter ein milder Kritiker menschlicher Schwächen und konnte die Frauen gut verstehen. Die Frauengestalten seiner »bürgerlichen« Komödien, die das soziale Leben seiner Zeit widerspiegeln, sind meisterhaft gestaltete Charaktere von individuellem Wesen.

Man kann sagen, daß erst der Hellenismus die Frau in psychologischer Hinsicht entdeckt hat.

Menander war ein Zeitgenosse des Zenon von Kition (333 bis 262), des Begründers der Philosophenschule der Stoa, von der er seine Gedankenanstöße erhielt. Gemäß den aufgeklärten Ansichten der Stoa kann es nach der Erkenntnis des Weltgesetzes und des naturgemäßen ethischen Lebens des Menschen, das ausschließlich auf Vernunft begründet ist, nur eine Gleichstellung der sittlichen Werte aller Menschen – ob Mann oder Frau, ob Freie oder Sklaven, ob Griechen oder Barbaren – geben. Wahrheit ist nach der Stoa eine Eigenschaft des Urteils und bedeutet die Übereinstimmung der menschlichen Erkenntnis mit der Wirklichkeit. In dieser Wirklichkeit hat die Gleichwertigkeit aller Menschen ihre Fundierung. Die neue Stellung zur Frau brachte eine neue Einstellung zur Ehe mit sich. Aristoteles, der Lehrmeister Alexanders, hat in seiner Philosophie einer normativen Ethik eine Neubewertung der Frau und der Ehe gefordert. Die Ehe sei keine Brutstätte zum Zweck der Fortpflanzung, sondern eine Gemeinschaft zweier Menschen mit dem Ziel, gemeinsam Aufgaben zu bewältigen. Die Aufgaben sind geteilt, die Arbeiten verschieden; beide *»helfen sich gegenseitig, indem jedes das Seine zum Ganzen bei-*

steuert, Nutzen und Lust in dieser Freundschaft findet«. Eine Ehe hat sittliche Fundamente, wenn beide Partner sittlich gut sind; so verschieden sie im Wesen sind, hat jedes seinen Vorzug, und an einem solchen Verhältnis mögen sie dann ihre leibliche Freude haben. Aristoteles sieht *»jede Liebesverbindung, die ein Mann außerhalb des Hauses eingeht«,* als Beleidigung an.

Für die sittliche Reinigung der Menschheit fordert er die Verehrung der Götter, die Ehrfurcht vor den Eltern und die Treue in Freundschaft und Ehe. Plutarch, ein späterer Philosoph und Schriftsteller (46 bis 120 n. Chr.) verurteilt die Männer, die heiraten, die Frauen in Eile geschlechtlich gebrauchen und dann durch Nebensprünge der Ehe entsagen, oder, wenn die Ehe bestehen bleibt, *»sich nicht ernstlich darum bemühen, zu lieben und geliebt zu werden«.* Wesentlich in der ehelichen Verbindung ist die Zuneigung. Zur wahren Liebe in der Ehe gehört, daß es kein Mein und Dein gibt *»unter denen, die körperlich getrennt ihre Seelen unlösbar vereinigen und zusammenschmelzen, die nicht wollen und nicht glauben, daß sie zwei sind«.* Plutarch kommt zu dem Ergebnis: *»Lieben ist in der Ehe ein größeres Gut als geliebt werden.«*

Nikostratos, ein Sophist, charakterisiert die neue Ehe-Auffassung so: Der Mann spricht über seine Geheimnisse *»mit niemand anderem als mit seiner Frau, und zwar so wie mit sich selbst«,* denn beide bilden eine Seelengemeinschaft.

Akademikerinnen

Das war die geistige Frühlingsstimmung, die die Befreiung der Frau ermöglichte. Die Emanzipation der Frau erreichte zur Zeit des Hellenismus, also noch 300 Jahre vor Beginn unserer Zeitrechnung, eine Höhe, wie sie das Altertum vorher nie gekannt hatte und wie sie in der christlichen Epoche lange nicht wieder erreicht wurde. Von der strengen, innerhäuslichen Abgeschiedenheit befreit, konnte die Frau in die ihr nun offenstehenden Bildungsstätten eintreten. Die Philosophie, bisher reine Männersache, beschäftigte nun auch Frauen.

Die gelehrigen Schülerinnen standen ihren Meistern häufig sowohl in der Universität als auch bei deren Vorträgen auf Straßen und Märkten in aller Öffentlichkeit zur Seite. Die alte Akademie verknüpfte platonische Ideen mit pythagoreischen Elementen. Sie setzte teilweise mathematische Begriffe an die Stelle der Idee und erklärte den Unterschied von Einheit und Vielheit als Urgrund der Welt. Man könne aus *zwei* Verschiedenheiten *eine* Gemeinsamkeit machen. Die pythagoreische Schule, eine religiös-ethische, sektenartige Gemeinschaft, unterschied sich durch strenge Sitten und Lebensgewohnheiten von den sonstigen Akademien und zog viele Frauen an. Die Pythagoreerin Phintys lehrte: *»Gemeinsam sind bei Mann und Frau Tapferkeit, Gerechtigkeit und Verstand; nur sind die einen Tugenden mehr dem Manne zu üben aufgegeben, die anderen mehr der Frau.«* Sie forderte von den Frauen die »Bescheidenheit«, sich ganz schmucklos und schlicht zu kleiden, und die »Besonnenheit«, durch die allein sie ihren Mann zu lieben und zu halten vermöchten.

Eine neue freie Gesinnung drückt die Pythagoreerin Theano aus. Sie wurde gefragt: *»Am wievielten Tage wird eine Frau rein nach dem Geschlechtsakt?«* Sie antwortete: *»Wenn es der eigene Mann ist, ist sie sofort rein, wenn es ein fremder ist, niemals.«* Damit schafft sie einen sittlichen Maßstab für beide Geschlechter, denn nach Platon *»hat der schlechte Mensch eine unreine Seele, der gute eine reine. Von einem Unreinen etwas anzunehmen ziemt sich weder für einen guten Menschen noch für einen Gott.«* Die letzte Pythagoreerin war Hypatia (370 bis 415). Sie war die Tochter des Mathematikers Theon von Alexandrien und Vorsteherin der Akademie. Sie lehrte Mathematik und Philosophie und schrieb Bücher, die leider verschollen sind. Sie wurde von christlichen Fanatikern ermordet und die Akademie in Brand gesteckt.

Frauen in der Politik

Durch den Zugang zur Bildung entwickelten die Frauen der hellenistischen Epoche ein neues Selbstwertgefühl. Sie wuchsen in einer neuen, neu-*gierigen* Gesellschaft auf, die manchmal, wenn sie sich zu tief in das Machtspiel der Politik einließ, in eine überspannte *Gierigkeit* verfallen konnte. Alexander der Große versuchte, durch gesetzliche Mischehen zwischen Oberschichtmitgliedern verschiedener Völker eine bessere Menschenrasse zu schaffen. Ein neues Geschlecht sollte erstehen. Denselben Gedanken nahmen auf ihre Weise die makedonischen Fürstinnen ohne Vermischung – aber durch Inzucht – für sich in Anspruch: Sie wollten einen neuen aktiven Frauentyp schaffen. Nur kann eine zu hastige Emanzipation durch übertriebenen Ehrgeiz und Erfolgszwang zerstörerische Kräfte entwickeln. Manche von den gekrönten Frauen dieser Zeit wirkten segensreich, andere dagegen beeinträchtigten durch ihre echt makedonische Leidenschaft das Wohl ihres Landes.

Aus der langen Reihe bedeutender Frauen der hellenistischen Epoche sollen nur zwei als markante Beispiele herausgegriffen werden. Unter den ersten ptolemäischen Königinnen ragt Arsinoë II. (316 bis 270) heraus, eine faszinierende Erscheinung. Nachdem sie in zwei Ehen Schiffbruch erlitten hatte, heiratete sie als 38jährige ihren acht Jahre jüngeren Vollbruder Ptolemaios II. Über dieses Ereignis ist viel geschrieben worden. Eines ist aber sicher: Es war Arsinoë, die den jüngeren Bruder zur Ehe mit ihr veranlaßte und sich damit über das Inzestverbot ihrer Gesellschaft glatt hinwegsetzte. Der Hofpoet Theokrit verglich diese Verbindung in einem Loblied mit der Zeus-Hera-Geschwisterehe und bezeichnete sie als einen ebensolchen Ausnahmefall unter göttlichen Individuen. Arsinoë regierte zeitweise über Thraker, Makedonier und Ägypter. Erst in der dritten Ehe konnte sie ihre Intelligenz und ihren Ehrgeiz voll zum Einsatz bringen.

Ptolemaios II. Philadelphos war weniger ein militärisches Genie als vielmehr ein kluger Planer des Friedens. Durch grandiose wirtschaftliche Entwicklung führte er sein Land zu vorher nie gekanntem Wohlstand, und durch die Förderung von Wissenschaft, Kunst und Kultur erhob er seine Hauptstadt Alexandrien zur bedeutendsten Metropole der antiken Welt. Arsinoë II. war faktisch seine Mitregentin mit weitreichender Verantwortung. Durch sie oder mit ihr schuf er

Arsinoë II. Philadelphos in dritter Ehe mit ihrem Bruder Ptolomaios II. verheiratet, wirkte an seiner Seite fördernd zur Verbreitung und Hebung der griechisch-ägyptischen Kultur mit. (Münzbild)

sein gewaltiges Kulturwerk. So wurde das Museion in Alexandrien gegründet und staatlich gefördert. Es war kein Museum, sondern ein Forschungsinstitut, an dem neben Dichtung und Philosophie auch Astronomie, Mathematik, Botanik und Zoologie mit einem für diese Zeit modernsten Aufwand betrieben wurde. Arsinoë war es auch, die die großen Geister an das Museion berief und mit den Gelehrten und Dichtern diskutierte. Für die umfangreiche Bibliothek wurden sämtliche Werke des klassischen Griechentums abgeschrieben und anderssprachige ins Griechische übersetzt, darunter auch die Bibel.

Ptolemaios versuchte auch, den Kult zu reformieren und durch Mischung von west-östlichen Glaubensvorstellungen einen Universalglauben zu schaffen. Nach Arsinoës Tod hob er sie in den neu entstandenen Götterhimmel. Er nannte sie »Thea Philadelphos«, das bedeutet »die bruderliebende Göttin«. Später schuf er noch den Begriff des »Theoi Adelphoi« (die geschwisterlichen Götter). Darin waren die tote Königin und der lebende Brudergemahl kultisch vereinigt. Der deutsche Historiker Schubart hat dazu treffend vermerkt: *»Wie der Hellene die Polis, seinen Stadtstaat, als religiöse Gestalt sieht, so bedarf er nun für die neue Staatsform des Königreiches einer religiösen Prägung und kann sie nur in der Göttlichkeit der Könige finden.«*

Den Weg zur theokratischen Herrschaftsform hat Ptolemaios II. über seine Frau und Schwester gefunden. Ihr zentrales Heiligtum lag in der Hauptstadt der von ihm auf grandiose Weise trockengelegten Provinz Fajum, der er ihren Namen gab. Einst wimmelte es in den Sümpfen und Schilfdickichten dieses Landstrichs von Krokodilen. Deshalb nannten die Griechen die Hauptstadt Fajums Krokodipolis, die Stadt der Krokodile, die Ptolemaios II. in eine Gartenstadt verwandelte und in Arsinoë umbenannte. Die Geschwisterehe, die kinderlos blieb, muß unserer Meinung nach als segensreich bezeichnet werden. Arsinoë wird von einigen Historikern als »die bedeutendste Frau der ganzen Epoche« bezeichnet. Andere wieder stellen sie, besonders in ihrer Frühzeit, als ein von Ehrgeiz verzehrtes »Mannweib« heraus, das keine Intrige scheute, um seine Herrschsucht zu befriedigen. Der Ehrgeiz war unverkennbar ein makedonisches Erbteil.

Der universalgeschichtliche Hellenismus, der auf politischem, sozialökonomischem und kulturellem Gebiet seinen Höhepunkt zur Zeit Arsinoës erreichte, bröckelte durch Rivalitäten, innere Zersetzung und Levantinisierung immer mehr ab und wurde durch die römische Expansion zerstört. Im letzten Akt dieses Dramas tritt eine große Ptolemäerin, Kleopatra VII. (69 bis 30), auf die Bühne, wohl die bekannteste und umstrittenste Herrscherin jener Zeit. Wie ihr Bildnis auf Münzen zeigt, fehlte es ihr an Schönheit, doch die ersetzte sie durch Charme und Geist. Nach Aussage des Plutarch (46 bis 120) war ihre Schönheit *»an und für sich nicht über jeden Vergleich erhaben noch war sie derart, daß sie jeden Beschauer notwendig in ihren Bann geschlagen hätte. Aber der Verkehr mit ihr hatte einen unwiderstehlichen Reiz, auch ihre Gestalt übte in Verbindung mit der Gewandtheit ihrer Ausdrucksweise und ihren bestrickenden Umgangsformen einen außerordentlichen Zauber auf ihre Umgebung aus.«*

Ihr Geburtsort war Alexandrien, das sich zu einem Paris der Antike entwickelt hatte. Hier besuchte sie die Universität, das bereits

Kleopatra VII., in der Geschichte als »die Große« bezeichnet, wurde wissentlich die Geliebte Cäsars und Antonius, um so Ägyptens Selbständigkeit als Allianzstaat Roms zu sichern. (Münzbild)

erwähnte Museion; sie erwarb sich ein hervorragendes Allgemeinwissen und erlernte sechs Sprachen. Als einzige von allen Ptolemäern sprach sie ausgezeichnet Ägyptisch und zeigte Verständnis für die einheimischen Kulte. Dieser Haltung verdankte sie ihre Beliebtheit beim Volk.

Kleopatra wurde sehr jung mit ihrem Bruder Ptolemäios XIII. verheiratet. Da sie mit dessen Regierungsstil nicht einverstanden war, kam es zu einer politischen Krise. Die zielbewußte und willensstarke Frau wollte sich den von der Oberschicht eingesetzten Beamten des Königs nicht beugen. Das Ende war ihre Vertreibung im Jahre 48 v. Chr. durch die den schwachen Bruder umgebende Kamarilla. Unterdessen war Julius Cäsar in Ägypten gelandet, um als »Schlichter« aufzutreten. Er besetzte mit seinen Truppen die Königsburg in Alexandrien. In einer denkwürdigen Szene ließ sich Kleopatra, die Exkönigin, nachts – in einen Teppich gerollt – in die von ägyptischem Militär abgeriegelte Königsburg schmuggeln. Der 52jährige Cäsar war höchst überrascht, als aus dem überreichten Geschenk die 21jährige exotische Schönheit schlüpfte. Die römischen Schriftsteller überhäuften diese Frau mit häßlichen Nachreden; sie sei »sittenlos« und »dirnenhaft« gewesen. Aber Kleopatra hat niemals in dirnenhafter Weise ihre Liebe verschenkt, sie war höchst wählerisch in ihrer Hingabe. Cäsar, der sonst äußerst nüchterne alte Herr, erlag dem sinnlichen Zauber der jungen Nildame. Kleopatra selbst kam nicht mehr von dem »großen Römer« los, dessen Geist sie faszinierte. Sie gebar ihm einen Sohn, den Caesarion.

Auf Cäsars Einladung hin kam sie nach Rom, um als stolze Mutter dem Vater den Sohn zu bringen und die unterbrochene Liebesgemeinschaft fortzusetzen. Doch mit der Ermordung Cäsars am 15. März 44 ging die Episode zu Ende, die die Weltgeschichte hätte verändern können. Fast wäre Kleopatra Königin von Rom geworden und Caesarion, von römisch-makedonischem Blut, Cäsars Nachfolger.

Wieder wankten sowohl Thron als auch die Autonomie Ägyptens, als im Jahre 41 der Feldherr Marcus Antonius auftauchte. Er war der zweitmächtigste Mann Roms und teilte sich mit Kaiser Augustus – damals hieß dieser noch Octavian – nach dem Vertrag von Brundisium die Herrschaft des römischen Weltreichs; Octavian erhielt die westlichen, Antonius die östlichen Einflußgebiete. In jenem denkwürdigen Jahr begann für die mittlerweile 28jährige Königin von Ägypten der dritte Akt ihres Lebensdramas. Antonius hatte mit 40 Jahren den Höhepunkt seines Daseins erreicht. Er war eine ebenso heißblütige Natur wie Kleopatra und geriet – in stärkerer Weise noch als Cäsar – in ihren Bann. Aber Antonius blieb der machtpolitisch kalkulierende Römer. Ihn lockten nicht nur Kleopatras Schönheit und Zauber, sondern auch und vor allem Ägyptens ungeheure Schätze und militärische Machtmittel. Mit ihrer Hilfe wollte er seinen Jugendtraum, ein zweiter »Alexander der Große« zu werden und den gesamten Osten zu erobern, verwirklichen. Trotz seiner im Jahre 40 v. Chr. geschlossenen Ehe mit Octavia, der Schwester des Kaisers Octavian/Augustus heiratete er die ägyptische Königin und verwandelte so das Liebesverhältnis in eine Vernunftehe, um an die Staatskasse heranzukommen. Es war nach römischem Recht Bigamie, doch nach orientalischem Recht absolut legal.

Im gleichen Jahr startete Antonius seinen großangelegten Partherkrieg, der mit dem völligen Zusammenbruch seiner Armee endete. Historiker vergleichen den unglücklichen Partherkrieg mit Napoleons Rußlandfeldzug. Nach der totalen Niederlage im Osten floh Antonius im verhängten Reisewagen nach Alexandrien. Kleopatra reiste dem gebrochenen Mann entgegen; sie brachte ihm Geld und Kleidung und stellte ihm großzügig weitere Mittel zur Verfügung, um einen weiteren, weit größeren Zug gegen die Parther vorzubereiten. Aber es war zu spät. Das Fiasko des parthischen Kriegszuges wie auch die Demütigung seiner Schwester durch Antonius' Bigamie brachten Octavian-Augustus auf den Plan. Zum Rachezug und zum zweiseitigen Machtkampf um die Herrschaft der Welt mobilisierte er die gesamten Streitkräfte Roms zu Wasser und zu Lande. Der Seesieg Octavians über Antonius bei Aktium brachte die Entscheidung und das Ende des Dramas. Das große Liebespaar beging Selbstmord. Die Kriegserklärung Roms war bezeichnenderweise gegen Kleopatra und nicht gegen Antonius gerichtet gewesen. Nur sie galt Rom als Staatsfeind Nummer eins, nur sie hätte Antonius zum Abfall vom Reich angestiftet und die Weltherrschaft Roms bedroht. Von römischen Historikern verzerrt gezeichnet, ist sie bis heute noch nicht rehabilitiert.

Daß Kleopatra Cäsar bis zu ihrem Tod die Treue hielt, geht daraus hervor, daß sie in ihrem Testament seinen Sohn Caesarion zum Universalerben bestimmte. Dieser makedonisch-römische Mischling, in dem sich die hohen Geistesgaben von Vater und Mutter vereinigten, hätte vielleicht noch Größeres leisten können. Aber Augustus ließ den Achtzehnjährigen gleich nach dem Sieg bei Aktium hinrichten.

Kleopatra ist nicht die erste Frau, die in einem wechselvollen Leben eine zweite Liebe fand oder wiederholte Male heiratete. Trotz ihrer ersten großen und unvergeßlichen Liebe brachte sie auch dem Antonius zwölf Jahre ihre Zuneigung entgegen. Selbst als Antonius' Stern zu sinken begann, stand sie zu ihm. Zuletzt versuchten Octavians Unterhändler, sie bei Zusicherung völliger Straffreiheit dazu zu bewegen, Antonius ermorden zu lassen. Sie lehnte es ab. Kurz vor dem unausweichlichen Ende gab sie dem Geliebten noch ein rauschendes Fest zu seinem Geburtstag, um in ihm die Hoffnung zu stärken und ihren Glauben an ihn zu demonstrieren. Sie glaubte an ihn nicht in griechisch-skeptischer, sondern in ägyptisch-tiefreligiöser Art. Sie ließ ihn als Osiris, der sterben und auferstehen kann, und sich selbst als Isis, die den Geliebten nach dem Tode sucht und findet, vergöttern. Der Mensch von heute wird diese religiöse Vorstellung der übergescheiten Frau belächeln. Aber ist nicht jede Liebe genau wie der Glaube nur eine Illusion?

Die Göttin der Emanzipation

Um in der östlichen Mittelmeerwelt eine Art Amerika, einen Schmelztiegel der Völker und ihrer Ideen, zu schaffen, bedurfte es eines Einheitsgedankens und einer Einheitsreligion. Die syrisch-seleukidischen Herrscher versuchten mit großer Unduldsamkeit, den von ihnen unterworfenen Völkern den Zeus Olympos als obersten Gott aufzuzwingen, fühlten sie sich doch selbst als Stellvertreter des Zeus Soter. »Soter« heißt »Erretter«. Die toleranteren ägyptisch-ptolemäischen Herrscher, die eine Ausgleichspolitik betrieben, schufen in Anlehnung an die orientalischen Religionsvorstellungen den universalen Heilsgott Sarapis oder Serapis – eine Zusammenziehung von Osiris und Apis. Sarapis war ein bärtiger Zeus, der auf dem Haupt den Kornscheffel, orientalisches Symbol der Fruchtbarkeit, trug. Die Griechen setzten Sarapis den Göttern Zeus, Helios, Hades und Asklepios gleich; die Ägypter sahen in ihm den neu erstandenen und verwandelten Osiris.

Die Sarapis-Verehrung verbreitete sich von Alexandrien aus – zum

Teil durch griechische Handelsvertreter, zum Teil durch die zahlreichen Anhänger, die dieser Gott durch seine wandernden Apostel und Wunderheiler gewann. 1850 entdeckte der französische Archäologe Mariette das Serapeum vom Memphis, das in seinen unterirdischen Galerien die Grabstätten der heiligen Apis-Stiere enthielt. Einer der 24 riesigen Steinsarkophage wog fast 70 Tonnen. Dem Heiligtum angeschlossen war eine Heilstätte, in der die hohen medizinischen Kenntnisse griechischer Ärzte in Verbindung mit ägyptischer schwarzer Magie zu phänomenalen Wunderheilungen führten. Das trug besonders zum Ruhm des Sarapis bei. Ein Gott war damals ohne Göttergattin nicht vorstellbar. Die steigende Bedeutung der Isis in der griechisch-römischen Religion hing eng mit derjenigen des Sarapis zusammen, übertraf sie aber bald. Isis wurde zum Mittelpunkt einer Mysterienreligion mit hierarchischer Priesterschaft. Zahlreiche Hymnen besingen sie als Göttin des Himmels und des Alls und als Nothelferin, Schicksalsbeherrscherin und Kulturverbreiterin. Die Griechen setzten sie mit Hera, Demeter, Jo, Hekate, Aphrodite, Tyche gleich und stellten sie mit einer Mondscheibe als Krone, dem Systrom (einem Rasselinstrument) und einem Krug mit Nilwasser dar. Die in ihrem Mutterland mit steifen und leblosen Gesichtszügen abgebildete Göttin erhielt griechischen Charme. Griechische Worte und griechisch-philosophische Gedanken wurden ihr in den Mund gelegt. Sie stieg zur Universalgöttin auf.

a b

Isis wird in griechisch-römischer Zeit zur universalen Gottheit und Mittelpunkt einer philosophisch begründeten Mysterienreligion mit hierarchischer Priesterschaft. a) Isis-Artemis mit Mondscheibe auf dem Haupt, Sistron und Weihekrug in Händen (oder eine Priesterin derselben) (Rom). b) Isis als römische Fortuna mit Füllhorn, Steuerruder und hoher Isiskrone. (Museum Neapel)

Für Gebildete enthielten die Mysterien der Isis tiefe Gedanken der stoischen Philosophie. Eine griechische Isishymne ließ die Göttin sprechen: *»Ich bin die Mutter der ganzen Natur, die Herrin aller Elemente, Anfang und Ursprung der Jahrhunderte, die oberste Königin* *aller Himmelsbewohner und auch die Herrscherin über die Toten. Die lichtvollen Höhen des Himmels, die heilsamen Lüfte des Meeres, das quälende Schweigen des Totenreiches – ich bin es, die all das nach meinem Wunsch und Willen leitet.«* Und weiter heißt es: *»Alles, was die Welt an Festem, Gutem und Beseeltem enthält, das Leben selbst und alles, was in ihm ist und aus ihm wird, entspringt aus ihr* (Isis).«

Als mütterliche Gottheit ihr Kind säugend, hier als Himmelskönigin auf einem Thron abgebildet, eroberte Isis, vor der christlichen Ära, weite Volkskreise in Rom, so daß Caligula sich genötigt sah, ihren Kult zur Staatsreligion zu erheben.

Einer der stoischen Isis-Gläubigen ließ seine Göttin sagen: *»Ich hob die Tyrannei auf, machte die Gerechtigkeit stärker als Gold und Silber; auch bewirkte ich, daß die Natur* (Physis) *Tugend und Laster unterscheidet.«* Eine Weiheinschrift in einem Isis-Heiligtum auf Ios besagt bedeutungsvoll: *»Ich erzwang es, daß Frauen wieder von ihren Männern geliebt werden«*, obwohl es in einem Gebet heißt: *»Du gabst den Frauen die gleiche Kraft wie den Männern.«* Isis wurde zur Schirmherrin der Frauenbewegung, und ihre Anhängerinnen waren die »Führerinnen der Gläubigkeit«. Gegen die rapide anwachsende Isis-Anhängerschaft wandte sich Plutarch in seinen Ehevorschriften: Die Frauen sollten nur jene altehrwürdigen Götter anbeten, die ihre Männer anerkannten – nämlich die altgriechischen oder altrömischen –, jedem anderen Dienst und Aberglauben aber ihre Tür verschließen – nämlich den orientalischen Religionen. Plutarch, sonst ein Kämpfer für Gleichberechtigung, betont ausdrücklich, daß den Frauen nur durch die Emanzipation ein Religionswechsel gegen den Willen des Gatten ermöglicht wurde. Die selbstbewußten Anhängerinnen der Isis bezeichnet Seneca als »perverse« Frauen, die moderne Moral und Ethik verlangten.

Der Kult der Isis wurde von Caligula zur Staatsreligion erhoben, die aber wahrscheinlich, wie es ein Wandgemälde in einer Villa in Herculaneum vermuten läßt, nur in der oberen Gesellschaftsschicht Verbreitung fand. Das Gemälde zeigt einen Isis-Gottesdienst mit Ibissen, Palmen, Sphinxen und einem Negerpriester, lauter ungewöhnliche Dinge, die das Fremde unterstreichen, alles voller Sonne und Exotik. War das die Umgebung, nach der sich die römischen Damen, die auf dem Wandbild als »Chor der Isis-Erwählten« gleichsam als aristokratische Hofdamen der königlichen Göttin abgebildet sind, sehnten?

Mysterienfeier vor dem Isistempel in Pompeji. Das Ägyptisch-Exotische der Göttin wird durch Palmen, Sphinxe und Ibisse betont, das Tolerante und Universale der Göttin durch die Gemeindemitglieder aller Gesichtsfarben. Die Nachzeichnung kann die meisterhafte Schönheit des ausgegrabenen Wandbildes von Pompeji (vor 79 n. Chr.) nur ahnen lassen.

Jene Frauen der unteren Schichten aber, die weder an Emanzipation dachten noch sie erhofften, fanden in dieser hochgezüchteten Scheinreligion keinen Trost und wandten sich anderen Religionen zu, die ebenfalls aus dem Osten kamen, nämlich dem Judentum und dem Christentum. Beide versprachen durch eine spiritualisierte Messiashoffnung, die Elenden von Unterdrückung, Verzweiflung und Mutlosigkeit zu befreien. Dem Römischen Imperium galt das Christentum noch jahrhundertelang als eine der vielen jüdischen Sekten und wurde gleich diesen verfolgt. Daß es in erster Linie Frauen, insbesondere der ärmeren Schichten, waren, die von den neuen religiösen Bewegungen aus Judäa ergriffen wurden, ist bekannt. Es gab mehr weibliche als männliche Proselyten – so nennt man Neubekehrte des Judentums. Zu diesen predigte Paulus in den Synagogen und gewann dadurch die ersten Anhängerinnen des Christentums. Er nennt sie liebevoll seine Mitarbeiterinnen, Mitkämpferinnen und Mütter der Gemeinde.

Frauen als Trägerinnen der Gläubigkeit

Die christlichen Erstbekehrten gerieten in Konflikt mit den römischen Behörden. Es kam zu Verfolgungen und Martyrien, aber auch zu internen Auseinandersetzungen im engsten Familienkreis, wie es der deutsche Historiker Ludwig Friedländer in seiner »Sittengeschichte Roms« verzeichnet: *»Die Lehren des Christentums entzündeten vorzugsweise die Herzen der Frauen, und seine Sendboten haben sicherlich den Wert ihrer Empfänglichkeit für die Verbreitung der neuen Lehre nicht unterschätzt. Wie bekannt, erfolgte diese zunächst in den unteren Ständen. Die Heiden spotteten noch im 2. Jahrhundert, daß die neuen Gemeinden vorwiegend aus geringen Leuten, aus Handwerkern und alten Frauen beständen, daß die Christen nur die Einfältigsten und Niedrigsten, nur Sklaven, Weiber und Kinder zu bekehren vermöchten. Vielleicht gewann das Christentum in Rom auch einzelne Bekennerinnen aus den höheren Ständen. Die ersten Bischöfe gestatteten diesen, die ihren Rang nicht durch Vermählung mit einem Geringeren einbüßen wollten, Konkubinate, selbst mit Sklaven, indem sie offenbar diesen durch Gesetz und Sitte gebrandmarkten Verhältnissen vor der Ehe mit ›Ungläubigen‹ den Vorzug gaben. Daß in dem Jahrhunderte währenden Ringen zwischen Heidentum und Christentum immer von neuem die heiligsten Bande der Natur zerrissen und Herzen gebrochen werden mußten, wer möchte daran zweifeln. Justinius beschreibt einen Fall, der sich tausendfach ereignet haben mußte: Eine Frau wurde Christin, sie versuchte vergeblich ihren Mann* (zu bekehren und) *›zu bessern‹; endlich fürchtete sie, wenn sie länger seine Gattin bliebe, Teilhaberin an seiner Gottlosigkeit zu werden, und schied sich von ihm. Porphyrius teilt eine Antwort eines Apollo-Orakels auf die Frage dieses Mannes mit, welchen Gott er zu versöhnen habe, um seine Frau vom Christentum abzuziehen: ›Eher könntest du ins Wasser schreiben oder durch die Luft fliegen, als den Sinn deiner befleckten, gottlosen Gattin zu wandeln.‹«*

Diese standhaften ersten Christinnen verließen Haus und Familie, um, wie Jesus sagte, *»ihm zu folgen, um das Himmelreich zu erlangen«*.

Und wie stand der Meister selbst zu Frauen?

Jesus und die Frauen

Die Schönheit und Eigenart einer Landschaft wurde weder von Dichtern noch von Künstlern der Antike beachtet. Auch die Landschaften auf den Wandbildern in Pompeji sind nur unrealistische Dekorationen. Und dennoch bleibt die Landschaft, in der ein Mensch aufwächst, für sein Leben schicksalbestimmend. Der deutsche Psychologe Oswald Külpe (1862 bis 1915) stellte fest, daß man den Menschen nicht ablösen kann von seiner Umwelt und ihn in der »Interaktion«, das heißt im Zusammenwirken mit dieser, betrachten muß.

Jesus wuchs in Nazareth auf, das als »kleines Fleckchen«, als winziges Dorf, beschrieben wird. Es liegt im nördlichen Bezirk Judäas, der Galiläa heißt – ein Bergland mit reichen Kontrasten! Hier lebte ein Völkergemisch von griechisch-syrischer, kanaanäisch-phönizischer, hauptsächlich aber judäischer Abstammung. So verschieden wie ihre Sitten waren auch ihre Haltungen in der Frauenfrage. Bei der einen Volksgruppe war das Leben der Frau kaum nennenswert eingeengt, bei der anderen lebte sie eingeschlossen wie im Harem. In der Stadt

Bilder der ersten Christen sind antiken Vorstellungen nachempfunden. Auf einem christlichen Sarkophag wird die »Hochzeit in Kana« wie die Hochzeit des Peleus mit der Nymphe Thetis geschildert (Delphine am oberen Rand!). Die Gäste bringen Geschenke dem Brautpaar. (Villa Albani, Rom)

neigte man dazu, die Frau im Innern des Hauses zu verbergen, damit sie nicht mit Fremden und Andersgläubigen in Berührung kam. Auf dem Dorf war das unmöglich, da die Frau bei der Feldbestellung die Mehrarbeit leistete.

Als Jesus geboren wurde, war die Blütezeit des Hellenismus und der Selbständigkeit Judäas vorbei. Das Land, nur scheinbar autark, stöhnte unter der römischen Besatzungsmacht. Das erinnert an die Situation vieler okkupierter Länder im Zweiten Weltkrieg. Die völlige Unterdrückung warf die Menschen in allgemeine Verarmung und Depression und in ein Gefühl gänzlicher Ohnmacht; sie wandten sich vom äußeren Leben ab, das immer hoffnungsloser wurde, und zogen sich in sich selbst zurück. Die einen reagierten darauf, indem sie in verzweifelter Wut in den Untergrund gingen und im geheimen Widerstand kämpften, selbst wenn es sie zerstören sollte, die anderen versuchten in einer vertieften oder erneuerten Religiosität einen Funken Hoffnung auf eine bessere Zeit zu finden. In Perioden der Not steigt die Hinwendung zum Extremen.

Sowohl die einen, die Freiheitskämpfer, wie auch die anderen, die Gläubigen, waren in Galiläa von aufrührerischem Geist erfüllt. Deswegen heißt es: *»Aus Galiläa kann nichts Gutes kommen.«*

Jede Sprache hat ihre eigenen Ausdrucksmittel. Galiläa war ein zweisprachiger Bezirk. Hier wurde sowohl Griechisch als auch Hebräisch-Aramäisch gesprochen. Zweifellos beherrschte Jesus beide Sprachen; wenn die Evangelien aber nur hebräisch-aramäisches Sprach- und Gedankengut erwähnen, so deshalb, weil der Meister vorzugsweise unter Judäern wirkte. Auch die Gleichnisse Jesu tragen den Erdgeruch Galiläas und stehen in enger Beziehung zur Wirklichkeit. Er spricht zu den Bauern vom Worfeln, von Tenne und Scheuer (Luk. 3,17) und zu den Hirten von der Zuchtauswahl (Matth. 25, 32). Diese Sprache verstand sein Gegenüber. Jesus war durch und durch ein Mann vom Lande, und er verbrachte nur die wenigen Tage vor seinem Tod in der Stadt, wo ihn auch sein Schicksal ereilte.

Die Anbetung der drei Magier aus dem Morgenland nach einem Abdruck eines römischen Steinringes um 600 n. Chr. aus Neapel ist vollkommen nach antikem Muster gestaltet.

Zu wem sprach Jesus? Zu den Armen und Hungrigen, zu jenen, die in Elend und Slums lebten, menschliches Treibgut, Außenseiter der Gesellschaft! Alle, die ihm folgten, hatten keinen Pfennig in der Tasche, keine zwei Kleider zum Wechseln.

Und Jesus war arm wie sie; er wußte nicht, *»wo er sein Haupt hinlegen konnte«*. Sein Gefolge teilte allen Besitz: *»Aus der Menge der Gläubigen sagte keiner von seinen Gütern, daß sie sein wären, sondern es war ihnen alles gemein«* (Apg 4, 32). Die Feinde, das waren die Reichen, die so wenig ins Himmelreich eingehen, *»wie ein Kamel durchs Nadelöhr«*. Es war keine sanfte Sprache, die er sprach.

Zu den Armen, Unterdrückten und jenen, die seelische Not litten, zählten auch die Frauen. Um den zeitgemäßen Forderungen zur Verbesserung des rechtlichen Status der Frau Nachdruck zu verleihen, sprach Jesus gerade in aller Öffentlichkeit mit Frauen, auch mit solchen, die von der Gesellschaft gemieden wurden, und mit denen, die in Lumpen gingen. Aber ihre Lumpen strahlten eine Grazie aus, die er mit den »Lilien auf dem Felde« verglich. Es wirkte selbst auf seine Jünger anstößig, daß Jesus, der fromme Mann, sich öffentlich mit einer verrufenen Frau am Brunnen bei Samaria unterhielt; diese Frau lebte mit sieben Männern in freier Liebe. *»Sie verwunderten sich, daß er mit einer Frau sprach. Keiner jedoch sagte: ›Was willst du, oder was sprichst du mit ihr?‹«* Sie nahmen sichtlich daran Anstoß, wagten aber aus Ehrfurcht nicht, den Meister zu fragen. Für einen Rabbi, einen Frommen, einen Traditonsgebundenen, war ein solches Gebaren ein Novum, ja, fast sogar eine Provokation. Es scheint, als ob Jesus gerade jene Frauen bevorzugte, *»die in der Sünde leben«*. Niemals erwähnt er den Sündenfall und die Erbschuld der Evastöchter, niemals zieht er in seinen Gleichnissen die sündige Frau als abschreckendes Beispiel heran. Statt dessen sagt er: *»Ihre vielen Sünden sind vergeben, weil sie viel geliebt hat«* (Luk. 7, 47). Einmal sollte eine Sünderin, die beim Ehebruch ertappt worden war, gesteinigt werden. Da rief er den Männern, der mordlustigen Meute, zu: *»Wer von euch ohne Fehl ist, werfe den ersten Stein auf sie«* (Joh. 8, 7). Ja, wer ist denn schon ohne Sünde?

Eine Scheidung, ganz gleich, ob eine Frau schuldig ist oder nicht, lehnt Jesus ab, denn »was Gott zusammengefügt, soll ein Mensch nicht scheiden«. Mann oder Frau, die wieder heiraten, begehen also Ehebruch. Ganz genau heißt es bei Markus, dem Urevangelisten: *»Wenn eine Frau ihren Mann entlassen und einen anderen heiraten wird, so begeht sie Ehebruch.«* Es weist auf eine relativ freie Stellung der Frau zur Zeit Jesu hin, wenn Frauen von sich aus die Scheidung einreichen konnten. Jesus lehnt dies aber ab. Er sieht die Ehe als den Versuch, aus zwei Ichs eines zu machen, und als schöpferische, unwiderrufbare Bestimmung.

Die Evangelisten haben die Person Jesus idealisiert, damit er ja nicht anderen Menschen gleich erscheine. Rätselhaft bleibt, warum sie die Gestalt seiner Mutter und die Liebe der Mutter zum Sohn nicht auch idealisierten. Maria wird sehr selten erwähnt und oft – ganz entgegen späteren Traditionen – mit all ihren Unzulänglichkeiten gezeichnet. Liegen hier Tendenzen vor, gegen die Verehrung der Muttergöttin, die bei den Heidenvölkern in Galiläa seit Jahrhunderten verwurzelt war, anzukämpfen? Bezeichnend ist, daß Jesus seine Mutter stets mit »Gynae« anspricht (Gebärende); sie, das Weib, hat keine andere Aufgabe, als zu gebären. Dagegen herrschte zur Zeit Jesu das Wort »Domina« (Herrin) vor, woraus später der Name »Madonna« entstand.

Außer den Jüngern begleiteten Jesus viele Frauen, meistens solche, die er von Krankheiten geheilt und von Dämonen befreit hatte. Unter ihnen war Maria von Magdala, aus der er *»sieben böse Geister ausgetrieben«* hatte (Luk. 8, 1). Die Stadt Magdala am See Genezareth besaß eine Fischverarbeitungs-»Industrie«, und Maria war dort Arbeiterin, aber auch Prostituierte. Religionsgeschichtler können nicht beantworten, warum und ob diese Frau im Leben Jesu eine entscheidende Rolle gespielt hat. Luther kommt zu dem Schluß, daß Jesus wahrscheinlich mit Maria von Magdala verheiratet war, um der menschlichen Natur völlig teilhaftig zu werden – angesichts der hohen Eheauffassung Jesu eine höchst fragwürdige Ansicht, die aber auch in der christlichen Gnosis stark vertreten ist. In der »Pistis Sophia« wird der vielgeliebten schönen Sünderin mehr als nur vergeben. *»Vortreffliche Maria (Magdala), du selige, du Fülle, welche unter allen Geschlechtern gepriesen wird.«*

In einem apokryphen ägyptischen Evangelium des Philippus (koptischer Text) heißt es im Paragraph 32: *»Die Frauen wandelten mit dem Herrn allezeit: Maria, seine Mutter, seine Schwester und Magdalena, die seine Paargenossin genannt wird. ›Maria‹ heißt nämlich seine Schwester, seine Mutter und seine Paargenossin.«* Paragraph 55b: *»Maria Magdalena liebte der Soter mehr als alle Jünger, und er küßte sie oftmals auf ihren Mund. Die übrigen Jünger kamen zu ihr und machten ihr Vorwürfe. Zu ihm sagten sie: ›Weshalb liebst du sie mehr als uns alle?‹«* Die altägyptischen Texte sind besonders interessant, weil sich das Christentum im Niltal am frühesten ausbreitete und sie Ursprüngliches enthalten. Im Evangelium des Thomas, Spr. 114, heißt es: *»Simon Petrus sagte zu ihnen: ›Maria soll uns verlassen, denn die Frauen sind des (ewigen) Lebens nicht würdig.‹ Jesus sagte dagegen: ›Sieh, ich werde sie leiten, um sie männlich zu machen, damit auch sie zu einem lebendigen Geiste wird, der euch Männern gleicht. Denn jede Frau, die sich zum Mann macht, wird ins Himmelreich eingehen.‹«* In einem anderen apokryphen Ägypter-Evangelium sagt Jesus: *»Ich bin gekommen, die Werte des Weiblichen aufzulösen.«*

Die Nächstenliebe

Im Zentrum der Botschaft Jesu steht die Liebe, eine Nächstenliebe umfassender Art. *»Du sollst deinen Nächsten lieben wie dich selbst«* – so steht es bereits im Alten Testament (3. Mose 19, 18), und der Evangelist Matthäus faßt diesen Gedanken als Grundgebot des Lebens auf, an dem *»das ganze Gesetz und die (Aussage) der Propheten«* aufgehängt sind. (22, 39 f.). »Liebe« wird im Originaltext der Evangelien mit »Agape« oder »Agapan« wiedergegeben; die Griechen nennen es »Eros«, verstehen darunter jedoch etwas anderes. »Eros« meint die »leidenschaftliche Liebe«, die den Partner für sich begehrt und die Liebenden in Schmerzen und Seligkeit stürzt, eine dämonische Kraft, die den Menschen bis zum Gipfel der Ekstase tragen und in den Abgrund der Schuld reißen kann – so drückt es Antigone bei Sophokles aus. Eros ist aber nicht nur blinde, sinnliche Leidenschaft, sondern auch das geistig-seelische Streben nach Höherem. Eros ist *»ein großer Dämon mitten zwischen Sterblichen und Unsterblichen, ein Kind der Fülle und der Armut«* (Platon).

Das Wort »Eros« taucht in den Evangelien kein einziges Mal auf, und kaum einmal verwendet die griechische Literatur das Wort »Agape«. Zwischen beiden besteht ein gewaltiger Unterschied: Eros ist die begehrende, Agape die schenkende Liebe. Höchst unbefangen bezeichnet die griechische Bibel (Septuaginta) mit »Agapan« auch die natürliche Liebe von Vater und Mutter zu ihren Kindern und vor allem die Liebe des Mannes zur Frau. Irdische und himmlische Liebe sind also in einem Wort vereint, und so ist auch laut der bereits zitierten Matthäus-Aussage das Doppelgebot, Gott zu lieben und seinen Nächsten wie sich selbst, eins. Um dieses Gebot der Agape »zu erfüllen«, war Jesus gekommen (Matth. 5, 17). Der dänische Theologe und Philosoph S. Kierkegaard (1813 bis 1855) sagt dazu eindringlich:

»So soll man den Nächsten lieben wie sich selbst, so dreht das Gebot wie mit einem Dietrich das Schloß der Selbstliebe auf und entreißt sie dem Menschen. Das Wörtchen ›wie dich selbst‹ läßt sich nicht drehen und deuteln; mit der Schärfe der Ewigkeit richtend, dringt es in den innersten Schlupfwinkel ein, wo ein Mensch sich selber liebt; es läßt der Selbstliebe nicht die leiseste Entschuldigung übrig, nicht die mindeste Ausflucht offen. Wie wunderbar? Man könnte ja lange und scharfsinnige Reden darüber halten, wie ein Mensch seinen Nächsten lieben sollte, und immer würde die Selbstliebe noch Entschuldigungen und Ausflüchte vorzubringen wissen, weil die Sache doch nicht ganz erschöpft, ein Fall übergangen, ein Punkt nicht genau oder bindend genug ausgedrückt und beschrieben wäre. Aber dieses ›wie dich selbst‹ – ja, kein Ringer kann seinen Gegner so fest, so unentrinnbar umklammern, wie dies Gebot die Selbstliebe umklammert.«

Die dienende Frau

Aus einer ganz anderen Landschaft als Jesus kam Paulus (10 bis 65). Jesus wuchs auf dem Lande auf, in einem rein jüdäischen »kleinen Fleckchen«, sein Hauptapostel dagegen im judäischen Ghetto von

Tarsus, der betriebsamen Hauptstadt Kilikiens. Kilikien (heute Türkei) war vielumstrittenes Durchgangsland. Es lag am südlichen Ende einer Kette kleinasiatischer Staaten, in denen seit alters Mutterrecht herrschte. Hier regierte Artemis; ihre Anziehungskraft auf die Massen wird vom Apostel besonders unterstrichen und bekämpft. Jesus predigte immer nur in Landgemeinden und mied die Städte. Tiberias, die Hauptstadt Galiläas, hat er nie betreten. Paulus dagegen predigte nur in Städten; hier fühlte er sich ganz in seinem Element. Das war sein Milieu.

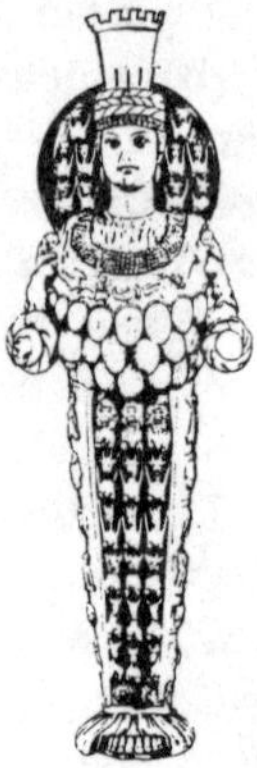

Kultstatue der berühmten vielverehrten Artemis von Ephesos zeigt wie die Vorstellungen von kleinasiatischen und griechischen Gottheiten zusammenflossen, aber auch neue Züge bekamen. Ursprünglich Jagdgöttin, wurde sie zur Göttin der Frauen, der Eheschließungen und Entbindungen um 200 n. Chr. (Museum Ephes bei Izmir)

Aus diesen Bedingungen heraus wird auch Paulus' Einstellung zum anderen Geschlecht bestimmt. Jesus sah in seiner Jugend hauptsächlich Frauen, herbe Bergbäuerinnen mit stolzem Eigensinn, die frei auf den Feldern an der Seite der Männer arbeiteten. Im Ghetto von Tarsus hingegen lebten Frauen und Kinder von der Umwelt abgeschlossen. Und wenn der kleine Saul, so hieß er damals, durch das vergitterte Fenster seiner grauen Kinderstube verstohlen in den heidnischen Stadtteil hinüberblickte, sah er karnevalsartige Umzüge von fröhlichen Frauen, die zum Artemis-Tempel pilgerten, und die weiblichen Zuschauer am Straßenrand riefen begeistert: »Groß ist unsere Artemis!« Die männlichen Zuschauer fügten derbe Obszönitäten hinzu. In der Vorstellung des Knaben verband sich der Artemis-Tempel, den zu betreten ihm von den Eltern strengstens untersagt war, wahrscheinlich bald mit orgienhaften Festveranstaltungen eines verwerflichen Kultes, dem alle nicht-judäischen Frauen dienten.

Die Mysterien der Artemis waren Teil der sittlichen Dekadenz in Kleinasien, wo die Frauen in jeder Hinsicht größte Freiheit genossen und selbst Hetären bei den Weihehandlungen, wie Taufen und gottesdienstlichen Abendmahlzeiten, zugelassen waren. Der altmatriarchalische Artemis-Kult war für die Frauenbefreiung von großer Bedeutung; er stellte die Frauen geistig und sittlich auf eine Stufe mit den Männern. Ganz im Gegensatz zu den selbstbewußten griechischen Frauen in Tarsus führten die judäischen Frauen im Ghetto ein abgeschlossenes, unterwürfiges Dasein, streng nach alttestamentarischem Gesetz. Dennoch betrachtete Paulus auch sie recht kritisch. Er hat wahrscheinlich nie eine Beziehung zu Frauen gehabt, auch nicht im Elternhaus.

Die Schroffheit, mit der er jede Möglichkeit einer tieferen seelischen Gemeinschaft zwischen Mann und Frau ausschließt, entspringt weniger psychisch-erotischen Spannungserlebnissen in seiner Jugend – über seine Mutter und eventuelle Schwestern ist nichts bekannt – als vielmehr seiner religiösen, mythisch verwurzelten Weltanschauung. Mystifizierung, Ideologie und Illusion gehen darin zusammen.

Unter seinen Erstbekehrten waren zahlreiche bedeutende Frauen, z. B. die Judäerin Priskilla. Von Kaiser Claudius aus Rom vertrieben mitsamt der ganzen judäischen Gemeinde, kam sie nach Korinth und entwickelte hier eine umfassende geistige Tätigkeit. Sie wird von ihrem Mann oft und lobend erwähnt, *»weil sie offenbar die Seele des Hauses und geistige Führerin ihrer Umgebung war«* (so M. Faulhaber). Dank des missionarischen Eifers Priskillas und vieler anderer stieg der Prozentsatz an Frauen in des Apostels Gefolge ständig an. Trotzdem sagt er: *»Die Frauen sollen in den Gemeindeversammlungen schweigen«* (1. Kor. 14, 34). Und: *»Ich gestatte keiner Frau zu lehren, ebensowenig einem Mann dreinzureden. Sie soll sich vielmehr still verhalten, denn ...«* Und jetzt folgt keine sachgemäße, sondern eine mythische Begründung: *»... denn Adam ist zuerst geschaffen worden, danach erst Eva. Und nicht Adam war es, der verführt worden ist, sondern die Frau hat sich zuerst zur Übertretung verführen lassen«* (1. Tim. 3, 12). Nach der mythischen Vorstellung des Schöpfungsberichtes wird der Frau alles Unzulängliche in der Welt angelastet, und nach der damals geltenden Verwandtschafts- und Vererbungstheorie sah der Völkermissionar in jeder Frau die Eva. Mit großer Strenge fordert er von seinen Anhängerinnen, sich nicht von der griechischen Emanzipationswelle versuchen zu lassen und nach den alten Gesetzen zurückgezogen und pflichtbewußt zu leben.

Im ersten Brief an die Korinther bezieht Paulus zum Thema

a) *Verschleierte* Griechin aus Athen, b) Griechin nach orientalischer Mode gekleidet, c) Judäerin aus Dura-Europos.

»Frau« ausführlich und eindeutig Stellung: *»Das Haupt jedes Mannes ist Christus, das Haupt der Frau ist ihr Mann ... jede Frau, die unverschleierten Hauptes betet, schändet ihr Haupt, dann ist sie einer Geschorenen* (Prostituierten) *völlig gleich, denn wenn sich eine Frau nicht verhüllt, kann sie sich gleich scheren lassen. Der Mann aber darf sein Haupt nicht verhüllen, er ist doch Abbild und Abglanz Gottes! Doch die Frau ist Abglanz des Mannes. Denn nicht stammt der Mann aus der Frau, sondern die Frau aus dem Mann. Der Mann ist ja auch nicht um der Frau willen geschaffen, sondern die Frau um des Mannes willen. Darum muß die Frau einen Kopfschleier tragen, als* (schützende) *Macht wegen der Engel«* (11, 3 ff.).

Dazu die Erklärung des sächsischen Theologen G. Delling in seiner Untersuchung »Paulus und die Frauen«: *»Paulus denkt den Schleier als eine Art Brandmal. Die Frau bleibt näher der Schöpfung verhaftet infolge ihrer scheinbar stärkeren Sexualität, den Schleier tragen heißt, das demütig anzuerkennen, heißt sich schämen ob der von ihr in die Welt gebrachten Sünde.«* – Auch elegante Griechinnen trugen Schleier, aber aus luftigen, farbigen Geweben, um ihre reizvolle Schönheit zu unterstreichen. Die Christinnen dagegen sollten in dieser Zeit der Sittenverderbnis mit ihren grauen und schwarzen Umhüllungen ihre Persönlichkeit verwischen.

Wieder spielen – wie beim »Eva-Komplex« – urmythologische Begriffe in Paulus' Gedankengänge hinein; *»wegen der Engel«* müsse das schwache Geschlecht, das leicht zu verführen, das Haupt verschleiern. Im griechischen Mythos sind es zwar keine Engel, aber Götter, die ständig schöne irdische Frauen attackieren und verführen. Im Mythos der Genesis sind es Engel, genauer: Söhne Gottes, die die Töchter der Menschen verführen (1. Mose 6, 2 ff.).

Paulus, der selbst nicht verheiratet war, empfiehlt Männern und Frauen, allein zu leben, denn die Ehe sei nur ein »notwendiges Übel«. Er rät nur solchen Menschen zu heiraten, die »vor Begierde verbrennen«, aber auch sie sollten ihre Sinnlichkeit (Triebe) soweit wie möglich durch die Vernunft und die Beschäftigung mit geistigen Dingen kompensieren. Am besten sei es, wenn die Eheleute aufgrund eines freiwilligen Beschlusses wie Bruder und Schwester miteinander leben, denn *»der Leib ist nicht für die Hurerei, sondern für den Herrn da«* (1. Kor. 6, 13). Einer von Paulus' Nachfolgern, der Kirchenlehrer Tertullian (160 bis 220), verkündete in provokativer Kürze: *»Die Ehe basiert auf demselben Akt wie die Hurerei.«* Hieronymus (347 bis 420),

Ganz verschleierte Frauen, wie später die Mohammedanerinnen, wurden nur auf einem einzigen antiken Relief bei Palmyra, und zwar als Teilnehmerinnen einer Prozession, entdeckt. Paulus hat an eine solche Verschleierung bestimmt nicht gedacht.

der in seiner Jugend als echter Italiener die Gunst der Frauen bis zur Neige auskostete und in reiferem Alter als Einsiedler lebte, forderte mit Strenge: *»Legen wir die Hand an die Axt, und hauen wir an seinen Wurzeln den unfruchtbaren Baum der Ehe ab.«*

Paulus empfand die Liebe als ein Risiko – ein vermeidbares Risiko. Aber was verstand er überhaupt unter Liebe und Ehe? Die Ehe diente seiner Meinung nach nicht dazu, Nachkommen zu zeugen – so verstanden sie die Alten –, sondern einzig und allein zur Befriedigung der Sinneslust. Im Zentrum von Jesu Botschaft aber steht die Liebe, die Liebe zum Nächsten: *»Liebe deinen Nächsten wie dich selbst.«* Das bedeutet Achtung vor der Persönlichkeit des anderen Menschen. Es bedeutet, die Integrität und Einmaligkeit jedes anderen Wesens – sei es Fremder, sei es Frau – mit der Eigenliebe in

Einklang zu bringen. Diese Liebe wird von den Evangelisten mit dem griechischen »agapan« wiedergegeben. Einen ganz anderen Begriff wählt der Moralfanatiker Paulus; Liebe heißt bei ihm »pornaia« (Unzucht), die Ausschweifung und das Laster, die »zügellose Lust, die von Bett zu Bett« hüpft (Rö. 13, 13). Gegenseitige Liebe schließt Paulus nicht aus, aber nur in »Erfüllung des Gesetzes«. Nur vor Gott sind Mann und Frau gleich, aber nicht in der praktischen Wirklichkeit.

Der christliche Gnostiker Irenäus, der für eine neue Erkenntnis der Liebe eintrat – »Gnosis« bedeutet »Erkenntnis« –, erklärte protestierend: *»Wer keine Frau liebt, der ist nicht aus der Wahrheit, noch wird er zur Wahrheit gelangen.«* Ein tiefsinniger Ausspruch, denn ein Blinder versteht nichts von Farbe, und wer nicht *wahrhaft* geliebt hat, kann nicht zur *Wahrheit* der Liebe gelangen.

Auf den ältesten christlichen Sarkophagen sind die Frauen meist ohne Schleier und Haube, ganz nach römischer Mode, oder mit einem winzigen kaum bemerkbaren Häubchen dargestellt (nach Buonarotti)

In einem Gebet des gnostischen Eva-Evangeliums spricht die Urmutter Eva, die das menschliche Universum darstellt, zu Christus, dem neuen Adam, über die Natur der wahren, verbindenden Liebe: *»Ich bin du, und du bist ich, wo immer du bist, da bin ich und bin (in dich und) in alles Lebende gesät, und an welchem Ort du auch willst, sammelst du mich, wenn du aber mich sammelst, sammelst du dich selbst.«*

Diese herrliche Liebeserklärung deckt sich nicht mit den Vorstellungen des Paulus, wohl aber mit Jesu Auffassung von der Nächstenliebe. Schade, daß sich in den kommenden Jahrhunderten nicht die Überzeugung des Meisters, sondern die seines Apostels durchsetzte!

Paulus starb 65 n. Chr. in Rom. Seine Moralvorstellungen hatten zu seiner Zeit kaum Einfluß auf die Gesamtheit der Lebensäußerungen des griechisch-römischen Altertums. Noch war die Antike nicht zu Ende. Aber das änderte eben nichts mehr am Abstieg der gesellschaftlichen Stellung der Frau.

Mit dem Niedergang des Römischen Reiches fand eine Jahrtausende währende Entwicklung ihren vorläufigen Endpunkt und mündete in der Düsterheit des Mittelalters. Unbequeme Frauen wurden als Hexen verbrannt, eine Folge der Verteufelung des Weiblichen im weiteren Verlauf unserer Geistesgeschichte, an der wir jetzt noch zu tragen haben. Denn wer glaubt heute noch an Hexen?

Das Allensbacher Institut stellte 1973 an verschiedene Bundesbürger die Frage: »In früheren Jahrhunderten hat man an Hexen geglaubt. Denken Sie, daß vielleicht doch etwas dran ist – daß es vielleicht Hexen gibt?« 9 von 100 jungen deutschen Bundesbürgern und 17 von der Generation über 60 glauben fest oder mit leisen Zweifeln an die Existenz von Hexen. In den USA ist der Prozentsatz noch höher: Da fand noch Anfang dieses Jahrhunderts ein Hexenprozeß statt.

Es ist wirklich nur ein ganz kurzer Weg von der Gegenwart ins Mittelalter und wieder zurück. Wir leben in der »aufgeklärtesten Epoche« der Menschheit, in der sich rechtliche, politische und soziale Gleichberechtigung durchsetzt, und doch ist die Situation der Frau problematisch geblieben.

Wie aber verlief der Alltag der Frauen im Altertum?

ZWEITER TEIL

Lebenslauf einer Frau in der Antike

1. KINDHEIT

Gefahren der Geburt

Seit Jahrtausenden spielt sich bei den moabitischen Nomadenvölkern in Ostjordanien das gleiche Ritual bei der Niederkunft ab, das dem kargen, heißen Land der Wüste Moab verhaftet ist: Die Kreißende hockt mit angezogenen Schenkeln und fest aufgestemmten Füßen über einer Grube, von einer älteren Frau im Rücken gestützt. Frauen des Stammes begleiten den Beginn des neuen Lebens mit gellenden Angstschreien, Beschwörungen und magischen Zeichen. Im Nebenzelt liegt der Scheich, Vater des kommenden Kindes, absoluter Herrscher seiner Stammesangehörigen. Der Überrock ist abgelegt; als ihm die ersten Wehen gemeldet werden, schreit und stöhnt er lauter als die Kreißende; denn nicht von der Frau, sondern von ihm hängt es – nach altem Beduinenglauben – ab wie das Kind und welches Kind zur Welt kommt. Nicht die Mutter gibt dem Kind das Leben; sie ist nur das Gefäß, das den Keim pflegt und nährt; das Leben erschafft der Vater, und die Völkerkundler streiten, ob die Couvade (das Männerkindbett) ein Sympathiezeichen, einen Gebärneid oder eine Ablenkung böser Geister bedeutet.

Diodor, hellenistischer Historiker aus Agyrion (80 bis 29 v. Chr.), der die östliche und westliche Mittelmeerwelt gut kannte, fand diesen uralten, obskuren Brauch in Korsika, Zypern und Indien: »Wenn die Frau gebar, wurde der Wöchnerin keinerlei Pflege zuteil. Wohl aber legte sich der Mann nieder, wie wenn er krank wäre, und ließ sich eine bestimmte Anzahl von Tagen im Wochenbett verwöhnen.«

Ein Sohn ist für die Männer der Beduinenvölker das Wunder ihrer Selbst, ihr Fortsetzer; durch ihn leben sie, ihre Familie und ihr Stamm weiter. Für die Mutter ist das Kind, dessen Reifen sie in ihrem Schoß miterlebt, etwas Magisches; sie ist jenes Zaubergefäß, das den Keim des Mannes entwickelt. War dieses Gefäß schwach, so konnte daraus selbst vom stärksten Keim nur ein dürftiges Pflänz-

Bei der Niederkunft helfen der kauernden Frau zwei Hebammen. Ob die Frau über einer Grube oder auf zwei Gebärsteinen hockt, wie es in der Vorzeit Brauch war, ist auf dieser Terrakottaplastik um 1200 v. Chr. aus Zypern nicht ersichtlich. (Museum Nikosia)

chen, ein schwaches Geschlecht, sprießen. Nur die Frau trug an Töchtergeburten die Schuld. In der Wüste Moab herrschte seit Urzeiten der Brauch, vor jeder Niederkunft eine Grube zu graben. Über ihr gebiert in hockender Stellung die Mutter. War das Kind, das in die Sandgrube fiel, »nur« ein Mädchen, entschied der Vater sogleich, ob über ihm die Grube zugeschüttet wurde oder ob es – bei Mädchenmangel im Klan – weiterleben durfte.

Die Quraisch-Beduinen in Saudi-Arabien lehnten die barbarische Sitte der Petra- und Sinai-Stämme, aus einer Geburtsgrube eine Totengrube zu machen, ab. Sie folgten auch nicht dem Brauch anderer Stämme, die Mädchen jungfräulich als »Opfer« darzubringen, wie man einen Kindermord kultisch zu nennen pflegt. Sie setzten die Kinder auf dem heiligen Berg Abu Duhama bei Mekka aus, damit

Über Leben und Tod des Neugeborenen entschied der Vater. Erst wenn er es »auf seine Knie nahm« anerkannte er das Sorgerecht für das Kind als in die Großfamilie aufgenommenes Mitglied. Nicht anerkannte Kinder wurden ausgesetzt oder getötet. Auf einer hethitischen Goldschale aus Hasanlu um 1100 v. Chr. reicht eine Hebamme das Kind dem Vater, damit er es auf »seine Knie« nimmt. (Museum Ankara)

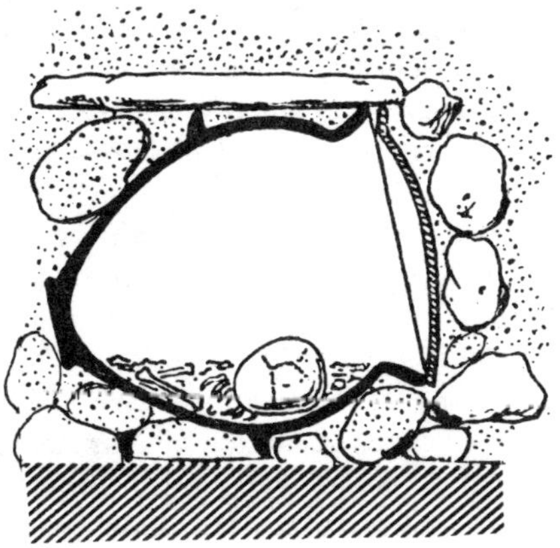

Bauchiger Tonkrug mit Kinderskelett, solche wurden im Vorderen Orient und in Griechenland unter Türschwellen als Fundamentopfer öfters gefunden. Der bauchige Krug – Vorläufer der Urne – symbolisiert den Leib der Frau, aus dem das Leben entsteht und in den das Leben wieder zurückkehrt. Das abgebildete Fundamentopfer stammt aus Olympia, Griechenland.

der Prophet und Gesandte Allahs sich in seiner grenzenlosen Gnade ihrer erbarmen möge. Der Obermullah Sasaa rettete viele der ausgesetzten Mädchen. Das wurde als Wunder angesehen. Außerdem erstattete er den Vätern ein Kamel als Ablösung, allerdings nur, um die Findlinge an westliche Mädchenhändler weiterzuverkaufen.

Doch existierte diese Sitte nicht erst seit dem Aufkommen des Islam.

Berühmte Findelkinder

Das Aussetzen von Kleinkindern wegen relativer Überbevölkerung oder aus wirtschaftlicher Not war bei allen Völkern im Altertum, auch in Israel, ebenso alltäglich wie bei den Nomaden und wurde nicht als barbarisch empfunden. Der Prophet Ezechiel spricht von einem Findling: *»Bei deiner Geburt war es so: Am Tag, als du geboren wurdest, wurde deine Nabelschnur nicht abgeschnitten; auch hat man dich nicht gebadet, mit Salz nicht abgerieben und nicht in Windeln gewickelt, sondern du wurdest mitleidslos aufs Feld geworfen. So verachtet war dein Leben, als du geboren wurdest.«* (16, 4 f.)

Bereits um 1300 v. Chr. macht eine Hieroglyphenschrift, die heute im Leidener Museum aufbewahrt ist, eine grassierende Hungersnot für den Kindermord verantwortlich: *»Es ist doch so; es ist doch so: Aus Jammer werden Kinder auf die Straße geworfen oder in der Wüste ausgesetzt oder in einem Körbchen den Krokodilen des Nils geopfert.«* Erinnert das nicht an das in einem Schilfkorb auf dem Nil ausgesetzte Moseskind und an den babylonischen König Sargon, den

Begründer des ersten semitischen Weltreiches um 2300 v. Chr.? Er gesteht in einer autobiographischen Inschrift: *»Es empfing mich eine Hierodule (sakrale Prostituierte), meinen Vater kannte ich nicht, im geheimen gebar sie mich, legte mich in ein verteertes Schilfkästchen und übergab mich dem Fluß.«* Eine ähnliche Geburtslegende umrankt den indoeuropäischen König von Urma, Begründer des hethitischen Großreiches in Anatolien vor fast 4000 Jahren. Er war halbgöttlicher Abstammung und wurde in einer Flußwildnis ausgesetzt. Ein armer Fischer fand ihn, brachte ihn zu seiner Frau und sagte zu ihr: *»Hock dich nieder und schrei laut, damit es alle Nachbarn weit und breit hören und glauben, daß es unser Sohn ist.«* Bei der Adoption eines Findelkindes mußte als Nachahmungsmagie genau wie beim »Männerkindbett« die Adoptivmutter das Kreißen imitieren, und der Mann mußte das Kind als Zeichen der Anerkennung aufheben oder aufs Knie nehmen.

Nach Diodor überredete Zeus, der selbst ein Findelkind war, seine Ehefrau Hera, seinen unehelich von Alkmene geborenen Sohn Herakles zu adoptieren. Sie legte sich auf ein Wolkenbett, Zeus schob den ausgewachsenen Helden unter ihr Gewand, und sie ließ ihn wie bei einer wirklichen Geburt zu Boden gleiten; dann hob Zeus ihn auf und machte ihn zum unsterblichen Heroen. Wenn wir den zahlreichen Mythologien alter Völker Glauben schenken, scheint es fast, als müßten alle hervorragenden Persönlichkeiten Findelkinder gewesen sein. Aus den verlassenen, ausgesetzten, mißachteten kleinen Würmern wurden göttliche Wesen. Eine eigentümliche Rolle spielt dabei die Mutter des ausgesetzten Kindes: Sie ist Mutter und ist es nicht zugleich. Die Verlassenheit des Kindes zieht die Verlassenheit der Mutter nach sich. Aus dem Waisenschicksal ist ein Heroe hervorgegangen, aber die Mutter wird vergessen und ausgelöscht. Das Waisenkind der Märchen symbolisiert das Ausgeliefertsein, die Mutter die Vereinsamung. Das Ausgeliefertsein enthält im Mythos dasselbe Motiv wie die Opferung des ersten Kindes in der Frühzeit der Menschheit. *»Das Urbild des wunderbaren Waisenkindes«,* schreibt der Psychologe K. Kerényi, *»zeigt seine Sinnfülle besonders dort, wo der Schauplatz seiner Epiphanie das Wasser ist.«* Das Symbol der Ureinsamkeit ist das nasse Urelement, sowohl im hebräischen als auch im ägyptischen, babylonischen und griechischen Mythos.

Aus Kleinasien überliefert der griechische Historiker Diodor einen Mythos, in dem ausnahmsweise ein ausgesetztes Mädchen die Hauptrolle spielt. Sie ist die Tochter des Königs Maion und der Göttin Dindyme. Das unerwünschte Kind wird an einer Quelle in den rauhen phrygischen Bergen Kleinasiens ausgesetzt. Dort säugen es

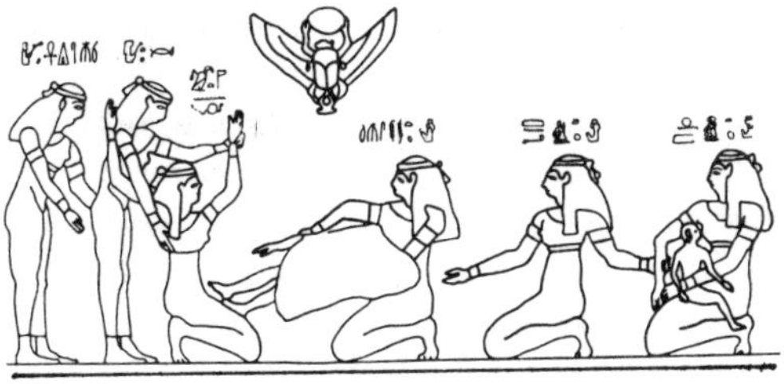

Beim Adoptionsakt legen die Dienerinnen genau wie beim Anerkennungsakt der ägyptischen Prinzessin das Findelkind auf die Knie. Wohl das berühmteste Adoptionskind einer ägyptischen Prinzessin ist der Prophet Mose. (Von einem Zeremoniewerkzeug um 1450. Museum Leyden)

die wilden Tiere, und Hirtinnen ziehen es auf. Sie geben dem Findling den Namen des Fundortes: Kybele. Sie, die später von ihrer göttlichen Mutter zurückgeholt wird, vergißt niemals die Not der »fortgeworfenen« Kinder und der armen verlassenen Frauen und wird ihnen eine liebevolle Fürsorgerin.

Diodor fügt hinzu: *»Die Sitte der Kinderaussetzung ist nur bei barbarischen Völkern bekannt.«* Die Griechen kannten sie angeblich nicht. Doch da irrt Diodor gewaltig.

Kinderplanung in der Antike

Es ist bekannt, daß im Militärstaat Sparta eine staatliche Kommission jedes Neugeborene prüfte. Mißgestaltete oder zu schwache Kinder wurden vom Fels des Eurotas hinabgeschleudert. Einer der ersten aufgeklärten Philosophen nicht nur Griechenlands, sondern der Welt überhaupt, Platon von Athen (427 bis 347) fordert für einen künftigen Idealstaat – in dem nur die besten Männer mit den besten Frauen so häufig wie möglich, die schlechten nur so wenig wie möglich mit schlechten Frauen verkehren sollten –, minderwertige Kinder preiszugeben und nur die besten auf Staatskosten aufzuziehen. Noch mehr überrascht es, daß die Griechen in Ägypten, wo um 300 v. Chr. die Frauen den höchsten Grad an Emanzipation erreichten, die Kinderaussetzung als legitimes Mittel der Familienplanung verstanden. Philon von Alexandrien, der judäisch-griechische Philosoph (25 v. bis 50 n. Chr.), schildert in einem Erlebnisbericht zahlreiche Ausssetzungen und Abtreibungen in Alexandrien, die er als unausrottbare »neuzeitliche« Mode beklagt. Ein authentisches Dokument aus dieser Zeit (heute im Staatlichen Museum von Ost-Berlin) stellt der Brief eines gewissen Hilarion aus Alexandrien an seine schwangere Frau in Fayum dar:

»Hilarion an Alis, seine Schwester (Gattin), *viele Grüße. Wisse, daß wir noch in Alexandrien* (aufgehalten) *sind. Ängstige Dich nicht, wenn beim allgemeinen Einrücken ich noch in Alexandrien bleibe. Ich bitte Dich und flehe Dich an, sorge für das Kindchen. Sobald wir erst Lohn erhalten, werde ich ihn Dir hinaufsenden. Wenn Du* (inzwischen) *niederkommen solltest und es männlich wird, laß es* (leben), *wenn es weiblich ist, setze es aus. Vergiß mich nicht. Ich bitte Dich also, Dich nicht zu ängstigen.«*

Was wurde aus den ausgesetzten Kindern? Wenn sie Glück hatten, wurden sie adoptiert und für bestimmte Zwecke erzogen. Berühmt wurden die »Waisenhäuser« von M. P. Cato (234 bis 149 v. Chr), dem konservativen Staatsmann, Vorbild altrömischer Sittenstrenge und verbissenen Feind der Karthager. Er »rettete«, wie er – sich selbst lobend – berichtet, Hunderte von punischen Kriegswaisen, und er ließ sie in eigenen »Betrieben« zu Prostituierten ausbilden. Wie Urkunden aus der gesamten griechischen und römischen Welt bezeugen, waren die Bordelle mit Findelkindern, Sklavinnen und Kriegsgefangenen besetzt. Nicht nur im Mittelmeerraum war die Beseitigung von »überflüssigen« Mädchen in Notzeiten allgemein Brauch und Sitte, sondern auch bei den alten Germanen. Noch im christlichen Europa scheint die öffentliche Meinung keinen Anstoß am Entfernen neugeborener Mädchen genommen zu haben; denn auf die Frage, wozu Mädchen überhaupt geboren werden, antwortete Thomas von Aquin (gest. 1274 n. Chr.), Fürst der Scholastik, erster Lehrer der Catholica: *»Durch teuflische Einwirkung wird manchmal der männliche Samen defekt oder bei der Frau das Gebärmutterblut krank, oder feuchte Südwinde verursachen Fötusse mit größerem Wassergehalt, das sind Mädchen.«*

Namensgebung

Die Rituale der Namensgebung haben eine Jahrtausende währende Bedeutung, die sich vielfach bis in die heutige Zeit erhalten hat. Welches Elternpaar kennt nicht das Problem des »richtigen« Namens, der die familiären Bande unterstreichen, aber auch die Erwartungen und Hoffnungen für das Kind ausdrücken soll? So drückt der Akt der Namensgebung auch die Verhältnisse der Geschlechter zueinander aus.

Nach patriarchalischer Sitte hätte der Vater das neugeborene Kind

»aufheben« und »auf seine Knie« nehmen müssen. Aber mit der Namensgebung durch die Mutter verliert der Vater sein »Vaterrecht«, seine Verfügungsgewalt über das Kind. Auch die antiken Völker kannten diese Handlung. Der Urmythos der Hethiter, eines indoeuropäischen Volkes, das um 2000 ein Großreich im Gebiet der heutigen Türkei schuf und um 1200 v. Chr. unterging, erzählt, wie die göttliche Urmutter das erste Menschenkind gebar: *»Sie hob das Neugeborene auf und wiegte es dem Appu* (dem Urvatergott) *auf den Knien. Appu begann sich über das Kind zu freuen und liebkoste es . . .«* »Appu« und »Aba« bedeuten im Altsemitischen wie noch heute im Arabischen »Vater«. Das Recht auf Namensgebung drückt jedoch erst einmal das matriarchalische Urrecht der Mutter aus. Nach ältesten Quellen der Ägypter, Sumerer und Hebräer war die Frau ursprünglich »ermächtigt«, ihr Kind zu benennen. Namen sind Omen (nomen est omen); sie bilden einen wesentlichen Bestandteil des Individuums. Namen sind aber auch Totems, die das Kind schützen sollen. Außerdem erhält der Namensgeber eine geheimnisvolle Kraft über den Namensempfänger. Eine Sache benennen heißt, sie seiner Verfügungsgewalt zu unterstellen. Der erste Mensch bekam die Erlaubnis, die Tiere im Paradies zu benennen. Damit erhielt er die Herrschaft über sie. Das Aussprechen des Namens setzt potentielle Energie in wirkliche Kraft um. Öfter erwähnt das »Buch der Bücher«, die Bibel, die Namensgebung durch die Mutter* oder Mädchennamen, und zwar die bekanntesten, die nach martriarchalischer Auffassung mit den Erscheinungsformen von Urgöttern, heiligen Tieren, in Verbindung gebracht werden, wie etwa Lea (Kuh), Rahel (Mutterschaf), Debora (Biene), Zipora (Vögelchen), Egla (Kälbin), Jonina (Täubchen), Akbar (Mäuschen) und Tabit (Gazelle). Das sind keine herabsetzenden Bezeichnungen, im Gegenteil! Bei den Hirtenvölkern wurde insbesondere das Mutterschaf (Rahel), bei den Ackerbauern die Kuh (Lea) hochgeschätzt und als heilig verehrt. In griechischen und altkanaanäischen Mythen werden häufig Frauen oder Göttinnen in Kühe verwandelt und von einem Gott besprungen. Die Kuh erschien diesen Völkern in epischer Symbolik »liebenswerter« als zweibeinige weibliche Wesen. Die »First Lady« der Ägypter, Hathor, wird als »Himmelskuh« und Hera, die Muttergöttin der Griechen, als »kuhäugig« bezeichnet. Lea war wahrscheinlich eine Kuhgöttin und Ahnin eines der ersten hebräischen Stämme.

Sigmund Freud (1856 bis 1939), der Begründer der Psychoanalyse,

* Siehe 1. Mose 3, 20; 17, 5; 25, 26; 29, 31; 30, 24; aber insbesondere Richter 13, 24 und 1. Könige 11, 26.

bemerkt treffend: *»Die Totems waren ursprünglich nur Tiere, sie galten als die Ahnen der einzelnen Stämme. Die Totems vererbten sich nur in weiblicher Linie fort.«*

Vielsagend ist auch die Bezeichnung der Griechen für ihre weiblichen Gottheiten. Wenn Hera als kuh- und Pallas Athene als eulenäugig von Homer bezeichnet werden, so sind sie ursprünglich in der Gestalt einer Kuh und einer Eule verehrt worden. Aphrodite wurde mit der Taube, Artemis mit dem Reh verbunden. Ob hier letzte Reste eines vorgeschichtlichen Tierkultes oder des Matriarchats zu finden sind? Herodot berichtet von den Lydiern, die ursprünglich aus dem mutterrechtlich regierten Kreta stammten und im Südwesten Kleinasiens zur Ansiedlung kamen: *»Sie haben eine sonderbare Gewohnheit, die sonst kein anderes Volk hat: Sie benennen sich nach der Mutter und nicht nach dem Vater. Wenn man einen Lydier fragt, wer er sei, so wird er sein Geschlecht von Mutterseite her angeben und seiner Mutter Mütter herzählen, und wenn eine Bürgerin sich mit einem Sklaven verbindet, so gelten die Kinder für edel geboren; wenn aber ein Bürger, und wäre es der vornehmste, eine Ausländerin oder ein Kebsweib nimmt, so sind die Kinder unehelich.«*

Der Historiker Nicolaus Damascenus, der um die Zeitwende lebte, bestätigt die sich zäh erhaltende Sitte: *»Die Lydier erweisen den Frauen mehr Ehre als den Männern; sie nennen sich nach der Mutter und vererben ihre Hinterlassenschaft auf die Töchter, nicht auf die Söhne.«* Vaterrechtliche Gesetzgebungen werten das Abstammungsrecht nur nach der Mutter mit der Begründung: *». . . da nur sie einwandfrei feststellbar ist.«* Interessant ist die Einstellung der Römer zur Namensgebung ihrer Töchter. Sie gaben ihnen aus tiefster Geringschätzung überhaupt keine Namen. Weibliche Wesen führten allein den Geschlechternamen (Julia, Claudia, Sulpicia usw.). Waren es mehrere, dann numerierten die nüchternen Römer sie einfach Claudia Tertia, Claudia Quinta usw. Die Araberinnen im heutigen Jerusalem sind »moderner«; sie benennen ihre Töchter nicht mehr gemäß dem Totemismus, vielmehr nach Stimmungen und Gefühlen bei der Geburt. Eine Araberin, die nur Töchter gebar, gab ihrer vierten den Namen Za'ula, »das lästige Ding«, der achten aber Tamam, »jetzt ist's genug«.

Ein 5000 Jahre altes Wiegenlied

Einer Mutter ist es unwichtig, ob ihr Neugeborenes männlich oder weiblich, kräftig oder schwächlich ist. Im Gegenteil, je schwächer, je bedrohter es ist, desto mehr Liebe und gesteigerte Abwehrkräfte ruft es in ihr hervor, ganz gleich, ob sie es in eine Viehkrippe oder in ein Elfenbeinbett legt. Kinderwiegen gab es in der Frühzeit nicht. Arme Hirten- oder Nomadenvölker betteten das Neugeborene in einen Trog, der zur Fütterung der Tiere diente. Entsprechend dem Milieu in Bethlehem legte Maria, von Hirten umringt, das Jesuskind in eine Futterkrippe. Was die Windeln betrifft, so schrieben die griechischen Ärzte drei Finger breite und sechs Meter lange Binden vor, in die der Säugling mit Armen, Füßen und Kopf wie ein Paket bis zum zweiten Lebensjahr eingewickelt blieb. In einer so unsicheren, so unvorhergesehen feindlichen Welt konnte dem kleinen Würmchen vielerlei zustoßen. Deshalb wurde es reichlich mit Amuletten gegen den bösen Blick behängt, und in seine Windeln knüpfte man Knoblauch und andere Zauberkräuter, um es vor dem Besuch nächtlicher Vampire zu schützen.

Die Mutter-Tochter-Genealogie wird durch diese marmorne Zykladenfigur von einer ägäischen Insel um 1600 v. Chr. deutlich. Sie ist als weiblicher Stammbaum symbolisiert, bei der die Tochter auf dem Kopf der Mutter steht oder aus diesem herauswächst. (Nach Neumann)

Das Neugeborene verkriecht sich in die Arme seiner Mutter, es sucht ihre lebendige Wärme, will den ganzen Tag – auch wenn die Mutter arbeitet – hautnah mit ihr verbunden herumgetragen werden. Es verlangt nach ihren Liebkosungen, und wenn es nicht einschlafen kann, nach ihrer besänftigenden Stimme. Hier das älteste Wiegenlied der Welt, das vor 5000 Jahren in Sumer aufgeschrieben, aber viel, viel früher schon gesungen wurde:

»Ach, mein Kind, Schlaf komme zu dir,
komm Schlaf, komm Schlaf,
komm zu meinem Kindelein,
eil dich, Schlaf, bedeck seine lebhaft ruhelosen Augen,
leg dich auf seine guhlu-amunu Äuglein.*
Ach, du armes Erdenwürmchen leidest,
ich bin in Sorge, ich bin verstört,
ich starre zu den Sternen und zum Neumond,
er scheint direkt mir ins Gesicht –
ach du, bleib ruhig und erwache ruhig aus dem Schlaf.«

In diesem Lied drückte die Mutter aus Sumer vor über 5000 Jahren dieselben Empfindungen aus wie eine Mutter heute. Nur waren die Mütter der Vorzeit, da ihnen nur Zauberer und Amulette, keine akademisch ausgebildeten Kinderärzte zur Verfügung standen, aus berechtigten Gründen viel besorgter als heutige. Gegen viele Krankheiten war das Volk machtlos. Ihre Ursachen wurden in bösen Dämonen und geheimnisvollen Wesen gesehen. Die Ängste davor drückt ein altägyptisches Wiegenlied deutlich aus:

»Gehe zugrunde, du, aus dem Dunkel Kommender,
bist du hereingeschlichen, mein Kind zu küssen?
Ich lasse nicht zu, daß du es küßt!
Bist du gekommen, es zu schädigen?
Ich lasse nicht zu, daß du es schädigst!
Bist du gekommen, um es zu holen?
Ich lasse nicht zu, daß du es holst.«

Ein Baby wird ohne Sehempfinden geboren. Erst nach sechs Wochen zuckt ein leuchtender Funke in seinen Augen auf, und es sieht seine Mutter zum erstenmal staunend an. Es verliert das eigentümlich Starre und lächelt zum erstenmal. Die Mutter lächelt zurück. Dieses glückliche Gefühl besingt die größte Dichterin der Antike, Sappho aus Lesbos, um 600:

»Ein Töchterchen hab' ich. Bin ich nicht reich?
Den goldigsten Blümlein ist meine Schöne gleich.
Sie heißt Kleïs, mein herzliches Ergötzen. –
Gar nichts ist mir – verglichen mit ihr –
das lydische Königreich mit allen seinen Schätzen.«

Wenn das Baby seine Augen aufschlägt, erscheinen ihm die Erwachsenen wie Giganten oder Götter; die liebenswerte Gottheit ist die Mutter, die gefürchtete der Vater. Kein Wunder, daß das Bild der Muttergottheit das Hauptthema der Frühreligionen war.

* Gegen den bösen Blick geschminkte Augen.

Gemietete Klagefrauen mit deutlich sichtbaren Tränen und gemeinsam laut ausgestoßenen Weherufen sollten die Trauergäste in entsprechende Ekstase bringen. Der besonders fein ausgeführte Mädchenkopf aus Silber im persisch-griechischen Stil, etwa 35 cm hoch, vom 1. Jahrhundert v. Chr. zeigt die ideale Verschmelzung morgenländischer und abendländischer Kulturen. Freer Gallery of Art, Washington.
Emblem einer Fruchtbarkeitsgöttin aus Susa um 200 v. Chr. (Terrakotta), Louvre, Paris.

Abbildung links: Eva mit der Schlange? Die Wertung der Schlange war in den Frühkulturen verschieden; die einen sahen in ihr die Verkörperung des Bösen, die anderen die der Klugheit und der Heilkunde. Als goldener Schmuckreifen mit magischen Abwehrkräften ausgestattet trugen schöne Frauen die Schlange als Hals- oder Beinschmuck. Auf der Abbildung: Aphrodite-Statue, die im Karmel-Gebirge aus hellenistischer Zeit entdeckt wurde (aus dem Archäologischen Archiv des Kultusministeriums, Jerusalem).

Abbildung rechts: Realistik und Mystik. Aus der Liebe zur Mutter, die in der Urzeit für das Kind die einzige Ernährerin und Beschützerin war, wurde später im religiösen Bereich die »himmlische« Mutter zu einer Vegetations- und Muttergottheit erhoben – als oberste Herrin des vielköpfigen Pantheon. Kupferarbeit, Höhe 12 cm, um 1900 v. Chr. (Staatliches Museum, Berlin-Charlottenburg).

Grabstein der Eukoline (um 330 v. Chr.). Hier wird tiefe Verehrung und Achtung zum Ausdruck gebracht, zugleich strömt aber auch Trost aus diesem Bild (Nationalmuseum, Athen).

Phönizische Göttin. Elfenbeinarbeit um 600 v. Chr., die als Beutestück nach Ninive verschleppt wurde. Sonst wird sie als »Frau im Fenster« dargestellt, die ihre Gläubigen erwartet.

Porträt einer intelligenten Frau. Sie führt nachdenklich einen Griffel an ihre Lippen und hält eine Wachsschreibtafel in der Hand, wahrscheinlich eine Geschäftsfrau, die in die Wachstafel das Soll und Haben der Tagesaktivität einritzt. Wandbild vor 79 n. Chr. aus Pompeji.

Demeter wurde als Mutter der Erde verehrt. Hades, der dumpfe Gott der Unterwelt, raubte ihre Tochter Persephone. Auf Zeus' Schiedsspruch hin blieb sie ein Drittel des Jahres als Braut in der Unterwelt und zwei Drittel des Jahres bei ihrer Mutter Demeter. Während ihrer Abwesenheit sproß keine Saat mehr, die Natur verkümmerte. Der Wandel trat erst wieder im Frühling ein. Bei ihrer Wiederkunft kam die Fruchtbarkeit auf die Erde zurück (Kulturpark in Ismir, Foto: A. Vardiman).

Die Ägypter führten ein vorbildliches Eheleben. Ein vornehmes ägyptisches Paar an der Ostwand des Ramosegrabes. Letzterer war Wesir unter Amenophis III. und der erste Wesir unter Echnaton. Hier ist der Bruder des Ramose namens May und seine Gattin Werel abgebildet. Nekropole von Kurna bei Theben-West (um 1380 v. Chr.).

Die Kaufmannsfrau Ammiat aus Palmyra trägt einen goldenen Stirnreifen, darüber eine Haube, außerdem einen Kopfschleier. Obwohl ihre Kleidung griechisch ist, verrät sie doch orientalische Tradition.

Während die Ägypterin, auf eine schlanke Figur bedacht, sich in feines weißes Linnen kleidete, bevorzugten eingewanderte Beduininnen bunte, gemusterte Kleidung, die aus einer viereckigen Stoffbahn an der Schulter geknüpft war. Der Künstler hat die besonderen Eigenheiten in der Physiognomie und dem äußeren Habitus sehr gut wiedergegeben. Grabmalerei des Chnun-hotep in Beni Hassan um 1900 v. Chr.

Abbildung links: Die Hochschätzung der Jungfernschaft ging so weit, daß Mädchen so früh wie möglich vor ihrer Geschlechtsreife verheiratet wurden, wie es heute noch Sitte bei verschiedenen Völkern »aus Reinheitsritus« Brauch ist, z. B. bei Indern und Arabern. Auf der Abbildung 9jährige südmarokkanische Braut in vollem Hochzeitsschmuck (Foto: G. Shanit).

Abbildung rechts: Eine 14 cm hohe ägyptische Flasche für Milch- und Salbölmixturen aus roter Keramik in Gestalt einer hockenden Frau mit Kind. Aus medizinisch-magischen Rezepttexten ist zu entnehmen, daß der Inhalt bei der Behandlung kranker Wöchnerinnen und neugeborener Kinder eine Rolle spielte (Ägyptische Abteilung der Staatlichen Museen, Preußischer Kulturbesitz, Berlin).

Seit Alexander dem Großen wurde es Mode die Sockel der Sarkophage mit »Amazonenkämpfen« zu schmücken. Der Großhersteller exportierte einen halbfertigen Sarg, und der lokale Künstler mußte nur der rohbehauenen hockenden Figur porträtähnliche Züge des Verstorbenen geben. In Cäsarea gefunden.

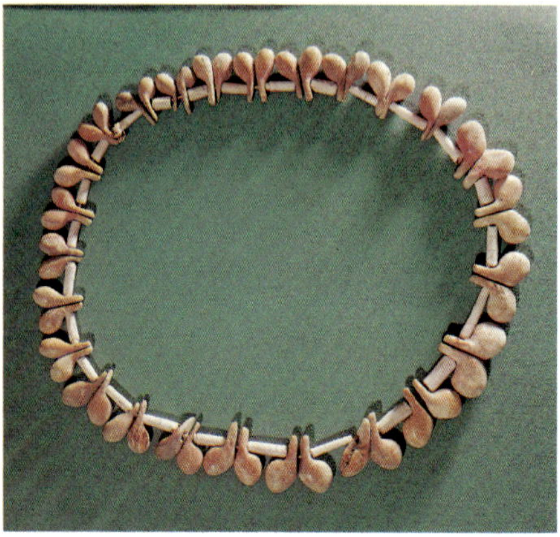

Abbildung oben links: Während unsere Vorfahren noch in Höhlen hausten, nur dem Jagdvergnügen frönten und Felle trugen, entwickelten sie bereits einen feinausgeprägten Sinn für Schmuck als Kunstgewerbe. Auf der Abbildung eine Halskette, die in einer Karmelhöhle (nahe, die von Haifa) gefunden wurde. Die vollendete Halskette, etwa 17 000 Jahre alt, ist aus winzigen zusammenpassenden Gazellenknöchelchen angefertigt (Israel Museum, Jerusalem).

Abbildung unten links: Die Neandertaler Venus. Der altsteinzeitliche Mensch entwickelte sich in den verschiedenen Regionen ganz unterschiedlich. Die Zeitspanne primitiven Menschentums endete im Vorderen Orient und in Ägypten mit dem Neolithikum im 4. Jahrtausend, in Mitteleuropa im 2. Jahrtausend. Im östlichen Mittelmeerraum war er kulturell um Jahrhunderte dem Höhlenmenschen in Europa voraus. Diese Venusfigur, von der in Zypern und vielen anderen Orten Vorderasiens gleiche Figürchen gefunden wurden, entsprach dem Ideal einer Frau. Sie hat besonders breite gebärfähige Hüften, einen schmalen Oberleib und den typischen Vogelkopf (Muscum Haarez, Tel Aviv).

Abbildung rechts: Verwunderlich ist, daß solche Astartefiguren mit gleicher Frisur und unter den Brüsten verschränkten Händen nicht nur in kanaanäischen Bezirken, sondern auch in Jerusalem (a) oder Lachis (b) gefunden wurden. Sie stammen aus der Spätzeit der judäischen Königszeit. a.) Israel Museum, Jerusalem. b.) Metropolitan Museum, New York.

Königin Nofretete als Göttin aufgeputzt (um 1250 v. Chr.). Ihr Grab im Tal der Königinnen gilt durch die herrlichen Malereien, die heute im Verfall begriffen sind, als eine der schönsten Anlagen ihrer Zeit, das ihr Gemahl Ramses II. ihr erstellte.

Statue der ägyptischen Göttin Isis in griechischem Gewand. Marmor aus dem 2. Jahrhundert n. Chr. In der griechischen und vor allem in der römischen Zeit genoß die Göttin Isis, Gattin des Auferstehungsgottes Osiris, auch außerhalb Ägyptens weltweite ständig steigende Verehrung. Zweifellos sind Züge dieser Göttin im Volksglauben auf die Gottesmutter Maria übergegangen.

Ebenso wie die »Amazonenkämpfe« war in hellenistischer Zeit Leda, nach der griechischen Sage Tochter des Königs von Aitolien und Gattin des Königs von Sparta, von Zeus in Gestalt eines Schwanes verführt, ein oft dargestelltes Thema. Dieses Sarkophagfragment wurde am Karmel-Gebirge gefunden, ein zweites in Beth Schearim auf einem rein jüdischen Friedhof. Weshalb und warum ist unbekannt (Israel Museum, Jerusalem).

Das pompejische Wandbild (vor 79 v. Chr.) »die Aldobrandische Hochzeit«, so nach ihrem früheren Besitzer benannt, stellt die Vorbereitung zu einer Hochzeit dar: Zu der mit einem weißen halblangen Schleier verhüllten zögernden Braut, die auf einem Bett sitzt, spricht die Göttin der Überredungskunst. Während links (im Bild nicht ganz sichtbar) die Brautmutter das Hochzeitsbad bereitet, schütten befreundete Frauen Weihrauch auf und stimmen Hochzeitslieder an (Bibliothek des Vatikan, Rom).

Porträt eines jungen Mädchens, nach griechisch-persischem Stil in Silber ausgeführt, ein noch heute gefälliges Kunstwerk voller Schönheit und Anmut (um 100 v. Chr.). Freer Gallery of Art, Washington.

Muttermilch, Himmelsmilch und Ammenmilch

Das Verhältnis des Babys zur Mutter ist ein Verhältnis zwischen Mund und Schoß. Das Kind ist aus dem Blut der Mutter gebildet – wir sprechen von Blutsverwandtschaft. Nach der Geburt verwandelt sich nach Ansicht der Alten das Blut der Mutter in Milch. Im Mutterschoß wird das Kind gebildet, aber erst durch die Muttermilch wird das winzige Etwas zum Menschen. Da sich die physische und die psychische Kraft von der Mutter auf das Kind übertragen, glaubten die Alten auch, daß Königskinder und Heroen mit Himmelsmilch genährt wurden. Der künftige König oder Pharao empfing durch die Milch aus der Brust einer Göttin ein neues, vollkommen göttliches Leben und zugleich die Kraft für seine Herrscheraufgabe in dieser Welt. Die Milch spielte sowohl in der Ernährung als auch in den Religionsvorstellungen der urzeitlichen Völker eine bedeutende Rolle. Bei den alten Arabern bedeutete das Wort »baten« »Brust« und zugleich »Unterleib«. Mit demselben Wort wurden Verwandtschaft, Geschlecht und Stamm ausgedrückt. Es gab eine Bluts- und eine Milchverwandtschaft. Blutsverwandte sind alle Stammesgenossen, Milchverwandte sind nur jene, die von derselben Brust gesäugt wurden. Hinstrecken der Brust bedeutet Anbieten, Abwenden der Brust Abschneiden der Verwandtschaft.

Die Stillzeit erstreckte sich auf nicht weniger als drei Jahre, ein »Luxus«, den sich nur arme Frauen leisten konnten. Sie bot immerhin die relative Wahrscheinlichkeit, in dieser Zeit geschlechtlich verkehren zu können, ohne wieder schwanger zu werden. Angst um ihre Schönheit und Figur hatten nur Aristokratinnen; sie hielten sich eine Milchmagd. Um 1800 v. Chr. war dieser Beruf zu einem gutgehenden Geschäft geworden, so daß König Hammurapi von Babylon sich veranlaßt sah, Gesetze zu erlassen – nicht zum Schutz der Ammen, sondern im Interesse der adligen Arbeitgeberinnen. Paragraph 194 lautet: *»Wenn einer professionellen Amme das ihr anvertraute Kind stirbt und sie ohne Wissen der Kindeseltern sich ein anderes Kind dafür an die Brust legt, werden ihr zur Strafe die Brüste abgeschnitten.«* Dies bezog sich nicht auf eine Milchmagd, die bei der Herrschaft diente, sondern auf eine Freigewerblerin, die das zur Pflege angenommene Kind in ihrem eigenen Haus großzog. Dafür erhielt sie in Babylonien eine Pauschalentschädigung in Form von Nahrungsmitteln, Salböl und Kleidung für drei Jahre. Wahrlich eine Sklavenentlohnung!

Ammenbestimmungen und Ammenverträge sind auch aus Griechenland bekannt. Danach mußte eine Amme 25 bis 35 Jahre »reif« sein, eine Brust haben, *»die einen Greis entflammen kann«,* und sich jedes Gechlechtsverkehrs und aller Ausschweifungen enthalten. In Rom wurden griechische Sklavinnen als Ammen bevorzugt, weil sie das Kind mit »Milch und Kultur säugen«. Sie sollten, wie ein römischer Sittenkritiker es ausdrückt, *»das charakterliche Gegenteil ihrer Herrin sein«*. Deshalb sei es nicht verwunderlich, daß aristokratische Kinder – den griechischen Ammensklavinnen stärkere Zuneigung entgegenbrachten als ihrer leiblichen Mutter.

Eine höchst sonderbare Ansicht vertritt der griechische Philosoph Platon im Konzept seines Zukunftsstaates: *»Die Mütter stillen; aber nicht ihre eigenen Kinder«*, damit *»keine enge emotionelle Bindung aufkommen kann«*. Nur so würden die Kleinen, wenn sie heranwüchsen, sich als Brüder und Schwestern fühlen, und die Alten wären die Väter und Mütter von allen; nur auf diesem Wege könnte eine große

Die treue Amme Antiphata ist die erste, die ihren geliebten nach 20 Jahren Abwesenheit zurückgekehrten Odysseus beim Füßewaschen an einer winzigen Narbe erkennt. Nach einem Vasenbild aus Etruria. (National Museum, Neapel)

Gemeinschaft entstehen und der Staat zu *einer* großen Familie werden. Platon hat sich in einer späteren Schrift selbst korrigiert. Gewiß wurde er von vielen darauf hingewiesen, daß sich zwischen der Frau und dem Kind, das sie säugt, auch wenn es nicht ihr eigenes ist, ein inniges Band, eine »Milchverwandtschaft«, fürs ganze Leben bildet. Die biederen Frauen, die aus dem niederen Volke stammten und den »Mutterersatz« darstellten, begleiteten ihre Pflegekinder fürsorglich durch alle Lebensstadien und waren ihnen auch oft mit ihrem »gesunden Menschenverstand« Ratgeberin und Hilfe. Von Homer unsterblich gemacht wurde Odysseus' Amme Eurykleia. Sie hält mit unerschütterlicher Treue nicht nur zu ihrem königlichen Pflegekind, sondern auch zu seiner Gattin Penelope während seiner langen

Abwesenheit. Als der Held nach zwanzigjähriger Irrfahrt (Odysseus: »Ich irrte von Leiden zu Leiden«) endlich nach Ithaka zurückkehrte – als Bettler, zerlumpt, entstellt, von Alter und Leiden bis zur Unkenntlichkeit verändert –, war es Eurykleia, die ihn als erste erkannte, und zwar an einer winzigen Narbe. Welch eine herrliche Szene entwirft Homer: Weder Frau noch Mutter, noch der große Hofstaat erkennen den Heimkehrenden, nur seine Amme und ein Hund! Besonders bei heranwachsenden Mädchen spielte die Amme eine überragende Rolle: Sie war die ältere beratende Freundin im guten, aber auch im bösen Sinne. Manchmal wurden Ammen kultisch verehrt. Die hebräische Stammfrau Rebekka pflanzte ihrer aramäischen Amme Debora einen Kultbaum ans Grab, der, wie es in der Bibel heißt, »bis zum heutigen Tag als Klageeiche in Bethel verehrt« wird.

2. JUGEND

Erste Lebensphase

Die alten Hebräer bezeichneten die Lebensphasen eines Mädchens nach seiner Entwicklung: Bis zum Ende seines dritten Lebensjahres wurde es mit »Joneket« (Säugling), bis zum achten Lebensjahr mit »Naara« (Kind), bis zum zwölften Lebensjahr mit »Betula« (Jungfrau) und später mit »Bogereth« (Erwachsene, Mannbare) bezeichnet. Auch in Griechenland wuchsen Stadtmädchen in hermetisch verschlossenen Frauengemächern auf. Nur unterschieden die Griechen drei statt vier Lebensphasen: Das Mädchen »Kore« (das noch nicht Handlungsfähige), die Frau »Gynae« (die Erfüllte oder die Gebärende) und »Chira« (die Witwe oder die Vereinsamte).

Während man früher der ersten Lebensphase überhaupt keine Beachtung schenkte, wissen wir heute dank dem Psychoanalytiker Sigmund Freud (1856 bis 1939), daß die Erlebnisempfindungen der frühesten Kindheit durch Trauma und Träume im Menschen bewußt und unbewußt als Angst- und Wunschkomplexe erhalten bleiben und seine Entwicklung und Verhaltensweise bestimmen; sie bleiben als Erinnerung im Unterbewußten haften. Die Alten hielten Kinder für kleine Erwachsene. Sie hatten keine Ahnung von der andersartigen Seelen- und Empfindungswelt der Kinder und kein Verständnis für ihre Phantasie- und Willensentwicklung. In ihrer Mentalität, in ihren Spielen bleiben Kinder Kinder, ganz gleich, ob es vor Tausenden von Jahren oder heute ist. Archäologen fanden Bälle, Klappern, Würfel, Reifen, Puppen, Puppenhäuschen, Puppenwägelchen und kleines Geschirr in Kindergräbern. Die Spiele der Kinder waren den modernen sehr ähnlich. Ebenso wie heute gab es Tauziehen, Verstecken, Huckepack, Ballwerfen und anderes mehr. Nausikaa spielte Fangball am Strand, als der schiffbrüchige Odysseus auftauchte. Viele griechische Vasenbilder übermitteln ein weitgefächertes Bild von Kinderspielen. Die Puppe ist »das Kind« des kleinen Mädchens, es singt sie in den Schlaf und spricht zu ihr sanft oder scheltend, genau wie seine Mutter zu ihm spricht. Umgekehrt kommt sich das Mädchen selbst wie eine »Puppe« vor und gibt sich beim Spiel Träumereien hin. Die Evangelien erwähnen die »Kleinen«, die in ihren Spielen die »Großen« nachahmen, indem sie Hochzeit und Begräbnis spielen. Mütter der breiten Volksschichten hatten – von Kinderreichtum und harter Arbeit überfordert – für die individuelle Erziehung des einzelnen Kindes keine Zeit. Das Kind, auf sich selbst angewiesen, mußte sich selbst erziehen, eigene Erfahrungen außerhalb des Elternhauses sammeln und sich zur Eigenexistenz durchringen. Die harten Lebensbedingungen, die frühen seelischen Bedrängnisse aus Dämonenfurcht, Erlebnisse auf der Straße und im engen gemeinsamen Schlafraum erweckten im frühreifen Kind eine vorzeitig einsetzende Pubertät und beendeten allzufrüh die erste Phase seines Lebens.

Eine Mutter spielt mit ihrem Kind, das in einem originellen Stühlchen sitzt. Das Bild stammt von einer schwarzgrundigen Schale des Sotrades um 450 v. Chr. Die griechischen hochkünstlerischen Keramikmalereien geben uns neben mythologischen Szenen ein anschauliches Bild des intimen Lebens. (Musées Royaux Cinquantènaire, Brüssel)

Erziehung wozu?

Das Kind lernt schrittweise an der Seite der Mutter im Laufe seiner Entwicklung, sich an die Anforderungen seiner Umgebung anzupassen; alle anderen Reize der Umwelt werden ihm entzogen, es ist und muß isoliert bleiben. Das einzige vorgelebte Beispiel, das eine Mutter aus dem Volke ihrer Tochter geben konnte: Arbeit, Arbeit, Arbeit – und das Befolgen von Anweisungen! Genügt das aber als Erziehungsbasis, um die Grundsteine für das Menschwerden zu legen? Immanuel Kant sagt: *»Der Mensch kann nur Mensch werden durch Erziehung.«* Während das Biologische sich von selbst entwickelt, braucht der Geist zu seiner Entfaltung den Geist. Hier versagte die antike Gesellschaft in bezug auf die breite Bevölkerung völlig. Außer den täglichen Hausarbeiten wie Brotbacken, Kochen, Spinnen, Weben und Nähen lernten die bürgerlichen und adligen Töchter, die in der Abgeschlossenheit der Gyneikonitis, des Frauenteils im Hause, aufwuchsen, kaum etwas. Ihre Erziehung bereitete sie lediglich auf ihre künftige Rolle als Ehefrau vor. Sie mußten möglichst einfältig und keusch, selbst ohne die notwendigsten Elementarkenntnisse bleiben und den Eltern, dem künftigen Ehemann sowie der Religion Gehorsam bezeugen. Kurz: Sie wurden zur Abhängigkeit, Apathie und Resignation erzogen! Als man die verkohlten Leichen in Pompeji ausgrub, konnten die Forscher eindeutig feststellen, daß die Männer in der Bewegung der Auflehnung, der Herausforderung des Himmels oder während der versuchten Flucht vom Tode ereilt worden waren; die Frauen dagegen lagen zusammengekrümmt, in sich gekehrt, und wandten ihre Gesichter zur Erde. Sie wußten sich machtlos gegenüber allen Ereignissen – das machte die Erziehung aus ihnen. Diese Resignation zeitigte aber auch die Geduld und Ruhe, die wir oft an den Frauen der Antike so sehr bewundern.

Homer entwirft das Bild der allerliebsten Fürstentochter Nausikaa, die täglich als gehorsames Kind neben dem Webstuhl der Mutter und neben dem Thron des Vaters saß, von der ersten den Fleiß und vom zweiten das geduldige Lauschen erlernend. »Nausikaa«, schreibt die Homer-Kennerin Verena Zinserling, »verkörpert das schöne, tugendhafte und bedachte Mädchen, das sich, Eltern und Göttern gehorsam, auf die Ehe vorbereitet.«

Platons Forderung, besondere Mädchenschulen einzurichten, blieb Utopie. In seinem kühnen Zukunftsentwurf sollte es im Idealstaat keine Geschlechtsdiffamierung und keinen Unterschied im Unterricht von Mädchen und Knaben geben, denn »die Mädchen besitzen dieselbe geistige Funktion ... die Frau hat von der Natur dieselben Anlagen zur Vollkommenheit wie der Mann und kann sie genauso entwickeln, *wenn* sie dieselbe Erziehung erhält«. Zu den pädagogischen Disziplinen zählte Platon auch Musik, Reitkunst, Kriegs- und Staatsdienst. Dabei dachte er gewiß an Sparta, wo der Staat die Kinder vom siebten Lebensjahr an aus dem Elternhaus nahm und gemeinsam im Sinne des Staatsinteresses auf seine Kosten erzog. Die Mädchen erhielten nicht nur eine körperstählende Ausbildung wie die Knaben, sondern es wurde ihnen auch ein »freiheitlicher Geist« eingeimpft. Man kann wohl sagen, daß die Spartanerin die höchste Gleichstellung bei den Griechen erreichte. Damit nahmen die Frauen aus Sparta allerdings eine Sonderstellung ein.

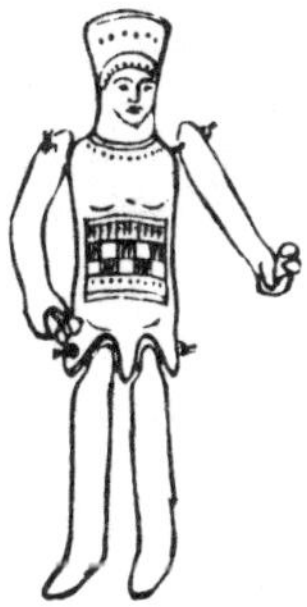

Puppen aus Stoff, Holz oder Ton, zum Teil auch mit beweglichen Gliedern, sowie andere Spielsachen wurden in Griechenland u. a. O. zahlreich gefunden. Die bewegliche Tonpuppe stammt aus einem Kindergrab um 300 v. Chr. bei Athen.

Es gibt eine Menge menschlicher Erfahrungen, die die Erzieher bewußt nicht erkennen wollen, weil sie sie keineswegs durchdenken könnten – Erfahrungen, die jedes Mädchen früher oder später nicht erlernen, sondern selbst erleben muß. In der phallischen Phase – wie Sigmund Freud das fünfte und sechste Lebensjahr nennt – beginnt das Kind, seine geschlechtliche Identifikation zu erleben, wobei das Mädchen seine Mutter zum Vorbild nimmt, um sich in die Rolle der Frau hinein zu leben. Kam das heranwachsende Mädchen durch gesteigertes Interesse an den Lebensvorgängen ins Frage- und Trotzalter, wurde es mit Strenge oder Schweigen abgewiesen. Jedes Verlangen nach sexuellem Wissen wurde durch Verbote unterdrückt. Wenn ein kleines Mädchen unbewußt oder im Schlaf seine Genitalien berührte, stieß die Mutter die kleine Hand zurück. Die den Mädchen angeborene höhere Aufmerksamkeit und leichtere Erregbarkeit mußten sie zu sublimieren lernen. »Du mußt sauber bleiben! Du mußt sauber bleiben!« Selbst ein Schweinehirt in Athen lehnte es ab, eine »Entehrte« zu heiraten! Jeden Tag erhielt die Minderjährige dieselben Ermahnungen. Überall lauerten und lockten Gefahren, überall warteten Verbote, Schuldvorwürfe und Strafandrohungen, um den Mädchen die Lust an der Lust zu nehmen. Schuldvorwürfe sind ungerechte Vorwürfe am eigenen Selbstbewußtsein. Eine Mutter gestand: *»Ich wollte, daß meine Tochter, wenn sie erwachsen wird, mir alles anvertraut. Aber damals, als sie ins Fragealter kam, konnte ich ihr aus meinen eigenen Erlebnissen nichts anvertrauen.«*

Eine Einschränkung muß gemacht werden: Die antiken literarischen Quellen schildern immer nur das Leben der Fürsten und der Bevorzugten aus den gehobenen Schichten der bürgerlichen Gesellschaft; von kleinen Leuten, den Hirten, Bauern und Handwerkern, wird nie gesprochen. Für diese waren Bildung, Erziehung, Kultur und Sittlichkeit Fremdworte. Die sittliche, sexuelle Aufklärung der Töchter aus den unteren Schichten geschah auf der Straße.

Die Beschneidung und die väterliche Gewalt

In vielen Ländern des arabischen Kulturkreises wird auch heute noch an den Mädchen eine rituelle Handlung vorgenommen, deren Bedeutung in noch vorislamischer und vorchristlicher Zeit zu suchen sein dürfte. Mit beginnender Geschlechtsreife werden die Mädchen beschnitten. Diese Klitorisdektomie, ein ritueller Akt, der vor allem noch bei den Nomadenvölkern gang und gäbe ist, dient nach Ansicht europäischer Verhaltensforscher dazu, die »nutzlose« Liebeslust zu dämpfen und die spätere Geburtenfreudigkeit der jungen Frauen zu heben. Die Araber dagegen sehen darin einen kultischen Akt von elitärer Bedeutung, durch den der hochgebenedeite Prophet sie von allen »Nichtbeschnittenen« ausgezeichnet hatte. Allerdings verpflichtete der Prophet nur alles Männliche zu diesem Akt; dort, wo auch die weiblichen Stammesangehörigen beschnitten werden, wird es als wirtschaftlich und kultisch höhere Bewertung der Mädchen angesehen. Die Klitorisdektomie wird heute noch bei gewissen Stämmen in Afrika, Australien und Südamerika an Mädchen zwischen dem achten und fünfzehnten Lebensjahr durchgeführt. Unter den Wagogo in Ostafrika heiraten selbst christliche Burschen kein unbeschnittenes Mädchen.

Die Beschneidung signalisiert die Wandlung des Mädchens zur Frau. Sie tritt ein in die Nomadengesellschaft, verläßt das schützende »Zelt der Mutter« und tritt in »die Gewalt des Vaters« über. In der Wüste herrschen noch die gleichen Gesetze, die vor 3800 Jahren im Alten Orient galten. Bereits das Hammurapische Gesetz um 1700 v. Chr. bestimmte die Autoritätsgewalt des Vaters: Das Kind mußte wie eine Sklavin dem Vater gehorsam sein. Er durfte mit ihm machen, was er wollte – es in Notzeiten für Schuldabtragungen oder aus reiner Habgier verkaufen, verpfänden, in einen Tempel oder ein Bordell geben. 200 Jahre später ist ein Zivilisationsfortschritt zu verzeichnen. Der Stadtkönig von Nuzi erließ folgende Einschränkung: *»Niemand darf seine Tochter ohne Zustimmung des Königs zu einem heimatlosen Mädchen machen. Wer es tut, hat mit Bestrafung zu rechnen.«* Manche der verkauften kleinen Mädchen liefen ihren neuen Hausherren davon, um zu ihren Müttern zurückzukehren. So lautet eine beiläufige Notiz eines babylonischen Sklavenhändlers: *»Die kleine Schuluummi habe ich wieder eingefangen und tüchtig verprügelt. Nun gebe ich sie dir zurück. Leg ihr eine lange Kette an, denn sie wird immer wieder zu entfliehen versuchen.«* In der damaligen Sklavenhaltergesellschaft brach jeder zivilisatorische Fortschritt zusammen, wenn es wieder, wie es leider öfters geschah, zu einem wirtschaftlichen Engpaß kam. Ein realistischer biblischer Bericht der Nehemia-Chronik erwähnt einen Volksaufstand während einer Hungersnot um 440: *»Mit großem Geschrei protestierten arme Leute gegen ihre reichen Glaubensgenossen: Wir müssen unsere Söhne und Töchter verpfänden, um Getreide zu kaufen, um unser Leben fristen zu können.«*

Auch nach griechisch-römischem Recht erstreckte sich die absolute Verfügungsgewalt des Hausherrn über das Vermögen und alle Personen des Hausstandes. Leider ist aus der Antike kein Prozeß bekannt, in dem ein Mann wegen Mißbrauchs der Vaterrechte belangt worden wäre. In einem Brief aus Memphis (heute ist er in der Wiener Staatsbibliothek) verflucht die Griechin Artemissa ihren Mann, wahrscheinlich ein pathologischer Säufer, der nicht nur den Tod ihres Töchterchens verschuldet, sondern obendrein noch die Mumie der Kleinen verpfändet hat: *»Wie er Unrecht an mir und dem Kinde tat! Mögen die Götter verhängen, daß dereinst der grausame Vater von seinen Söhnen auch nicht begraben werde. Dieses ist ein Bittgesuch an Dich, o Gott, lasse Dein Gericht walten!«*

Es entspricht den Ansichten der modernen Psychologie, daß das Kind vom achten Lebensjahr an beginnt, die Autorität des Vaters anzuerkennen, zu benötigen, ja, sich im patriarchischen Sinne ihr zu fügen. Es will nicht nur die »ehrfurchtgebietende«, sondern auch die »bedrohliche« Macht im Vater empfinden. Er ist der Strenge, Fremde, Gehorsam Fordernde, Gefürchtete und Angebetete. Vaterliebe ist nicht bedingungslos, sie muß verdient werden. Aus dieser Diskrepanz entsteht im Herzen des Kindes der zweifelhafte Wunsch, um des »eigenen« Verdienstes willen geliebt zu werden. Bis dahin – in der Obhut der Mutter – nehmen die Kinder Liebe und Nestwärme für eine Selbstverständlichkeit.

Durch die Zuwendung zum Vater kommt ein neuer Faktor auf; das Kind muß durch eigene Aktivität Liebe hervorrufen. Auf dieser Stufe der Entwicklung entdeckt das heranwachsende Mädchen den Vater als Mann, als Objekt seiner ersten Liebe; es lernt, sich ihm liebend und werbend zu nähern, bis es ihn zu beherrschen versteht und sich so der Mutter überlegen zeigt. Nimmt man hinzu, daß bis dahin das Kind vom Vater kaum beachtet und geachtet wurde, so war es ein Ringen mit allen Mitteln kindlicher Koketterie um Anerkennung der eigenen kleinen Persönlichkeit.

Inzest, der heimliche Wunsch nach Zärtlichkeit

Manche Frühzeitforscher behaupten, daß es einen Inzest-Begriff in den archaischen Kulturen gar nicht gab. Laut Darwin lebte der Urmensch wie der Gorilla in Horden, die nur aus weiblichen Wesen bestanden. Sie wurden von einem einzigen männlichen – und zwar dem stärksten – Urmenschen angeführt und begattet. Jeder männliche Konkurrent, selbst der eigene Sohn, wurde der Herde verwiesen oder getötet. Die Tochter gehörte genau wie die Mutter zu seinem Herdenbesitz und stand ihm auch sexuell zur Verfügung. Wenn es so war, klingen Instinkte aus dieser »tierischen« Vorzeit, die Hunderttausende von Jahren zurückliegt, bis heute in stärkerem oder schwächerem Maße in der männlichen Natur nach. In den frühen Kulturen gab es kein Tabu, keine Gesetzlichkeit, kein Gut und Böse, und fast scheint es, daß der Urmensch erst zahm werden konnte, wenn er seiner innewohnenden Wildheit keinen freien Lauf ließ.

In altorientalischen Inzest-Gesetzen – »niemand nähere sich dem Fleisch seines Fleisches« – werden peinlich genau alle Verwandten aufgezählt, mit denen der inzestuöse Geschlechtsverkehr verboten ist; aber in den langen ausführlichen Listen wird eine geschlechtliche Vater-Tochter-Verbindung erstaunlicherweise nicht als kriminelle Handlung aufgeführt. Auf Inzest mit der Schwiegertochter steht dagegen die Todesstrafe. Der Inzest mit der Tochter wird auch in der Bibel stillschweigend übergangen.

Man muß einräumen, daß das Vater-Tochter-Verhältnis genau wie das Schwester-Bruder-Verhältnis der Antike nicht mit heutigen Augen betrachtet werden darf. Die Chroniken vermelden Ehen zwischen Bruder und Schwester, ebenso Ehen zwischen Vater und Tochter. Der große König Amenophis IV. (1372 bis 1354), auch als Echnaton und als Gemahl der Nofretete bekannt, heiratete aus mystischen Gründen seine elfjährige Tochter Anchsen-pa-Aton, die spätere Gemahlin Tut-ench-Amuns. Auch der persische Großkönig Artaxerxes II. (405 bis 354) hat, in sein eigenes Blut verliebt, nacheinander zwei seiner Töchter geheiratet bzw. in seinem Harem aufgenommen. In Griechenland regte sich kein Sterblicher über einen Inzestfall auf, da selbst Zeus mit seinen nächsten Verwandten »Blutschande« beging.

Herodot berichtet in seinem Geschichtswerk vom Verhältnis des Mykerinos mit seiner Tochter in einem Nebensatz. In Athen hätte die Renaissance-Fürstin Lucrezia Borgia (1480 bis 1519), die gleichzeitig ein Verhältnis mit ihrem Bruder Cesare und mit ihrem Vater Rodrigo unterhielt, der 1492 als Alexander II. zum Papst gewählt wurde, kein Aufsehen erregt. Weltberühmtheit erreichte der Mythos des Königs Oidipus (»Ödipus«) von Theben, der auf einen Orakelspruch hin als Säugling ausgesetzt, dann gerettet wurde und später ahnungslos seine Mutter heiratete. Als Oidipus die Wahrheit erfuhr, blendete er sich selbst und ging in die Verbannung. In Rom bezeichnete der Begriff »Inzest« zunächst nur eine rituelle Befleckung, z. B. den Keuschheitsbruch einer Vestalin; später wurde er als Vergehen ins profane Recht übernommen. Als strafbar galt die Beziehung zwischen Blutsverwandten bis zum sechsten, später bis zum vierten Grad. Nach Ansicht mancher Psychoanalytiker ist die erotische Bindung der Tochter an den Vater – ebenso wie die des Sohnes an die Mutter – auf einer bestimmten Entwicklungsstufe der Menschheit ursprünglich; und die Bindung bleibt, falls sie nicht normal abgelöst wird, als Wunschvorstellung auch im modernen Menschen haften. Zunächst muß festgehalten werden: Es gibt heute viel mehr Inzest, also »Blutschande« zwischen Familienmitgliedern, als man meistens annimmt. Aus verschiedenen Untersuchungen geht hervor, daß zwischen 1,5 und fünf Prozent und eine von zehn Familien irgendwann mit Inzest zu tun haben – und das in den sogenannten Kulturstaaten. Bei primitiven Stämmen wird der Prozentsatz bedeutend höher liegen. Es steht jedoch fest, daß nur eine ganz geringe Zahl, vermutlich nur einer von zwanzig Fällen, publik wird. Laut Untersuchungen der Universität in Washington wurde 1976 das Inzest-Tabu in Amerika über 100 000mal gebrochen. Jedes dritte farbige Straßenmädchen wurde im Alter von fünf bis sieben Jahren schon zu oralem Sex mißbraucht. Nur jedes fünfte Mädchen überstand die Inzest-Folgen ohne psychischen Schaden. Selbstentwertungsgefühle blieben bei fast allen zurück. Nach Ansicht von Blair und Rita Justice von der Universität Houston in Texas fallen nur fünfzehn bis zwanzig Prozent der Initiatoren in die Kategorie der Psychopathen oder Pädophilen. Die inzestuösen Beziehungen setzen meist vor der Pubertät ein. Sie enden oft erst, wenn das Mädchen das Elternhaus verläßt oder wenn es einfach wegläuft. Geschwister als Partner sind nach Ansicht der beiden Forscher »am häufigsten und die am wenigsten traumatischen Ereignisse für die Beteiligten«.

Besondere Aufmerksamkeit verdient ein Prozeßbericht in der Londoner *Times* vom 15. August 1976, als die neunzehnjährige Noreen Wincher unter der Anklage, ihren Vater umgebracht zu haben, vor Gericht stand. Der Grund: ständige Vergewaltigungen und Mißhandlungen durch den Vater seit dem neunten Lebensjahr.

»Wie Statistiken (in England und Irland) *zeigen, sind solche Väter*

keine asozialen Ausnahmen, sondern biedere Durchschnittsbürger, die sich auf den ersten Blick von ihren Mitbürgern so gut wie gar nicht unterscheiden und ihre absolute Verfügungsgewalt über Frau und Kinder für ihr gutes Recht halten ... Angst haben nur die Opfer: Angst vor der Gewalt des Vaters, vor der Reaktion der Mutter und vor der Öffentlichkeit, die das Problem meist mit der Feststellung löst, der Vergewaltigten mangelte es an Gehorsamspflicht, und sie wurde vom Vater bestraft. Nicht der Vater trug hier die Schuld, sondern die nymphomanische Tochter«, betont der Berichterstatter der *Times*. Und so hatte auch das Opfer diese gesellschaftliche Norm verinnerlicht. In der Schlußsitzung sagte Noreen Wincher aus: *»Er war der Vater, er hatte das Sagen, die anderen Familienmitglieder hatten zu schweigen und es hinzunehmen; nur ich war ein aufsässiger Geist und forderte ihn immer wieder heraus. Die treibende Kraft war stets ich, doch selten war es der Wunsch nach Sex, sondern das Bedürfnis nach Nähe, Zärtlichkeit und Selbstbehauptung. Ich war der verführende Teil, nur ich trage die Schuld.«*

Zu diesem Bericht passen zwei Mythen, der eine aus der Bibel und der andere aus Griechenland. Nach einem Vulkanausbruch am Toten Meer flieht die Familie Lot aus Sodom. Die Mutter verunglückt auf der Flucht und kommt um. Die beiden Töchter glauben, sie und ihr Vater seien die einzigen Überlebenden der Naturkatastrophe. Sie alkoholisieren ihn auf der ersten Rast bis zur Bewußtlosigkeit und koitieren eine nach der anderen mit dem Ahnungslosen. Im religiösen Bericht wurden die Städte am Toten Meer mit Pech und Schwefel vernichtet, »weil ihre Sünde so schwer war«, weil nicht einmal zehn schuldlose Menschen in ihnen zu finden waren; nur Lot wurde als sündloser, gottgefälliger Mann verschont. *»Sie* (die Töchter) *gaben ihrem Vater Wein zu trinken und gingen in ihm ein (eine Nacht nach der anderen) und lagen bei ihrem Vater; und er wußte weder um ihr Niederlegen noch um ihr Aufstehen.«* Er wußte von nichts. Er war schuldlos.

Nach dem griechischen Mythos liebte Myrrha, ein verwöhntes narzißtisches Wesen, nur ihren Vater, den König Kinyras. Sie setzte alles daran, um mit ihrem vergötterten Vater zu schlafen. Mit Hilfe von Liebestränken, die ihre Amme braute, gelang es Myrrha, ihn in einen traumhaften Zustand zu versetzen und in zwölf darauffolgenden Nächten sein Lager zu teilen, nicht etwa aus Leidenschaft, sondern nur, um ihre Illusion von Liebe zu realisieren. Als der Vater aus dem Rausch erwachte, wollte er seine Tochter töten; doch Aphrodite, die alles verstehende und alles verzeihende Liebesgöttin, verwandelte das fliehende Mädchen in einen duftenden wunderschönen Strauch, der hinfort ihren Namen trägt. Es ist der Myrrhenstrauch. Im griechischen wie im biblischen Mythos ist die Tochter ganz nach der männlichen Denkweise die Hauptschuldige an der Blutschande.

Steigen wir vom Olymp zu den Irdischen herab. Beruhte nicht die Bindung der Tochter an den Vater auf der faszinierenden Macht und dem geheimnisvollen Prestige, die das Patriarchat um die Autorität des Vaters wob? Der Platz, den der Vater in der Familie einnahm – gleichsam von allen weiblichen Familienmitgliedern auf ein Piedestal gestellt –, bestärkte im kleinen Mädchen die Überzeugung von der mystischen Überlegenheit des Vaters. Die Tatsache, daß ein Mädchen mehr als ein Junge an seinem Innenleben interessiert ist, macht es besonders neugierig darauf, das Geheimnis der Fortpflanzung kennenzulernen.

Die Wohnverhältnisse eines Durchschnittsbürgers waren sehr beschränkt, die gesamte Familie schlief eng beieinander im gleichen Raum; das nächtliche Ritual der Eltern mußte in der heranwachsenden Tochter Träumereien und die Sehnsucht nach dem Unbekannten erwecken und die Achtung vor der Mutter durch den Wunsch nach Selbstbehauptung einschränken. Die Tochter ist bereit, die Mutter in den Augen des Vaters herabzusetzen und die Liebe des Vaters für sich selbst zu gewinnen. Geht man der Sache auf den Grund, findet man allerdings oft Familien, in denen nicht alles so glatt aussieht. Mann und Frau stimmen sexuell und emotionell nicht überein, oder der Mann hungert nach menschlich-warmem Kontakt, ohne an eine sexuelle Beziehung zu denken, und macht die Tochter zur »Hausherrin«. Daß es dann zu physischem Kontakt kommen muß, ist zwangsläufig. Selten ist es für das Mädchen eine vorübergehende Phase. Das lastende Schuldgefühl aus verdrängten Erinnerungen bringt verheerende Folgen mit sich: Es untergräbt das Selbstbewußtsein, beeinflußt die Einstellung der Heranwachsenden zum Sex und zu Männern und wahrscheinlich ihre Rolle als Ehefrau und Mutter. Wer trägt am Verhängnis eine größere Schuld, die noch nicht erwachsene Tochter oder der triebhaft ins eigene Blut verliebte Vater? Kinder brauchen viel physische Zuwendung, doch sollten Eltern gewisse Zärtlichkeiten, sinnliche Umarmungen und Küsse vermeiden. Die verdeckten oder stürmisch geäußerten Liebesansprüche der Tochter wird jeder »normale« Vater richtig einzuschätzen wissen. In allen alten Chroniken wie auch in der heutigen »Regenbogenpresse« werden nur Extremfälle beschrieben, niemals aber normale Vater-Tochter-Beziehungen, die »banal« und für den Leser ohne Nervenkitzel sind.

Die normalen guten Väter, die ihre Sorgepflicht an ihren Töchtern als Selbstverständlichkeit erfüllten, bildeten die Mehrzahl. In der Zeit des Kulturfortschritts verloren die alten babylonisch-assyrischen Gesetze, die den Vater zum bevollmächtigten Sklavenhalter erhoben, nach und nach ihre Kraft.

Amenophis IV. (Echnaton) ließ sich öfters in Familienszenen darstellen. Als Religionsreformer erkannte er nur Aton (die Sonnenkraft) als einzigen Gott an, dessen irdischer Vertreter er war. Aufgrund seiner Göttlichkeit heiratete er seine zweitälteste Tochter. (Relief aus Tell el-Amarna um 1350 v. Chr., Ägyptisches Museum, Ost-Berlin)

Ein Mädchen war kein Besitzobjekt mehr, sondern eine kapitale und moralische Belastung. Aus der Gewalt des Vaters wurde eine Sorgeverpflichtung. Der zunehmend demokratische Geist in den Städten, die immer enger und volkreicher wurden, brachte eine sittlich freiere Atmosphäre mit sich, die – falsch ausgelegt – der Jugend gefährlich werden konnte. Gegen diese Gefährdung im urbanen Bereich wußten die besorgten Väter der Griechen und Judäer kein anderes Mittel, als ihre Töchter hermetisch von der Außenwelt abzuschließen. Bezeichnend ist die Mahnung des Weisheitslehrers Jesus Sirach, der zwischen 200 und 140 v. Chr. in Judäa lebte, als zwischen Judäern und Griechen ein enger politischer und kultureller Kontakt bestand. Er sagte: *»Eine Tochter ist und bleibt für den Vater ein kostbarer Schatz, der ihm jedoch unruhige Nächte bereitet. Ist sie unansehnlich, fürchtet er, sie könnte altern oder verschwangern, ohne zu heiraten – oder wenn sie einen Mann kriegt, dieser könnte sich mit ihr entzweien und sie zurückschicken. Eine leichtsinnige Tochter muß in strenger Hut gehalten werden, damit nicht die ganze Stadt über sie flüstert und du dich schämen mußt. Wo sie ist, sei kein Fenster, wo sie übernachtet, verriegle die Tür. Mit keinem Mann und mit keiner Frau soll sie vertraulich sprechen.«*

Initiationsritual: lebendig begraben sein

Kam die Tochter ins gefährliche Alter, in die Pubertät, war es am besten, sie hinter Schloß und Riegel zu setzen und hermetisch gegen die Männerwelt abzuschirmen. Die Griechen, die in ihren Mythen treffende Beispiele menschlichen Versagens geben, erzählen folgendes: König Akrisios von Argos hatte eine Tochter namens Danae. Da das Orakel von Delphi ihm den Tod durch seinen Enkel prophezeit hatte, schloß Akrisios Danae, als sie ins gefährliche Alter kam, in eine eiserne unterirdische Kammer ein, weitab von aller Berührung mit den Menschen. Diese Vorsicht erwies sich als nutzlos. Zeus verwandelte sich in einen Goldregen, drang zu der Gefangenen ein und verführte sie. Sie gebar einen Knaben, den für seine vielen Helden- und Missetaten berühmten Perseus. Die Griechen verspotteten alle Völkerschaften, die Pubertierende einschlossen, als »Barbaren«. Sie selbst hielten sich für klüger; in der klassischen Zeit der Polis wiesen sie ihren Mädchen und Frauen, ganz gleich, ob vor der Pubertät oder nach dem Klimakterium, besondere Frauengemächer zu, die sicherheitshalber im Oberstock bewacht und verriegelt lagen.

Der berühmte englische Ethnologe James George Frazer (1854 bis 1941) berichtet, daß bei gewissen Naturvölkern junge Mädchen, bei denen die Menarche, die erste Regel, auftritt, weit weg von Familie und Gesellschaft in einer winzigen abseits gelegenen Hütte in strengster Klausur leben müssen, weil sie sonst »der Gesellschaft gefährlich werden können«. Das erste Blut ist das Zeichen der Dämone, die zum erstenmal vom Körper des Mädchens Besitz ergreifen. Die Menarche geht der völligen körperlichen Reife um Jahre voraus und ist klimatisch und rassischen Eigentümlichkeiten unterworfen. In tropischen Landstrichen wie in Afrika und Asien, wo Frazer sie beobachtete, kann sie bereits im achten Lebensjahr einsetzen, d. h., es sind Kinder zwischen acht und elf Jahren, die eine Zeitlang in der Isolation leben müssen. Laut Frazer handelt es sich bei dem Menarche-Brauch um ein kultisches Initiationsritual, das ihn entfernt an den homerischen Mythos von Iphigenie und den biblischen von Jephtahs Tochter erinnerte. Doch statt der Opferung der Jungfrau war es hier ein »Lebendig-begraben-Werden«. So wie sich im gleichen Kulturkreis jeder Jüngling bei der »Mannesweihe« verschiedenen Quälereien wie Beschneidung, tätowierenden Einritzungen u. a. m. – statt des ursprünglichen Opfertodes bei Erstgeborenen – zu unterziehen hatte, mußte jedes Mädchen bei der »Frauenweihe« die Qual der Abschließung an einem einsamen Ort mit Askese, Buße und Gebeten auf sich nehmen (anstelle des Geopfertwerdens). Die strenge Absonderung konnte je nach Ortsbrauch einige Tage, Wochen und sogar ein ganzes Jahr dauern. In dieser Zeit waren die Mädchen »unrein«, von Dämonen beschmutzt. Auch Luther übersetzt Menstruation mit »Unreinheit«. Durch die erste Regel verliert ein »*un*schuldiges« Wesen seine Reinheit und wird zum sexuell »schuldigen« Wesen. Jeder Mensch, der mündig wird, muß nach dieser Auffassung auch sündig sein. Die Dämonenangst ging soweit, daß selbst ein Mann, der eine Menstruierende unwissend nur mit den Fingerspitzen berührte, in Lebensgefahr wie durch eine ansteckende Krankheit geraten konnte. Kein Bauer, kein Jäger, kein Krieger durfte vor der Aussaat, vor der Jagd, vor einem entscheidenden Kriegszug eine Menstruierende berühren oder Speisen, die sie vielleicht angerührt hatte, zu sich nehmen. Aus diesem Grund »heiligten« sich die Hebräer und die alten Griechen, berührten vor einer Schlacht überhaupt keine Frau – sicher ist sicher – und nahmen keine Nahrung zu sich. Aus Angst, unwissend das Tabu-Gesetz verletzt zu haben, opferten sie vor jedem Feldzug eine Jungfrau, so bei Homer, oder sie gelobten, eine Jungfrau zu opfern, so im ethisch höherstehenden Bibelbericht. Daß der »Unreinheits-Aberglaube« nicht nur in archaischer Zeit bestand, erfahren wir durch den römischen Naturwissenschaftler Plinius (24 bis 79 n. Chr.). In dem gewaltigen 37bändigen Sammelwerk »Naturalis historia« zählt er exakt alle Schäden in der Landwirtschaft auf, die durch die Berührung einer Menstruierenden entstehen: Weinstöcke vertrocknen, Gemüse verwelkt, Korn verdirbt, Früchte verfaulen, Wein und Milch werden sauer. Plinius fügt hinzu, die erste Blutung einer Jungfrau und die erste Blutung nach dem Verlust der Jungfräulichkeit hätten eine »besonders schädigende und vernichtende Kraft«. Wie unausrottbar diese Vorstellung blieb, geht daraus hervor, daß das Mittelalter die unheilvolle »Unreinheit« auch auf Nonnen bezog. Sie wurden während ihrer Regel von Kirchgang und Kommunion ausgeschlossen. Ein Kirchenprotokoll aus dem Schwarzwald vom Jahre 1684 gibt das Gefühl jener Nonnen wieder: *»Multiers menstrua patients stellen sich vor die Kirchentür, dürfen nicht hineintreten und stehen gleichsam am Pranger.«*

Die Mädchen in den Isolierhütten der Primitiven hatten nicht nur das Gefühl, angeprangert, sondern auch von aller Welt verstoßen und verlassen zu sein. Nur die Mutter durfte das eingesperrte Kind besuchen, ihm täglich ein kärgliches Mahl bringen. Nur die Mutter konnte ihre Tochter aus eigener Erfahrung verstehen. Die Isolierung eines Kindes erzieht zur Feigheit, Furcht und Unsicherheit. Sie wirkt auf das Kind wie eine Gefängnishaft. Hier sollte sie seine Empfindlichkeit, seinen Trotz, seine Unnachgiebigkeit, seinen Eigensinn brechen und ihm das Gefühl der Herabsetzung, der Unreinheit nach dem strengen Gesetz des magischen Fruchtbarkeitszyklus einimpfen. Wenn die Mutter tröstend und belehrend kam, mußte die Tochter vorher die Hütte verlassen, sich dahinter verstecken und durch die Wand den Ermahnungen der Mutter lauschen. Aber sie durfte nicht antworten, denn die Gesetze legten ihr auch ein Redeverbot auf. Sie durfte nicht auf der nackten Erde kauern und selbst Speisereste nicht herumliegen lassen; alles mußte sorgfältig vergraben werden, um die kostbare Erde nicht mit ihrer Unreinheit unfruchtbar zu machen. In dieser Zeit lernt das Mädchen durch die Mutter, daß ihr Körper mit magischen Kräften begabt ist, die es zu guten und bösen Zwecken nutzen kann. Das bisher mit sich einige Kind begreift sich plötzlich als Frau und sehnt sich nach dem Anderssein. Die Versuchung, in die andere Welt einzudringen, wird nach der Isolation noch verlockender für sie. Übersprudelnde Lebensfreude erfaßt die meisten Mädchen, wenn sie nach der festgesetzten Zeit die Hütte verlassen und zum Leben zurückkehren. Andere dagegen, die narzißtisch, autoerotisch oder hysterisch-ängstlich veranlagt sind, können durch die Isolation einen irreparablen psychischen Schaden davontragen. Das kann bis zur Abwehr und Abkehr von der Gesellschaft führen und zu dem Wunsch nach ewiger Gefangenschaft und ewiger Jungfernschaft. Das Paradoxe ist, daß die antike und auch die christliche Welt die »unbefleckten, reinen Jungfrauen« und die jungfräulich gebliebenen Frauen preisen, jedoch im gleichen Atemzug die biologisch-natürliche »Unreinheit« verdammen. Aus dieser Bewertung heraus ist es verständlich, daß ein Jungfrauenopfer zu allen Zeiten als wertvollstes Opfer galt. Der anbetende Mensch ist bereit, das zu opfern, was er besonders liebt oder selbst besonders begehrt, um als Gegengabe die Beruhigung seines Herzens einzutauschen.

Auf das prähistorische Initiationsritual der Menarche, das symbolische »Lebendig-begraben-Sein«, weist noch das harte römische Gesetz hin. Wenn die Jungfrauen der Göttin Vesta, die »Vestalinnen«, die Keuschheit verletzten, wurden sie lebendig begraben – eine grausige Strafe. Nach zahlreichen Umfragen stellt Frazer erstaunt fest, daß die isolierten kleinen Mädchen, obwohl sie täglich von ihrer Mutter besucht wurden, in ihrer Einsamkeit öfter an den Vater denken mußten, genau wie die Nonnen ständig an den »himmlischen Vater« denken. Frazer konnte das Motiv nicht erklären. Interessant ist, daß auch der ungarisch-schweizerische Psychologe K. Kerényi das Iphigenie- wie das Jephtah-Motiv mit dem Vater-Tochter-Verhältnis verbindet: *»Der Priesterinnen-Typus ist eine Tochterform mit der Sehnsucht und Tragik, den Vater zu erreichen, was nie gelingt.«*

Erste Liebe

Sappho, die größte Lyrikerin des Altertums, drückt das erste Verlangen eines im isolierten Frauengemach aufgewachsenen heranreifenden Mädchens mit den schlichten Worten aus: *»O süße Mutter, ich kann nicht mehr drinnen weben und weben, spinnen und spinnen; ich habe Sehnsucht nach den Knaben, Sehnsucht hab' ich, einen Liebsten zu haben.«* Plötzlich fühlt das Mädchen eine Verlockung, ein Verlangen nach der Berührung einer anderen Hand, eines Mundes, eines fremden Körpers. Sie wünscht und fürchtet die erste Begegnung mit der Liebe. Das Wort »Liebe« hat für beide Geschlechter durchaus nicht denselben Sinn; im Leben des Mannes bedeutet es eine Nebenbeschäftigung, während es bei der Frau das eigentliche Leben ausmacht. Der Philosoph Ernst Bloch (1885 bis 1977) formuliert die paradoxe Erkenntnis: *»Wenn zwei sich lieben, sondern sie sich zunächst ab. Aber das Ereignis verbindet nicht nur, sondern macht Zwei zu Eins und Eins wie nirgends sonst zu Zwei darin.«*

Sappho von Mytilene aus Lesbos, die bedeutendste griechische Lyrikerin der Antike, auf einer idealisierten römischen Kopie vor 79 n. Chr. aus Herculaneum. (National Museum, Neapel)

Gab es im Altertum bei der strengen Zurückgezogenheit der Mädchen so etwas wie ein »freies« Kennenlernen oder eine »Liebesheirat«? Platon verlangt in seinem Entwurf eines künftigen Staates, daß man den jungen Leuten »wenigstens« bei den Feiern der Sippenverbände einmal jährlich die Gelegenheit gibt, sich bei Reigentänzen kennenzulernen und »nach persönlicher Zuneigung« einander zu finden. Für das Stadtleben blieb seine Forderung Utopie; jedenfalls in Athen durfte kein junges Mädchen die Straße ohne strenge Aufsicht betreten, noch durfte sie wagen, auf der Straße ihre Augen zu erheben. »Liebe« und »Zuneigung« waren Fremdworte. Der Vater wählte den Bräutigam nach eigenem Ermessen aus. Bei angesehenen Familien wurde bereits bei der Geburt des Kindes sein »passender« Ehepartner festgelegt. So war es in der Polis (der autarken Stadt) und wahrscheinlich nur in den obersten Gesellschaftsschichten. Auf dem Lande aber, bei Hirten und Bauern, wo die Mädchen von frühester Jugend an bei der Außenarbeit, bei Ernte und Weinlese, fleißig mithelfen und selbständig das Kleinvieh hüten und tränken mußten, standen die Dinge ganz anders. Die Brunnen, natürliche oder gegrabene, bildeten seit alters einen idealen Treffpunkt; hier konnte auch der junge Mann sein Mädchen treffen oder der professionelle Brautwerber eine Braut wählen. Die älteste schriftliche Überlieferung dieser Tatsache findet man in einem Text aus Ugarit um 1200 v. Chr.: *»Suche deine Frau im wohlbewässerten Udun* (nicht in der Fremde), *bei den Quellen findet man Frauen, die Wasser schöpfen. Warte dort ein, zwei oder sechs Tage; du brauchst nicht in die Fremde zu gehen, um das dir verheißene Mädchen zu finden.«* Vor allen Dingen fand man am Stammesbrunnen ein stammverwandtes Mädchen. Am Brunnen von Haram in Aramäa trifft Jakob seine Base Rahel, das ideale Liebespaar der Bibel. Kaum sieht er sie – sie war wahrscheinlich erst sieben Jahre alt – mit ihrer Herde zur Tränke kommen, fällt er ihr um den Hals und küßt sie! Wörtlich heißt es:

Frauen und Mädchen beim Wasserschöpfen. Der Krug wurde genau wie noch heute in arabischen Ländern auf dem Kopf balanciert. Der Gemeinschaftsbrunnen bildete für die sonst abgeschlossen lebenden Frauen einen zentralen Treffpunkt, um mit anderen Frauen und Mädchen zu plaudern und einen Reisenden oder Hirten kennenzulernen. (Schalenbild um 590 v. Chr. aus Vulci. Britisches Museum, London)

»Jakob küßte Rahel und begann zu weinen.« Auch bei Homer bringen die großen Helden ihre Gefühle, Freud und Leid, lautstark zum Ausdruck, sei es Lachen oder Weinen. Jakob weinte ungehemmt Freudentränen. Im Kuß fühlte er, daß in diesem Augenblick die Glücksminute seines Lebens gekommen war. Und vierzehn Jahre diente er für Rahel bei ihrem Vater Laban, vierzehn Jahre mußte er warten, bis aus seiner Sehnsucht Wirklichkeit wurde. Und die vierzehn Jahre verstrichen für ihn wie ein einziger Tag.

Gehörte nicht ein Kuß zu jeder Hirtenlyrik? Ein ägyptischer Hirte singt: *»Der Mund meiner Geliebten gleicht einer Knospe, die ich* (mit meinem Mund) *öffnen will.«* Die Hirtin erwidert: *»Durch deinen Mund zittert mein Körper wie ein Schilfhalm.«* In einem sumerischen Liebesgedicht singt die Hirtin: *»Geliebter, teuer meinem Herzen, löwenstark bist du, verwirrend ist dein Liebeskuß, laß dich liebkosen, bitter und honigsüß ist deine Umarmung.«* Das Gedicht entstand in Urube vor 4500 Jahren und ist in Keilschrift in gebranntem Ton eingedrückt. Hier offenbart die Hirtin ihr wahres Gefühl; nicht nur nach Küssen, auch nach Umarmung sehnt sie sich. Abschied, Trennung, Tränen und Melancholie gehörten auch zu der ersten Liebe und zu jeder Hirtenpoesie. Auf jeden Jahreszeitenwechsel folgt das Muß des Weiterwanderns, der Suche nach neuen Futterplätzen. Die Hirtin bleibt zurück oder zieht mit ihrer Familie in die entgegengesetzte Richtung. Wer weiß, ob man sich im kommenden Frühjahr am gleichen Ort und am gleichen Brunnen wiedersehen wird? Hirtenpoesie ist hauptsächlich Sehnsuchtspoesie. Alle, die der Liebe noch nicht begegneten, glauben, sie in der Poesie zu finden. Sie sehen die Natur mit ganz anderen Augen. Im Gemurmel des Wassers im Brunnen, an der Quelle, in den Knospen, in den Blumen, im Vogelgesang sehen und hören sie sinnfällig ihr eigenes Empfinden. Jedes Menschenwe-

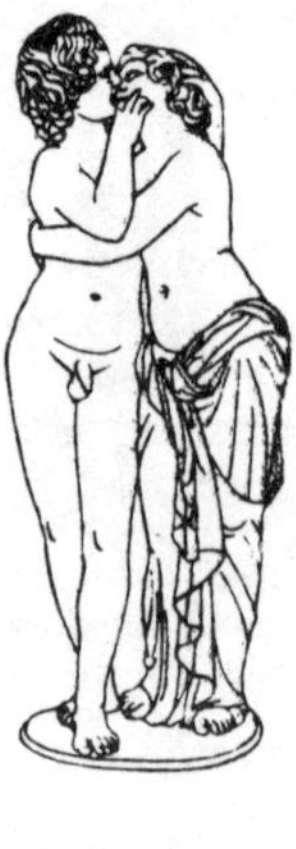

Zärtlichkeiten wurden in der klassischen Kunst fast nie dargestellt. Der Kuß bestand in der Antike im Aneinanderreiben der Nasen. Den Lippenkuß findet man erst in den erotischen Schilderungen, besonders der Spätzeit. Auf der Abb. Amor und Psyche. (Römische Kopie nach einem hellenistischen Werk, Rom)

sen fühlt sich in der ersten Liebe durch die Poesie als ein Teil des aufblühenden Frühlings im gesamten Kosmos.

In einer alten ägyptischen Liebesgeschichte sitzt ein verlassenes Mädchen am Brunnenrand und starrt auf einen Mistkäfer im Sand. Ihr Freund, ein Hirte, ist mit seiner Herde fortgezogen. Sie zeichnet mit dem Finger einen magischen Kreis in den Sand, steckt einen Stock in die Mitte, bindet um den Mistkäfer einen Faden und befestigt das andere Ende an dem Stock. Gespannt, magische Bitten murmelnd, verfolgt sie, wie der schwarze Käfer, der in Ägypten als Schicksals- und Glücksbringer gilt, langsam im Kreis herumkriecht, der Faden kürzer und kürzer wird, so wie der Abstand zwischen ihr und ihrem Geliebten immer kürzer werden soll. – Ein anderes ägyptisches Liebesgedicht drückt Ähnliches aus: *»O könntest du zu deiner Schwester kommen, schnell wie ein gejagter Steinbock, der durch die Wüste hetzt – seine Füße zitternd, starke Staubwolken aufwirbelnd, niemals rastend, vor Furcht ergriffen, von Jägern gehetzt, den Fluß durchschwimmend –, bis du endlich in den Armen deiner Schwester bist. Hier findest du Liebe und Glück, mein Freund.«* Liebe ist nur poetische Sehnsucht, mehr erfühlt als erfüllt, mehr erlitten als erlebt, mehr Traum als Leben. *»Eros«,* sagte ein Grieche, *»ist unerfüllte Sehnsucht.«* Leider ist von der griechischen Liebeslyrik das meiste verlorengegangen, nur kümmerliche Bruchstücke blieben erhalten. Die größte Lyrikerin war Sappho von Lesbos (heute die Insel Mytilene im östlichen Ägäischen Meer) um 600. Über ihr Leben berichten nur noch entstellte Legenden. Sie scharte auf Lesbos einen Kreis adliger Mädchen um sich und unterwies diese bis zu deren Heirat in Musik, Dichtkunst und Tanz. Für jene, die aus ihrem Kreis ausschieden, schrieb sie Hochzeitslieder, in denen sie auf Volksdichtung zurückgriff. Sapphos Lieder zeichnen sich durch eine tiefe, aus dem persönlichen Erleben kommende Gefühlsstärke aus, durch die sie alle Nuancen menschlichen Fühlens zu erfassen vermochte. Eines ihrer Liebesgedichte diene als Kostprobe:

»Mit einem Gotte wollt' ich nimmer tauschen,
dürft' ich dir nahe sein zu jeder Stunde,
ins Antlitz dir zu schauen, auf deinen Munde,
wenn hold du lächelst, sinnverwirrt zu lauschen.
Ich Arme! Meine Sinne hält umstrickt,
ein Zauberbann, sobald ich dich erblicke.
Die Rede stockt, die Zunge ist gelähmt,
ein rieselnd Feuer ist's, das mich durchströmt.
Geheimnisvoller Klang tönt meinem Ohr
und meine Augen deckt ein mächt'ger Flor.«

Hans Licht schreibt: *»Sappho gehört ohne Zweifel zu den größten Dichtergenies aller Zeiten. Ihre Lieder blieben Jahrhunderte hindurch das oft nachgeahmte, selten aber wieder erreichte Vorbild der erotischen Dichter.«*

Erotische Lyrik? Sappho rechnet, wie alle Griechen, den heiteren Lebensgenuß, insbesondere die Freuden der Liebe, zum erstrebenswerten Glück des Menschen. Ihre Lieder sind ein einziges offenes Bekenntnis zur reinen Sinnlichkeit ohne jede lyrische Heuchelei. Es scheint, als kenne sie keine andere Gottheit als die Liebesgöttin, der zu Ehren sie die Feste des Lebens feiert und ihre Leier ertönen läßt. An den Anfang ihrer Liedersammlung müßte man die Worte setzen, mit denen sie sich selbst die mächtige in ihr lodernde Leidenschaft eingesteht: *»Eros quält mich von neuem mit Allgewalt / das süßbittere gewaltige Ungetüm.«* Die Liebe, wie sie sich in der alten Literatur, nicht nur bei Sappho, darstellt, hat fast ausschließlich erotische Prägung. Sie drückt meistens die Sehnsucht der Getrennten aus, die die Getrenntheit vom anderen als körperliche Getrenntheit empfanden – und das Endlich-sich-Finden als Überwindung der Getrenntheit und Erleben körperlicher Vereinigung. Die Nähe des Geliebten ersehnen bedeutete für die Menschen der Antike Sehnsucht nach körperlicher Verschmelzung. Erotische Liebe fordert Ausschließlichkeit: *Ich* und *du* sind Teile des *einen, wir* sind das *eine,* die Verschmelzung. (Auch im religiösen Lied der Psalmisten und Mystiker kommt die Sehnsucht nach Verschmelzung mit Gott zum lyrischen Ausdruck.)

Während Sappho nur die Lebensform und das Lebensgefühl des Adels kennt, schildert die Bibel auch das schlichte Volk, das Liebesempfinden der Hirten und Bauern. Jakobs und Rahels Zusammentreffen am Brunnen ist als Hirtenepos der Vorväter zu verstehen, als es noch spontane Liebe beim Klang von Rohrflöten und dem Schellengeläute der Herden gab. Die bezauernde Liebesgeschichte von Ruth und Boas, alljährlich bei jedem Erntefest rezitiert, läßt den Duft reifer Kornfelder und den Schweißgeruch der Landarbeiter erahnen, die Ähren sammeln oder Korn dreschen. So wie sich am Brunnen Hirte und Hirtin treffen, begegnen sich während der Ernte oder bei der Weinlese das Bauernmädchen und der Landarbeiter und sinken, erschöpft von Hitze und Arbeit, ins weiche Heu zur Rast und zur Liebe. *»Was war, muß geprüft werden«,* sagt Ernst Bloch, *»ob es auch wahr sein kann.«*

In freier Wahl nimmt Ruth, die Fremde, die Moabiterin, die so arm ist, daß sie die herabgefallenen Körner von den abgemähten Feldern sammeln muß, Boas zu ihrem Geliebten. Nicht er wählt sie, sondern sie ihn. Es ist Nacht, und Boas schläft auf einem Kornhaufen, um das Getreide vor Dieben zu schützen. Da schleicht Ruth zu ihm, schlüpft unter seinen Mantel, der ihm als Decke dient, und preßt ihren warmen Leib an den seinen. Mit knappen, fast nüchternen Worten erzählt die Bibel von dieser Nachtromanze: *»Da kam sie leise* (zum Schlafenden), *deckte seine Füße auf und legte sich* (zu ihm) *hin. Und es geschah zur Mitternacht, da schrak der Mann auf und beugte sich hin und sprach: ›Wer bist du?‹ Und sie sagte: ›Ich bin Ruth, deine Magd; so breite deine Flügel aus über deine Magd ...‹, und sie lag zu seinen Füßen bis zum Morgen; und sie stand auf (bevor es dämmerte), ehe einer den anderen erkennen konnte. Er sprach: ›Es werde nicht kund, daß ein Weib auf die Tenne* (nachts zu mir) *gekommen ist!‹* Und er sprach: ›Halte dein Gewand hin‹, und er maß ihr sechs Maß Gerste (in den Gewandzipfel).« Wie unromantisch alles abläuft! Ohne Mondschein, zärtliches Geflüster und falsche Phrasen. Zuletzt entlohnt Boas die Ährensammlerin für ihren Liebesdienst wie eine Prostituierte. Sie zu heiraten kommt ihm erst später in den Sinn. Auch diese Erzählung, obwohl erst in hellenistischer Zeit entstanden, wird in die ferne Vergangenheit, um 1200 v. Chr. verlegt. Bezeichnenderweise hat sich die schlichte Liebesgeschichte in Bethlehem abgespielt. Ruths Sohn Obed, auf einem Kornhaufen ohne Trauschein gezeugt, wurde der Großvater des Königs David und Ahn von Jesus Christus.

Das Hohelied der Liebe

Alle Argumente dafür, daß es im Altertum eine freie Partnerwahl gab, können von skeptischen Forschern als nicht stichhaltig abgelehnt werden. Ihr Gegenbeweis ist eine umfassende Bibliothek griechischer frauenfeindlicher Schriftsteller – oder der Satz, daß Ausnahmen bekanntlich die Regel bestätigen. Anders sieht es aus, wenn wir als letztes Argument für unseren Standpunkt das »Hohelied« anführen; hier muß auch der destruktivste Kritiker die Waffen strecken.

Eine Perle der Hirtenpoesie, zugleich die bekannteste Liebesliedersammlung der alten Literatur, ist das »Hohelied« der Hebräer, im Original »Lied der Lieder« genannt. Dieses dramatische Singspiel mit Wechselgesang und Chor hat noch heute nichts von seiner Leuchtkraft, seiner Bildhaftigkeit und Leidenschaft eingebüßt. Es ist Bestandteil der Bibel als eins der »Bücher der Lehrweisheit und die Psalmen« und wird dem israelitischen König Salomo (965 bis 926) zugeschrieben. *»Wenn das Hohelied ›das schönste der Lieder Salomos‹ ist, so setzt es doch mit drei Liedern ein, die eine Frau singt – selbstbewußt, auffordernd, schenkend«*, schreibt Gerhard M. Martin.

»Ich will das Hohelied nicht anpreisen als Manifest der Frauenbefreiung. Aber ich freue mich, wie und was in der Bibel über erotische Liebe geschrieben steht. Darüber, daß es zwischen dem Garten Eden und dem Reich Gottes, in dem die Bäume des Lebens mitten auf der Straße stehen, einen Garten der Liebe gibt.« Die höchst freizügigen Texte, die einem Hirtenvolk, seiner glühenden Landschaft und seinem glühenden Temperament entsprechen und von Mund zu Mund weitergegeben wurden, haben viele puritanische Literaturkritiker schockiert. Erst J. G. Herder (1744 bis 1803) erkannte den wahren Charakter des »Hohenliedes« als *»eine Sammlung erotischer Gesänge, die nicht mehr miteinander zusammenhängen als eine Reihe schöner Perlen, auf eine Schnur gefaßt«*. Was hat es überhaupt im Kanon der »heiligen Schriften« zu suchen? Nicht nur im »Hohenlied«, auch in jedem »heiligen« Gesang gibt es eine obszöne Analogie zu schlüpfrigen Liedern! Nicht daß die mystische anbetende Liebe immer einen sexuellen Charakter hätte, nur nimmt das sexuell-emotionelle Gefühl der ersten Liebe stets eine mystische Färbung an. Im »Hohenlied« führen zwei junge Leute Wechselgesänge, in denen sie sich gegenseitig einladen, miteinander zu schlafen. Das »Gespräch« ist voll von Erotik und verführerischem Raffinement. Sie singen vom Suchen und Finden, von Düften und Gärten, den Früchten der Liebe. Sie bewundern ihre Schönheit, beschreiben ihre Körper wie Landschaftsbilder, phantasieren Hirtenspiele und Hofszenen.

»Was ist Liebe?« fragt die Hirtin Sulamit ihren Geliebten. *»Du, der du so klug wie der König Salomo bist, sage mir, was Liebe ist?«* Er antwortet: *»Liebe ist Himmel und Hölle zugleich.«* Der anonyme hebräische Lyriker drückt es mit feurigen Worten aus: *»Stark wie der Tod ist die Liebe, Leidenschaft hart wie die Hölle, ihre Glut ist Feuerglut, ihre Flammen sind wie Flammen des Herrn.«* Liebe und Tod werden miteinander gekoppelt. Die eine Macht ist stärker als die andere, beide sind stark. Es gibt keinen Sieg. Wer nicht frühzeitig in die Fänge des Todes, in die Gewalt der Schatten will, der kann dagegen »anlieben«. In ekstatischer Liebe, in den Flammen der Leidenschaft, gerät das Ich außer sich bis zur eigenen Todeserfahrung, wenn es kein erlösendes, helfendes Du gibt. Der Minnegesang ist ein Wechseldialog mit dem Motto: *»Ich bin du, und du bist ich.« »Ich gehöre meinem Geliebten, und mein Geliebter gehört mir.«* Die Hirtin singt: *»Braungebrannt von der Sonne bin ich, hübsch wie die Prachtzelte der Kedarener, schaue mich an, sage mir, den meine Seele liebt: ›Wo weidest du?‹«* Der Hirte entgegnet: *»Folge den Spuren der Herde, da findest du mich. Komm, meine Freundin, meine Schöne, komm. Sieh, der*

Winter ist vorüber, die Blumen erscheinen im Lande, die Reben blühen und duften, die Feigenknospen röten sich, die Zeit des Singens ist da, das Gurren der Turteltauben beginnt, auf, meine Schöne, meine Freundin, komm!« Eros ist die Erfahrung eines Gipfels; er muß stark wie Panther und Löwen sein. Doch der Geliebte singt auch: *»Steig mit mir vom Libanon, Braut! Steige herab vom Gipfel des Hermon, von den Lagern der Löwen, von den Bergen der Panther!«* Liebe ist nicht nur gemeinsamer Aufstieg; Liebe muß auch die Tiefen durchkosten und gegen Panther und Löwen kämpfen können.

Der Geliebte muß fort. Das Mädchen bleibt allein zurück, die Sehnsucht bereitet ihr schlaflose Nächte: *»Ich schlief, doch es wachte mein Herz – horch, da klopfte mein Geliebter: ›Öffne mir, meine Freundin, mein Haupt ist voll Tau, meine Locken sind voll Tropfen der Nacht!‹ Ich stand schnell auf, um zu öffnen, war es ein Traum? Niemand stand vor der Tür. Mein Geliebter war weggegangen, war fort. Ich suchte ihn, aber ich fand ihn nicht. Ich rief nach ihm, doch erhielt ich keine Antwort. (Ich irrte die ganze Nacht umher und suchte meine Liebe.) Mich fanden am Morgen die Wächter des Schlosses und schlugen und verwundeten mich; die Wächter rissen mir meinen Überwurf weg –«* Tief verletzt schreit die Hirtin auf: *»Ich beschwöre euch, ihr Töchter Jerusalems, stört nicht und weckt nicht die Liebe, ehe es ihr selbst gefällt.«*

Für den Dichter des »Hohenliedes« ist Liebe wie für alle Südländer naturgegebene Sinnlichkeit. Liebe will sich im anderen auflösen: *»Ich bin in dir, und du bist in mir.«* In all diesen Passagen offenbart sich eine Liebe, die sich bedingungslos offen gibt, aber unerhört verletzbar ist, von Ängsten geschüttelt, von Sehnsucht verzehrt, einem Schatten nachjagend und selbstlos bereit, die Hingabe teuer zu bezahlen. *»Ja, bitter wie der Tod ist die Liebe, bitter wie das Leben sind die Schläge der Wächter. Wer sind die Wächter, die es verwehren, das Schloß der Liebe zu betreten?«*

Fünfmal nennt der Freund seine Freundin auch Schwester. Die dichteste und geheimnisvollste Szene, in der »Liebe« mit »Familie« assoziiert wird, ist im achten Kapitel zu finden: *»Wer steigt herauf aus der Trift, sich lehnend an den Geliebten? Unter dem Apfelbaum weckt' ich dich auf. Dort kam in die Wehen mit dir deine Mutter, dort kam in die Wehen, die dich gebar.«* Und unter demselben Apfelbaum träumt später das Mädchen und wird geweckt. Eros heißt, sich an der Stelle zu begegnen, an der man den engsten Kontakt mit der Mutter hatte, an der man in sie und aus ihr gekommen ist. Die Liebe ist kein Mutterersatz, aber wo zwei verbunden sind, da ist keiner mutterseelenallein.

Rätselhaft und faszinierend ist, daß in dieser vielseitigen, »perlenreichen« Liebeslyrik Schwester, Mutter und Bruder auftauchen, nur vom Vater ist nirgends die Rede. Besteht hier eine Identifikation mit und Verwechslung von Bruder, Freund, Vater, oder ist mit dem Vater der abwehrende Wächter gemeint, der das »Schloß der Liebe« bewacht?

Die Hochzeit der Felsentaube

Ende Oktober 1947 erschien in der Wochenendbeilage der Tel Aviver Zeitung *Haarez* ein illustrierter doppelseitiger Bericht, »Die Hochzeit der Felsentaube«:

»Wir kamen zu spät zum Fest, denn unser Geländewagen war bei Baqa in eine Flugsandgrube gefallen und festgefahren; wir mußten die restlichen acht Kilometer zu Fuß in der nächtlichen Araba (Talsenke südlich des Toten Meeres) zurücklegen. Der Mond schien kaum am herbstlich bedeckten Himmel. Springmäuse, heulende Schakale kreuzten unseren Weg. Wir waren allein in dieser unendlichen Leere. Aber keine Wüste konnte so öde sein, daß sie nicht durch die Anwesenheit von Geistern und Dämonen belebt worden wäre. Wir mußten beim Marsch in der stockfinsteren Nacht feststellen, daß der moderne Mensch das Alleinsein mit sich und der Unendlichkeit der Natur nicht vertragen kann. Wir waren froh, als wir in der Ferne einen Lichtschimmer entdeckten. Das Zelt des Scheichs Zibriojam tauchte auf. Es war auf 24 Meter verlängert. Die bunten Trennwände, als Zwischendecke aufgehängt, von Petroleumlampen beleuchtet, rot, braun, gelb, grün, blau schimmernd, gaben der Szene ein pittoreskes, theatralisches Aussehen. Auf Strohmatten saß eine Reihe von Beduinen, die sich die letzten Reste von auf offenem Feuer gebratenem Hammel laut schmatzend von den Fingern leckten. Frauen waren nicht zu sehen. Sie hockten irgendwo im Hintergrund der tiefen Nacht und feierten für sich; von Zeit zu Zeit stießen sie trillernde Freudenschreie aus, um sich bemerkbar zu machen. Auch die Braut, die schöne Tartura, das Felsentäubchen, die Nausikaa der Moab-Wüste, blieb für uns den ganzen Abend unsichtbar. Nach altem Brauch mußte sie tief verhüllt im Zelt ihrer Mutter auf das Kommen des Bräutigams warten. Tief verhüllt deshalb, damit die Dschinnen und Ghule – die Dämonen der Wüste, laut Koran Mittelwesen zwischen Mensch und Engel (55, 15) – sie nicht erkennen und bösartig oder neidisch ihr Glück zerstören können. Der Bräutigam Abed Mohammed Bendredin Dscheblia, ein schöner, aber tolpatschiger

Bursche, saß eingeschüchtert, blaß und aufgeregt neben seinem Schwiegervater, dem, wenn auch stark gealterten, so noch immer imposanten, Scheich Zibriojam. Eingeschüchtert deshalb, weil sein Stamm, die Dscheblia, unter den Beduinen wenig geachtet waren. Sie sollen Nachkommen jener christlichen nichtsemitischen Soldaten sein, die der byzantinische Kaiser Justinian I. um 550 n. Chr. zum Schutz des Katharinenklosters im südlichen Sinai aus dem Balkan abkommandiert hatte. Jetzt waren sie zwar bekehrte Moslems, galten aber als ›Sklaven des Klosters‹, weil sie dort gegen Lohn arbeiteten und nicht wie die anderen Beduinen als Freie Kleinvieh- und Kamelzucht betrieben. Sie bestellten statt dessen die Äcker und Obstgärten des Klosters. Für Landarbeiter (Fellachen) hat der Beduine nur Verachtung und sagt: ›Der Bauer weint Blut.‹ Die Dscheblia sind die intelligentesten unter allen Beduinen dieser Region, und ihr Scheich ist der einzige, der lesen und schreiben kann. Aber gerade dieser Umstand machte sie in den Augen ihrer Nachbarn nicht sympathischer. Sie zählen heute 1100 Personen und sind damit der drittgrößte Stamm im südlichen Sinai. Ganz anders der Moab-Stamm, dessen geistliches und weltliches Oberhaupt Zibriojam ist. Seine Ahnen, als Züchter von Reitkamelen und Araberpferden, waren berühmt-berüchtigte Raubritter, die bereits die Kreuzritter siegreich überfallen hatten, gleichzeitig aber auch die Pilgerkarawanen des Saladin auf dem Weg nach Mekka plünderten. Er war stolz auf die Räubertradition; seine Ahnen ließen nach dem Prinzip ›raub und flieh‹ keinen Fremden ungeschoren durch die Wüste Moab ziehen. (Wir dachten die ganze Zeit während des Mahles nervös an den von uns in Baqa verlassenen Jeep, der wahrscheinlich längst von moabitischen Raubritternachkommen auseinandermontiert worden war und dessen Einzelteile bereits morgen auf dem Souk [Markt] in Amman und Beerseba verhökert werden würden.) Stolz sagte Scheich Zibriojam: ›Ich trage die Wüste Moab im Blut‹, und fügte hinzu: ›Insch Allah‹ – so ist es Gottes Wille.

Ein Koranvers lautet: ›Gott ändert nichts, was im Menschen steckt, wenn der Mensch es nicht selbst ändern will.‹ Abed, der Bräutigam, war auch deshalb verunsichert, weil er genau wußte, daß dieser Fels von einem Mann, neben dem er saß, gegen ihn und die Hochzeit war. Er hatte Tartura, die Felsentaube zufällig beim Weideplatzwechsel an einem Brunnen getroffen, ihr den Brunnenstein weggerollt und geholfen, die ledernen Wassereimer zum Tränken der Schafe und Ziegen zu füllen. Ganz zufällig trafen sie sich auch die anderen Tage abends am Brunnen, denn das Vieh mußte täglich getränkt werden. Bald kam der Tag, an dem sie sich trennen mußten, um ihre Herden in entgegengesetzte Richtungen zu treiben. Da faßte ihn Tartura kurz entschlossen an der Hand und führte ihn zu ihrem Vater. Der tobte: ›Was, ein Dscheblia? Stamm und Abstammung dieses Nichts gefallen mir nicht. Ich bin Viehzüchter. Mir kann niemand erzählen, daß Charakter keine Frage der Vererbung ist. Warum legt man bei Rassepferden und Reitkamelen so großen Wert auf den Stammbaum? Warum denkst du, meine trotzige Tochter, warum? Menschen sind letztlich auch Säugetiere. Ich gebe meinen Handschlag nicht!‹ Tartura war aus demselben Hartholz geschnitzt wie ihr Vater und setzte mit größter Ruhe den Tag der Hochzeit fest. Bei Tartura hatte der gewaltige Scheich nichts zu sagen, seiner jüngsten Tochter gegenüber war er weich und nachgiebig. Allah konnte nichts gegen seinen Willen ändern, sie aber konnte es.

Am Ende des Mahles erschien ein blinder Sänger mit drei Begleitern. Er hielt ein aus einem Benzinkanister selbst gefertigtes Zupfinstrument in der Hand und hockte sich nieder. Diese Szene erinnerte uns an das berühmte, altägyptische Wandbild von dem blinden Sänger und seinen Begleitern, der mit weltabgewandten Augen seine Lieder vorträgt, während die Begleiter und Zuhörer den Rhythmus klatschen. Ebenso an alte wohlvertraute Vorbilder, ja an Biblisches, erinnerte uns sein erstes Lied:

›Du bist noch klein, unser Schwesterlein,
schön wie der Mond in der Nacht seiner Fülle bist du,
noch hast du keine Brüste.
Du kleines Knöspchen, das sprießt.
Was will man unserem Schwesterchen tun –
an dem Tag, da man um sie wirbt?
Ist sie eine Mauer, so bauen wir
darauf eine eiserne Zinne;
ist sie eine Kammer,
so verrammeln wir
die Tür mit Schloß und Riegel;
denn noch ist klein unser Schwesterlein,
noch sind klein ihre Brüste.‹

Wir erkannten darin ein kaum abgeändertes Lied aus dem letzten Kapitel des ›Hohenliedes‹ (8, 8 f.). Die Sänger bei den Beduinen schöpfen aus einer uralten Tradition; da sie nie Lesen und Schreiben gelernt haben, bewahren sie die Worte in ihrem Gedächtnis. Auf den Kamelmärkten treten die Sänger miteinander in Wettstreit. Das preisgekrönte Lied wird in goldenen Lettern auf Seide gemalt und an einem sakralen Sammelplatz ausgehängt. Für ein europäisches Ohr klingt die arabische Musik monoton – eintönig wie die Wüste; auf

Rhetorik und Text wird mehr Gewicht gelegt als auf die Melodie. In diesem Jahr wurde auf dem Kamelmarkt in Amman eine Hymne des großen moslemischen Dichters und Mystikers Rumi preisgekrönt, das der blinde Sänger nun vortrug und das uns aus der Lektüre* vertraut war (gekürzt):

Eine verschleierte Braut wird in feierlicher Zeremonie dem Bräutigam zugeführt. Dieser hält den Ehekontrakt in der Hand. Über dem Paar die Stoffdrapierung eines Baldachins. Oft kam es vor, daß sich die Eheleute erst in der Hochzeitsnacht nach der »Entschleierung« zum erstenmal sahen. (Nach einem etruskischen Sarkophag)

›Niemals sucht in Wahrheit der Liebende, ohne von dem Geliebten gesucht zu werden. Wenn das Licht der Liebe in *dieses* Herz gesenkt wurde, muß man wissen, daß es auch in *jenes* Herz gesenkt wurde. Kein Händeklatschen stammt allein von einer Hand ohne die andere Hand. Die Vorbestimmung hat dafür gesorgt, daß jeder Teil der Welt mit einem anderen Teil gepaart ist. In den Augen der Weisen ist der Himmel der Mann und die Erde die Frau**: Die Erde nimmt sich dessen an, was der Himmel fallen ließ! Fehlt es der Erde an Wärme, schickt der Himmel sie ihr; hat die Erde ihre Frische und ihre Feuchtigkeit verloren, bringt der Himmel sie ihr wieder. Die Erde hat mit dem Haushalt zu tun; sie hilft, gebärt und nährt, was sie geboren hat. Warum drängen sie (Erde und Himmel) sich so eng aneinander wie Liebende, wenn beide nicht Freude voneinander empfangen? Wie sollten Blumen und Bäume blühen, wenn die Erde (und die Liebe) nicht wäre? Wasser und Wärme des Himmels allein genügen nicht, es braucht Verlangen nach Vereinigung. So hat jeder Teil des Lebens das Verlangen nach dem anderen Teil in sich. Tag und Nacht sind äußerlich Feinde; und doch dienen beide nur einem Zweck; denn jeder liebt den anderen, um das gegenseitige Werk voll-

* R. A. Nichelson, Rumi, London 1950.

** Anders die alten Ägypter und die matriarchalischen Religionen: Da ist die Erde männlich, und darüber wölbt sich der »weibliche« Himmel, aus dem »Milch und Honig« fließen.

enden zu helfen. Ohne die Nacht würde das Wesen der Menschen nichts empfangen, so daß der Tag nichts zu geben hätte.‹

Nach jeder Strophe sang der Chor der Gäste: ›Allahs Weisheit ist Bestimmung, und sein Ratschluß läßt uns einander lieben.‹ Dabei klatschten alle rhythmisch in die Hände, so wie es heißt, ›kein Händeklatschen stammt allein von einer Hand ohne die andere‹.

Es war weit nach Mitternacht, da schlug der Scheich seinem Schwiegersohn unsanft auf die Schulter und sagte: ›Inschallah, komm jetzt zur Braut!‹ Alle erhoben sich mit ihm, einer stieß kichernd den anderen an, und alle flüsterten sich Bemerkungen und Zoten zu. Als wir den dunklen Kreis der Frauen passierten, stieg das Freudengetriller in die schrillsten Oktaven. Der Mond war von einer Wolke verdeckt. Es war so dunkel, daß wir das Zelt nicht sahen, in das Abed hineinstolperte. Wir mußten an die Szene mit Jakob denken, als er von Laban in der Hochzeitsnacht betrogen wurde und am nächsten Morgen Lea statt Rahel auf dem Hochzeitslager fand. ›Du bist noch klein, unser Schwesterlein, schön wie der Mond in der Fülle bist du, noch hast du keine Brüste.‹ Die ältere Schwester sang: ›Und meine Brüste sind wie Türme, nun bin ich eine, die die Festung aufgibt.‹ Genauso steht es im ›Hohenlied‹ (8, 10).«

3. HEIRAT

Brautkauf für ein Schaf

Neben der »Gewohnheitsehe«, die schon Hammurapi kannte und die die Römer mit »Usus« bezeichneten, wenn Frau und Mann ein Jahr zusammenlebten, ohne sich in drei aufeinanderfolgenden Nächten voneinander zu trennen –, war die »Kaufehe« die älteste und gebräuchlichste Form primitiven Brauchtums. Wie hoch war der Brautpreis? In der Frühzeit, als es keine geprägte Geld-, sondern nur Viehwährung gab, schwankte er zwischen einem und zwanzig Schafen oder einem und zwanzig Rindern. Auch Homer kennt den Brautkauf, er heißt bei ihm »Hedna«. Die Bezahlung erfolgte bei den archaischen Griechen in Rindern. Später kam bei den Ackerbauern die Getreidewährung auf. Das sumerische Wort für »Brautpreis« »Ninda«, bedeutet soviel wie »Eßwaren«. Tatsächlich wird berichtet, daß ein Mädchen für ein Maß oder einen Sack Gerste verlobt wurde. Als die Nahrungswirtschaft zur Edelmetallwirtschaft überging, wurde Silberblech nach Gewicht abgeschnitten. Das nannte man »Sekel«, »abwiegen«; ein Sekel wog 11,4 Gramm Silber. In Babylon bezahlte man für ein Mädchen von drei bis neun Jahren zehn Sekel, von neun bis zwölf Jahren dreißig Sekel, für den Mißbrauch einer Jungfrau fünfzig Sekel Silber als Bußgeld.

In der Höhe des Kaufpreises für eine Frau drückte sich die wirtschaftlich-soziale Bewertung ihrer Familie, die individuelle Einschätzung und insbesondere die ihrer Arbeitskraft aus. Oberste Bedingung war, daß das Mädchen der gleichen Sippe angehörte, möglichst sogar eine nahe Verwandte, etwa eine Cousine, war. Eine nicht standesgemäße Ehe galt als verpönt. Das hethitische Ehegesetz bestimmt: *»Wenn ein vollbürgerliches Mädchen nicht seinem Stande entsprechend an einen Hirten oder Salbenmischer verheiratet wird, erhalten sie und die aus der Ehe entsprossenen Kinder den Sklavenstatus.«* Als die Kaufehe mit fortgeschrittener Kultur ihre Bedeutung längst verloren hatte – sie hieß bei den Römern »Coemptio« –, wurde sie als symbolischer Akt beibehalten. In Rom mußte ein Mann mit einer Waage bei der Verlobung zugegen sein, in die der Bräutigam in Gegenwart von Zeugen eine Münze zu werfen hatte. Im ältesten Brautkaufbericht der Bibel erhält die Braut, Rebekka, ein Verlobungsgeschenk, aber nicht Vieh – wie bei Homer –, sondern zwei goldene Armspangen von 140 Gramm und einen dicken goldenen Nasenring, 6,5 Gramm schwer. Das ist eine außerordentliche Verlobungsgabe und drückt eine sehr hohe Wertschätzung der Braut aus. Der Nasenring, der im durchlöcherten Nasenflügel getragen wurde, hatte bei primitiven Kulturen eine besondere Bedeutung: Er sollte den bösen Blick bannen und besaß gleichzeitig eine bindende, magische Kraft; nur eine Verheiratete oder Verlobte durfte einen Nasenring tragen. Laut Homer war den frühen Griechen jede Form von Ringschmuck unbekannt; sie übernahmen ihn erst, ebenso wie die Römer, vom Orient. In Rom steckte der Bräutigam seiner Verlobten einen eisernen Ring, Glied einer Sklavenkette, auf den vierten Finger der linken Hand. Später wurden der Untertanenkult aufgehoben und der heute noch übliche Ringwechsel eingeführt, der nicht nur eine, sondern beide Seiten »bindet«. Geber und Empfänger von Geschenken verband nach altem Glauben eine magische »Bindung«, hier ein Ehebund. Das Mädchen, das Geschenke annahm, war an den Geschenkgeber gebunden. Im alten Mesopotamien unterschied man zwischen Verlobungsgeschenk, »Bilum«, und Brautgeld, »Tirtaru«, womit man das Mädchen kaufte.

Noch heute herrscht im Orient die Kaufehe vor. Laut eines Reiseberichts aus Afghanistan vom Jahre 1979 *»wird tatsächlich eine Ehefrau als eine Art kostbares Eigentum betrachtet, das meist erst nach langen, mühseligen Jahren des Sparens und nach vielen Entbehrungen erworben werden kann. Die Brautpreise sind hoch und liegen nach deutscher Währung um 5000 Mark – eine fast unerschwingliche Summe bei den niedrigen Einkommen im Land. Von der sozialen Struktur aus darf dieser Brautpreis nicht abwertend gesehen werden: Es gibt keine Altersfürsorge in Afghanistan, und die Eltern betrachten das Geld zum einen als eine Art Lebenshaltungskosten und als Entschädigung für die entgangene Arbeitskraft ihrer Tochter – zum anderen als Rente für die Zeit, in der sie zu alt sind, um etwas zu verdienen. Für den Bräutigam zahlt sich die ›Investition‹ aus: Nach der Hochzeit ist die lange herbeigesehnte Ehefrau sein eigen, auch ihre Arbeitskraft und ihr Fleiß kommen nun ihm allein zugute. Auf Schönheit legt er weniger oder gar keinen Wert. Wer so lange gewartet hat, ist nicht mehr sehr wählerisch und leicht zufriedenzustellen.«*

Die damalige Zeit war humaner. Wer kein Geld hatte, um eine Braut zu kaufen, konnte sie »abdienen«. Bei dieser sogenannten »Dienstehe« ging es manchmal um die Tochter des reichen Viehzüchters oder Großbauern selbst. Nach frühbabylonischen Urkunden um 1700 v. Chr. betrug der Jahreslohn eines Hirten oder Tagelöhners in der Landwirtschaft etwa zehn Sekel. Danach hätte er für ein Durchschnittsmädchen ein bis drei Jahre, für das kostspieligste Mädchen, dessen Höchstpreis mit 50 Sekel angesetzt war, fünf Jahre dienen müssen. Erzvater Jakob kam als Flüchtling mit zerrissenen Kleidern nach Haram. Das Schicksal wollte es, daß er am Brunnen seiner kleinen Cousine Rahel begegnete, und er mußte bei dem »bösen« Laban, ihrem Vater, vierzehn Jahre dienen, ehe er die Hand der reichen Viehzüchtertochter erhielt. Nur eine fromme Legende? Wir sollten hierbei beachten, daß heute ein im Tagelohn gut bezahlter Farmhelfer in Amerika weder in sieben noch in vierzehn Jahren so viel von seinem Lohn ersparen kann, daß er die reiche Tochter seines Arbeitgebers heiraten könnte. Damals, ja damals, das waren noch gute alte Zeiten!

Ehekaufverträge

Jede Kaufehe mußte durch einen Kaufvertrag im Beisein von Zeugen geschlossen werden. Paragraph 128 des Hammurapi-Kodex, der um 1700 v. Chr. fixiert worden sein dürfte, lautet: »Wenn ein Bürger eine Frau ohne schriftliche Bindung nimmt, ist diese Frau nur eine Konkubine.« Ein öffentlicher Schreiber, der am Stadttor saß, drückte die Ehekontrakte in Keilschrift in ein Tontäfelchen ein, das dann gebrannt und für eventuelle spätere Rechtsstreitigkeiten aufbewahrt wurde. Zeugen konnten sterben, gebrannte Tontafeln aber blieben unverwüstlich. In Nuzi (heute Yorgan Tepe im Irak) gab es dreierlei Vertragsarten: Einmal verpflichtete sich der Vater der Braut, sein Vormundschaftsrecht auf den Bräutigam zu übertragen. Diese Verträge wurden als »Munt«, als Vormundschaftsvollmacht und nicht als Ehekontrakt, bezeichnet. Die zweite Art Kaufvertrag war zeit- und zweckgebunden. Der Vater überließ seine Tochter einem Käufer für bestimmte Zeit mit dem Zweck, dem Käufer einen Nachkommen zu sichern. Handelte es sich beim »Kaufobjekt« um eine Sklavin, so enthielt der Vertrag eine Klausel, wonach der Mann das gemietete Mädchen entlassen durfte, wenn seine Hauptfrau einen Erben gebar. Wollte der Käufer eine Dauerehe schließen, mußten in einem ausführlichen Kontrakt alle äußerlichen Mängel der Braut genau aufgezählt werden, und zwar mit dem Zusatz: *»so wie sie ist«,* sozusagen ohne Rückgaberecht. Diese Formel, »so wie sie ist«, erschien in Nuzi auch bei Viehverkaufsurkunden. Jede Urkunde enthielt außerdem die gesetzlichen Bestimmungen bei Vertragsbruch. Erschien jede strafrechtliche Verfolgung oder Entschädigung ausgeschlossen, so endete der Vertrag mit einem Fluch als Drohung. So bei dem Ehepakt zwischen dem König von Mitanni, einem nordwestmesopotamischen Stadtstaat vor 3500 Jahren, und einer hethitischen Prinzessin:

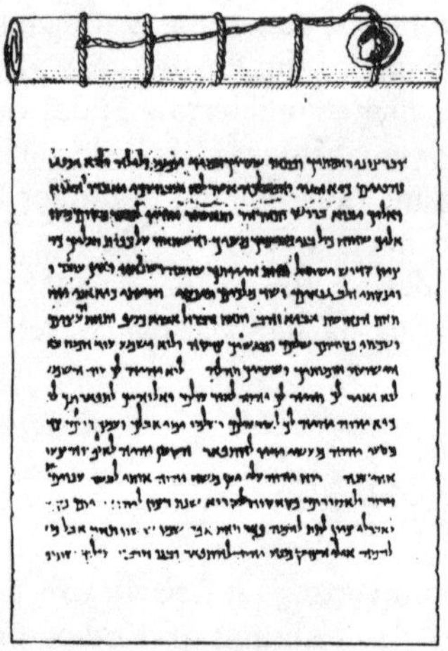

Ein rechtskräftiger Ehekontrakt mußte in zweifacher Ausführung auf einem Papyrus aufgesetzt sein, die erste obere Fassung wurde zusammengerollt, verschnürt und versiegelt, damit nichts geändert oder hinzugefügt werden konnte. Bei einer eventuellen Scheidungsklage erbrach der Richter das Siegel.

»Wenn du oder deine Leute den Vertrag brechen, mögen die Erdgötter dich, deinen Besitz und dein Land vernichten. So wie die Salzsteppe keine Pflanzen hat, so sollen du und dein Land keinen Samen dann haben.«

Mit zunehmendem technischen Fortschritt wurden die Verlobungsverträge nicht mehr in Ton geritzt, sondern auf Papyrus geschrieben – und zwar in doppelter Ausfertigung. Die erste Ausführung wurde eingerollt, vernäht und besiegelt. Falls es zu einem Rechtsstreit kam, konnte der Richter das Siegel brechen und den unveränderten und unveränderbaren ursprünglichen Wortlaut prüfen. Wenn der Bräutigam die Verlobung bereute und sich zurückzog, behielt der Schwiegervater die Brautsumme. Brach aber der Brautvater die Verlobungsvereinbarung, so hatte er den doppelten Kaufpreis zurückzuzahlen. Außer den technischen Fortschritt – Papyrus statt Tontafeln – ist hier auch ein juristischer zu verzeichnen: Die Frau hatte sich nämlich in der Gesellschaft einen besseren Platz erobert; sie war nicht mehr seelenloses Kaufobjekt wie auf dem Viehmarkt, sondern ein Wertobjekt, das eine Garantieverpflichtung erforderte. Diese neue Eheauffassung läßt folgende Urkunde aus dem Jahre 135 n. Chr., die in einer Höhle am Toten Meer gefunden wurde, erkennen:

»Am ... (Datum und Name unleserlich).« Es folgt die kultische Formel für die Eheschließung: *»›Du wirst meine Frau und ich werde dein Ehemann von heute an für immer, ganz nach dem Gesetz Mose.‹ Falls ich dich verlasse, muß ich dir deine Morgengabe in Höhe von 200 Denaren zurückerstatten. Falls du vor mir in das Haus der Ewigkeit gehst* (stirbst), *sollen deine Söhne nach Vorschrift alles* (was dein Besitz ist) *erben. Falls ich vor dir in das Haus der Ewigkeit gehe, so sollst du bei den Kindern wohnen, von ihnen pflichtgemäß ernährt und gekleidet werden alle Tage deiner Witwenschaft. Alles, was ich besitze und noch erwerben werde, haftet dafür. Zu diesem Zwecke, zu deinem Vorteil und gegen jeden Streit deiner Erben bürge dieses Dokument.«* Darunter stehen die Unterschriften des Mannes und der Zeugen.

Die holländische Forscherin Elisabeth Koffmahn untersuchte diesen Ehekontrakt als Rechtshistorikerin und bezeichnete ihn als Schuldverschreibung: *»Eine Ehe bildet eine Wirtschaftseinheit. Jeder Ehepakt war nach den Urkunden, die am Toten Meer gefunden wurden, nichts anderes als ein Schuldschein des Mannes an die Frau – eine generalhypothekarische Bindung. Der Ehemann haftete seiner Frau für*

Fragment eines Ehekontraktes um 100 n. Chr. aus Murabaát am Toten Meer (Israel), darin heißt es: »Als Frau erhältst du im Falle einer Scheidung 200 Denare, und im Falle du in das Haus der Ewigkeit gehst, erhalten die Söhne, welche du von mir hast, das Geld deiner Mitgift, zusätzlich dessen, was nach dem Gesetz ihnen zusteht ... Aber wenn ich in das Haus der Ewigkeit vor dir gehe, wirst du (von den Söhnen oder einem Vormund) genährt und gekleidet werden alle Tage deiner Witwenschaft bis zu deinem Tode.«

die Bezahlung eines festgesetzten Betrages sowie des eingebrachten Vermögens der Frau für den Fall einer Scheidung oder seines Todes mit seinem ganzen Vermögen. Diese Verpflichtung war für den Mann eine schwere Belastung.«

Mitgift

Als sozial-ökonomischer Fortschritt ersten Ranges ist der Übergang der Kaufehe in die Mitgiftehe zu verzeichnen. Die merkliche Verschiebung im Brauchtum entstand durch die steigende Bedeutung des Grundbesitzes in der Ackerbaugesellschaft, als die Anbauflächen immer begrenzter wurden und das wichtigste Vermögensgut bildeten. In der Hirtenzeit dagegen hatten die Weiden im Wüstengebiet eine unbeschränkte Ausdehnung erlaubt. So verschoben sich die Akzente. Die Töchter stellten nun nicht mehr ein reines Wertobjekt dar, dessen Arbeitskraft dem Vater bei der Heirat verlorenging; in der Agrargesellschaft sorgte der Mann für den Unterhalt und forderte vom Schwiegervater, ihm seine zusätzliche Belastung durch einen bescheidenen oder größeren Bodenanteil zu vergüten. Wenn die Tochter nach auswärts heiratete oder der väterlich beschränkte Bodenbesitz nicht weiter teilbar war, bestand die Mitgift zur Zeit der Naturalienwirtschaft, als Warenaustausch die Regel war, aus anderen Wertobjekten wie Barrengold, Schmuck, Kleidern, Wäsche, Geräten, Mägden und Vieh. Seit etwa 650 v. Chr., als in Lydien (Kleinasien) erstmals geprägte Münzen aufkamen, kann man von einer Mitgiftehe, einer Geldehe, in unserem Sinne sprechen. Während bei der Kaufehe die Hergabe einer jungfräulichen Tochter für den Vater eine Einnahmequelle bedeutete, wurde die Tochter in der Mitgiftehe für ihn zu einer empfindlichen Ausgabe, die Sorgen bereitete. Aus dem Gewaltrecht wurde eine Sorgepflicht. Nach dem Traumbuch des Artemidoros von Ephesos (um 100 v. Chr.) bedeuteten Träume von Töchtern immer Sorge, Kummer und schlimmen Verlust, weil eine Tochter bei der Heirat vom Vater ihre Mitgift wie ein Gläubiger forderte, »und wenn sie mit Sorge und Kummer erzogen ist, geht sie mit der Mitgift endgültig, wie ein Gläubiger mit der geliehenen Summe, davon«. Das Vermögen, in Bargeld oder Gütern, das der Braut als Morgengabe mitgegeben wurde, erhielt der Ehemann nur »geliehen«; er hatte nicht wie früher das totale Verfügungsrecht über die Frau und ihren Besitz. Letzteren bekam er nur zur »Verwaltung«, aber bei einer Scheidung oder nach seinem Tod erhielt die Frau ihren eingebrachten Anteil mit Zinsen zurück und war so wirtschaftlich sichergestellt. Damit war eine ganz andere Basis der Verantwortlichkeit geschaffen. Während bei der Kaufehe der Ehemann seine Frau wegen einer geringfügigen Enttäuschung oder selbst bei unbegründetem Verdacht auf Untreue ohne behördlichen Schiedsspruch von heut auf morgen auf die Straße setzen konnte – und zwar mittellos –, machte die Mitgiftehe bei Ehetrennungen eine juristische Klärung der Vermögensverhältnisse beider Parteien notwendig. Die ältesten uns bekannten Mitgiftverträge um 1700 v. Chr. waren, wie folgendes Beispiel aus Babylon zeigt, noch nicht weit von den Gewaltbestimmungen der Kaufehe entfernt: *»Der Edelmann Ibbatum übergibt seine Tochter Sabitum dem Bürger Warad-kubi, Sohn des Ilusu-ibmi, zur Gattin und gibt ihr als Morgengabe zwei Betten, zwei Stühle, einen Tisch, zwei Körbe, einen Mühlstein, eine Mahlschüssel, einen Ölmörser, ein Ölmaß sowie zehn Sekel abgewogenes Silber mit. Sollte eines Tages meine Tochter zu Warad-kubi sagen: ›Du bist nicht mehr mein Gatte‹, so soll man sie ins Wasser werfen. Sollte jemals Warad-kubi zu meiner Tochter sagen: ›Du bist nicht mehr meine Frau‹, so soll er ihr ein Scheidungsgeld von ⅓ Mine Silber bezahlen* (das sind zwanzig Sekel oder das doppelte der Mitgift).« Es folgen Unterschriften von fünf Zeugen.

Daß ein Vater vertraglich bestimmt, seine Tochter solle bei Widerspenstigkeit gegen den Gatten kurzerhand ins Wasser geworfen werden, klingt uns heute unverständlich. Dennoch enthält der Vertrag von 1700 v. Chr. bereits eine »Garantieklausel«, um die Frau bei Scheidung in wirtschaftlicher Hinsicht zu sichern.

Die Mitgiftehe in ihrer ethischen Vollkommenheit ist erstmals im späten Ägypten nachweisbar; seit alters besaß die Frau hier eine viel höhere Wertschätzung als in allen anderen Teilen der antiken Welt. Ernest Renan, französischer Orientalist und Religionswissenschaftler, schreibt: *»Ägypten gleicht einem Leuchtturm im finsteren Völkermeer des Altertums.«* Erst durch den engen Kontakt mit Ägypten seit der Zeit Alexander des Großen lernten die Griechen die für beide Teile gleichwertige Sicherung durch eine Mitgiftehe als materielle Verantwortung kennen. Doch wichtiger als die wirtschaftliche Sicherstellung war, daß die Griechen von den toleranten Ägyptern in der Ära nach Alexander eine gewisse Anerkennung der Rechtsfähigkeit der Frau übernahmen. Diodor gibt ungern zu, daß in Ägypten das Ehe- und Frauenrecht viel weiter fortgeschritten war als in der griechischen Welt, und er muß starke Abstriche von der alten Meinung machen, wonach die Ägypter Barbaren und die Griechen Kulturträger sind. Griechisch-ägyptische Eheverträge, die erhalten sind, erwekken fast den Eindruck, daß hier bereits einige der heutigen Wünsche und Forderungen in Hinblick auf Emanzipation erfüllt seien; so zum Beispiel der Vertrag zwischen dem griechischen Offizier Heraklides aus Elephantine (Nilinsel gegenüber Assuan) und dem begüterten Fräulein Demetria aus dem Jahre 311 v. Chr., also nur zwanzig Jahre nach dem Einmarsch Alexander des Großen ins Niltal:

»Es nimmt Heraklides die Demetria zur vollbürtigen Frau. In die

Ehe bringt sie Kleidung und Schmuck im Werte von 1000 Drachmen, und Heraklides verpflichtet sich, ihr alles zu gewähren, was einer freien Frau gebührt. Sollte Demetria bei übler Handlung ertappt werden, verliert sie ihre Mitgift, doch muß Heraklides vor drei Männern, die sie beide auswählen, den Nachweis der Richtigkeit dieser Anschuldigung bringen. Heraklides darf keine zweite Frau heimführen, noch mit einer zweiten Frau Kinder zeugen, noch sonst irgendwie ein Unrecht tun wider Demetria. Sollte er darin überführt werden, so hat Heraklides an Demetria die mitgebrachte Mitgift von 1000 Drachmen zurückzugeben – zuzüglich 1000 Drachmen Bußgeld. Dabei soll Demetria jeder Rechtsbeistand zuteil werden, und Heraklides kann dafür aller Habe gepfändet, auch in Schuldhaft genommen werden (usw.).«

Das war eine beachtliche Summe. Laut Eintragungen in griechisch-ägyptischen Heiratsregistern betrug eine kleine Mitgift 3 bis 50, eine mittlere 150 bis 500, eine große 600 bis 1500 Drachmen.*

Bei den materiell eingestellten Griechen spielte die klingende Beigabe bei der Brautwahl eine allzu entscheidende Rolle, so daß mittellose Mädchen aus aristokratischen Familien – und wenn sie noch so schön und gebildet waren – sitzen blieben. In jener Zeit kam es hie und da vor, daß wohlwollende Verwandte die Tochter oder Schwester Unbemittelter auf eigene Kosten ausstatteten, ja, daß die Töchter armer, aber verdienstvoller Bürger ihre Mitgift vom staatlichen Wohlfahrtsamt erhielten, wie das z. B. von den beiden Töchtern des Aristeides erzählt wird. Aristeides (gest. um 468 v. Chr.) war ein aristokratischer Politiker und Reformer, Stratege in der Schlacht von Marathon. Er galt als Muster an Gerechtigkeit und Unbestechlichkeit und verlor deshalb als Archon sein ganzes Vermögen. Jede seiner beiden Töchter erhielt vom Staate 3000 Drachmen als Mitgift. Bereits Solon, der weise Gesetzgeber aus Athen (640 bis 500), der selbst aus vornehmen, aber verarmtem Adelsgeschlecht stammte, glaubte das Unwesen der spekulativen Mitgiftehen eindämmen zu müssen und verbot in einem Gesetz, »Heirat mit Geldgeschäften« zu verbinden. Platon verlangte um 400 v. Chr. ein allgemeines Mitgiftverbot; nur Kleider- und Wäscheaussteuer bis zum Höchstwert von 50 Drachmen sollten gestattet sein, um die »Gleichheit der Familien« zu erhalten. Doch es war klar, daß sowohl Solons wie auch Platons Forderungen nur »Papierwert« besaßen, sich in der Praxis aber niemals durchsetzen konnten.

* Eine Drachme war vier bis sechs Gramm Silber wert.

Das Heiratsalter

Homer nennt niemals das Alter eines Menschen. Zehn Jahre waren eine »lange« Zeit, der Trojanische Krieg dauerte zehn Jahre, und Odysseus irrte zehn Jahre umher. Damals, als kein Mensch lesen, schreiben und rechnen konnte, zählte man die Zeit nach den Ernten, nach bestimmten Ereignissen, und das Alter der Frauen nach Mondzyklen. Die Funktionen des weiblichen Körpers waren aufs engste mit den Mondphasen verbunden. Auch das moderne Wort »Monat« hängt ja mit dem Wort »Mond« zusammen. Im alten Orient verstand man unter einem Monat die Zeit zwischen zwei Neumonden (29 ½ Tage). So heißt »Monat« im Hebräischen »Hodesch« (Neumond) oder »Jerach« (Mond). War ein Mädchen zehn Mondjahre alt, dann war sie zum Heiraten zu alt. Ein Mindestheiratsalter oder ein empfohlenes Durchschnitts-Heiratsalter wird nirgends angegeben, es heißt nur lakonisch: so früh wie möglich! Herodot berichtet, daß auf den orientalischen Heiratsmärkten Mädchen zwischen drei und zwölf Jahren ausgestellt waren, 12½jährige galten als sitzengebliebene Mädchen, die keiner mehr nehmen wollte. Kultische und bürgerliche Gesetze ermahnten also die Väter, ihre Töchter so früh wie möglich zu verheiraten, »so lange sie die Hand auf ihren Nacken haben« und »bevor die Mädchen reif wie der Vollmond wurden«, das bedeutet: vor der geschlechtlichen Reife. Naturgemäß sind Mädchen in einem Alter, da sie den Kinderschuhen noch nicht oder eben erst entwachsen sind, »gefügiger«. Nur ein unreifes Kind war und ist bereit, sich widerspruchslos dem zu fügen, was seine Eltern bestimmen. Noch heute werden in Indien Mädchen im Säuglingsalter und im afrikanischen Angola sechs- bis siebenjährige verlobt. Im archaischen Griechenland war die Braut so jung, daß sie an ihrem Hochzeitstag ihr Kinderspielzeug und ihre Puppen auf dem Altar der Artemis verbrennen mußte. Vom ägyptischen Königshaus sind mehrere Kindesehen bekannt. Tut-ench-Amun war neun und seine Braut Anchon-Amun elf Jahre alt und bereits Witwe, als sie heirateten. Neun bis elf Jahre war das übliche Heiratsalter in den ägyptischen Dynastien, im Volk lag es noch viel niedriger.

Dabei muß man in Betracht ziehen, daß die Lebenserwartung damals sehr gering war. Untersuchungen an ägyptischen Mumien ergaben, daß die durchschnittliche Lebenserwartung der Adligen bei 28, im niederen Volk bei 14½ Jahren lag, wobei im Gegensatz zu heute die Männer ein höheres Alter als die Frauen erreichten. Der judäische König Agrippa I. (37 bis 44 n. Chr.), der in Rom erzogen wurde, verlobte nach römischem Brauch seine Tochter Drusilla mit sechs, seine Tochter Marianne mit zehn Jahren – und zwar zur gleichen Zeit. Das Hebräergesetz verlangte von einem Vater, wenn seine Tochter älter als zwölf Jahre war: »So lasse einen deiner Sklaven frei und gib ihn ihr zum Mann.« Der späte Talmud in Babylon setzt neun Jahre als ideales Heiratsalter für Mädchen und dreizehn Jahre für Knaben an. In Rom wurde gesetzlich ein Mindestalter festgesetzt – für Mädchen zwölf, für Knaben vierzehn Jahre. Petronius, römischer Schriftsteller und Weltmann am Hofe Neros, schildert im »Gastmahl des Trimalchio« die Hochzeit einer Siebenjährigen als Ausgeburt der Perversität. Bei den Griechen der späteren Zeit herrschte Ehemüdigkeit, so daß Hesiod das ideale Heiratsalter auf das achtzehnte, Platon sogar auf das zwanzigste Lebensjahr heraufsetzten. Euripides warnte ausdrücklich: *»Es ist ein großes Übel, zwei Gleichaltrige aneinanderzuketten, denn weit länger bleibt die Kraft der Männer erhalten, während die Blüte der weiblichen Jugend schneller vergeht.«* Mit zwanzig Jahren war eine Frau bereits eine Matrone. Als die griechische »Ehemüdigkeitsepidemie« auch Rom erfaßte, mußte Kaiser Augustus ein Gesetz gegen Ehe- und Kinderlosigkeit erlassen; wer bis zum zwanzigsten Lebensjahr noch nicht verheiratet war, konnte mit Strafe, ja sogar mit Verbannung rechnen.

Nicht das Alter der Brautleute, sondern die Sitte, Menschen ohne ihr Einverständnis zu verkuppeln, empörte den römischen Schriftsteller Seneca (55 bis 39 n. Chr.): »Jedes Tier und jeden Sklaven, alle Kleider und Küchengeräte prüfen wir genau, bevor wir sie kaufen; nur die Braut wird nicht vorher in Augenschein genommen, damit sie dem Bräutigam nicht mißfallen kann, bevor er sie heimgeführt hat. Ist sie böse, dumm oder mißgestaltet – oder riecht sie aus dem Mund –, welche Fehler sie auch immer hat, so lernen wir sie erst nach der Hochzeit kennen.«

Der Kampf um die Frau

So barbarisch uns die alten Verlobungsriten anmuten mögen, so bedeuteten sie doch einen Höhepunkt der Zivilisation. Nach der Evolutionstheorie war die niedrigste Lebensform der frühen Menschheit die Promiskuität, der wahllose und schrankenlose Geschlechtsverkehr, der in langsamer Entwicklung zur Gruppengemeinsamkeit – je nach ökonomischen Gegebenheiten als Vielweiberei oder Vielmännerei – führte. Aber das, was wir unter der Ehe verstehen, tritt erst bei »Kulturvölkern« in historischer Zeit auf, und zwar zunächst in Form der der Wildheit des Menschen entsprechenden »Raubehe«.

Die Entführung der Königin Helena von Sparta durch den kleinasiatischen Prinzen Paris von Troja. Auf einer Trinkschale des Hieron um 500 v. Chr. Es ist die klassische Geschichte eines Frauenraubes mit blutigen Folgen. (Attisches Vasenbild um 500)

Am Anfang jeder Völkerchronik steht der Frauenraub. Auch die Götter bevorzugten die Raubhochzeit. Zeus, der Göttervater, jagte in verschiedenen Tiergestalten verliebt hinter seinen weiblichen Opfern her. Homers »Ilias« beginnt mit Frauenraub: Paris raubt Helena. Agamemnon und Achilleus waren nicht besser; sie raubten bei Überfällen auf die Städte der Troas zwei junge Mädchen, Chryseis und Brisëis, und darüber geraten sie am Anfang der »Ilias« in Streit. Dieser Streit hätte fast den Untergang des archaischen Heeres bewirkt. Es scheint, daß Menschenraub den Hauptanlaß für die meisten Kriege der Antike bildete. Die Griechen zählten die Kriegsbeute nach »Tetrapoda« (Vierfüßler) und »Andropoda« (Menschenfüßler). Die Gründung Roms begann mit dem »Raub der Sabinerinnen«. Nach der Sage lud Romulus, da in der von ihm gegründeten Stadt Frauenmangel herrschte, die benachbarten Sabiner, ein Stamm von Viehzüchtern in Mittelitalien, mit ihren Familien zu Spielen ein. Dabei entführten die Römer die unverheirateten Sabinerinnen. In dem deshalb entbrannten Kampf stellten sich später die Sabinerinnen, nunmehr Frauen und Mütter von Römern, zwischen die kämpfenden Heere und erzwangen den Frieden. Ähnliches erzählt die Bibel von den Benjamiten in vormonarchischer Zeit, deren Frauenbestand in Bürgerkriegen dezimiert worden war. Sie überfielen zunächst eine Stadt in Ostjordanien und schlugen alle Männer und Frauen *»mit der Schärfe des Schwertes«* nieder; *»aber jene Jungfrauen, vierhundert an der Zahl, die noch keinen Mann im Beischlaf erkannt* *haben«,* raubten sie und brachten sie ins Lager nach Silo. Eine andere Variante berichtet, daß zum feierlichen Abschluß der Weinlese die Töchter von Silo in weißen Gewändern in den Weinbergen tanzten. Da stürzten die unbeweibten Benjamiten aus Verstecken hervor, ein jeder raubte ein Mädchen und stürzte mit ihm davon.

Der Frauenraub auf einem Sarkophag bei Haifa gefunden (um 100 n. Chr.) ist weniger idyllisch dargestellt als die Entführung der Helena auf der attischen Vase (links); allerdings wird die barbarische Szene in die graue Vorzeit entrückt. Es sind Zentauren, die Jungfrauen und Mütter rauben. (Museum Haifa)

Auch die Kanaanäer wußten es: Eine Frau mußte erkämpft und geraubt sein, um den rechten Wert zu besitzen. Im Mythos von Keret aus Ugarit (Ras Schamra), wahrscheinlich über 3500 Jahre alt, befiehlt der Gottvater El dem ugaritischen König: *»Falle gewaltsam ins Nachbarland Udun ein, besiege den König Pabel, aber rühre kein Gold und Silber an, nur raube seine Tochter Hurrija und führe sie fort.«* Die Hethiter verhängten über Menschenraub im eigenen Land die Todesstrafe, im Feindesland aber wurde Mädchenraub als heldenhaft gepriesen und ausgezeichnet.

Der König Schilhak-Inschuschina berichtet stolz: *»Karindasch habe ich vernichtet, alle Frauen, Kebsen, Töchter des Königs habe ich zusammengetrieben und entführt.«* Aber auch Elam schlug die Stunde, und der assyrische König Assurbanipal meldet triumphierend: *»Die Töchter und Gattinnen des elamitischen Königs, seiner Stadtvögte und Befehlshaber, groß und klein, führte ich als Beute wie eine Herde davon.«* Das war um 640 v. Chr. Piglat-Pileser III., ein assyrischer König im 8. Jahrhundert v. Chr., faßt einen seiner Raubzüge so zusammen: *»Die Stadt habe ich wie ein Tongefäß zerschmettert, abertausend Töchter als Tribut weggeschleppt.«* Noch Alexander der Große empfand Frauenraub nicht als unwürdig und ließ die 365 Nebenfrauen des von ihm besiegten persischen Königs Darius III. seinem Harem einverleiben.

Mit allen Raffinessen des Bepirschens, der Verfolgungslust, der Freude am Ausweichen führte der primitive Mensch seine Beute wie ein archaischer Jäger und Waldläufer fort. Wenn er sich dann über das verwundete, gefesselte und verschleppte Tier, das in diesem Falle eine Frau war, beugte, empfand er etwa Mitleid über ihre Hilflosigkeit? O nein, er war von Jägerstolz erfüllt; er war der Sieger, der Held, der Herrenmensch. In der Raubehe triumphiert das männliche Prinzip durch die Gewalt.

Ein langer, langer Weg mußte zurückgelegt werden, um die menschliche Gesellschaft vom biologischen Akt der Paarung zur sozialen Institution der Ehe mit rechtlichen Verträgen als Fundament eines geordneten Gesellschafts- und Staatswesens zu führen. Wie aus der Raubehe die Kaufehe wurde, ist historisch nicht nachweisbar, doch scheint der fortgesetzte aktive und passive Widerstand der Frauen zu diesem Zivilisationserfolg beigetragen zu haben. Daß die Frauen sich nicht ohne weiteres rauben ließen, das zeigt der an vielen Orten im Osten noch immer erhaltene Schwerttanz der Braut am Hochzeitsfest. So singt der Chor im biblischen »Hohenlied«, das wir bereits ausführlich besprochen haben: *»Wende dich, wende dich, Sulamit, im wundervollen kriegerischen Tanz.«*

In Sparta, gerade in jener Stadt, in der trojanische Gäste Helena, die Frau des Königs Menelaos, aus dem Palast raubten und damit einen zehnjährigen Krieg entfachten, wurde die Raubehe zur offiziellen Art der zivilen Eheschließung erklärt. Der spartanische Bräutigam mußte die von seinen Eltern erworbene Braut rauben und im Dunkeln vergewaltigen, auch wenn das geliebte Wesen leicht zugänglich und gerne zur Ehe bereit war. Vom griechischen Historiker Plutarch (46 bis 120 n. Chr.) besitzen wir über diese sonderbare Hochzeitssitte einen authentischen Bericht:

»Eine Verheiratung in Sparta geschah auf die Art, daß jeder Jüngling sich seine Braut rauben mußte. Eine sogenannte Brautdienerin nahm sie in Empfang, schor ihr (wie einer Kriegsgefangenen) *den Kopf kahl, nahm ihr die feinen Kleider ab, steckte sie in ein grobes Sackkleid, bettete sie auf einen Strohsack und ließ sie im Finstern allein zurück. Der Bräutigam schlich nachts heimlich zu ihr und löste gewaltsam ihren Gürtel. Und zwar nicht nur einmal, nicht nur in der ersten Nacht, sondern lange Zeit. Das diente zur Förderung der Lust; mit stets verjüngter Liebe eroberte er sie immer von neuem, anstatt durch offiziellen gewohnheitsmäßigen Genuß gesättigt und entkräftet zu werden.«*

Einen ähnlichen Brauch verlangt das Deuteronomium, das 5. Buch Moses, der Bibel, von den Hebräern: *»Ein schönes Mädchen, im Krieg geraubt, das deine Lust erweckt, führe sie heim, schere ihr Haupt und ihre Nägel, lege ihr Sackkleider der Gefangenschaft an, lasse sie einen Monat ihre Eltern beweinen, danach magst du ihr beischlafen oder sie ehelichen.«* (Dtn. 21, 10–14)

Das Triumphgefühl des Räubers, des Raubtiers, des Siegers drückt auch Mohammed im Koran aus (Sure 4, 25): *»Eure Frauen stehen zu euch wie Kriegsgefangene und haben in betreff ihrer selbst keine Gewalt, ihr aber habt sie* (von mir) *als heiliges Pfand empfangen und sollt unter heiligen Formeln das Beilager mit ihnen halten.«*

Relikte aus der Zeit der Raubehe erhielten sich auch in europäischen Hochzeitsbräuchen – vom Polterabend bis zum Tragen der Braut über die Türschwelle. Nach Aussage moderner Verhaltensforscher prägte sich keine prähistorische Sitte so stark in unser Bewußtsein ein wie die Raubehe. Vieles an abartigem sexuellem und aggressivem Verhalten erbte der moderne Mensch von seinen kriegerischen Vorfahren, die ihre Bräute lieber raubten als kauften.

Vorbereitungen zur Hochzeit

Mit der Unterschrift unter der Eheurkunde war das junge Paar verlobt, doch der junge Mann durfte seine Frau bis zur Hochzeit nicht sehen, ganz gleich, ob die Verlobungszeit lang oder kurz war. Nach der Verlobung wählten die Eltern aufs sorgfältigste den passenden Hochzeitstermin. Es gab Glückstage, Glückszahlen, Glücksmonate – ein höchst kompliziertes Horoskop der Sternkonstellationen, die das Schicksal magisch beeinflußten. Am besten befragte man einen Priester oder ein Orakel. Im Orient vermied man es, in den 50 Tagen zwischen Ostern und Pfingsten zu heiraten. Sie brachten Unglück. Tatsächlich fand nach Ostern die Gersten-, vor Pfingsten die Weizenernte statt. Bei ackerbautreibenden Völkern galt der Spätherbst als Glückszeit, wenn Wein und Öl eingebracht, gepreßt und gekeltert, die Felder gepflügt waren und Brautleute und Gäste reichlich Zeit zum Feiern hatten. In Griechenland wurde der Monat »Gamelion« (Januar/Februar) bevorzugt, weil es in diesem Monat keinerlei Feldarbeit gab. Das Wort »Gamos« bedeutet Hochzeit. Mit Vorliebe wurden die Tage des Vollmondes gewählt, da Frauen in dieser Zeit als besonders empfänglich galten – aber nur dann, wenn sie »geweiht« waren. Einen Tag vor der Hochzeit nahm deshalb die Braut bei vielen Völkern im östlichen Mittelmeerraum ein sakrales Bad, um sich für ihr neues Leben zu »taufen« (das Wort kommt von »Ins-Wasser-Tauchen«), »umzuformen« und »zu weihen«. »Taufen« und »Untertauchen« sind im Griechischen gleichbedeutend (»Baptisma« von »Baptizo«), wie man auch aus dem Neuen Testament ersehen kann.

Nach einer Hymne der Inanna aus Sumer vor 5000 Jahren mußten auch Göttinnen vor der »Heiligen Hochzeit« ein Weihebad nehmen: *»Die Herrin taucht ihre goldenen Lenden in fließendes Wasser, für die*

Lenden des königlichen Bräutigams badet sie, für die Lenden des Iddin-Dagan badet Inanna; der Königsbräutigam geht in ihre reinen Lenden ein.« In Israel gab es in Kellerräumen spezielle Frauenbäder, bis 800 Liter Wasser fassend, so daß das Wasser einem stehenden Menschen bis zur Brust reichte. In den kleinen Becken konnte man nicht liegen, lediglich sich »untertauchen«. Die »Miqwe«, so wurde

Das Brautbad war rituelle Pflicht. Zum Wasserholen für dieses bediente man sich in Griechenland einer bestimmten schlanken Henkelvase.

das Frauenbad genannt, war kein Bad für hygienische Zwecke; sie diente nur zur kultischen Reinigung. In Nazareth wird das traditionelle Tauchbad, die Miqwe, der Maria gezeigt.

In Griechenland verwandten die Bräute zum Wasserholen für das Weihebad vor der Hochzeit ein ganz bestimmtes Gefäß: Es war hoch und schlank, mit zwei Henkeln versehen und bestand aus gebranntem Ton. Wenn eine Frau unvermählt starb, setzte man ihr das »Lutrophors«, wie der Brautkrug genannt wurde, aufs Grab, damit sie im Hades ihre Hochzeit und ihr Bad nachholen konnte. Auch die Griechen glaubten, daß das Weihebad ihr vergangenes Dasein abwüsche und sie dadurch neu geboren würden. In manchen Ländern – oder wenn der Bräutigam mißtrauisch war – verlangte man außer der Reinigung eine Jungfernprobe. Laut Plutarch mußten sich Bräute bei bestimmten Stämmen am Kaspischen Meer, ehe sie sich den Schleier anlegten, vor einem Bienenhaus nackt aufstellen. Da Arbeitsbienen »keusch« leben, stört sie ein reines Mädchen nicht, doch bei einem unkeuschen Mädchen ergreifen sie die Flucht. Rabbi Gamaliel, der Lehrer des Apostels Paulus, bediente sich einer eigenen Methode zur Keuschheitsprobe. Die verdächtigte Braut mußte sich mit gespreizten Beinen über das Spundloch eines Weinfasses setzen. Bei der deflorierten drang der Weinduft durch, bei der noch jungfräulichen aber nicht. Zum mißtrauischen Bräutigam sagte dann Gamaliel: *»Du wolltest sie von dir loslösen, sie aber wird dich erlösen! Geh und freue dich deiner Braut.«*

Besondere Aufmerksamkeit widmete die Brautmutter dem Brautkleid. Die Tochter legte das kurze Mädchenkleid ab und zog ein langes Frauenkleid an, das die Mutter durch Farbe, Stickerei und Machart festlich gestaltet hatte. Auf den Kopf kam eine Haube oder ein Schleier, weil eine Kopfbedeckung die verheiratete Frau von der unverheirateten unterschied. Der Schleier war mittellang oder lang, laut Homer bald duftig silberglänzend, bald »lichtfarbig«. In Rom war er rot und hieß »Flammeum«, der Feuerrote. Im sakralen Bereich hatte eine Kopfbedeckung, sei es die des Priesters oder die der Braut, magische Kraft; sie hielt die bösen Geister fern. Eine Arbeit des Steinschneiders Tryphon läßt ahnen, daß dem Schleier in Griechenland entscheidende kultische Bedeutung zukam: Der göttliche Eros hebt bei der Hochzeit den Schleier der Psyche; »er entschleiert sie«. Über dem Schleier trug die Braut einen Kranz von Rosen und Myrten, im Orient auch ein Diadem oder eine Krone. Der Bräutigam trug ebenfalls einen kronenartigen Kopfschmuck, den ihm seine Mutter aufsetzte. So heißt es im »Hohenlied«: *»Ihr Töchter Jerusalems, kommt heraus und beschaut den König in der Krone, mit der seine Mutter ihn krönte am Tage seiner Hochzeit, am Tage seiner Herzensfreude.«*

Schleier und Krone verwandeln auch die Armen und Ärmsten – und sei es nur für einen einzigen Tag in ihrem Leben – in ein thronendes Königspaar, dem alle mit Freude und Gesang huldigen. Das pompejische Wandbild »Die Aldobrandinische Hochzeit«, nach ihrem früheren Besitzer genannt, und heute in der Bibliothek des Vatikans in Rom, stellt die Vorbereitung zu einer Hochzeit in gesammelter Form dar. Zu der mit einem weißen halblangen Schleier verhüllten zögernden Braut, die auf einem Bett sitzt, spricht die Göttin der Überredungskunst. Links bereitet die Brautmutter das Hochzeitsbad, während rechts eine Gruppe von befreundeten Frauen Weihrauch aufschüttet und den Hochzeitsgesang anstimmt.

Der Hochzeitsschmaus

Zum Hochzeitsschmaus wurde die gesamte Familie, auf dem Lande das ganze Dorf, eingeladen. Wer nicht die Mittel für eine aufwendige Hochzeit aufbringen konnte, mußte eine Anleihe aufnehmen. Eine altbabylonische Liste aus Ur vor 4000 Jahren zählt detailliert alle finanziellen Aufwendungen für eine Hochzeit auf: Die Braut erhielt als Aussteuer Geschirr und Wäsche, dem Bräutigam wurden silberner Schmuck, Festkleider und ein stattlicher Geldbetrag geschenkt. Außerdem kassierte der Priester einen gewissen Betrag in Naturalien und Geld, um das Wohlwollen der Götter für das junge Paar zu erflehen. Die größte Summe aber verschlang der Hochzeitsschmaus. Mit großer Genauigkeit werden die Ausgaben für Mehl, Kuchen, Schmalz, Sesamöl, Bier, Wein und für mehrere Schafe angeführt. Der Aufwand für Mahl und Bewirtung war nach uraltem »Gastrecht« der Orientalen immer sehr groß. Reichlich Fleisch galt als Festgericht; die recht arme Bevölkerung lebte damals an »schmalen« Wochentagen nur vegetarisch. In der Geschichte von der Hochzeit zu Kana erwähnt der Evangelist, daß Ochsen und Mastvieh angetrieben wurden, obwohl die Brauteltern so arm waren, daß sie nicht einmal für genügend Wein sorgen konnten. Damit die Feststimmung nicht darunter litt, verwandelte Jesus bekanntlich das Wasser in sechs Steinbottichen in Wein.

Bei der außergewöhnlichen Hochzeit in Kana gab es auch einen Speisemeister. Er riet dem Bräutigam: *»Setze jedermann zuerst den guten Wein vor, und wenn sie angeheitert sind, dann den geringeren.«* Der Weinkonsum war damals recht hoch; selbst einem Sklaven billigte man 0,6 Liter Wein täglich zu. Den Frauen in Griechenland war Weingenuß strengstens verboten. Heimlicher Genuß galt als Scheidungsgrund. Nach griechischer und orientalischer Sitte durften die Frauen nicht zusammen mit den Männern am Gastmahl teilnehmen; sie nahmen den Hochzeitsschmaus in einem anderen Raum oder an gesonderten Tischen ein. Die Braut, die Hauptfigur des Tages, mußte den lustigen Festlichkeiten fernbleiben, erst am Abend trat sie in Aktion, wenn der wichtigste Teil der Hochzeit, die »Heimführung der Braut«, begann.

Brautzug – einst und jetzt

Ein festlicher Zug mit Flötenspielern, Trommelschlägern und Fackelträgern begleitete die minderjährige Braut von ihrem Elternhaus zu ihrem neuen Heim. Musik, lautes Jubelgeschrei und Fackeln sollten die Dämonen, die den Zug bedrohten, verscheuchen. Die Fackeln bestanden aus langen Stangen, um deren oberes Ende in Olivenöl getauchte Lappen aus Weißdorn gewickelt waren. Der Evangelist Matthäus erzählt, wie zehn fackeltragende Jungfrauen dem Bräutigam entgegengehen. »Fünf waren töricht, weil sie ihr Licht ausgehen ließen und keine Ölreserven mitnahmen«, die anderen fünf waren »wachsame« Jungfrauen und hüteten das Licht. Daß die Fackel schicksalsentscheidende Bedeutung hat, bestätigt die griechische Sage von Eurydike, der Frau des Sängers Orpheus, die an ihrem Hochzeitstag sterben mußte, weil ihre Fackel erlosch und die Dämonen sich ihr daher nähern konnten. Wenn im Lateinischen von »Feuer hüten« die Rede ist, so bezieht sich das auf das Feuer im häuslichen Herd oder auf die Flammen der Fackeln, die die Räume erleuchteten. Der Ausdruck »wachsam sein« paßt gut zur Allegorie des Matthäus.

Hochzeitszug. Auf dem Wagen Braut und Bräutigam, davor eine Brautjungfer, dahinter die Brautmutter mit Fackeln. Nach anderer Erklärung sitzt neben der Braut Apollo als Brautführer, der gleichzeitig die Unwissende schützt und belehrt. Athenische Pyxis um 400 v. Chr. (Nationalmuseum, Athen)

Überall, wo der festliche Hochzeitsumzug mit Fackeln und Musik vorbeikam, waren die Straßen mit Jubel und Trubel gefüllt; selbst aus allen Fenstern schallte mit südländischem Temperament die Festfreude von Beteiligten und Zuschauern. Um gefährlichem Unfug vorzubeugen, erlaubte die römische »Frauen-Beaufsichtigungs-Polizei«, die sogenannten »Gnäkonomen«, nicht mehr als 30 Gäste bei einer Hochzeit. Und jene, die im Festzug »der Heimführung der Braut« die Hauptakteurin war, wie empfand sie den ausgelassenen Trubel? Der griechische Dichter Apollonius von Rhodos (295 bis 215) gibt uns im Epos »Argonautika« eine eindrucksvolle Schilderung ihrer Seelenkämpfe mit starker Betonung des psychologischen Moments. Die »Stimmen der Freude« dringen nur akustisch in ihr Herz, sie können die Unsicherheit und Ängste der minderjährigen Braut nicht vertreiben. Sie weint und sträubt sich gegen das bevorstehende unbekannte Erlebnis, das ihr bisheriges Leben, ihre Geborgenheit am elterlichen Herd, von Grund auf verändern wird. Sie ängstigt sich vor dem viel älteren Mann, den sie vorher weder gesehen noch kennengelernt hat; ja, bisher waren ihr sogar jeder Umgang, jedes Gespräch mit Männern außerhalb der Familie streng untersagt. Sie wehrt sich. Sie hat Angst, Angst, Angst! Apollonius' Epos ist über 5800 Verse lang, aber nur stimmungsgeladene Lyrik. Da nun eine dokumentarische Schilderung eines »Brautzuges« aus dem antiken Alltag fehlt, müssen wir den authentischen Bericht des deutschen evangelischen Missionars Ludwig Schneller heranziehen, der um 1890 eine Hochzeit im christlich-arabischen Dorf Beth-Dschala bei Bethlehem als Gast miterlebte. Zu dieser Zeit gehörte der Ort zum Osmanischen Reich und dämmerte kulturell in einem 2000jährigen Dornröschenschlaf dahin: »Das Mädchen wird ungefragt an den verkauft, der am meisten Geld bietet und möglichst aus der eigenen Sippe stammt. Die Braut muß das höchst widerliche Schachern noch mit anhören. Sowohl Mohammedaner als auch Christen sehen eine Heirat lediglich vom materiellen Gesichtspunkt aus an. Nimmt man zu diesen Fakten das jugendliche Alter der Braut hinzu, so kann man von ihr bedrückende Angst, aber keine Freude erwarten.« Über das Hochzeitszeremoniell selbst schreibt der Geistliche: *»Auf dem Fest, das ich erlebte, standen sich zwei Gruppen Männer auf den Flachdächern in zwei Chören einander gegenüber und sangen Kriegs- und Hochzeitslieder. Sie unterstrichen taktmäßig den Gesang mit Klatschen, Niederbeugen und allerlei Pantomime und Mienenspielen. Die Braut war kaum acht oder neun Jahre alt, der Bräutigam vierzehn ... Die Braut sitzt auf einem hohen Kamel, trägt einen Krummsäbel aufrecht in der Hand, der fast länger ist als sie und den sie kaum tragen kann. Von ihr selbst und ihrer Gemütsbewegung sieht man dabei gar nichts, denn sie ist von oben bis unten in Tücher und Schleier eingehüllt, so daß man nur ein Häufchen Unglück unter Tüchern auf dem mächtigen Sattel droben sitzen sieht. Ihr Brautschmuck besteht zum größten Teil aus Gold- und Silbermünzen, welche sämtlich durchlöchert an einem Faden perlenschnurartig aneinandergereiht sind und Stirn und Gesicht wie einen Kranz umrahmen. Andere dieser Münzen dienen als Halsband, das bis auf die Brust herabhängt. Um das Reittier her aber tanzt, springt, singt und lärmt eine frohe Menschenmenge. Sie hebt eine Art rhythmisches Geschrei an, denn Gesang kann man den Höllenlärm nicht nennen. Wenn der Vorsänger, der auch als Tanzmeister fungiert, seinen Säbel auf die Erde wirft, so macht der Zug der Hochzeitsgäste halt, niemand darf den Säbel überschreiten. Die verhüllte Braut macht ebenfalls halt. Man wartet, bis es zu dämmern beginnt, denn das Einholen der Braut beginnt erst bei Sonnenuntergang. Erst dann erscheint* *der Bräutigam an der Haustür. Eine Schar von Jungfrauen eilt ihm mit Fackeln und Lichtern entgegen, während alle jubeln und klatschen.«* Der evangelische Pfarrer Schneller drückt am Schluß seine Empörung darüber aus, daß im christlichen Dorf Beth-Dschala, das der griechisch-orthodoxen Gemeinde angehört, das Hochzeitszeremoniell ohne den Segen der Kirche, ganz heidnisch-barbarisch wie vor über 2000 Jahren, verläuft. *»Als der Bräutigam die Braut über die Schwelle hob, brach das ganze Dorf in lüstern-barbarisches Gelächter und Jauchzerschreie aus.«* Entrüstet verließ der Missionar das Fest.

Sapphos Hochzeitslied

Wenn der schicksalshafte Augenblick nahte, da die Braut, um die ihr auflauernden Dämonen zu täuschen, über die Schwelle getragen wurde, sangen die Jünglinge und Jungfrauen in Griechenland den nach dem Hochzeitsgott Hymen benannten Hymenaios. Die meisten dieser ältesten Hochzeitslieder sind bis auf bloße Erwähnungen verschwunden, nur von Sappho blieb uns ein kümmerliches Fragment erhalten. Das ist um so bedauerlicher, da nach Zeugnissen der Alten gerade die Hochzeitslieder die Perlen der Sapphischen Poesie darstellten. Noch Himerios von Athen, Sophist und Rhetoriklehrer, schildert um 350 v. Chr. die Schönheit dieses Zweiges der Sapphischen Lyrik mit glühender Begeisterung: *»Sappho bereitet* (mit ihren Liedern) *dem Bräutigam das Bett, preist die Schönheit der jungfräulichen Braut, läßt Aphrodite auf dem Wagen der Grazien vom Himmel herabgleiten, die Eroten, die den Wagen lenken, schwingen die Hochzeitsfackeln.«* Der Züricher Professor H. Köchly bezeichnet die Hymnen der Sappho als *»lyrische Dramen, die sich gleichsam in mehrere Akte gliedern und in denen die bezeichnenden Teile der Hochzeitsfeier im Gesang geschildert und mit rhythmischer, ihren Inhalt andeutender Aktion begleitet werden«*. Es sind abwechselnde Chorgesänge; ähnlich wie in Beth-Dschala standen sich zwei Gruppen von jungen Männern und jungen Mädchen gegenüber, um die Braut vor der Haustür hymnisch zu begrüßen. Hier ein Fragment eines Hochzeitsliedes der Sappho (gekürzt).

Am Anfang jeder Strophe steht die wiederholte Anrufung des Hochzeitsgottes Hymen: *»Hymen, o Hymen, komme Hymenaios!«*

Mädchenchor:
»Gleich naht die Braut, kommt ihr entgegen!
Grausamer Abendstern? Welch Licht flammt böser am Himmel?

Du, der die Tochter reißt aus den Armen der Mutter,
um die Sträubende, Unberührte einem glühenden Jüngling zu geben!«

Jünglingschor
»Freundlicher Abendstern! Welch Licht strahlt schöner vom Himmel!
Der du leuchtend den Bund versprochener Ehe zum Ziel führst,
den die Eltern vorher bestimmt und besiegelt,
glücklich die Stunde, wenn Götter den Menschen Erfüllung geben.«

Mädchenchor:
»Wie eine Blume, die blüht im umhegten sicheren Garten,
von Lüften umkost, von der Sonne genährt, vom Nachttau getränkt,
so ist unsere Braut, aber bald wird sie geknickt,
sobald sie der Keuschheit Blüte verliert,
reizt sie keinen Menschen mehr, und auch die Mädchen verschmähen sie.«

Jünglingschor:
»So wie die Rebe, die hilflos im Acker gepflanzt wird,
um aufzuranken und liebliche Trauben zu treiben,
sich an einen rauhen Ulmenbaum schmiegen muß,
also die Jungfrau.
Bleibt sie allein, wird sie alt und vergessen!

(Zur Braut:)
Dein ist nicht ganz deine Jungfernschaft, auch den Eltern gehört sie,
ein Drittel dem Vater, ein Drittel der Mutter,
und nur ein Drittel ist dein. Drum streite nicht wider die Eltern,
es ist deine Pflicht, beiden zu gehorchen und dem Manne zu folgen, den sie für dich durch reiche Mitgift gewählt.«

Auffällig ist, daß Sappho, die empfindsame, gefühlsbetonte Dichterin aus Lesbos, im Hochzeitslied auf die von ihr sonst oft erwähnten Worte »Liebe« und »Eros« verzichtet, dafür aber prosaisch die Mitgift als wichtigsten Faktor nennt. Ebenso prosaisch waren die Türpfosten des neuen Heims der Braut in Griechenland nicht mit Blumengirlanden, sondern mit Wollsträhnen geschmückt, vor der Türschwelle stand zum Empfang ein Mörser zum Zerstampfen des Getreides. Beides sind uralte Symbole, die die junge Braut an ihre künftigen Pflichten als Ehefrau erinnern sollten. Gleich nach ihrem Eintritt reichte ihr die Mutter zunächst die Fackel, die sie behutsam im Brautzug für sie getragen hatte, und sagte zu ihr: *»Entzünde das*

Herdfeuer in deinem neuen Heim. Sei wachsam, laß es nie ausgehen, damit das Glück in deinem Hause nie verlöscht.« In einigen Gegenden, wie in Böotien, wurde die Braut auf einem Ochsenkarren zum Haus des Bräutigams gefahren. Nach der Ankunft verbrannte man die Achse des Wagens. Damit sollte gesagt werden, daß die junge Frau nie den Wunsch hegen möchte, das Haus ihres Mannes zu verlassen.

Noch stand ihr die wichtigste Prüfung bevor.

Die Nacht der Geheimnisse

Nach Auffassung der Griechen ist Liebe die körperliche Erfüllung zweier harmonischer Menschen, ein geheimnisvolles Glück, das die Götter nur wenigen schenken. Wenn aber die Partner gegenpolig sind, wird Liebe zur trügerischen Illusion, zum unlösbaren Rätsel. So war die »Nacht der Geheimnisse«, wie die Griechen die Hochzeitsnacht nannten, entscheidend. Sie war ein Prüfstein für das Zweisein, aber auch für das Selbst. Man sagte: »Im Lieben, im Hingeben entdecken sich beide und finden sich selbst.« Das Verlangen und die Erkenntnis haben ihren Ursprung und Ausdruck im delphischen Motto: *»Eros heißt: Erkenne dich selbst!«* Den Sexualakt nennt man im Hebräischen »Erkennen«. Man kann am Liebesakt zwar den anderen erkennen, aber nicht enträtseln, wenn man nicht gleichzeitig sich selbst erkennt. Liebe wünscht die Überwindung der menschlichen Getrenntheit, der Fremdheit und der Polarität durch die Erfüllung des Verlangens nach Vereinigung. Nach Platons im »Symposion« vorgetragenen geistreichen Mythos vom Ursprung des Eros wurden die Menschen zuerst als »mannweibliche« Doppelwesen geschaffen, die so gewaltig an Kraft waren, daß sie es wagten, sich gegen die Götter zu empören. Zur Strafe zerschnitt sie Zeus in zwei Wesen, ein männliches und ein weibliches, und verfluchte sie, sich immerfort in alle Ewigkeit suchen zu müssen, um wieder eine ungeteilte Einheit zu werden. Diese Polarität zwischen weiblichem und männlichem Element versuchte jede »Nacht der Geheimnisse« aufzuheben.

Der alte Heraklit aus Ephesos (544 bis 483), der wirklich ein Weiser war, hat das wunderbarste aller psychologischen Gesetze – nämlich die regulierende Funktion der Polarität – entdeckt. Er nannte sie die »Enantiodramie«, das »Entgegenlaufende«. Damit meinte er, daß alles einmal in sein Gegenteil hineinlaufe. Der Mensch sei nicht *nur* vernünftig – er kann und wird es nie sein. Das Irrationale läßt sich nicht ausrotten. Alles geschehe infolge des Gegensatzes. Im

Gegensätzlichen beruht die Harmonie der Musik und der Liebe. Der Augenblick des Verlangens ist für den Mann nicht Liebe, sondern ein Augenblick der Aggression, die befriedigt zur Befriedigung, unbefriedigt zum Haß führt. Liebe und Haß sind Polaritäten desselben Gefühls. Ebenso entstehen die Vereinsamung aus der Gemeinsamkeit und ein Nebeneinanderleben aus dem Zusammenleben. Ist das die Polarität oder das Paradox der Liebe?

Das erste Erlebnis

Auch wenn die antiken Philosophen volltönend das Wunder der Liebe beschrieben, so ist doch offensichtlich, daß sie sich nicht im Rahmen der Ehe offenbarte. Die Diskrepanz zwischen den philosophischen Vorstellungen und dem realen Empfinden wird hier deutlich. Die körperliche Vereinigung zwischen den Geschlechtern schien immer mit einem Element der Schwäche behaftet.

Zwar verstanden die Griechen unter Erotik die Gesamtheit des zärtlich-seelischen und des sinnlichen Liebeserlebnisses. Nur durch die Vereinigung beider Elemente, so Platon, könne das menschliche Zusammenleben harmonisch verlaufen. Keine Liebesnacht dauert ewig, und keine Ehe ist ewig der Himmel – sie ist Glück und Leid, Aufruhr und Friede, Erfüllung und Enttäuschung, Anhänglichkeit und Entfremdung zugleich. Die Liebe, die sie zusammenkitten soll, stellt sich dem Mann und der Frau stets grundverschieden dar. Aber wie erlebte der Mann die »Nacht der Geheimnisse«?

Gerade die Stärksten der Starken, die alle und alles überwindenden Helden der Weltgeschichte, waren es, die am schwachen Geschlecht zerbrachen. Da ist Herakles, der »Supermann« des griechischen Mythos, der unzählige Krafttaten vollbringt, aber in den Minnediensten der lydischen Königin Omphale sich so weit erniedrigt, daß er Mädchenkleider anzieht. Da ist Samson, der hebräische Heroe mit der wilden Löwenmähne, der 1000 gepanzerte Philister mit einem Eselskinn in der Faust erschlägt, aber in den Armen einer zarten Philisterin das Geheimnis seiner Kraft verrät. Und da ist der sumerische Waldgott Enriku, der Freund des Gilgamesch, dessen Unsterblichkeit durch ein babylonisches Hürchen in sterbliche Schwäche verwandelt wird. Der göttlich-starke Mann wird in der ersten Liebesnacht zum irdisch-schwachen Menschen. Dies ist der älteste, vor über 5000 Jahren entstandene Bericht einer Hochzeitsnacht, interessant auch deshalb, weil in ihm nicht das Mädchen, sondern der Mann seine Unschuld verliert. Dafür erwirbt er Wissen.

»Das war Enriku, mit Haaren bedeckt war sein ganzer Leib, sein langes Haupthaar sproß wie Weizen, Kraft hatte er wie ein Wildstier, aß Kräuter mit den Gazellen, trank mit dem Wild aus der gleichen Tränke.« Gilgamesch erhält auf Befragung eines Weisen den Rat, eine kultische Hure, eine Hierodula, im Tempel zu mieten und mit ihr an der Waldquelle den Tiermenschen abzufangen. Als Enriku kam, *»da zog die Hierodule ihr Kleid aus, zeigte ihm ihre Brüste und ihre Fülle, sie öffnete ihren Schoß, reizte seinen Geruchssinn und erregte seine Lust nach Frauenart. Seine Kraft drang in sie ein; sechs Tage und sieben Nächte gingen dahin, bis Enriku sich gesättigt erhob und wieder zu seinen Tieren zurückging. Doch die Gazellen wichen vor ihm entsetzt zurück, das Wild der Steppe floh vor ihm. Enriku erschrak, seine Knie wankten, schwach war er geworden, er war nicht mehr wie zuvor, dafür hatte er jetzt Wissen! Er kehrte traurig zur Hierodule zurück. Sie nahm Enriku an die Hand, so wie man ein Kind führt, und brachte ihn* (aus der Wildnis heraus) *zu den sanften Hügeln der Hirten.«*

Moderne Zoologen, die unermüdlich die »gute Gemeinschaft von Mensch und Tier« propagieren, hätten gewiß Enriku, den Waldmenschen, mit einer Medaille ausgezeichnet.

Wie die Wildtiere, seine ehemaligen treuen Gefährten, die mit ihm im paradiesischen Gefilde, »wo Löwe und Lamm nebeneinander lagern«, einst friedlich Tränke, Weide und Wohnhöhle teilten, nach dem Liebesakt seine Verwandlung zum »Menschenwesen«, zum Jäger, zum Feind plötzlich wittern und entsetzt zurückweichen – das ist im Mythos grandios erzählt. Enriku muß die Freiheit des Waldes verlassen, genau wie Adam das Paradies, nachdem er die Liebe »erkannt« hat. Erkenntnis bringt Verstoßung, *»dafür hatte er jetzt Wissen«,* heißt es im sumerischen Mythos, wie es auch die Bibel bei der Vertreibung aus dem Paradies formuliert. Welche Erkenntnis gewinnt der Mann nach dem ersten Liebesakt? In der Umarmung sucht der Mann eine Steigerung seines Selbst, im Akt der Erregung hofft er Befreiung, Erhebung und Erlösung zu finden. Statt dessen wird er aus dem Himmel des Ideellen ins Triebhafte des Irdischen herabgezogen. Die Enttäuschung lastet er der Frau, der Partnerin des Liebesaktes, an. Er flieht. Wie er auch gegen das Triebhafte in sich ankämpft, es zieht ihn wieder zum Weib zurück. Der Schweizer Psychologe C. G. Jung (1875 bis 1961) bringt den Geschlechtskampf, der seit der Vertreibung Adams aus dem Paradies und Enrikus aus seinem Waldheiligtum herrscht, auf folgende Formel: *»Das ganze Wesen des Mannes setzt die Frau voraus, körperlich wie geistig. Sein System ist a priori auf die Frau eingestellt, ebenso wie es auf eine ganz bestimmte Welt, wo es Wasser, Licht, Luft, Salz, Kohlenhydrate usw.*

gibt, vorbereitet ist, daß er sie eben, ob er will oder nicht, virtuell erfassen muß.«

Aber: Einstellung auf welche Frau? Das ist die Frage. Muß es die angetraute Frau sein? Wir besitzen authentische Berichte, daß nicht wenige Griechen des bevorzugten Geistes- und Geldadels gleich nach der Hochzeitsnacht, in der sie ihrer gesellschaftlichen Verpflichtung, Nachkommen zu zeugen, Genüge getan zu haben glaubten, ihre Ehefrauen verließen und zu ihren Hetären liefen. Die Ehe war für die Griechen grauer Alltag, dem man mit Beziehungslosigkeit begegnen mußte; Liebe, den Feiertag der Liebe, hielten sie stets außerhalb des Hauses. Doch was hatte da die Frau von der »ersten Nacht« zu erwarten? Laut Theokrit von Alexandrien (um 300 v. Chr.) durchdringt die Liebe das ganze Sein eines weiblichen Wesens, sowohl physisch wie auch psychisch. Die Frau ist mit dem Wissen darum geboren. Die Liebe ist in ihr, ein Teil ihres Selbst, sie ist auf Liebesbereitschaft so eingestellt, wie es ihre Lungen auf die Luft zum Atmen sind. Aber irrt hier nicht Theokrit?

Welche Empfindungen hat eine Braut, die noch ein Kind ist? (Man stelle sich vor: Sie kann neun Jahre oder noch jünger sein!) Autoritär erzogen, in den hinteren Frauengemächern isoliert verwahrt, ohne Vorbereitung durch die Mutter, höchstens mit dem Aufklärungsgeflüster der Freundinnen vertraut, hat sie ängstlich das Ungetüm, die Kraft ihres Gatten über sich ergehen zu lassen. Für die Kindbräute der Antike offenbarte sich die Hochzeitsnacht erst einmal als ein Gewaltakt, der sie aus ihrer kindlichen Existenz riß, sie in ihre Funktion als Gattin und Haushälterin einführte, aus der sie ein Leben lang nicht mehr entrinnen konnten.

4. EHELEBEN

Harte Ehegesetze

Da es im alten Orient keine Eheberatungsinstitute gab, hätte ein Mädchen, um Enttäuschungen vorzubeugen, gut daran getan, vor der Hochzeit eine Informationsreise nach Susa zu machen. In Susa, heute ein Ruinenhügel im Südwesten des Iran, fand im Jahre 1902 der Bergwerkingenieur Jacques de Morgan eine 2,25 Meter hohe Basaltsäule aus dem Besitz des amoritischen Großkönigs Hammurapi (1726 bis 1686 v. Chr.), die heute im Pariser Louvre ausgestellt ist. Auf ihr sind sorgfältig die 282 Grundgesetze eingraviert, die das damalige Zusammenleben nach der patriarchalischen Gesellschaftsordnung bestimmten. Die Frau schuldete dem Mann absoluten Gehorsam. Bei Widerspenstigkeit durfte er sie züchtigen. Ein Kommentar von Urukagina drückt es präzise aus: *»Wenn eine Frau zu ihrem Mann frech spricht, darf er ihr die Zähne mit einem gebrannten Ziegelstein scheuern und diesen Ziegel zu ihrer Schande am Pranger vor dem Stadttor ausstellen.«* Nach einer altassyrischen Gesetzeserweiterung durfte der Ehemann seine Frau bei Aufsässigkeit, Trägheit oder Verweigerung der ehelichen Pflichten *»verprügeln, kahlscheren, ihr Ohren und Nase abschneiden, ein Sklavenmal auf die Stirn brennen oder sie verstoßen. Eine Schuld seinerseits besteht nicht.«* Er konnte wegen häuslicher Differenzen oder wegen unbegründeter Grausamkeit weder von der Frau noch vom Schwiegervater gerichtlich belangt werden. Wenn sie vor seiner Brutalität ins Elternhaus floh und vier Tage wegblieb, durfte er der zwangsweise zurückgeholten Frau die Ohren abschneiden und sie zwingen, sich einem »Orakel« (Gottesgericht) zu unterwerfen, zum Beweis, daß sie in der Zeit ihres Fernbleibens mit keinem anderen Mann geschlafen hatte. *»Sie wird gebunden und ins Wasser geworfen, wenn sie unverletzt aus dem Fluß steigt, ist sie straffrei, und der Mann muß die Gerichtskosten tragen.«* So konnte sie ihre verzweifelte Flucht das Leben kosten, ihn aber nur eine Geldstrafe. Das war die Handhabung bei Verdacht auf Ehebruch, einen nachweisbaren Fehltritt büßte sie unweigerlich mit ihrem Leben. Bereits im Gesetz von Eschnunna, einer Stadt 25 km nordöstlich von Bagdad, heißt es um 2000: *»An dem Tag, an dem sie im Schoße eines Bürgers gefunden wird, stirbt sie; sie lebt nicht länger.«* Noch zur »fortgeschrittenen« römischen Kaiserzeit war Ehebruch nur bei der Frau strafbar, und der Mann hatte weiterhin das Recht, seine Frau dafür zu töten. Laut Gesetzestext von Susa galt eine Frau in jeder Beziehung als unmündig, auch rechtlich; sie durfte weder Verträge schlie-

Gesetzesstele des Hammurapi (oberer Teil). Der amoritische Großkönig, der das babylonische Recht kodifizieren ließ, empfängt vom thronenden Sonnengott mit flammenden Schultern Ring und Stab als Vollmachtzeichen. Unterhalb dieser Szene (im Bild nicht sichtbar) sind auf der 2,25 m hohen Stele die Gesetzesbestimmungen eingemeißelt, die die altorientalische Lebensform bestimmten. (Basalt-Stele um 1700 v. Chr. aus Susa. Louvre, Paris)

ßen noch Geldgeschäfte tätigen oder unterschreiben, nur durch einen Vormund. Sie war nach hammurapischem Recht Arbeitssklave des Mannes. Bei Faulheit, Trägheit oder Arbeitsverweigerung setzte es Prügel, oder ihre Ohren wurden am Pranger beim Stadttor in aller Öffentlichkeit wie bei einem entlaufenen Sklaven durchlöchert. Bis an die Grenzen ihrer Leistungsfähigkeit konnte der »Pascha« - selbst zu arbeiten betrachtete er als standeswidrige Schande - über die Arbeitskraft seiner Frau verfügen. Es stand ihm frei, diese Arbeitskraft wie einen Zugochsen oder wie ein Ackergerät zu verleihen oder bei Zahlungsschwierigkeiten Frau und Kinder zu verpfänden bzw. zu verkaufen. Das »humane« hammurapische Gesetz beschränkte die Verpfändung auf drei Jahre und verbot den Pfändern, die Leihfrau übermäßig zu schinden. Diese Einschränkung wurde bald aufgehoben. In einem späteren Rechtsbuch ist zu lesen: *»Er darf seine Frau* *abgeben, auch ohne Zustimmung der Frau; und wenn er die Frau abgibt, so geht das Hab und Gut der Frau an den, dem er sie gibt, nicht über.«* Die Frau durfte vor Gericht weder als Klägerin noch als Zeugin erscheinen. Ihre Aussagen hatten keinerlei Wert. So konnte sie niemals, selbst wenn der Mann geisteskrank war oder zu Tätlichkeiten neigte und ein Zusammenleben mit ihm lebensgefährlich zu werden drohte, eine Scheidungsklage einreichen. Auch war sie von jedem Erbschaftsanspruch ausgeschlossen; das Vermögen ihres verstorbenen Vaters oder Ehemannes ging auf die Söhne über. Als Witwe war sie einzig und allein auf deren Almosen angewiesen.

Die Frau war gänzlich vom öffentlichen Leben ausgeschlossen; sie durfte niemals das fensterlose Frauengemach verlassen, nie allein die Straße betreten, auch zum Einkauf nicht. Sie mußte schweigen, durfte an keinem Männergespräch teilnehmen, nicht mit ihrem Mann oder Sohn am gleichen Tisch essen, und wenn sie diese beim Mahl bediente, dann nur stehend. Nicht nur im privaten Bereich, auch im kultischen wurde sie in eine separate Zone, in einen »Frauenhof«, verwiesen. Nur aus großer Entfernung, nur im *»reinen Zustand«,* nur verhüllt, *»mit einer Macht auf dem Kopfe«,* wie es Paulus ausdrückt, durfte sie schweigend am Gottesdienst teilnehmen. Ihre Gelübde am Altar hatten nur Gültigkeit, wenn sie von einem Bevollmächtigten, also ihrem Mann oder – wenn sie unverheiratet oder verwitwet war – ihrem Vater, Bruder oder anderen männlichen Verwandten bestätigt wurden. So galt sie auch vor Gott als unwürdiges Geschöpf. Überraschend ist, daß der Hammurapi-Codex trotz allem einen kulturellen Fortschritt gegenüber allen anderen altorientalischen Gesetzen verzeichnet; Paragraph 148 fordert:

»Wenn ein Bürger eine Frau geheiratet hat und sie hernach eine Fieberkrankheit befällt und wenn er im Sinne hat, eine andere zu heiraten, so kann er sie heiraten, ohne aber sich von seiner Frau scheiden zu lassen, die von der Krankheit befallen ist; sie soll im Haushalt, in den er sie aufgenommen hat, zeitlebens wohnen bleiben, und er gibt ihr Unterhalt.« Das oberste Gesetz verpflichtete die Frau, für Nachwuchs zu sorgen; die kinderlose Frau mußte ihrem Mann eine Nebenfrau zuführen, damit diese statt ihrer einen männlichen Erben gebar.

Angesichts dieser patriarchisch betonten Rechtslage sind wir heute über die Familienordnung Hammurapis erstaunt, bestürzt und können sie schwer begreifen. Wir sind geneigt, in der Omnipotenz des Hausherrn eine pure Willkürherrschaft und in der Stellung der Frau eine reine Versklavung zu sehen. Diese Gesellschaftsgesetze blieben im stark verwurzelten Traditionsbewußtsein als »unveräußerliche Sitte der Vorfahren«, als »heilig«, als »unveränderlicher und morali-

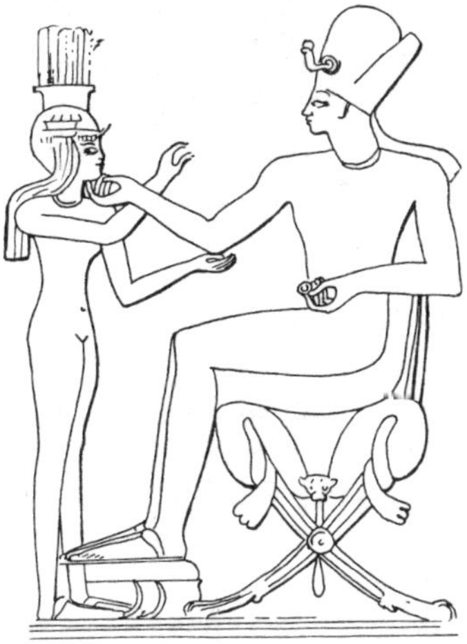

Ramses III. liebkost eine Nebenfrau. Der kraftvolle ägyptische König heiratete in seinem Leben viele Frauen, teils aus politischer Pflicht, teils aus reiner Lust. Mit steigendem Alter wählte er immer jüngere Mädchen aus. (Relief um 1250 v. Chr. aus Medinet Habu)

scher Grundstock« durch Jahrhunderte im gesamten östlichen Mittelmeergebiet bestehen. Und wie war es im toleranten Ägypten? Trotz 200jähriger intensiver Ausgrabungstätigkeit im Niltal konnte bis heute kein Gesetzbuch gefunden werden, doch muß es solche gegeben haben. In verschiedenen juristischen Texten finden wir Hinweise auf allgemeine Gesetze, es heißt darin stets als Formel: *»Der Pharao sprach.«* Außerdem kamen Fragmente von Kommentaren ans Tageslicht. Vor allem besitzen wir faktische Beweise, daß das Leben in Ägypten viel ausgeglichener, versöhnlicher, liberaler und flexibler war, als die starren Gesetzesparagraphen anderer antiker Völker vermuten lassen.

Stärker und nachhaltiger als die weltlichen Gesetze hatten die religiösen Gesetze Einfluß auf die menschliche Gesellschaft. Das konservative, traditionsgebundene und ohne Zweifel auch streng gesetzestreue Nilvolk lebte nach uralten religiösen Regeln, von denen sich viele noch aus matriarchalischer Zeit erhalten hatten. Im tausendköpfigen Pantheon Ägyptens war zwar der Sonnengott Rê, der Vater aller Götter, das männliche Oberhaupt, aber die Volksverehrung galt in erster Linie Isis, der treuen Gattin des Osiris und der liebenden Mutter des Horus. Das war zur Zeit der Pyramiden um 3000 v. Chr., und das blieb bis zum 5. Jahrhundert n. Chr. so, als die ägyptische Glaubenslehre von der christlichen Staatsreligion rigoros unterdrückt wurde. Nur die Frau garantierte, wie es der Isis-Osiris-Mythos zeigte, die Auferstehung, die Wiedergeburt, das ewige Leben.

Nach ägyptischem Glauben war das irdische Leben nur von kurzer

Dauer, erst nach dem Tode beginnt das richtige, das ewige Leben. Jeder Ägypter, der eine glückliche Ehe geführt hatte, wollte diese mit derselben Frau im Jenseits für alle Ewigkeit weiterführen. Das kommt auf vielen Grabbemalungen und figürlichen Grabbeilagen zum Ausdruck. Da sitzen Mann und Frau dicht beieinander, Hand in Hand oder den Arm über die Schulter des Partners gelegt, und blikken starr in die Ewigkeit; sie wollen auch dort keinesfalls getrennt werden. Oder sie sitzen an einem sakralen Gabentisch oder in einer Weinlaube einander gegenüber und blicken sich in die Augen. Man denke daran, daß Orientalen wie Griechen niemals mit ihren Frauen an einem Tisch saßen, bei Gastmählern nur Männergesellschaft bevorzugten und sich niemals öffentlich mit ihren Frauen zur Schau stellten. Auch das Grabmal ist ein öffentliches Zurschaustellen. Auf anderen ägyptischen Grabbildern bearbeiten Mann und Frau gemeinsam ihren Landbesitz; sie säen, pflügen und ernten, und sie wünschen, dies gemeinsam im Jenseits fortsetzen zu dürfen. Die ungeschriebenen ägyptischen Religionsgesetze, die dem menschlichen Zusammenleben für Jahrtausende ihren Stempel aufdrückten, verpflichteten nicht nur die Frau, sondern auch den Mann zu einer das Dasein überdauernden Treue.

Die dritte, bedeutendste Tochter des Echnaton hieß Anchsen-Amun. Sie lebte um ca. 1350 v. Chr. Als elfjährige Witwe heiratete sie Tut-ench-Amun. Als er jung starb, errichtete sie dem König ein prachtvolles, phantastisches Grab, das von Howard Carter und Lord Carnarvon 1922 in Der el-Bahri geöffnet wurde. Das Ereignis wurde damals als Weltsensation von der internationalen Presse gefeiert. In einem der mit herrlichsten Goldschmiedearbeiten gefüllten Räume lag die Leiche des Königs in einem Prunksarg – mit Geschmeide, Amuletten und einer Goldmaske bedeckt. Der schönste Schmuck aber war ein Sträußchen aus Olivenzweigen, Lotosblüten und Kornblumen, den die Gattin zum Abschied hingelegt hatte. Dies wie auch die symbolischen Darstellungen an den Grabwänden drückten den Wunsch aus, das glückliche Zusammenleben im Jenseits fortsetzen zu dürfen und in der Wiedergeburt mit ihm für »ewig« vereinigt zu sein. Dieses Grab kann als das bedeutendste Monument von Gattentreue bezeichnet werden, das alle Gesetzlichkeiten der niederen Daseinsverkettung sprengt.

Und bei den Griechen? Eine Reihe von Forschern lehnt es ab, die Lebensform der Griechen mit der der Asiaten zu verbinden; als Indoeuropäer unterscheiden sie sich erheblich von den Semiten. Allerdings waren zahlreiche asiatische Völker auch Indoeuropäer, so die Hethiter, Hurriter, Philister, Perser u. a. m. Andererseits gehörten

Boudoir-Szene in einem ägyptischen Frauenhaus. Die Nebenfrauen mußten mit Musizieren, Singen und Tanzen dem König zur Entspannung die Zeit vertreiben. Man beachte die zahlreichen Musikinstrumente! Die Aufsicht über das Frauenhaus führte die Hauptfrau mit einem großen Beamtenstab. (Relief um 1360 v. Chr. aus einem Grab in Amarna)

Homer, Sappho und weitere berühmte griechische Dichter und Philosophen der östlichen Inselwelt oder Kleinasien an und nicht dem griechischen Mutterland. Aber in einem Punkte sind sich alle Forscher einig: Die juristische Stellung der Frau, wie sie in der attischen Gesetzgebung und Tradition verankert war und blieb (»aus Traditionstreue«), unterliegt denselben Härten wie im hammurapischen Codex. Es ist ermüdend, die griechischen Gesetze anzuführen, die die Herrschergewalt des Mannes immer wieder fundieren. Diese erstreckte sich nicht nur auf Besitz und Vermögen eines »Oikos«, der Familie, sondern ebenfalls auf alle Personen des Hausstandes – einschließlich der Ehefrau und der Sklaven. »Kyrieia« bedeutet die ausschließliche Verfügungsgewalt des Mannes über Person und Vermögen der Frau.

Vielleicht am demütigendsten für die Frau waren die Verordnungen zum Verfügungs- und Erbrecht; sie waren so ausschließlich auf männliche direkte und indirekte Erben ausgerichtet, daß eine Frau

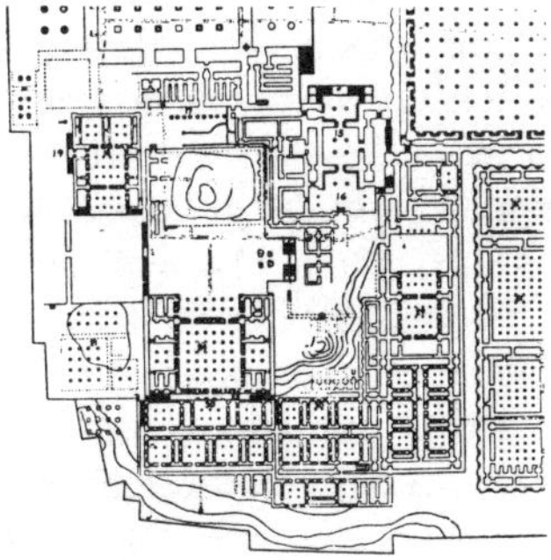

Der Palast des persischen Königs Xerxes I. (Ostteil) In den winzigen Räumen, in der unteren Bildhälfte, waren die Haremsfrauen kaserniert.

manchmal ihre Ehe auflösen lassen und einen entfernten erbberechtigten Verwandten heiraten mußte, damit sie wenigstens teilweise zu ihrem eingebrachten oder väterlichen Erbe kommen konnte. Homer, der eine so gerechte Einstellung zu Frauen hatte wie kein griechischer Dichter nach ihm, bezeichnet Penelope als vorbildliche Gattin, die ihrem Gatten Odysseus während seiner zwanzigjährigen Abwesenheit die Treue hält, sein Haus mustergültig verwaltet, Tag und Nacht spinnt und webt. Dennoch muß sie nach hartem griechischen Gesetz unter der Vormundschaft ihres Sohnes Telemachos stehen. Er übt in der Abwesenheit seines Vaters im Palast zu Ithaka die Herrschergewalt aus und gebietet seiner Mutter: *»Geh du wieder ins Haus, besorg deine Geschäfte, laß dort spinnen und weben, teile den dienenden Mädchen ihre Arbeit zu. Doch Reden* (und Gebieten) *ist Sache der Männer, aller und mir zumeist, denn ich bin der Herrscher.«*

Das attische Gesetz schrieb dem Manne strenge Monogamie vor, aber alle Mägde, Sklavinnen und Sklaven standen zu seiner Verfügung, und außerhalb des Hauses durfte er Gefährtinnen und Gefährten haben, soviel er wollte. Ein griechischer Mann, der auf sich hielt, verbrachte die meiste Zeit außerhalb des Hauses, diskutierend, politisierend und philosophierend auf der Straße oder an öffentlichen Plätzen. Den Abend verbrachte er in Männergesellschaften, verschiedenen Vereinen, bei Gastmählern oder Trinkgelagen. Die Frau dagegen mußte immer zu Hause bleiben, hinter vergitterten Fenstern ein zurückgezogenes Dasein führen. Ihre einzige Pflicht war es, zu wirtschaften und für Nachwuchs zu sorgen. Die diskriminierenden Ehegesetze nahmen durch staatliche Eingriffe in das Familienleben noch krassere Formen der Entmenschlichung an, so daß Plutarch die staatlich geleiteten Ehen in Sparta mit einer trefflich organisierten Pferde- und Hundezucht verglich. Da gab es z. B. Pläne, besonders geeignete Frauen und Männer auszuwählen, die für das Vaterland körperlich vollkommene Krieger zeugen sollten. Dasselbe Verfahren schwebte dem Philosophen Platon von Athen in seiner Vision vom Zukunftsstaat vor. Sophokles schildert in seiner Tragödie »Antigone« (um 442 v. Chr.) den Konflikt zwischen dem absoluten Anspruch der eisernen staatlichen Gesetze und den »ungeschriebenen« Gesetzen der Humanität und des Naturgebots der Liebe. Antigone ist in der griechischen Sage die Tochter des Ödipus und begleitet ihren alten, blinden Vater bis zu seinem Tod. Als sie ihren Bruder Polyneikes, der im Kampf gegen Theben fiel, trotz König Kreons Verbot bestattet, läßt er sie zur Strafe in eine Felshöhle einmauern. Dort erhängt sie sich, da sie, wie Sophokles es ausdrückt, das Naturrecht der Liebe gegen das Königsgesetz nicht verwirklichen konnte.

Die Griechen lebten monogam. Sie kannten keinen Harem, aber jeder wohlhabende Grieche verbrachte glückliche Stunden in Gesellschaft mit Hetären. Das rotfigürige Schalenbild zeigt einen zechenden Jüngling und ein tanzendes Mädchen. (Britisches Museum, London)

So empfand Sophokles die griechischen Ehegesetze als Haßgesetze. Erst 100 Jahre später scheint sich, wenigstens unter den Philosophen, eine neue, alle alten Gesetze sprengende Erkenntnis von Menschenwürde durchzusetzen. Aristoteles (384 bis 322) fordert eine uneingeschränkte wahre Lebensgemeinschaft zwischen Mann und Frau: »Ehe darf nicht lediglich Mittel zum Zweck der Kinderzeugung sein, vielmehr muß sie als wahre Lebensgemeinschaft von Mann und Frau aufgefaßt werden. Arbeiten und Pflichten, die ihnen zufallen, sollten gerecht verteilt sein, sie sind für Mann und Frau, je nach Veranlagung, verschieden. Beide helfen einander, jeder nach seiner Fähigkeit.« Der Philosoph Antipatros von Tarsos (um 150 v. Chr.) sieht die Ehe als »völlige Vermischung« zweier verschiedener chemischer Elemente, wobei jeder Stoff den anderen ganz durchdringt und doch seine Eigenart behält – wie bei einer Mischung von Wasser und Wein. Noch treffender ist sein Gleichnis, daß ein Mann, der eine passende Frau gewinnt, einem Einarmigen gleicht, der eine zweite Hand gewinnt.

»Die Frauen sind eure Äcker«

Jede Familie in archaischer Zeit bildete einen Zweckverband zweier Menschen und ihres Nachwuchses, um ihr hartes Dasein zu bewältigen. Die Familie war, wie ein Wirtschaftswissenschaftlicher es ausdrückt, *»ein Ersatz für die fehlende Krankheits-, Invaliden- und Altersversorgung«*. Die meisten Menschen in den hierarchischen oder feudalistisch geführten Ländern waren entsetzlich arm und mußten in reinen »Familienbetrieben« ohne fremde Hilfe hart arbeiten. Die eigenen Kinder ersetzten die notwendigen zusätzlichen Arbeitskräfte. Je mehr »eigene« Arbeitskräfte in der Familie heranwuchsen, desto sicherer war ihr Bestand, und desto breiter war ihre wirtschaftliche Grundlage. Kinderlose Bauern und Viehzüchter mußten bei Krankheit, Alter oder Tod eines Partners mit ihrem Besitz zugrunde gehen. Deshalb bedeutete Kinderlosigkeit im Altertum das größte Unglück, nicht nur aus persönlicher, auch aus nationaler Sicht. In nationaler Hinsicht schon deswegen, weil die Kindersterblichkeit damals sehr hoch war und es an Hungersnöten, Kriegen und Seuchen, die ganze Völker dezimierten, nicht fehlte. So muß man zu dem Schluß gelangen, daß für jede Menschengruppe, sei es Familie oder Staat, die ungebrochene Gebärfähigkeit ihrer Frauen die Hauptchance des Überlebens darstellte. Eine Art von Familienplanung – und zwar in puncto »Anzahl der Kinder« wie auch in puncto der dafür geeignetsten Frau – war unbedingt notwendig. Wie ein Acker verdorrt, wenn kein Regen darauf fällt, so verdorren eine kinderlose Frau und ihre Familie.

Ein kanaanäischer König schrieb um 1350 v. Chr.: *»Mein Acker* (mein Land) *ist verdorrt wie ein Weib ohne Gatte, weil er ohne Pflüger ist«* (d. h., weil der König nach verlustreichen Kriegen keine Männer hatte). Der ägyptische Weisheitslehrer Ptah-hotep ermahnte seinen Sohn: *»Wenn du es zu etwas gebracht hast, heirate und gründe ein Heim. Liebe deine Frau, wie es sich gehört. Fülle ihren Leib, kleide und beschenke sie schön. Sie ist wie ›ein Acker‹, der tüchtig bearbeitet, dir nützlich ist.«* Eine Sure im Koran besagt, daß die natürlichen Anlagen der Frau – nur sie kann Kinder bekommen und säugen – auf ihre Hauptaufgabe hinweisen: das Gebären und Aufziehen der Kinder. Hauptaufgabe des Mannes sei es, sie tüchtig zu »pflügen«; aber er solle sich hüten, dabei die Seele zu verlieren. Die Sure lautet: *»Die Frauen sind eure Äcker. Geht auf euren Acker, wie und wann ihr wollt. Weiht aber Allah zuvor eure Seele* (Ko. 2, 224).« Unfruchtbarkeit wurde als Strafe des Schicksals verstanden. Der Mann, der »seinen Samen fallen ließ«, also absichtlich Schwangerschaftsverhütung betrieb, war ein »verfluchter« Mann, den das Schicksal wegraffen mußte.

Als in einer Depressionszeit Theologiestudenten den Lebensgrundsatz der Bibel, »vermehret euch wie Sterne am Himmel und wie Sand am Meer«, in ihrer Ehe boykottierten, fuhr sie ihr Lehrer Rabbi ben Azzai zornig an: *»Wehe euch, die ihr die Fortpflanzung vernachlässigt, jeder, der es absichtlich tut, gleicht einem Verbrecher, der Blut vergießt.«* In gut entwickelten Ländern wurde Kinderreichtum staatlich gefördert und Kinderlosigkeit gesetzlich bestraft. Laut Platon sollten Ehelose und Kinderlose ihrer Bürgerrechte verlustig gehen, *»denn nur die Erzeugung von Nachkommen kann den Bestand eines Staates sichern«*. Er fordert dazu auf, nur im nüchternen Zustand ins Ehebett zu steigen, *»denn die Frucht eures Beilagers soll von gesunden und maßvollen Eltern kommen ... Es ist völlig ungewiß, welche Nacht oder welcher Tag die Befruchtung bringen wird.«* Platon betont, Kinderzeugung sei nicht nur eine nationale und sittliche, sondern auch eine bindende religiöse Pflicht. Den Gedanken des Kinderzeugens als religiöse Verpflichtung übernahm Griechenland vom Orient. Jeder Gläubige muß in seinen Kindern Diener und Verehrer der Götter großziehen; nur sie gewährleisten die Unsterblichkeit der Seelen ihrer Eltern. Wer ohne Nachkommen stirbt, schweift zur Strafe ruhelos als Schatten umher. Bei diesen wirtschaftlich-national-religiösen Zwangsvorstellungen wird es verständlich, daß damals nur eine Mutter Anerkennung fand, eine Kinderlose jedoch Verachtung. Ein weibliches Wesen, ohne Rücksicht auf Alter und Familienstand, wurde in Griechenland mit »Gynai« angesprochen, das bedeutet »Gebärende«. Auch Jesus sprach seine Mutter und seine Jüngerinnen laut Evangelienberichten so an. »Eine Frau heiraten« heißt im Lateinischen, sie »in die Mutterschaft führen«.

Hypereidos (389 bis 322), ein Schüler des Platon, verlangte, kinderlose Frauen zu ignorieren, damit sie ihre Schande deutlich fühlten. Man solle eine Frau erst begrüßen, wenn man sie nicht Tochter des Soundso oder Gattin des Soundso, sondern Mutter des Soundso ansprechen könnte. Kinderlose sollten es nicht wagen, die Straße zu betreten oder an einem Volksfest oder sakralen Feierlichkeiten teilzunehmen.

»Schaffe mir Kinder, sonst sterbe ich«

Frauen, die durch angeborene biologische Störungen keine Kinder kriegen konnten, erschienen der Gesellschaft als nutzlos und schädlich, fluchbeladen und fluchbringend. Wenn eine Frau unfruchtbar blieb, so nur – nach Auffassung der Alten – durch eigenes Verschulden und nicht durch das des Mannes.

Hippokrates (460 bis 377) war der erste, dem der Durchbruch von der empirischen zur wissenschaftlichen Denkweise gelang und der die Wichtigkeit der Einzelbeobachtungen am Krankenbett hervorhob; aber auch er glaubte, daß Frauenleiden nicht organisch oder infektiös bedingt, sondern auf die »Hybris« zurückzuführen seien.

Mit »Hybris« (Frevel) versuchten die Griechen, alle Rätsel des Lebens zu erklären – Glück und Unglück, das unausweichlich vorgezeichnet war, und die Verantwortlichkeit des Menschen für sein Handeln. Mit »Hybris« verbanden sie aber nicht nur Schuld und Verschulden, sondern auch »Übermut«, die Tragik anmaßender Selbstüberhebung. So prahlte die thebanische Königin Niobe mit ihren vierzehn Kindern und wurde dafür von den Göttern bestraft. Apollo und Artemis töteten Niobes Söhne und Töchter vor den Augen der Mutter. Alle Frauen, die keine Kinder gebaren, wie auch Frauen, die Kinder nicht empfangen wollten, traf das göttliche Strafgericht.

Diese schicksalhafte Zwangsvorstellung gab es bei allen Völkern, auch bei den alten Hebräern. Rahel, die ideale Frau in der Bibel, konnte nach zwanzig Jahren Warten trotz leidenschaftlicher Liebe nicht schwanger werden, während ihre Schwester Lea, die Nebengattin ihres Mannes, zahlreiche Kinder gebar. Da schrie Rahel den Jakob verzweifelt an: *»Schaffe mir Kinder, wenn nicht, so sterbe ich lieber.«* Rahels Geduld war zu Ende, sie konnte es nicht länger ertragen, ihr Versagen war offensichtlich. Sie mied alle Menschen, selbst ihre Schwester und das Hausgesinde, weil sie glaubte, jeder sehe ihr nach, jeder wisse es, daß sie als Unfruchtbare vom Schicksal gezeichnet sei. Ihr Angstkomplex war insofern berechtigt, als nach dem Gesetz in Haram, woher sie kam, ein Mann seine Frau, die die Pflicht des Kinderkriegens nicht erfüllen konnte oder wollte, zurückschicken durfte. Um der Frau dieses harte Los zu ersparen, erlaubte das Gesetz dem Vater, seiner Tochter eine Leibmagd mit in die Ehe zu geben, die gegebenenfalls für die pflichtmäßig versagende Herrin einspringen durfte. Das Ziel der Ehe waren in erster Linie Nachkommen, männliche Nachkommen, die die Erbfolge des Mannes sicherten. Konnte die Ehefrau diese oberste Pflicht nicht erfüllen, so mußte sie ihrem Gatten eine Ersatzfrau beschaffen. Nur mit Erlaubnis der Hauptfrau durfte der Ehemann der Nebenfrau beiwohnen. Gebar die Herrin später einen eigenen Sohn, war es ihr nicht erlaubt, die Leibmagd und deren Kind wegzuschicken oder zu verkaufen. Zu ihrem Schutz hatte das Gesetz ihr fast den Status einer Ehefrau eingeräumt. Nur war sie dieser rangmäßig untergeordnet. Der sumerische Urnammu-Codex um 2050 bestimmt: *»Wenn die Leibmagd sich ihrer Herrin gleichstellt und gegen diese einen Fluch ausspricht, soll man ihr ein Maß Salz in ihr Gebiß einreiben.«* Das Verhältnis zwischen kinderloser Hauptfrau und einer vom Herrn bevorzugten Magd oder Sklavin, die einen Erben geboren hatte, mußte problematisch werden. Um dem vorzubeugen, adoptierte die Hauptfrau das Kind »ihrer« Sklavin.

Den Bestimmungen von Haram entspricht der Bibelbericht in seiner knappen Art genau: *»Laban gab seiner Tochter Rahel* (für alle Fälle) *die Bilha als Leibmagd mit. Jakob liebte Rahel mehr als Lea. Als Gott sah, daß Lea ungeliebt war, machte er sie fruchtbar, während Rahel unfruchtbar blieb. Da rief sie zu Jakob: ›Schaffe mir Kinder, wenn nicht, so sterbe ich lieber.‹ Jakob wurde zornig: ›Wer bin ich? Bin ich an Gottes Statt, der dir Leibesfrucht versagte?‹ Darauf sagte sie: ›Nimm meine Leibmagd Bilha, wohne ihr bei, damit sie auf meinem Schoß gebäre und ich durch sie auch zu Kindern komme.‹«* Dieser Adoptionsakt entspricht ebenfalls dem Gesetz von Haram. Es besagt: *»Empfängt die Magd auf dem Schoß der Herrin das Kind, dann ist die Herrin durch sie zu einem Kind gekommen.«*

Auch die Griechen scheinen unter der Kinderzwangs-Psychose eines aussterbenden Volkes gelitten zu haben. In Sparta war Kinderzeugen staatliche Pflicht; das Gesetz verlangte von älteren Ehemännern, die eine junge Frau hatten, besondere Großzügigkeit. Sie sollten die Gattin an edle Vertreter der Jugend zur Begattung ausleihen (so Xenophon). Platon, von den spartanischen Ehegesetzen angezogen, forderte in seinem Entwurf des Idealstaates, die Kinderlosen ohne Ausnahme zu bestrafen. *»Junge Paare sollte bis zur Empfängnis des ersten Kindes eine staatliche Frauenbehörde überwachen und lenken; bei Kinderlosigkeit nach zehn Jahren ist eine Trennung angezeigt.«*

Lykurgos von Athen (390 bis 324) griff mit seinen Verordnungen auf orientalisches Brauchtum zurück. Sein Gesetz, das vom griechischen Mann strenge Monogamie forderte, ihm das Halten von Nebenfrauen oder Hetären im eigenen Haus untersagte, gestattete dem Hausherrn, zeitweise eine Leibmagd zu mieten, *»wenn Kinderlosigkeit den Erhalt der Familie gefährdet«*.

Hauptfrau und Nebenfrauen

Ein wohlhabender orientalischer Bürger durfte, um seinen Wohlstand zu unterstreichen, mehrere Nebenfrauen halten. Nur mußte er, falls er sich den kostspieligen Luxus leisten wollte, einer jeden ein eigenes Haus oder ein getrenntes Stockwerk, zumindest aber einen besonderen Herd einrichten. Die Polygamie kam nach Ansicht der Verhaltensforscher zuerst bei jenen Naturvölkern auf, die den Anbau von Pflanzen in größerem Stil betrieben und dazu mehrere Arbeitskräfte benötigten, sowie bei jenen Hirtenvölkern, die zu Beutekriegen übergingen. Warum die Sitte der Polygamie sich nur im Orient durchsetzte und zu den unglaublichsten Auswüchsen führte, ist unbekannt. Schon Homer sagt, daß Vielweiberei eine orientalische Sitte sei. Die griechischen Fürsten und Helden hatten nur eine Frau; Priamus, Fürst des kleinasiatischen Troja, hatte viele Kebsweiber, ohne daß seine Hauptgemahlin Hekate sich dadurch zurückgesetzt fühlte: *»Fünfzig Söhne hatte ich, ihrer neunzehn wurden an einem Schoß mir geboren, alle anderen zeugte ich mit Nebenfrauen.«* Ameonophis III. (1408 bis 1372 v. Chr.), der prunkliebende und mitteilungsbedürftige Pharao, mit seiner überaus geliebten Teje verheiratet, schildert, wie eine seiner Nebenfrauen, die mitannische Prinzessin Gilupecha, ihm neben einer stattlichen Mitgift auch 317 Dienerinnen fürs Frauenhaus mitbrachte. König Salomo (um 950 v. Chr.) soll 300 oder 1000 ausländische Frauen geheiratet haben, darunter eine ägyptische Prinzessin, allerdings nur aus »politischen Gründen«. Wenn der friedliebende König einen Allianzvertrag mit einem Nachbarland schloß, heiratete er jedesmal die Tochter des betreffenden Königs. Dieser Brauch, Friedens- und Eheschließung miteinander zu verbinden, war seit alters in mehreren asiatischen Staaten bekannt. Jede der angeheirateten Fürstinnen hatte ein eigenes Frauenhaus. Die Vorstellung, die man sich von einem solchen machen darf, unterscheidet sich wesentlich von der eines klassischen orientalischen Harems, der erst in der persischen Zeit zur Ausprägung kam. Im ägyptischen Frauenhaus residierten die Königin und die Prinzessinnen. Gelegentlich erzog man in den ausgedehnten Unterkünften auch verlassene Kinder, wie z. B. Mose, den eine Prinzessin in einem Strohkörbchen im Nildikkicht ausgesetzt fand. Das Personal bestand aus Gesellschaftsdamen, in Musik und Tanz bewandert. Sie betrieben aber auch eine Art gewerbliche Weberei. Die größte Ausdehnung erreichten die klassischen Harems unter den Sassaniden. Ihr König Chosra I. (531 bis 579 n. Chr.) besaß mit angeblich 12 000 Frauen und Mädchen den größten Harem. Kaum 80 Jahre später wurde das Sassanidenreich (um 661 n. Chr.) vom Islam liquidiert. Der Islam verlangte eine revolutionäre Einschränkung und erlaubte als Höchstzahl nur vier Frauen. Der Prophet Mohammed selbst hatte sich dieser Beschränkung entzogen und besaß neun Frauen. Der islamische Gelehrte al-Gazali erläutert aus seiner Sicht am Beispiel Jesus – Mohammed, warum Polygamie der Monogamie oder dem Eheverzicht vorzuziehen sei und weshalb der Prophet außerhalb der Regel neun Frauen haben durfte:

»Fragt man, warum Jesus, der Gebenedeite, unverheiratet geblieben ist und unser hochgebenedeiter Prophet Mohammed so viele Frauen besessen hat, obwohl beide die gänzliche Hingabe an den Dienst Gottes

als das bessere bezeichnen, so lautet die Antwort: Das beste ist, beides zu vereinigen, falls der Erwählte die erforderliche Kraft und den Schwung dazu besitzt ... Unser hochgebenedeiter Prophet hatte eine solche Kraft empfangen und vereinigte den Vorzug der Hingabe an Gott mit dem der Ehe. Trotz seiner neun Frauen ging er ganz im Dienste Gottes auf.« Damit will al-Gazali begründen, daß Mohammed kraftvoller war als der unverheiratete Jesus und höher stehe als dieser. Für den europäischen Menschen ist das allerdings kein Beweis. Denn dann wäre König Ibn Saud (1880 bis 1953), durch Ölbesitz zu einem der reichsten Männer der Welt geworden, noch kraftvoller als Mohammed gewesen; er heiratete 200 Frauen, jedoch lebte er streng nach dem Koran nie mit mehr als vier Frauen zugleich. Daß sich den Luxus der Polygamie nur wohlhabende Araber leisten können, berichtet Joachim Jeremias, ein deutscher evangelischer Pfarrer, aus eigener Erfahrung als Seelsorger: »Im arabischen Dorf Artas bei Bethlehem hatten im Jahre 1927 von 112 verheirateten Männern nur zwölf mehrere Frauen, und zwar elf hatten zwei Frauen und nur einer, der Muchtar (Bürgermeister), drei Frauen.«

Junge schöne Sklavin bevorzugt

Zwar war den Griechen die Monogamie vorgeschrieben und das Halten von Nebenfrauen gesetzlich untersagt, doch standen jedem vermögenden Mann zur Abwechslung die Sklavinnen des Hauses sowie Hetären außerhalb des Hauses zur freien Verfügung. In der Glanzzeit Athens hielt ein durchschnittlicher Aristokrat 20 bis 50, ein Großunternehmer 100 bis 150, ein Minenbesitzer sogar bis zu 1000 Sklaven. Schöne junge Sklavinnen und Sklavenknaben waren nützlicher, problemloser und preiswerter als Nebenfrauen; man konnte sie als Kriegsbeute oder auf dem Markt erwerben. Die berüchtigsten Sklavenhändler der antiken Welt waren neben den Phöniziern die Griechen selbst. Delos und Rhodos galten als die Hauptumschlagplätze für den Sklavenhandel nach dem Westen. Die Sklaven, die hauptsächlich »Produzierenden« der antiken Welt, nutzte man unter Ausschaltung der Menschenwürde als Gebrauchsartikel jeder Art, auch der Lust, aus.

Der Herr durfte seine Sklaven als uneingeschränktes Sacheigentum ganz nach seiner Willkür behandeln, sie mißhandeln oder mißbrauchen. Schon in der frühesten Entwicklungsstufe der homerischen Welt kommt zum Ausdruck, welche Rolle und welchen Wert junge schöne Kriegssklavinnen für ihren Herrn hatten. Für die trojanische

Sklavin Brisëis, die Achilleus bei einem kriegerischen Überfall erbeutet hatte, bot Agamemnon dem Helden als Ersatz seine eigene Tochter an. Die junge schöne Sklavin hatte für ihn einen höheren Wert als seine königliche Tochter! Auf den Sklavenmärkten wurden »schöne hellhäutige Jungfrauen« oder »tüchtige, die bereits ein- oder zweimal geboren hatten«, oder »fleißige Weberinnen, die geschäftig Tag und Nacht am Webstuhl sitzen«, bevorzugt. Die »Nachtarbeit« beim Hausherrn galt als Nebenbeschäftigung.

Der römische Schriftsteller Varro (116 bis 27) nennt Sklaven »Instrumentum vocale« (mit Sprache begabtes Werkzeug). Nach den Maximen Catos (234 bis 149) sollten sie außer Arbeit, Essen und Strafe nichts anderes kennen, als sich rationell zu Tode zu arbeiten. Der Hausherr durfte selbstverständlich auch über den Körper der Sklaven vollkommen frei verfügen. Selbst wenn er sie dabei zu Tode quälte, blieb er straffrei. Griechische vielgelesene »Heftchenromane« malen dem lüsternen Leser detailliert aus, wie schöne Sklavinnen nach reichlichen nächtlichen Trinkgelagen von ihrem Herrn gefesselt, gefoltert, gequält und sexuell abartig mißbraucht wurden. Ihre Wahl als Liebessklavin, die sie von schwerer Arbeit befreite, empfand die Betroffene als besondere Auszeichnung vor ihren Schicksalsgenossinnen, die sie als »Star« bewunderten und beneideten. Nicht nur diese, auch die vernachlässigte Ehefrau mußte die Rivalin respektieren. Bei den häufigen Seitensprüngen ihres Mannes hatte sie dezent in die andere Richtung zu sehen.

In manchem Haus störte eine junge Sklavin die Atmosphäre und entfachte einen Hauskrieg. Dem Sophisten Gorgias (485 bis 380), einem Rhetoriker, der in Olympia eine stark beachtete Rede über die »Eintracht der Hellenen« gehalten hatte, warf Plutarch vor, daß er, der so hohe Töne schwinge, selbst nicht einmal zwischen sich, seiner Frau und seiner Sklavin, also in einem kleinen Kreis von drei Menschen, die Eintracht zustande bringen könne. Wie tragisch ein Dreiecksverhältnis enden konnte, das zeigt der große klassische Tragiker Sophokles in der Verstrickung Herakles – Deianeira – Iole. Unter allen Frauengestalten des Dichters ragt Deianeira als liebevolle, duldsame Gattin hervor, die es oft schon hingenommen hatte, wenn Herakles auf seinen Fahrten und siegreichen Feldzügen auch Frauenabenteuern nachjagte. Seine Affären wurden immer wilder. Zuletzt aber wird von ihr verlangt, Iole, die junge Kriegsgefangene, als gleichberechtigte Hausgenossin aufzunehmen und zu respektieren. Das berührt den Kern ihrer Selbstachtung. *»Mit ihr zusammenwohnen – welches Weib vermöchte das und teilte so den Ehebund?«* ruft Deianeira verzweifelt aus. Diese Forderung geht über ihre Kraft, und in ihrer Not sucht sie Rettung in einem Zaubermittel (Nessosgewand), um den geliebten Mann von jener abzuwenden und ihn sich wieder zuzuführen. Der unheilvolle Liebeszauber bringt aber Herakles den Tod und ihr die Schmach, die sie nur mit ihrem Leben büßen zu können glaubt. Der sterbende Herakles, von furchtbaren Schmerzen gepeinigt, verlangt von seinem Sohn, die Mutter zu ihm zu bringen, damit er sie erwürgen kann. Auf dessen Meldung hin, daß die Mutter bereits Selbstmord verübt hat, zwingt er dem Sohn die eigene Geliebte Iole als Gattin auf. Iole ist ein »Gefäß«, das weitergegeben wird. Sie ist und bleibt eine Sklavin.

Die soziale Frage, ob Versklavung überhaupt zu rechtfertigen sei, hat Euripides, der große Frauen- und Menschenkenner, energisch verneint und die Freiheit aller Menschen verteidigt. Platon gab zu, daß das Los der Sklaven keineswegs in natürlichen Ursachen, sondern ausschließlich in Willkürakten der Menschen begründet sei. Aber eine Schuld der Gesellschaft sah er darin nicht, nur persönliches Schicksal. Spätere Philosophen, auch der Apostel Paulus, haben trotz ihres humanen Fortschrittswillens die Abhängigkeit der Staatsstruktur von den Sklaven als »notwendiges Übel« angenommen und nicht versucht, das System der Sklaverei in Frage zu stellen. Das Urchristentum begnügte sich damit, Sklaven als religiös gleichberechtigt in ihre Gemeinde aufzunehmen.

Aphrodisiaka und Hokuspokus

Zwischen Volksglaube und Magie bestand kaum ein merklicher Unterschied. Ehe eine kinderlose Frau in ihrer Not zum Allerletzten bereit war und ihrem Mann eine Leibmagd oder eine Sklavin gestattete, versuchte sie in ihrer Verzweiflung tausenderlei geheime Mittel, um ihre Gebärfähigkeit und die Potenz ihres Mannes zu heben. Dazu gehörten das Gelübde in einem Tempel, die Inkubation in einem Heilort oder der Besuch bei einer weisen Frau, die Aphrodisiaka zu brauen verstand. Unter Aphrodisiaka verstand man berauschende Mittel, Reizmittel mit kantharidinhaltigen Stoffen, Gewürzen, Wurzeln und wildwachsenden Pflanzen. Seit uralter Zeit waren solchen Frauen, wie Kräuter- und Wurzelsammlerinnen bestimmte Eigenschaften von wildwachsenden Pflanzen bekannt. Die kräutersammelnde Frau kann als erste »Pharmazeutin« bezeichnet werden. Das griechische Wort für »Apotheker«, »Rhizotomen«, bedeutet »Wurzelschneider«. Es gab zahlreiche Bücher über Kräuterheilkunde – von Fachleuten und noch mehr von Kurpfuschern. Danach soll Krataigononsaft, von beiden Eheleuten 40 Tage lang nüchtern eingenommen, die Geburt eines Knaben garantieren. Die Pflanze Telephilon (Fernlieb) besaß doppelte Wirkung – als liebesstimulierendes Reizmittel und auch als Liebesorakel. Blieb ihre Wirkung aus, dann war die Liebe vorbei. Zu den zahlreichen gegen Unfruchtbarkeit helfenden Pflanzen gehörten Saturei (Pfefferkraut), Nesselsamen, mit gestoßenem Pfeffer vermischt, zerriebenes Pyrethron in altem Wein, Zwiebeln, Pinienzapfensamen, Korianderrinde, Beifuß, Fünffingerkraut mit getrockneten Ölkäfern als Salat, außerdem Gewürze wie Vanille, Safran, Ingwer, Zimt, Sellerie, Moschus und Myrrhe. Unter den Früchten galt der vielkernige Granatapfel als viele Kinder versprechender Liebesanreger, das Mark des Granatapfelbaumzweiges erhöhte die sexuelle Potenz. Als Universalmittel, wie heute Aspirin, pries man Laserpitiumsaft; er half gegen Kopfschmerzen und Depressionen, monatliche Beschwerden, Unterleibsleiden und Unfruchtbarkeit. Der antike »Pharmazeut« definierte all diese Leiden in einem natürlichen Zusammenhang als Frauenleiden. Der Naturwissenschaftler Plinius empfahl Misteln als sicheres Mittel für Verschwangerung und leichte Geburt. Er reiste viel und begleitete auch im Jahre 67 n. Chr. Titus nach Judäa, wo er ebenfalls exotische Pflanzen für Versuchszwecke sammelte. Alexander der Große schickte seinem Erzieher Aristoteles aus allen Ländern, in die er kam, neue Pflanzen zur Untersuchung und Katalogisierung.

Von allen Wurzeln, die wir kennen, ist es die Alraunenwurzel der Mandragora (Liebesäpfel) mit ihrem der Menschenphysiognomie oft ähnlichem Aussehen, die die Phantasie seit jeher beflügelte. Bereits die Bibel berichtet von ihr: *»Ruben fand bei der Weizenernte auf dem Feld Liebesäpfel und brachte sie seiner Mutter Lea. Da bat Rahel ihre Schwester: ›Gib mir von den Liebesäpfeln deines Sohnes!‹ Sie antwortete ihr: ›Ist's nicht genug, daß du mir meinen Mann genommen hast? Nun willst du auch noch die Liebesäpfel meines Sohnes haben.‹ Da sprach Rahel: ›Nun, so mag er heute nacht bei dir schlafen.‹ Also schlief Jakob jene Nacht mit Lea, und sie ward schwanger und gebar einen fünften Sohn«* (Ben 30, 14–17). Natürlich halfen die Liebesäpfel der kinderlosen Rahel nicht und verhalfen Lea zu einem weiteren Sohn.

Mandragora wurde auch im Grabe Tut-ench-Amuns gefunden. In der letzten Kammer, die die Hoffnung auf Wiedergeburt symbolisiert, stand ein kostbarer Kasten, mit Elfenbeinschnitzereien verziert. Die Szene auf dem Deckel zeigt die Königin Anchsen-Amun, die ihrem Gatten zwei Sträuße aus Lotos, Papyrus und Mandragora reicht. Das Sträußchen drückt den Wunsch aus, er möge mit ihr im

Als Aphrodisiakum wird in der Bibel u. a. der Granatapfel genannt. Der Dichter des »Hohenliedes« versinnbildlichte in den leuchtenden rosaroten Blüten das Frühlingserwachen, im herben, süßsauren Fruchtsaft erkannte er den Liebestrank, und der Leib der Geliebten »duftete wie ein Granatapfelgarten«.

Jenseits ein Kind zeugen. Leider blieb ihre Ehe kinderlos. Weiter legte die Königin dem Grab – ebenfalls einbalsamiert – zwei Fötusse von sieben und acht Monaten als Zeugen ihrer unerfüllten Wünsche bei.

Jene Frauen, die sämtliche pflanzlichen Hilfsmittel erfolglos durchprobiert hatten, wandten sich in ihrer Not der »Medicina magica« zu. Unter den zahlreich erhaltenen Zauberschriften ist ein um 400 n. Chr. entstandenes griechisch-ägyptisches Buch, heute in der Pariser Nationalbibliothek, am interessantesten. Obwohl das Urchristentum zur Zeit der Abfassung bereits Staatsreligion ist, werden bei jedem Zaubermittel die drei heidnischen Göttinnen – die Mondgöttin Selene-Artemis, die Muttergöttin Hekate und die Unterweltgöttin Persephone – angerufen. Die Dreieinigkeit wird durch das immer wiederkehrende Zeichen des Dreiecks dargestellt. Die Spitze des Dreiecks bildet die Mondgöttin; der volle, runde und anschwellende Mond spielte, wie man glaubte, für den Rhythmus des Frauenlebens – monatliche Regel und Gebären – eine große Rolle. Der Dreizahl der Göttinnen entspricht die Dreiteilung jedes einzelnen Rezeptes: Im ersten Drittel werden die Götter angerufen, im zweiten die magischen Rezepte detailliert erklärt, im letzten schließlich die Zauberformeln angegeben. Hier ein markantes Beispiel für ein solches Rezept: eine Spitzmaus, zwei Mondkäfer, einen Flußkrebs, etwas Ziegenschmalz, zwei Ibiseier, zwei Löffel Affenkot mit zwei Gramm Myrrhenharz, Krokusstaub, Weihrauch und Zwiebeln in einer Vollmondnacht in einem Mörser zerstampfen, in einer Opferpfanne über einem Holzkohlenfeuer auf dem Dach des Hauses zu Brei kochen und unter Anrufung der drei Gottheiten und bestimmter Zauberformeln langsam einnehmen. Bald darauf müsse die kinderlose Frau im Bauch eine drastische Wirkung spüren.

Triebschwachen Männern verordnete man aus den »Dreckapotheken« in Ägypten und Rom Bestandteile des Esels – wie Haare, Haut, Milch, Mist, Blut und Hoden. Kaiser Valentinian verurteilte seinen Staatssekretär Faustinus zum Tode, weil er einen heiligen Esel aus

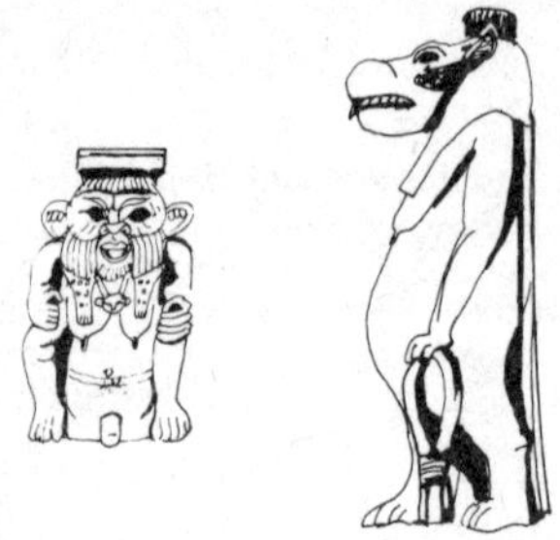

Das Tragen von Amuletten war in Ägypten besonders verbreitet. Sie gaben durch ihre magische Kraft dem Träger Selbstsicherheit. Figürchen oder Symbole des mißgestalteten Bes oder nilpferdartigen Thoeris sollten die Fruchtbarkeit fördern und zu reichem Kindersegen verhelfen.

den kaiserlichen Stallungen entwendet hatte. Der Beschuldigte verteidigte sich, er habe ihn nicht als Mittel gegen Impotenz, sondern nur als Mittel gegen Haarausfall benutzt.

Dürfen wir über den naiven Aberglauben der Alten überlegen lachen? Ein Blick in bestimmte Zeitungen und Illustrierte zeigt, welch schwungvoller Handel heutzutage mit fraglichen potenzstärkenden Präparaten getrieben wird – so als sei jeder dritte durch Streß oder andere Ursachen impotent geworden.

Wunderheilungen

An einem griechischen Tempel ist folgende Mahnung zu finden: *»Weder Mann noch Frau dürfen abartigen Beischlaf, noch gesundheitsschädigende Mittel, noch Zaubertränke zur Erzwingung oder Vernichtung von Leibesfrucht anwenden, ebensowenig empfängnisbeschleunigende oder empfängnisverhütende Rezepte anderen empfehlen ...«* Dieses Verbot hätte man als kluges Zeichen wissenschaftlichen Fortschritts begrüßen können, wenn nicht der Inschrift ein »Sondern-nur« folgen würde: Sondern nur durch Gebete, Gelübde, Geschenke und Opfergaben im besagten Tempel dürfe man das Gewünschte erbitten. Die Opfergaben verzweifelter Frauen bildeten eine der Haupteinnahmequellen aller Gotteshäuser. Der Tempel des Äskulap (griech.: Asklepios) in Epidauros hatte im Altertum etwa denselben Zulauf wie heute Lourdes in Frankreich. Nach der Legende wandelte Äskulap als Mensch auf Erden; er half und heilte viele Frauen und Männer. Man pries ihn dankend als Heilenden oder Heiland, im Griechischen »Soter«. Mit demselben Namen bezeichnen die Evangelisten auch Jesus. Dem Asklepios-Tempel in Epidauros (heute das Fleckchen Epidauros im nordöstlichen Peleponnes) war ein Sanatorium angeschlossen, in dem durch suggestive Einwirkung, sogenannte Inkubation, sensationelle Heilerfolge erzielt wurden. Die Frauen schliefen in ausgedehnten Liegehallen unter einem Götterbild. Durch die göttliche Gegenwart in nervöse Spannung versetzt, lagen sie schlaflos im Dunkeln und fielen durch okkulte Manipulation der Priester in Trance. Äskulap selbst, von einem Priester gemimt, erschien langsam im magischen Licht der säulenreichen Tempelhalle, hob den Schlangenstab hoch und näherte sich feierlich der Kranken. Er strich ihr über Bauch und Schenkel, oder die Schlange löste sich vom Stab und glitt unter das Kleid der Schlafenden. Zahlreiche Votivtafeln, von als geheilt entlassenen, dankbaren Frauen gestiftet, schmückten die Außenmauer des Tempels. Nicht weniger als 70 eingemeißelte Berichte von Wunderheilungen sind erhalten.

Die in Epidauros Geheilten setzten zum Dank einen Gedenkstein. Einer davon lautet: Da Arata, die an Wassersucht litt, selber nicht nach Epidauros gehen konnte, begab sich ihre Mutter in den heiligen Bezirk. Ihr träumte, der Heilgott trenne ihr den Kopf ab und hänge sie mit den Füßen nach oben auf, so daß Wasser aus ihrem Leib herausfloß. Dann nähte er den Kopf wieder an. Als die Mutter zurückkehrte war die Tochter, die inzwischen den gleichen Traum hatte, geheilt. (Lexikon der Antike)

Wunderheilungen dürfen nicht wissenschaftlich nachgeprüft werden; sie gehören der Heilsgeschichte an. Wer nicht gläubig ist, kann sie nicht verstehen. Ein milesischer Arzt z. B., Nikias, fand bei seinen Fachkollegen keine Hilfe gegen seine rätselhafte Krankheit, wohl aber in Epidauros. Daraufhin erbaute er in seinem Haus einen Altar mit dem Bild des Gottes Äskulap und brachte ihm täglich ein Rauchopfer dar. Dank der großen Anhängerschaft gab es Asklepios-Tempel in der gesamten griechisch-römischen Welt, so auch in Athen, Ephesos und Rom.

Besondere Frömmigkeit entwickelte sich dort, wo ein hilfreicher gütiger Gott verehrt wurde, der weibliche Kranke sichtbar heilte und Wunder an ihnen verrichtete. Man kann es gut verstehen, wenn eine kinderlose Frau nach vielen Jahren der Verzweiflung plötzlich in einem Heilort schwanger wurde und das als göttliche Empfängnis empfand. Nach Ansicht vieler antiker Völker kam eine Empfängnis nicht durch ehelichen Verkehr zustande, sondern dann, wenn der Gottesodem in die Frau einging, selbst wenn sie noch jungfräulich war. Der Glaube an jungfräuliche Geburt und göttliche Empfängnis mußte in Epidauros besonders naheliegen, weil der Heilgott Asklepios selbst von einer irdischen Jungfrau und einem Gott abstammte. Die enge Verbindung, die damals zwischen Mensch und Gott bestand, kann der moderne Mensch nicht nachempfinden. Wenn in unserer Zeit Frauen behaupten würden, Visionen zu haben, von Göttern geheilt und geschwängert worden zu sein, so würden sie als sonderbar bezeichnet oder in eine Anstalt eingewiesen. Bei den Griechen, Hebräern und Urchristen war es nichts Ungewöhnliches, daß Menschen Theophanien erlebten, mit den Erscheinungen sprechen und auch in Beziehung treten konnten.

Schwangerschaft – wodurch?

So unglaublich es klingt, in der frühesten Kulturepoche wußten die Menschen noch nicht, daß der Beischlaf die Schwangerschaft auslöst, daß der männliche Samen das weibliche Ei befruchtet. Nach ihrer Ansicht begann das Leben im Mutterleib zu keimen, wenn die Materie eine Seele erhielt, von Gottes Odem »beseelt« wurde. Die biblische Schöpfungsvorstellung, daß der Odem Gottes den ersten Menschen beseelt, findet sich auch bei den Ägyptern. Sie bezogen es aber nicht nur auf Menschen, sondern auf jedes Lebewesen, selbst das winzigste Küken. In der Hymne des Königs Echnaton an Aton heißt es: *»Wenn das Vöglein vor seiner Geburt in der Eierschale noch liegt, hast du ihm, Aton, schon den Hauch eingegeben, um es leben zu lassen. Und damit es die Schale zerbricht, dafür hast du das Ziel gesetzt. Es verläßt das Ei und läßt sich geräuschvoll nieder.«* Wie das Küken im Ei, so auch der Embryo im Mutterleib! Ohne den göttlichen Hauch bleibt er stumme, gefühllose Materie aus Zellen und Geweben.

Neben dieser religiösen gab es später eine biologische Vorstellung, die den sexuellen Akt einschloß, aber den Embryo durch das Blut und das Herz entstehen und wachsen sah. *»Denn«*, so heißt es im sogenannten Eber-Papyrus, der sich im ägyptischen Museum in Ost-Berlin befindet, *»das Herz ist Mittelpunkt und schöpferischer Teil des Lebens, es enthält Blut, Milch, Samenfluß und Tränen.«* Das Blut der Mutter baut das Herz des Embryos auf. Deswegen hört beim Schwangerschaftsbeginn die Menstruation auf, das eingehaltene Blut der Frau verwandelt sich in Muttermilch. So die Deutung der Alten.

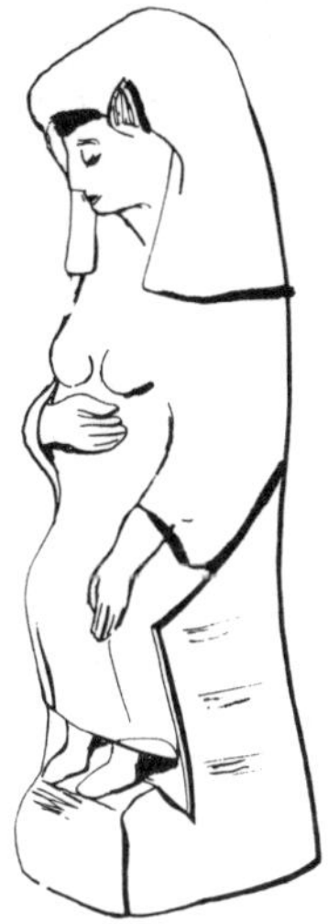

Eine schwangere Frau legt schützend die Hand auf ihren Leib und horcht in sich hinein. Mit dieser Frau ist die phönizische Astarte, die Helferin und Glücksbringerin aller, gemeint.

Herophilos aus Chalkedon (um 300 v. Chr.), Begründer der wissenschaftlichen Anatomie, war der erste, der die Lage und Funktion der weiblichen Genitalien und die Lageanomalien der Leibesfrucht bestimmte. Aber auch er glaubte, daß das Baby aus dem verwandelten Blut der Mutter aufgebaut wurde. Pythagoras (582 bis 497), Philosoph und Mathematiker, stellte aufgrund einer arithmetischen Betrachtungsweise die Gefährlichkeit des siebten Schwangerschaftsmonats fest, denn die heilige Zahl Sieben war schicksalsentscheidend. Die Zahl 40 galt ihm als Grundbegriff des Seins, so daß er die Schwangerschaftsdauer mit $7 \times 40 = 280$ Tage errechnete.

Nach weitverbreitetem Volksglauben stellt die Schwangerschaft einen gefährlichen Zustand dar; gute und böse Geister dringen in dieser Zeit in die Frau ein. Einerseits muß sie bestimmte Verbote und Speisegebote beachten, um von dem werdenden Kind Schaden abzuwenden, andererseits muß sie sich von der menschlichen Gesellschaft absondern, um die Umgebung nicht zu gefährden und selbst nicht von der Umgebung gefährdet zu werden. Es ist eine allgemeinmenschliche Vorstellung, daß das Baby durch Aufregungen der Mutter Schaden nehmen könnte – oder dadurch, daß ein »böses Auge« neidischer Nachbarinnen den schwellenden Leib trifft. Auch glaubte man, daß die Schwangere, Trägerin fruchtbarer Kräfte, Segen auf Menschen und Tiere übertragen könne. Wenn sie einen kranken Mann berührt, hören seine Schmerzen auf, wenn sie Kühe oder Schafe streichelt, werfen sie mehr. Um diese glückbringende Ausstrahlung zu erhalten, sollte sie stets heiter sein und schöne Kleider tragen. Im indischen Sushruta-Samhita kommt es voll zum Ausdruck: *»Der Schwangeren wird angeraten, vom ersten Tag an beständig vergnügt, schön gekleidet und der Zufriedenheit, dem Glück, der Gottheit* (der sie das zu verdanken hat) *und den Brahmanen ergeben zu sein. Jede Gemütserregung soll sie meiden und sich von ihrer Umgebung isolieren. Man gebe ihr alles, was immer sie verlangt; denn wenn beide Herzen* (ihr großes und das kleine, das in ihr wächst) *alles erlangen, was sie wünschen, so wird die Frau einen starken, lang lebenden Sohn zur Welt bringen.«*

5. GEBURT

»In Schmerzen sollst du gebären«

Als die Götter noch menschlich waren, erlitten die gebärenden Göttinnen dieselben Wehen wie die sterblichen Frauen. Im älteren sumerischen Epos windet sich die Göttin Gi-Sin vor Schmerzen: *»Ihre Augen verdunkeln sich, ihre Lippen kneift sie zusammen, ihr Atem stockt; sie reißt die Kleider vom Leib, stürzt zur Erde und wälzt sich hin und her.«* Da sie diese Schmerzen am eigenen Leib erfahren hatte, wurde sie himmlische Hebamme und Beschützerin der Wöchnerin. Nach der Bibel müssen die Frauen in Schmerzen gebären, weil Stammmutter Eva den verbotenen Apfel pflückte, aber nach Ansicht der antiken Völker, weil die Wöchnerin in dieser schweren Stunde, die oft tödlich verlief, einen schmerzvollen Kampf mit den Dämonen der Finsternis auszutragen hatte.

Die ägyptische Frau im Altertum gebar, von hilfreichen Hebammen im Rücken gestützt, auf zwei Ziegeln hockend. Diese Geburtsziegel, mit dem Kopf der Göttin Meschenet und mit glückversprechenden Zeichen geschmückt, hatten schicksalsbestimmende Bedeutung. Meschenet, die den Fötus im Leib der Mutter vorbereitete und entstehen ließ, war Schicksals- und Lebensgöttin. Sie legte den Fötus »leihweise« in den Leib der Mutter, aber wenn diese sich als gebärunwürdig erwies, nahm sie ihn wieder weg und gab ihn einer anderen Frau. Mit fortschreitender Technik wurde der Gebärstuhl entwickelt, der der Töpferscheibe glich, auf der Chnum den ersten Menschen formte. Da der Stuhl auf vier Füßen stand, wurden ihm vier Schutzgöttinnen zugerechnet, die Meschenet (im Plural) hießen; sie wurden durch Beiworte als die große, die treffliche, die schöne und die gedeihende Meschenet unterschieden. Neben Meschenet leisteten bei der Entbindung auch die froschköpfige Hekate, die Muttergöttin Isis und die Nephthys Beistand. Alle unterstützten die Wöchnerin in ihrem Kampf gegen die Dämonen, die ihr Leben und das des Kindes bedrohten. Doch scheint es, daß die Ägypterinnen den göttlichen Beschützerinnen, die Lebens- und Todesgöttinnen in einem waren, nicht ganz trauten; sie behängten sich schon während der Schwangerschaft und erst recht bei der Geburt mit Amuletten und magischen Schutzzeichen. Unter den Amuletten war das Abbild des Zwerggottes Bes am häufigsten. Mit seinen grimassenhaften Gesichtszügen und durch sein groteskes Aussehen konnte er die Dämonen abschrecken und ihren verderblichen Einfluß fernhalten. In Mesopotamien beschworen die Frauen im kritischen Augenblick – trotz des Schutzes, den ihnen die Geburtsgöttin Gi-Sin gewährte – die Dämonin Lamuschtu, die, wenn man sie umging, hinterlistig Neugeborene erwürgte und junge Mütter durch Kindbettfieber tötete.

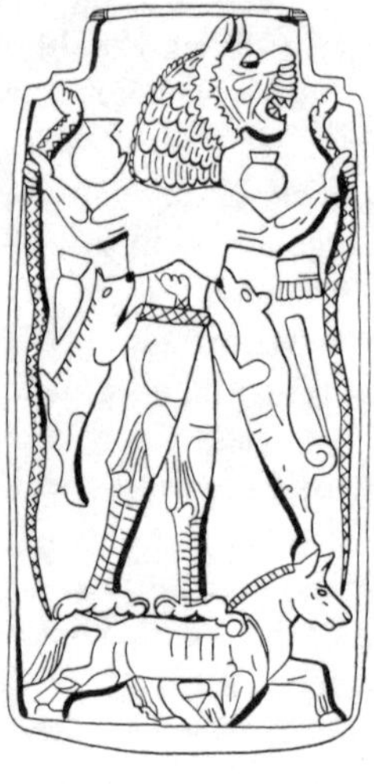

Lamaschtu, die Dämonin des Kindbettfiebers, trachtet nach dem Leben der Mütter und tötet hinterhältig die Neugeborenen. Amulette, mit ihrem scheußlichen Bild, sollen sie günstig stimmen und die Gefahr abwenden. (Terrakotta um 800 v. Chr. Britisches Museum, London)

Die Griechinnen als »Fortschrittlerinnen« waren kosmographisch eingestellt; sie brachten Geschlechtsleben und Entbindung in innige Beziehung zum Mond, so daß alle Göttinen, die selbst am Mond Anteil hatten, wie Hera, Artemis, Aphrodite und Athene, als Beschützerin der Frauen galten. Außerdem kannten sie eine besondere Göttin der Entbindung, die kretisch-minoische Göttin Eileithyia, deren Name die Schmerzen der Entbindung ausdrückt. Sie war eine Tochter der Hera, aber laut Homer sollen alle Töchter der Hera Göttinnen der Entbindung gewesen sein, denn eine allein wäre mit den zahlreichen Hilfeleistungen überfordert gewesen. In Kreta gab es ein Heiligtum der »knienden« Eileithyia, da man wie im alten Ägypten glaubte, daß eine Frau am leichtesten in kniender oder hockender Stellung, von helfenden Frauen oder Schutzgöttinnen gestützt, gebäre. Allerdings war Eileithyia lebenspendende und todbringende Göttin zugleich; sie bestimmte über das Leben wie auch über den Tod. Die Gebärenden riefen auch Artemis an, damit die jungfräuliche Göttin der Jagd, des Naturlebens, der Ehe und der Geburten ihnen huldreich zur Seite stehe und nicht mit ihren Pfeilen plötzlich Tod schicke; zumindest war sie es, der man die »Unfälle« unglücklich endender Wochenbetten zuschrieb.

Die alten Völker sahen im Geburtstakt, der oft tödlich verlief, einen schmerzvollen Kampf mit Dämonen der Finsternis. Auf der ägyptischen Darstellung sitzt eine Prinzessin auf einem Gebärstuhl und wird von zwei Hebammen gehalten. Rechts von ihr kauern die guten Geister und bringen ihr das erwartete Kind. Unter dem Bett lauern böse Dämone, die der Mutter und dem Kind schaden wollen.

Mit fortschreitender Kulturentwicklung verließen sich die Frauen immer weniger auf die Schutzgöttinnen und mehr auf die Kunst kluger Hebammen. In primitivster Zeit sahen diese ihre Hauptaufgabe in der Abtrennung der Nabelschnur. Deswegen hieß eine Hebamme im Griechischen »Nabelschnur-Abtrennerin«. Als Lohn für ihre Hilfe erhielt sie in der Frühzeit tatsächlich die Nabelschnur, aber nur bei Knabengeburten. Die Nabelschnur konnte sie an Frauen, die Knaben wünschten, als Amulett verkaufen. Mit der Zeit erlangten in Griechenland professionelle Geburtshelferinnen beträchtliche Berufskenntnisse. Sie wurden als Ärztinnen bezeichnet, leisteten auch ohne ärztliche Beihilfe operative Geburtshilfe und bildeten einen geachteten Stand. Sokrates' Mutter Phainarete war eine Hebamme und hochgebildete Frau; von ihr erbte er den scharfen Verstand. Im Scherz bezeichnete er seine pädagogischen Vorträge, durch die er seine Schüler von dem in ihnen schlummernden Wissen »entband«, als ererbte »Maicutike«, als Hebammenkunst. Auch der Gynäkologe Soran von Ephesos, der um 110 n. Chr. als erster einen methodischen Hebammenkatechismus verfaßte, bekennt, er habe seine Kenntnisse in erster Linie den Berufserfahrungen seiner Mutter zu verdanken. Das Lehrbuch von Soran, öfters überarbeitet, behielt bis zum Mittelalter Geltung. Es wurde erst 1310 von der Synode in Trier verboten, die Männern jede nichtpriesterliche Hilfeleistung beim Geburtsakt untersagte.

Infektion und Wochenbettfieber

Die Furcht der Gebärenden in der Antike war berechtigt; Untersuchungen von Knochenresten in zahlreichen Fundschichten beweisen, daß ein hoher Prozentsatz der Frauen und Neugeborenen bei der Geburt oder im Wochenbett durch Mangel an Hygiene, an Infektionskrankheiten, Wundfieber, durch mangelhafte Ernährung und seuchenhafte Epidemien starben.

Die hohe Sterblichkeit bei Geburten durch Infektionskrankheiten steht im Gegensatz zur naiven noch heute geltenden Vorstellung vom »schlichten, gesunden Leben der Vorfahren«. Der Bericht der Weltgesundheitsorganisation von 1979 diene als Vergleich: In der dritten Welt starben im selben Jahr zehn Millionen Mütter und Kinder bei der Geburt an Krankheiten, die es dank des medizinischen Fortschritts in Europa nicht mehr gibt. Mali, westlich der Sahara, wo noch steinzeitartige Verhältnisse herrschen, hat die höchste Geburtenziffer der Welt und zählt dabei zu den fünf ärmsten Ländern der Welt: Nur 50 000 der 350 000 Geburten daselbst, die in Entbindungsanstalten der Weltgesundheitsorganisation stattfanden, konnten als erfolgreich registriert werden, von diesen starben 8000 der Frauen mit dem Fötus kurz nach der Einlieferung, eine weitere hohe Zahl in den kommenden Monaten. Von 1000 Kindern starben 100 bei der Geburt, 700 erreichten nicht das achte Lebensjahr. Das ergibt eine Sterblichkeitsquote von 80 Prozent! Im alten Babylonien, Judäa, Ägypten und Griechenland wird in den breiten Volksschichten der Gesundheitsdienst nicht besser gewesen sein, als er es heute bei den Nomadenstämmen in Mali ist.

Zwei Hauptgründe sind für die besonderen Schwierigkeiten bei der Geburt anzuführen: vorzeitiger Arbeitsbeginn und das jugendliche Alter der Mütter. Zehn- bis Zwölfjährige waren darunter. Die Ansicht, daß junge Mütter ihre Kinder leichter und unproblematischer zur Welt bringen, widerlegte Dr. M. Wendler von der Universität Erlangen durch im Jahre 1978 vorgenommene Untersuchungen an 386 Müttern. Bereits die Schwangerschaft wird von jungen Müttern als ungewollte Situation und Bedrohung mit steigender Angst erlebt. *»Der Streß ist offenbar so groß, daß er indirekt Einfluß auf die psychische Entwicklung auch des Embryos nimmt.«* Das Resultat: Bei Mädchen von siebzehn bis zwanzig Jahren war die Zahl der gefahrvollen Entbindungen und Totgeburten viermal so hoch wie bei älteren. Schwangere Mädchen zwischen zehn und sechzehn Jahren, wie sie im alten Orient häufig zu finden waren, standen Dr. Wendler nicht zur Verfügung. Statistiken aus dem Altertum gibt es nicht, aber Skelettreste von Frauen, die mit radioaktiven Strahlen untersucht wurden, ergaben ein Alter zwischen zehn und achtzehn Jahren. Klare Aussagen vermitteln auch die Grabinschriften. Hier zwei Beispiele für viele: *»Des Demainetos tüchtige Tochter Krotista, des Archemachos liebe Gattin, nahm dieser Staub hier auf. In stöhnenden Wehen setzte das Schicksal ihrem jungen Leben ein Ende, mutterlos ließ sie zu Hause das Kind dem Gatten zurück.«* Ein Ossuarium (Knochenkasten), 1793 östlich von Jerusalem gefunden, trägt die Aufschrift: *»Salome, Tochter des Sauls, die in Wehen starb, ruhe in Frieden.«* Er enthielt das Skelett einer achtzehnjährigen Frau mit ihrem Fötus. Die überstandene Lebensgefahr bei schweren Entbindungen hinterließ bei Mutter und Kind unauslöschbare Spuren – dauerhafte psychische Schäden möglicherweise beim Kind und bei der Mutter unter Umständen Haß auf das Kind oder eine ans Hysterische grenzende »Affenliebe«. In ihrer übertriebenen Sorge glaubte sie, ihr Kind gegen die Feindseligkeit aller Welt und der unsichtbaren Mächte verteidigen zu müssen.

Wer aber schützte die Wöchnerin gegen die gefühlskalte Umwelt? Eine Umwelt, die, anstatt der Schwangeren zu helfen und sie zu schützen, sie als Quelle der Gefahr ansah und mied! Aus irrationaler Angst waren bei den Naturvölkern die Wöchnerinnen tabu. Sie galten als Unberührbare. Die absichtliche oder ungewollte Verletzung des Tabus durch einen Geschlechtsakt wirkte sich unheilbringend für den Mann aus. Eine Zeitungsnotiz aus unserem Jahrhundert berichtete von einem Eingeborenen in Australien, der, als er nachts von einem viele Tage dauernden Jagdzug zurückkehrte, mit seiner Frau schlief, die gerade erst geboren hatte. Als er das morgens merkte, tötete er sie vor Schreck und starb selbst vierzehn Tage später – aus Furcht vor der Rache der Dämonen. Alles, was mit einer Wöchnerin in Berührung kam, war von Unheil betroffen und mußte sterben, dahinwelken, vergehen – seien es Mensch, Tier oder Pflanze. Die Alten glaubten, daß das Blut lebenspendende, aber auch lebenvernichtende Kraft habe. So wie bei der Menstruation Blut aus dem Leib der Frau austritt und Blut nach Ansicht der Alten das Baby bildete und nährte, so sickert auch Blut aus dem Mundwinkel des Sterbenden, wenn sein Leben entflieht. Das Wöchnerinnen-Tabu erstreckte sich in Israel wie auch später bei den Urchristen auf 40 Tage bei Knabengeburten und auf 80 Tage bei Mädchengeburten. Weshalb der Zeitunterschied? Im christlichen Mittelalter, als dieser Brauch noch streng eingehalten wurde, vermuteten Theologen, daß er biologisch mit der schnelleren Entwicklung der temperamentvolleren Knaben und der langsameren der phlegmatischeren Mädchen im Mutterleib zusammenhänge; die männliche Seele schlüpfe 40 Tage, die weibliche 80 Tage nach der Zeugung in den Embryo.

Die Griechen forderten bei Mädchen- und Knabengeburten eine 40tägige Tabuzeit und zum Abschluß ein Reinigungsbad. Griechische Tempelinschriften modifizierten die Reinigungsvorschriften für Wöchnerinnen und Menstruierende bis ins einzelne. Jeder Frau war während ihrer Unreinheit der Zutritt zum Heiligtum (genau wie im Judentum) strengstens verboten. Erst nach Ablauf der Ausscheidezeit und wenn sie sich in heiligem Quellwasser gereinigt hatte, durfte sie zum Tempel kommen und ein Dankopfer darbringen. Die Völker der Antike glaubten, daß dem Quellwasser mystisch-magische Kräfte zu eigen sind, die den Menschen von Schuld, Verschuldung und Krankheit reinwaschen. *»Daß das mit Körperhygiene nichts zu tun hat«,* meint Wilhelm Wundt in »Völkerpsychologie«, *»geht daraus hervor, daß der primitive Mensch bekanntlich von Reinigungsbedürfnissen nicht sonderlich beschwert ist und daher jede sexuelle Verunreinigung* (und Geburt) *als eigentliche Befleckung nur dann empfindet, wenn sich mit ihnen zugleich die Vorstellung einer dämonischen Wirkung verbindet, die durch den Gegenstand entsteht.«*

Bei den Griechen wurde eine Frau nach jedem Geschlechtsverkehr erst nach sieben Tagen kultisch rein. Eine kluge Griechin namens Thea, Vorzugschülerin des Diogenes, antwortete auf die Frage, wann eine Frau nach dem Geschlechtsverkehr wieder rein sei: *»Nach dem Verkehr mit dem eigenen Mann sofort, mit einem fremden überhaupt nicht mehr.«*

»Ein Sohn ist uns geboren«

Groß war der Jubel, wenn ein Sohn geboren wurde. An der Freude der Eltern mußte die Nachbarschaft, ja, die ganze Stadt teilnehmen. In Athen bekränzten die glücklichen Eltern die Haustür mit Ölzweigen. In Jerusalem lief man durch die Straßen und verkündete es der gesamten Öffentlichkeit: *»Ein Sohn ist uns geboren.«* Das war es, was alle Frauen ersehnten und alle Männer wünschten: einen Sohn, einen Erben, der den durch eigenen Fleiß vermehrten Familienbesitz übernahm und den Familiennamen in Ehren fortführte.

Die Anbetung des vergotteten Sohnes ist ein uraltes Motiv. Die Mutter(göttin) hält den Sohn auf dem Schoß. Zwei gerüstete Männer huldigen ihm und bringen Geschenke. Zur Seite gestellt ist die ältere Tochter. Damit wird die Höherschätzung des männlichen Prinzips bekundet. (Nach einem Siegelabdruck von 1500 v. Chr. aus Böotien)

Nach den Mythen aller Völker gingen der Geburt männlicher Helden stets mannigfaltige Schwierigkeiten voraus – wie lange Unfruchtbarkeit, heimlicher Verkehr der Eltern, politische oder gesellschaftliche Hindernisse und Bedrohung und Einwirkung schädlicher Mächte. Auch nach der Geburt hörte die Bedrohung durch unsichtbare Mächte nicht auf; um diese zu besänftigen, opferten die Menschen der Frühzeit ihren männlichen Erstgeborenen, später wurde die barbarische Sitte durch die Beschneidung des Gliedes ersetzt. Dieser Brauch ist als religiös verfeinerte Handlung in Ägypten, Babylonien, in großen Teilen Vorder- und Südasiens und in Afrika nachweisbar. Beschneidung als Initiationsritus und zur Aufnahme eines Neulings in eine Stammesgemeinschaft erfolgt bei vielen Naturstämmen; auf diese Weise werden bei den Arabern die Jungen mit acht Jahren in den Männerbund eingeführt. Im Arabischen heißt »Chatan« »Bräutigam« und »Chatana« »Beschneidung«. In

Anspielung darauf nennt Zipora, die Frau Moses', ihren Sohn, den sie als bereits Erwachsenen und Heiratsfähigen selbst beschneidet, »Blutbräutigam«. Dies zeigt, daß auch die alten hebräischen Stämme die Beschneidung als Initiationsritus verstanden. Später aber wurde sie als »Weiheakt« und »Auslösung« auf den achten Lebenstag verlegt.

Bei der Beschneidung wird die Spitze der Überlappung vom männlichen Glied kurz abgeschnitten. Die Griechen kannten im Gegensatz zu den Asiaten die Beschneidung nicht. Als sie mit Kleinasien in Berührung kamen, stellten sie erstaunt fest, daß diese Sitte dort bei allen Völkern üblich war. Sie spotteten über die Barbaren, die »Beschnittenen«, denen ein Stück Mannbarkeit fehlte. Die Asiaten wiederum verachteten die Griechen, die »Unbeschnittenen«, als kultisch unreine Menschen. Nach jeder Schlacht inspizierten ägyptische

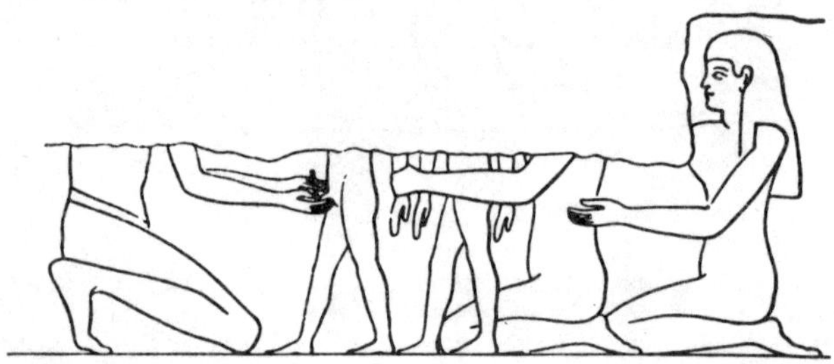

Beschneidung zweier Knaben. Dieser operative Eingriff wurde in Ägypten um die Pubertätszeit, bei den Hebräern nach 8 Tagen vorgenommen. Wahrscheinlich löste die Beschneidung des Zeugungsgliedes das Erstgeburtsopfer aus der primitiven Vorzeit ab. (Relief aus der 21. Dynastie zweier Prinzen um 1080 v. Chr.)

Soldaten die gefallenen Feinde. Waren es »Beschnittene« wie sie, erhielten sie eine ehrenvolle Bestattung, waren es »Unbeschnittene« wie Libyer, Philister oder Griechen, schnitten sie ihnen den Phallus ab und ließen die Leichen unbestattet.

Der achte Tag nach der Geburt eines Knaben war bei den Griechen und Römern ebenso bedeutsam wie bei den Hebräern. Nach besonderen Riten fand da die festliche Namensgebung statt. Namen sind ein wesentlicher Bestandteil des Individuums. Die Sklaven hatten keine Eigennamen. Erst mit der Namensgebung wurde das Kind in die menschliche Gemeinschaft als Vollbürger aufgenommen und genoß einen besonderen Schutz. Dieser Tag war nicht nur für den Knaben, sondern auch für die Mutter ein besonderer Feiertag. Sie war kein anonymes, untergeordnetes Wesen mehr, sondern rückte als

Mutter des Soundso in der Achtung und gesellschaftlichen Wertung empor. Verstärkte dieses Ereignis auch die Liebe der Eheleute zueinander? Die moderne Schriftstellerin Elisabeth Albertsen drückt es so aus: *»Liebe ist kein Feuerwerk, kein Astronautenflug, sie ist nichts als Sehnsucht nach Kindern, nach Söhnen, nach diesem ganzen gottverdammten morgenländischen Mulm.«*

Auf die Frage, ob das Kind der Frau eine wirkliche Autonomie sichern könne, antwortete Simone de Beauvoir: *»Wenn die Ehefrau kein vollständiges Individuum ist, sollte sie es als Mutter werden. Das Kind ist nicht nur ihre Freude, sondern auch ihre Rechtfertigung. In ihm verwirklicht sie sich. In ihm erhält die Institution der Ehe ihren Sinn und erreicht ihr Ziel.«*

Was gibt eine Mutter ihrem Kind? Sie gibt ihm sich selbst, von ihrem Leben, von dem, was lebendig in ihr ist. Dadurch, daß sie von ihrem Leben gibt, verringert sie es nicht, nein, es wirkt wiederum auf sie zurück, es bereichert sie, es steigert ihr eigenes Lebensgefühl. Es gibt ihr Selbstachtung, Sicherheit, Erfülltsein, Wert. Das kleine Individuum, das in ihren Armen liegt, ist ein Teil ihres Fleisches und Blutes, gebrechlich, anspruchsvoll, liebes- und wärmebedürftig, ein Reichtum, ein Schatz, aber auch ein Tyrann. Die Freude der Mutter ist selbstlose Freude. Sie ist bereit, ihr Kind zu hüten und zu beglükken. Das ist ihr Sohn! Ihr junger Geliebter! Ihr Held! Der Erfüller ihrer Träume!

Mutterliebe

Die Mutter bedeutet für das Kind Wärme, Nahrung, Fürsorge; sie ist das euphorische Stadium von Befriedigung und Geborgenheit. Sie bemerkt gewisse körperliche Veränderungen, Wünsche und Nöte, bevor das Kleinkind sie äußert. Sie erwacht beim leisesten Wimmern des Kindes, während andere und erheblich lautere Nachtgeräusche sie nicht aufwecken. Das Bild der Mutter ist normalerweise das erste, das sich dem Neugeborenen einprägt, es begleitet den Menschen sein ganzes Leben, und es ist das letzte, das dem Sterbenden als Wunschbild erscheint. So war es früher, und so ist es heute. Wenn das Motiv von Mutter und Kind in der Urkunst des Steinzeitalters als erstes Thema erscheint und wieder und wieder gestaltet wird, so ist das selbstverständlich.

Das kultisch vielverehrte »Urbild« der Mutterliebe stammt aus Ägypten: Es ist Isis, die Muttergöttin, die ihr Kind stillt. In diesem Lande war die Wertschätzung der Mutter seit ältester Zeit fest verankert, wie es um 1450 v. Chr. aus den mahnenden Worten des Weisheitslehrers Anu an seinen Sohn hervorgeht: *»Trage deine Mutter auf Händen, wie sie dich als schwere Last geduldig in ihrem Leib getragen hat. Verdopple das Brot, das dir die Mutter gab. Drei Jahre war ihre Brust in deinem Munde. Sie zog dich auf und hegte keinen Ekel vor deinem Kot.«*

Bei den Ägyptern waren Wertschätzung der Frau und Verehrung der Mutter identisch und selbstverständlich. Überraschend sind sie bei dem skeptischen und spöttischen Volk der Griechen. Der Grieche Johannes Strabaios äußert sich über die Mutterverehrung von einem philosophisch-religiösen Standpunkt aus: *»Für alle, die wahre Kenntnisse der göttlichen Dinge haben, gibt es nichts Größeres als die Mutter.«* Selbst im Sparta der harten Männer, wo es kaum ein Familienleben gab, wurde die Mutter hochgeschätzt. Kleobis und Biton, zwei Söhne der Hera-Priesterin Kydippe, spannten sich, als Zugtiere fehlten, vor den Wagen ihrer betagten Mutter, um sie zu einem Fest der Hera zu fahren. Kydippe bat die Götter, diese Tat kindlicher Liebe mit dem Schönsten zu belohnen, was es für die Menschen gebe. Daraufhin versanken beide in einen sanften, ewigen Schlaf. Die Statuen der Brüder wurden von den Spartanern nach Delphi gebracht, bei Ausgrabungen wiederentdeckt und nach den Inschriften identifiziert.

Eine glückliche Mutter mit ihrem Sohn, der einen Spielkarren hält, stellt eine attische Geschirrbemalung um 400 v. Chr. dar. (Staatl. Museum, Berlin)

In Athen ließen dankbare Söhne auf dem Grabstein ihrer Mutter folgende Biographie einmeißeln: *»Ich hinterließ einen Reigen von Söhnen, heiratete kein zweites Mal, und meine Söhne sind es, in denen ich unsterblich weiterlebe.«* Auch bei den Römern, trotz ihrer nüchternen Wesensart, bestand eine tiefe *»Verehrung der Mutter«*. Sie hatte ihre Ursache nicht im Emotionellen, sondern einfach in der großen Wertschätzung und Bedeutung der römischen Familie, die in der Frühzeit als autarkes Organ ein »Staat im Staate« war. Zwar verstand man den »Pater familias« als souveränes Oberhaupt, dem die »Mater familias« gesetzlich unterstellt war, aber praktisch war die »Domina« die dominierende Gestalt in der Familie.

Cornelia, die älteste Tochter des Cornelius Scipio (Zerstörer von Karthago), stand mit Philosophen und Wissenschaftlern in Briefwechsel. Früh verwitwet, widmete sie sich ganz der vorbildlichen Erziehung ihrer beiden Söhne. Als eine Besucherin prahlerisch ihr neuerworbenes, mit Perlen und Edelsteinen besetztes goldenes Geschmeide vorführte, soll sie stolz geäußert haben: *»Mein schönster Schmuck sind meine Söhne.«* Ihre beiden Söhne, als »die Gracchen« in die Geschichte eingegangen, vergaßen nie, daß sie ihrer Mutter, der gebildetsten Frau ihrer Zeit, ihr Wissen und ihren ausgeprägten Gerechtigkeitssinn zu verdanken hatten. Beide sind als römische Volkstribune an ihren sozialen Reformversuchen um 133 und 123 zugrunde gegangen. Brieffragmente Cornelias an ihren jüngeren Sohn weisen sie auch als menschlich leidende Frau und besorgte Mutter aus, die mit Scharfsinn den politischen Untergang ihrer Söhne erkannte und dagegen doch machtlos war. Plutarch bezeichnet es als ihre hervorragendste Eigenschaft, daß sie heroisch den tragischen Tod ihrer beiden Söhne ertrug. *»Einige Leute glaubten, sie habe durch ihr Alter oder durch die Größe ihres Unglücks den Verstand verloren, aber diese Leute haben kein Verständnis dafür, wieviel Kraft in dieser Frau steckte.«*

Zusammenfassend sei gesagt: Wir müssen die Leistungen der antiken Frauen, die sie trotz ihrer gedrückten Stellung gerade als Mütter vollbracht haben, richtig bewertet aufs höchste bewundern. Das Menschliche, das die Frauen auszeichnete, konnte von Männern im allgemeinen nie erreicht werden.

6. HAUS UND ARBEIT

Die Hausfrau als Schildkröte

Bei der Erforschung des privaten Lebens in der Antike kommt dem Leben im Haus eine besondere Bedeutung zu: Das ist der begrenzte Bereich zwischen den vier Wänden, in dem sich das gesamte Leben der Frau im wesentlichen abspielte. Das Haus im östlichen Mittelmeerraum hat seinen Ursprung in der steinzeitlichen Wohnhöhle oder überdeckten Wohngrube. Auch in seiner klassischen Ausbildung zur Zeit Homers, die eine höhere gesellschaftliche Organisation erkennen läßt, herrschte in den Innenräumen das mystische Dunkel der Höhle vor. Die Räume hatten meist keine Fenster; Licht und Luft erhielten sie durch die Tür, die in warmen Gegenden den größten Teil des Jahres offenstand. Seit Urzeiten war der zentrale Raum des antiken Hauses der Hof – in Rom das Atrium. Er war der Hauptaufenthaltsraum, und die Zimmer waren um ihn herum angeordnet. Zu Recht nennt Homer das fensterlose Haus, in dem der Rauch durch eine Dachluke abzog, das schattig-dunkle. Und das lateinische Wort »Atrium« kommt von »ater« (schwarz, dunkel), weil dort der Herd stand und der Rauch die Wände schwärzte.

Die Grenze ihres Reiches war die Hoftür, die das Haus gegen die Straße hin abschloß. Keinesfalls durfte die Frau die Schwelle der Hoftür überschreiten und allein die Straße betreten. Als der Hausbau mit wachsenden Ansprüchen zweistöckig wurde, bewohnte die Frau das Obergeschoß, der Mann das untere.

In Griechenland war die niemals ihr Gehäuse verlassende Schildkröte das Symbol für die Hausfrau und das Attribut der Muttergöttin Aphrodite-Urania. Von der Außenwelt gesellschaftlich abgeschnitten, konzentrierte die Frau ihre ganze Kraft und Tüchtigkeit auf das Hauswesen. Nach dem Gesetz des Solon von Athen (um 640 v. Chr.) war sie im Hausbereich nicht nur dem Manne ebenbürtig, sondern »rechtlich« überlegen. Sie hütete das Haus, und das Haus hütete sie.

In ihren vier Wänden führte die Frau das Zepter, hier konnte sie schalten und walten nach Herzenslust. Das klingt sehr poetisch; in Wahrheit war das Pensum, das man ihr aufbürdete und das sie *pflicht*gemäß Tag für Tag bewältigen mußte, ganz enorm. Sie mußte vor der Morgendämmerung aufstehen, vom Brunnen das tägliche Wasserquantum holen, den Ofen mit Holz oder Viehmist heizen, auf dem Reibstein das Korn zu Mehl mahlen – eine höchst langwierige Prozedur – und das Brot backen. Wenn das Frühstück fertig war, weckte sie die Familie. Dann folgten die stumpfsinnigen täglichen Hausarbeiten wie Kinderpflege, Waschen, Kochen, Aufräumen usw. Bezeichnenderweise setzte man in Athen tüchtigen Hausfrauen nach ihrem Ableben drei Symbole auf den Grabstein: Zügel, Maulkorb und Hahn. Diese Bilder drückten mehr als Worte aus: Die Verstorbene wußte die Mägde »zu zügeln«, in Männergesellschaft »zu schweigen« und jeden Morgen mit dem ersten Hahnenschrei »aufzustehen«.

Zu dem enormen Arbeitspensum kam in den mittleren und unteren Volksschichten hinzu, daß die Frau ihrem Mann bei der Landarbeit oder im Handwerksberuf zur Seite stehen mußte. Cato, der konservative römische Moralist (234 bis 149), widmete sich in seiner Jugend auf väterlichen Latifundien der Landwirtschaft. In seinem Werk »De agri cultura« (Über die Landwirtschaft) gibt er Anweisungen für die Pflichten einer Frau auf dem Lande: *»Sie soll mit dem Mann, den sie erhielt, zufrieden sein, und der Mann soll dafür sorgen, daß sie ihn fürchte.* (Außer ihren häuslichen Pflichten muß die Frau eines Gutsbesitzers) *viele Hennen züchten, damit es genügend Eier gibt, Trockenobst in Fässern lagern, gepreßtes, gekeltertes Öl in Krügen in der Erde speichern und dafür sorgen, daß täglich gemahlenes Mehl vorhanden ist. Bei schlechtem Wetter, wenn sie nicht im Freien arbeiten kann, dann muß sie spinnen und weben und Wollkleidung aus gekrempelter Wolle anfertigen. Mit ihrer Arbeit hilft sie ihrem Mann zu sparen.«* Cato hatte dabei seine Mutter, die Gattin eines reichen Latifundienbesitzers, der in erster Linie mit Sklaven arbeitete, vor Augen und nicht die Frau eines Kleinbauern, die in Ermangelung von Hilfskräften mit ihrem Mann auf dem Felde arbeitete und – wenn Zugtiere fehlten – sich selbst vor den Pflug spannte, wie es noch in armen Gegenden Europas im vorigen Jahrhundert üblich war.

Nach Ansicht der Wirtschaftshistoriker leisteten Frauen seit Urzeiten die Mehrarbeit in der Landwirtschaft, ja, sie sollen die eigentlichen Initiatoren der Feldbestellung gewesen sein. Ein sumerischer Mythos aus dem dritten Jahrtausend schildert die Zeit vor der Schöpfung des Menschen: Bis dahin mußten die Götter von Sumer ihre

Dieses wunderschöne attische Gebrauchsgeschirr aus Ton mit intimen Szenen aus dem Alltag wurde hauptsächlich als Weihe- und Grabbeilage hergestellt. Hier eine Frau beim Spinnen auf einem (Oinochoe) Henkelkrug um 490 v. Chr. aus einem Grab in Athen. (Britisches Museum, London)

Speisen selbst erarbeiten und hatten weder satt zu essen noch satt zu trinken. *»weil sie Aschnan* (die Patronin des Getreides) *und Uttu* (die Patronin der Webkunst) *noch nicht gebildet hatten«.* Weil diese noch nicht erschaffen waren, kannten die Götter *»nicht das Brot, um sich zu ernähren, nicht die Kleidung, um sich zu bekleiden, aßen Gras rupfend wie die Hammel, tranken das Wasser der Gräben wie Vieh . . .«* Da erst erschufen die Götter für das mühselige Geschäft der Arbeit den tätigen Menschen, damit er sie ernähre und für sie arbeite. Bezeichnend ist, daß es im sumerischen Mythos Frauen sind, Aschnan und Uttu, die die Bodenbestellung und die Webkunst erfanden.

Spinnen und Weben

Mythen und Sagen aller Völker bezeichnen Spinnen und Weben als das älteste Handwerk der Menschheit. Bereits aus der Jungsteinzeit (Neolithikum), als der Mensch noch in Höhlen hauste, wurden neben Feuersteinmessern auch Spinnwirtel, Spindeln und Webegewichte als ältestes Werkzeug der Menschheit gesichert. In klassischer Zeit trug man im feierlichen Hochzeitszug einer Braut Spindel und Rocken voran, um sie an ihre künftigen Pflichten zu erinnern. Als Symbol der nie endenden Arbeit besingt Homer das Schaffen der Penelope, der treuen Gattin Odysseus', des Königs von Ithaka; Tag und Nacht sitzt sie am Webstuhl, und was sie am Tage webt, trennt sie des Nachts wieder auf.

Das wichtigste Möbelstück neben Bett und Herd war in jedem bürgerlichen Haushalt der Webstuhl, und zwar bereits in homerischer Zeit der stehende Webstuhl mit den für die senkrechte Spannung der Kettfäden erforderlichen Tonwirteln. An einem Breitwebstuhl mußte im Gehen gearbeitet werden, und Homer sagt sehr anschaulich, daß *»Penelope den Webstuhl beschreitet«*.

Penelope am Webstuhl, dieser war so breit, daß sie, wie Homer es anschaulich schildert, diesen »beschreiten« mußte. Die schöne treue Gattin des Odysseus wob 20 Jahre an einem Leichentuch, um die sie bedrängenden Freier abzuhalten, nachts trennte sie die tagsüber gewebten Fäden wieder auf, um die Arbeit hinauszuzögern. (Attisches Vasenbild)

Schmalwebstühle ermöglichten das Arbeiten im Sitzen. Die komplizierte Bildweberei erforderte großes Können und außerordentliche Geduld und Aufmerksamkeit. Leichter war es, das fertige Textilstück durch Sticken zu ornamentieren, wozu man auch gestanzte oder geschnittene Goldplättchen benützte. Die Frauen erreichten, wie Museumsstücke beweisen, eine erstaunliche Meisterschaft. Bezeichnend dafür ist die Sage von der eingebildeten Lydierin Arachne, Tochter des Färbers Idmon von Kalophen; sie forderte die Göttin Athene, Patronin weiblicher Handfertigkeiten, zum Webewettkampf heraus. Die Göttin nahm an, tauchte aber zunächst als alte Frau auf und ermahnte die dreiste Lydierin zur Bescheidenheit. Arachne antwortete mit Beschimpfungen und Trotz. Tatsächlich gelang es ihr im Wettstreit, schöner und schneller zu arbeiten als Athene. Da wurde die Göttin zornig; sie zerriß die Arbeit der Rivalin und verwandelte diese in eine Spinne.

Auf den griechischen Vasenbildern sind spinnende Frauen edel, anmutig und heiter gezeichnet. Geschickt und leicht handhaben sie die Spindel wie ein unterhaltsames Jo-Jo-Spiel. *»Früher«,* schreibt der Gesellschaftskritiker Lucilius (180 bis 102), *»gab es keine Eheprobleme, da waren die Hausfrauen bescheiden und wünschten sich nur eine Lampe am Webstuhl.«* Auch der ägyptische Weisheitslehrer Duauf aus der neunzehnten Dynastie spricht von *»früher«* als die Frauen, *»deren Rücken von Müdigkeit zerbrochen«* sind, noch in der engen fensterlosen Kammer, *»die Knie an den Magen geklebt, bis tief in der Nacht, wenn alle bereits schlafen, am Webstuhl bei brennendem Öllicht weiter arbeiten«.*

Das altägyptische Hieroglyphenzeichen für Spindel bedeutet zugleich »hinzufügen«. Die Frau mußte »früher« durch Spinnen und Weben zum Einkommen der Familie »hinzufügen«. Hochgeschätzt war nur die bienenfleißige Frau. Semonides aus Samos (um 700 v. Chr.) zählt in seinem »Weiberspiegel« 100 verschiedene Frauentypen auf, von denen er nur einen als gut bezeichnet. Diese selten zu findende Frau – *»wer die hat, der hat ein seltenes Glück«* – vergleicht er mit einer Biene; *»wie diese ist sie fleißig bei der Arbeit und mehrt das Vermögen«.* An dem Ertrag ihrer Hausarbeit, an den verkauften Webstücken wurde ihr Nützlichkeitsgrad gemessen.

Noch heute wird im Orient eine Frau auf dem Heiratsmarkt nach ihrer Nützlichkeit bewertet. Dr. Nagel berichtet aus Afghanistan, daß der Brautpreis für eine einfache Bauerntochter, die nur Haus- und Feldarbeit kennt, viel niedriger ist als der für eine junge Turkmenin, die weben und Teppiche knüpfen kann. Er betrug 1979 um 7500 Mark. Dafür muß ein Afghane bei den niedrigen Einkommensverhältnissen bis zu seinem 30. Lebensjahr sparen.

Ähnliche Tugendideale besingt das »Lob der wackeren Hausfrau« in der Bibel, das Friedrich Schiller so begeisterte und zum Nachdichten anregte. Es lautet: *»Ein wackeres Weib, wer findet es? Sie hat weit höheren Wert als Korallen und gewinnt das Vertrauen ihres Gatten*

Spinnerinnen aus aller Welt. a) Eine ägyptischen Sklavin beim Flachsspinnen um 1900 v. Chr. aus Beni-Hasan. b) Eine babylonische Königin spinnt in hockender Stellung, während ihr die Dienerin Luft zufächelt. Für die Sklavin war Spinnen ein Arbeitsmuß, für die Aristokratin ein Zeitvertreib.

Herz, des Gewinnes ermangelt er nicht. Bienenfleißig werkt sie mit Wolle und Flachs und schafft mit arbeitsfreudigen Händen. In der Dämmerstunde, noch bei Nacht, steht sie auf, richtet ihrer Familie die Speise und bestimmt das Tagewerk für die Mägde. Vom Lohn ihrer Arbeit kauft sie einen Acker, vom Ertrag ihrer Hände einen Weinberg. Unermüdlich kraftvoll regt sie die Hände am Webstuhl, und auch bei Nacht erlischt ihre Lampe nicht, und schafft weiter mit ihren Fingern am Rocken und an der Spindel. Nicht Kälte noch Schnee fürchten ihre Leute, denn sie tragen doppelte Gewänder von feinstem Linnen und Purpur, das sie gewebt und genäht. Oben im Stadttor, wo ihr Mann im Rat der Ältesten sitzt, ist er durch sie geachtet, und ihre Söhne preisen sie glücklich.«

Die große Ausbreitung der Textil-Heimindustrie – im südlichen Judäa die Wollwarenherstellung, im nördlichen Galiläa die Leinenherstellung – ist reichlich bezeugt. Welchen Umfang das Webegewerbe in den galiläischen Dörfern, die auch für den Export arbeiteten, annahm, geht aus einem Notstandsgesetz hervor; es verbot, mehr als einen Webstuhl zwischen vier Wänden aufzustellen, auch wurde eine maximale Tagesleistung festgesetzt, die 215 Gramm Leinenwaren nicht überschreiten durfte. Das Textilgewerbe war großen Konjunkturschwankungen ausgesetzt. Bei schlechten Hanfernten – daraus wird Leinen hergestellt – wurden in Galiläa unter nervenzerreißendem Lärm Bittprozessionen durchgeführt wie bei einem großen Unglück.

Die Galiläer stellten auch in großem Umfang feinsten Byssus her. Im Britischen Museum in London wurden Leinenstreifen vom Gewand einer Mumie laboratorisch untersucht. Der Faden des Gewebes war so fein gesponnen, daß er bei einer Länge von 90 Kilometern nur 500 Gramm wiegen würde. Die »Byssus« genannten hauchdünnen, fast durchsichtigen Musselingarne waren noch viel feiner. Man stellte fest, daß 500 Gramm 408 Kilometer Fadenlänge ergaben, d. h., ein Gramm Baumwollfaser wurde zu 816 Meter langen hauchdünnen Fäden ausgesponnen. Eine Meisterleistung, die heute ohne Maschineneinsatz nicht nachzuahmen ist!

Die Tempel als Großunternehmen

Die ersten Textilgroßunternehmen entstanden bereits um 3000 in den Tempeln von Sumer. Laut Urkunden wurden die Arbeitsgänge spezialisiert und vervollkommnet. Es gab Hanfschälerinnen, Wollwäscherinnen, Spinnerinnen, Buntweberinnen, Stickerinnen, Gobelinwirkerinnen, Teppichknüpferinnen, Zeltbahn- und Vorhangweberinnen und hochqualifizierte Byssusherstellerinnen. Die Tempel unterhielten Fachschulen; die Ausbildung zu einer erstklassigen Bildweberin oder Byssusverarbeiterin dauerte fünf Jahre. Am schwierigsten zu erlernen war die Herstellung von mit Gold- oder Silberfäden durchwirkten Mustern. Dazu mußte das Edelmetall ganz dünn aufgehämmert, in feine Streifen geschnitten und danach in Fäden gezogen werden. Die Kunstweberinnen wirkten goldene, silberne, blaue und purpurne Fäden zu phantasievollen Mustern zusammen. Wie schwer diese Arbeit gewesen ist, geht daraus hervor, daß die Tempelverwaltungen von einer Meisterin der Bildwebekunst nur eine Tagesleistung von fünfzehn Zentimetern verlangten.

Zunächst wurde nur für den kultischen Eigenbedarf gearbeitet, für die Ornate der zahlreichen Priester, für Vorhänge und Teppiche im Tempel und für Zelte für den Pilgerbetrieb. Daher erhielt jeder Tempel ein Drittel der weiblichen Kriegsgefangenen. Sie wurden als Tempelsklaven für die »niederen« Dienste eingesetzt. Bald hatten die Sumerer eine Überzahl an Arbeitssklaven und eine den Eigenbedarf weit übersteigende Produktion an Webwaren, so daß die Verwaltungen den Überschuß vor den Tempeln auf »Messen« an Pilger verkaufen mußten. Damit konzentrierten sie auch den gesamten Großhandel in ihrer Hand. In der Frühzeit, als es noch keine Münzwährung gab, nur Naturalientausch, benötigte der Großhandel weite Räume zum Aufstapeln seines »Kapitals«, eine Bedingung, die die Vorratskammern der Tempel vortrefflich erfüllten.

In den sumerischen Tempellisten um 3000 werden außer Textilarbeiterin noch zahlreiche andere Frauenberufe aufgeführt: Gärtnerin, Töpferin, Bäckerin, Bierbrauerin, Milchverarbeiterin, Kalkbrennerin, Torfstecherin, Salzsammlerin, Friseuse, Sängerin, Zimbelschlägerin, Verwalterin und Schreiberin. In dieser ältesten, langen Berufsliste der Frauen fällt insbesondere die Schriftkundige auf. Vielleicht – das ist eine kühne Vermutung – war eine Frau aus der Tempelverwaltung die Erfinderin der Schrift? In Sumer wurde Nisaba als »Göttin des Brotkorns« und »Göttin der Schreibkunst« verehrt. Mit der Erfindung des Ackerbaus sicherte Nisaba nach sumerischem Mythos der Menschheit die Nahrung und mit der Erfindung der Schrift den kulturellen Fortschritt. Hier ist nicht der Ort, die lange Entzifferungsgeschichte der Keilschrift, die von den Sumerern vor 5000 Jahren erfunden wurde, vorzutragen, die erst seit 1849 Schritt für Schritt ihre Geheimnisse preisgeben mußte, aber so viel sei gesagt, daß die Hunderttausende von aufgefundenen Tonschrifttafeln uns ein umfassendes Bild vom wirtschaftlichen, politischen und kulturellen Leben vermitteln. Und sie berichten auch, welche wichtige und anerkannte Stellung die Frau darin einnahm. Die ältesten aufgefundenen Urkunden und Aufzeichnungen sind knappe Wirtschaftsnotizen der sumerischen Tempelverwaltung; z. B. steht auf Henkeln von Opferkrügen: »Inhalt: soundsoviel Öl«, oder auf einer Tonscherbe ist vermerkt: »Soundsoviel von dem und dem (abgeliefert).« In Sumer waren die Verwalter der Tempel Frauen, ebenfalls die Schreibkräfte, die die Bücher führten. Aus Urkunden von Nippur, Larsa, Schurrupak, Ur, Uruk und Lagasch sind hohe Priesterinnen namentlich bekannt, die durch Handels- und Finanzgeschäfte das gesamte Wirtschaftsleben dieser Stadtstaaten beherrschten, denn die Tempelverwaltung übernahm auch das Bankwesen, um die Naturalien bzw. Edelmetallspenden produktiv anzulegen. Privatpersonen, die verschuldet waren und ein Darlehen brauchten, mußten sich an den Tempel wenden.

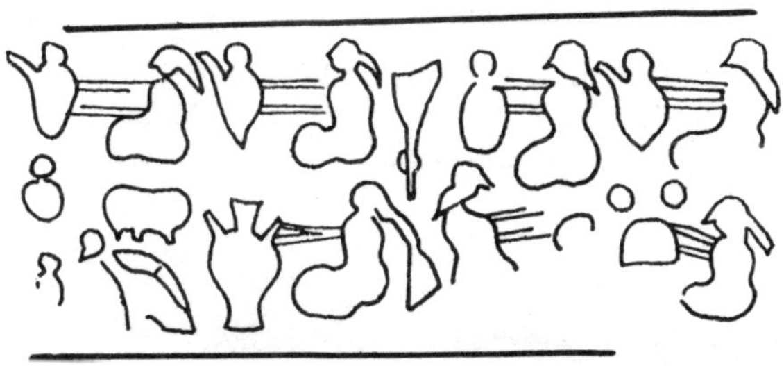

Fabrikmäßige Herstellung von Tongefäßen in einem Tempelbetrieb in Sumer. Auf diesem Bild, Abdruck eines Rollsiegels um 3300 (!), sind nur Frauen abgebildet. Die erste Keramik, die in Vorderasien gefunden wurde, stammt etwa aus 12 000 und 3300. Es ist nach Ansicht vieler Forscher möglich, daß die Töpferei eine weibliche Erfindung ist, da die steinzeitlichen Jäger die Herstellung von Geräten, außer von Waffen, den Frauen überließen.

Das tolerante Volk der Sumerer, das im vierten Jahrtausend mehrere Stadtstaaten in Mittelmesopotamien (heute Irak) gegründet hatte, ist uns nur durch die aufgefundenen Tempel-Keilschrifttafeln bekannt. Um 1800 v. Chr. wurden die Sumerer von den Akkadern bezwungen. Die Akkader übernahmen und verwandelten die reich ausgestatteten sumerischen Tempelbauten und verbannten daraus den weiblichen Einfluß. Die Großunternehmen, der Großhandel, die Marktaufsicht und die Banken gingen in die Hände der amoritischen Könige über; ihnen unterstand nicht nur die Produktion, sondern auch die Einfuhr von Rohstoffen. Der amoritische Herrscher bzw. der Staat war – ähnlich wie in den heutigen sozialistischen Staaten – der größte Produzent und Handelsunternehmer.

Bedeutender Anteil am Wirtschaftsleben

Die Griechen hatten aus aristokratischem Dünkel eine distanzierte Einstellung zur Arbeit. Die Standesehre verbot es einem feinen Mann, seine Hände zu beschmutzen. *»Nur ein Verarmter«,* sagt Aristophanes, *»muß seine Frauen und Mädchen in Ermangelung von Sklaven als Arbeiterinnen verwenden.«* Aber er darf ja nicht selbst Hand anlegen! Xenophon, sein philosophischer Zeitgenosse, führt ein bezeichnendes Beispiel an: Einer seiner aristokratischen Studienkollegen namens Aristarch (beide waren Schüler des Sokrates) *»verlor bei politischen Unruhen sein Vermögen«.* Daß seine Schwestern durch Arbeit den Lebensunterhalt verdienen sollten, lehnte er aus Standesdünkel ab. Der Hunger brach seinen Stolz. Die Mädchen fertigten in Heimarbeit Webstücke für einen Stoffgrossisten an. Sie aßen zu Mittag während der Arbeit und nahmen das Nachtmahl erst nach der Arbeit, wenn das Öllicht erlosch, ein. Daraufhin mußte der Adlige von Sokrates, seinem Lehrer, der selbst von einer plebejischen Hebamme abstammte, eine Rüge einstecken: *»So bist du der einzige im Haus, der ißt, ohne zu arbeiten.«*

Arbeit galt den aristokratischen Griechen in der Gesetzmäßigkeit ihrer Sklavenhaltergesellschaft als Schande. Freie überließen sich ganz der Muße, nur Unfreie und Verarmte mußten in Großbetrieben arbeiten. Auf einem Terrakotta sind Frauen dargestellt, die nach dem Takt von Flötenmusik für einen Großbetrieb Brotteig kneten. (Louvre, Paris)

Die Römer machten einen gravierenden Unterschied in der moralischen Bewertung eines Klein- und eines Großbetriebes. Verächtlich war nur jenes Gewerbe, das die *eigenen,* geachtet jenes, das *anderer* Hände beschmutzte. Oder mit Ciceros (104 bis 45) Worten: *»Jedes Kleingewerbe, welches nicht viel einbringt, ist schmutzig, dagegen ein Großunternehmer, der die Arbeitskraft zahlreicher anderer in Kapital umzusetzen versteht, ist wichtig für die Nationalökonomie und deshalb ein zu ehrender Bürger.«* Er führt als Beispiel an: Ein Gerber, der täglich selbst Urin von Tieren und Menschen für seine Werkstatt sammeln muß, steigt abends stinkend und schmutzig ins Ehebett. Ein Lederwaren-Großunternehmer, der ein Heer von Sklaven zum Urinsammeln und für die Lederverarbeitung beschäftigt, wird in jeder Gesellschaft geehrt und ist rein.

Eine Spezialhändlerin für Wildbret und Geflügel in Rom mit einer Kundin. Marmorrelief aus der Kaiserzeit. (Museo Tortonia, Rom)

Nicht nur das »schmutzige« Gewerbe der Ein-Mann-Hausweberei, auch den Kleinhandel überließen Griechen und Römer den Sklaven, Freigelassenen und Frauen. Streng den Männern vorbehalten waren die Gewinnung, die Produktion und der Vertrieb von Metallen, Metallwaren und Waffen. Textilherstellung und Verkauf aber blieben bis zur Zeitenwende den Frauen und Mägden überlassen. Erst durch den internationalen Massenbedarf im ersten nachchristlichen Jahrhundert drangen Männer in diesen wichtigen Berufszweig ein.

In Israel herrschten ganz andere ökonomisch-soziale Verhältnisse als in Hellas. Hier gab es keine Heloten, keine unterdrückte Urbevölkerung und keine Massensklaverei. Das überwiegend steppenartige Land, in dem es, wie Friedrich Rückert formuliert, *»mehr Steine gab als Brot«*, zwang die alten Hebräer im Gegensatz zu den Griechen zur allgemeinen Wertschätzung der Arbeit. In dem bereits erwähnten biblischen Gedicht »Lob der wackeren Hausfrau« heißt es: *»Ja, ihr Gewerbe gedeiht... Prachthemden macht sie und verkauft sie dem Händler.«*

Jedoch nicht direkt: Die Händler in Jerusalem – zumeist kanaanäische und phönizische Kaufleute, da die religiösen Bestimmungen den Israeliten den Kaufmannsberuf verboten – wußten mit schlauen, süßen Worten die Frauen nicht nur zu leichtsinnigen Käufen, sondern auch zur Sünde zu verleiten. Jesus Sirach, ein Weisheitslehrer aus Jerusalem (um 150 v. Chr.), ermahnt: *»Ein Kaufmann kann sich schwer vor Unrecht hüten und ein Krämer vor der Sünde. Wie ein Nagel in der Mauer zwischen zwei Steinen steckt, so dicht steckt auch die Sünde zwischen Käufer und Verkäufer.«* Dem entspricht im »Lob der wackeren Hausfrau«, daß die Frau ihre Waren nicht auf dem Markt selbst verkauft, sondern zum Grossisten bringt, den erzielten Gewinn bzw. das eingenommene Kapital aber selbst verwaltet und es klug in Immobilien, in Äckern und Weinbergen anlegt. Letzteres beweist eine weitgehende Selbständigkeit der Frau im Wirtschaftsleben. Die selbständige Unternehmerin bricht mit dem traditionellen Sichabschließen im Hause und übernimmt es nun, den wirtschaftlichen Bestand der Familie zu sichern. Sie muß organisieren, disponieren, handeln, schöpferisch tätig sein; sie muß sich nicht mehr auf das tägliche Einerlei des Kochens und Putzens beschränken, ihr Leben gewinnt einen anderen Sinn, ihre Mühe den verdienten Lohn. Mit der Mitgift geht eine gewisse Emanzipation der Frau einher, zunächst nur im wirtschaftlichen Bereich, nachdem das fortschrittliche Gesetz der Frau erlaubte, ihr eingebrachtes und später selbstverdientes Vermögen zu verwalten. Durch ihr produktives, selbständiges Handeln tritt die Frau in Kontakt zur Außenwelt und durchbricht das Tabu, die von der Allgemeinheit geforderte Isolation der Frau. Nachweisbarer Ausdruck beruflicher Eigenständigkeit sind Siegelabdrücke, die die Namenszüge ihrer weiblichen Besitzer tragen. Allerdings bestanden die Alten darauf, dem Streben der berufstätigen Frauen einen Riegel vorzuschieben; jede Frau, auch eine Siegel- und Unterschriftsberechtigte, mußte einen Rechtsvertreter als Vormund anerkennen, der seine zusätzliche Unterschrift unter jedes Dokument setzte. *»Wenn man die beruflichen Ergebnisse der Frau beurteilt«*, schreibt Simone de Beauvoir, *»und von hier ausgehende Schlüsse auf die Zukunft ziehen will, darf man diese Zusammenhänge nicht aus dem Auge verlieren. Inmitten einer gequälten Situation, durch die Lasten ihres Frauentums gebunden, tritt sie ihre Laufbahn an. Es ist immer hart, ein Neuankömmling zu sein, der sich durch eine mißtrauische Gesellschaft zu bahnen sucht, trotz ihres Erbteils an der weiblichen Vergangenheit und der Interessen an ihrer eigenen Zukunft.«*

Die relative Selbständigkeit der berufstätigen Frau trat aber erst in hellenistischer Zeit unter dem Einfluß der Ägypter auf. »Das Lob der wackeren Hausfrau« stammt erst aus dieser Epoche, etwa um 150 v. Chr. Aus Ägypten ist ein besonders anschauliches Beispiel bekannt: Um 250 v. Chr. berichtet ein Papyrus aus Fajum, einer Oase südwestlich von Kairo, wo in großen Plantagen Baumwolle angebaut wurde, von einer griechischen Großgrundbesitzerin, die ihre Farm selbst verwaltete, über Anbau und Ernte bestimmte und eine eigene Transportflotte für ihren Baumwoll- und Weinexport besaß.

Damit hatte die Wirtschaftsentwicklung, die mit dem primitiven Hausbetrieb der Frau für den Eigenbedarf der Familie begann, durch besondere befähigte Frauen ihren Höhepunkt erreicht; Frauen konnten – wie einst die ägyptische Königin Hatschepsut – eine eigene Handelsflotte unterhalten.

Zwei berühmte königliche Geschäftsfrauen

Königin Hatschepsut von Ägypten (1490 bis 1468) gilt als die bekannteste königliche Handelsunternehmerin des Altertums. Ein richtiges Mannweib! Bei Staatsempfängen trug sie nach Männerart einen angeklebten kurzen Bart. Doch die Königin war auch eine kluge Frau. Als junge Witwe hatte sie die Regierung übernommen und die blutige imperialistische Politik ihres Vaters Thutmosis I. aufgegeben. Das von ihm erbeutete Vermögen verwandte sie für die friedliche wirtschaftliche Entwicklung ihres Reiches. Ägypten erlebte unter ihrer 22 Jahre währenden Regierung einen ständig wachsenden Wohlstand. Ihr Nachfolger ließ alle schriftlichen Aufzeichnungen über sie und sämtliche Denkmäler von ihr vernichten, ihre Statuen zerschlagen, ihren Namen auslöschen und ihre Regierungszeit der seinen zurechnen. Aus einem einzigen Grund: um einer Frau keinen königlichen Nachruhm zu lassen. Erhalten blieb nur der von ihr selbst erbaute imposante Tempel in Der el-Bahari. Die Wandgemälde darin verewigen das wichtigste Unternehmen ihrer Regierung, die erfolgreiche Handelsexpedition in das geheimnisvolle Land Punt an der afrikanischen Somaliküste.

Um die bis dahin unbekannte Route zu sichern, mußte die Königin zunächst eine Kriegsflotte ausrüsten, um das Rote Meer, die Anlaufhäfen und das Hinterland von Piraten und Räubern zu säubern. Die Handelsflotte, die sie erbaute, bestand unter anderem aus Frachtern von 25 Meter Länge mit 10 Meter hohen Segeln – eine für die damalige Schiffstechnik erstaunliche Leistung. Nachts zog man damals die leichtgebauten empfindlichen Segelschiffe aus Angst, der Sturm könne sie zerschellen, ans Land. Die arabischen Dschunken benötigten für die Überquerung des Roten Meeres bis zu 1½ Jahren, weil sie sich nach den Winden, die ein halbes Jahr nach Norden und ein halbes Jahr nach Süden über das Rote Meer wehten, richten mußten. Schiffstransporte waren deshalb riskant und kostspielig; sie zu wagen

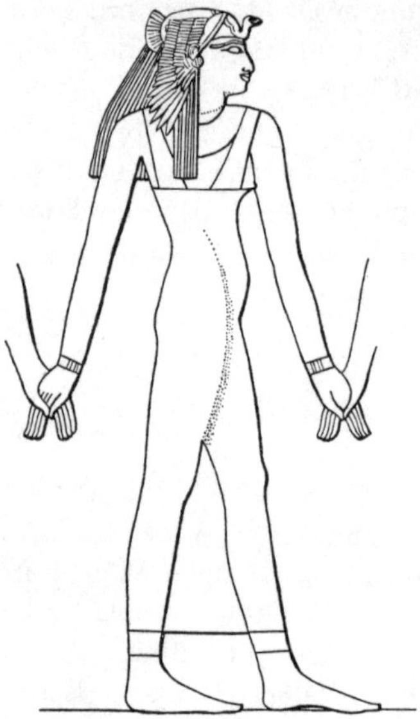

Die Regierungszeit der ägyptischen Königin Hatschepsut wird als Höhepunkt der wirtschaftlichen und politischen Machtentfaltung des Neuen Reiches angesehen. Sie ließ die mit ihr schwangere Mutter Achmes als göttliches Wesen darstellen, um selbst als Göttin verehrt zu werden. (Relief um 1480 v. Chr. vom Hatschepsut-Tempel in Deir-el-Bahari)

erforderte Mut und Unternehmungsgeist. Die abenteuerliche Expedition der ägyptischen Königin hatte sich, wie die Wandbilder zeigen, über alle Erwartung gelohnt. Sie brachte sowohl aus Ostafrika wie aus dem westlichen Arabien kostbare Luxusgüter, die hohe Gewinne abwarfen: Gold, Silber, Zimt, Elfenbein, edle Hölzer, Leopardenfelle, Affenhäute, Myrrhen- und Weihrauchbäume. Weihrauchharz war ein unerschwinglich teurer Exportartikel aus Arabien, teurer als Gold. Es wurde in allen östlichen Mittelmeerländern bei religiösen Riten verbrannt. Laut Herodots Bericht verräucherte man an einem Festtag im babylonischen Marduk-Tempel Weihrauchharz im Wert von 1000 Talenten. Für den Einkauf dieses aromatischen Naturproduktes mußten die Frachten der Hatschepsut auf ihrer Reise auch Häfen in Südwestarabien anlaufen, Heimat der zweiten berühmten gekrönten Handelsunternehmerin, der aus der Bibel bekannten Königin von Saba.

Der österreichische Forschungsreisende Eduard Glaser machte es am Anfang unseres Jahrhunderts zu seiner Lebensaufgabe, nach den Spuren jener exotischen Frau zu suchen, die ihn, wie er in seiner Autobiographie gesteht, *»durch ihre sagenhafte Vergangenheit mit unwiderstehlichem Reiz anzog. Mein Sinnen und Trachten war, den Schleier des Geheimnisses, der das Bild dieser Königin verhüllte, zu lüften.«* Als Wegweiser dienten ihm außer der legendären Bibelaussage

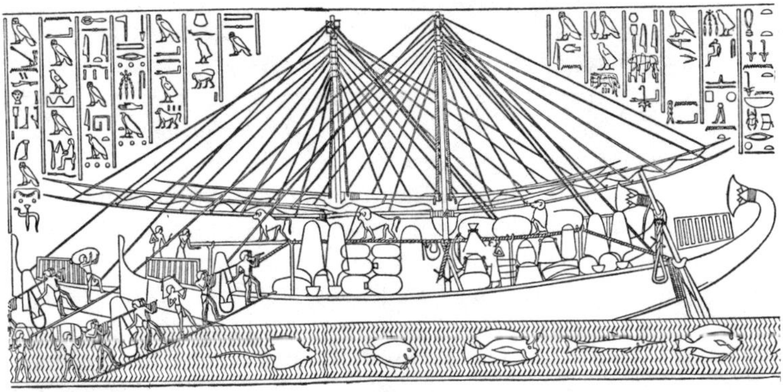

Zwei Handelsschiffe der Königin Hatschepsut werden in Punt vor der Rückreise mit kostbaren exotischen Gütern beladen. (Relief um 1480 v. Chr. vom Tempel Deir-el-Bahari)

die exakten geographisch-wirtschaftlichen Angaben der antiken Naturwissenschaftler Plinius und Strabo. *»Die Sabäer«,* schreibt Plinius, *»sind das mir bekannte reichste Volk. Ihren Reichtum verdanken sie insbesondere der Fruchtbarkeit ganzer Völker von Weihrauchbäumen ... Ihre Hauptstadt heißt Marib und liegt im Zentrum der Weihrauchplantagen, von denen jede eine Länge von zwanzig Schoinen (etwa acht Kilometer) und eine Breite von zehn Schoinen hatte.«* Vom griechischen Reiseschriftsteller Strabo konnte Glaser weitere Einzelheiten erfahren: Das Land Saba wurde des öfteren von Priesterköniginnen und Heerbannführerinnen regiert und geleitet. Nach altem

Schuldschein aus dem 2. Jahrhundert der Babeta aus Jerusalem, die ein Immobilien- und Bankgeschäft betrieb. Die geliehenen 12 Statern und 2 Denaren mußten mit »gesetzlichen Zinsen« zurückgezahlt werden. »Sollte die Schuld zum bestimmten Termin nicht vollständig zurückgezahlt werden, steht das Recht der Exekution einem jedem, der dieses Chirographon vorlegt, zu. Der Schuldner haftet dafür mit all seinen Gütern.« Dieser Schuldschein wurde in einem Aktenbündel in einer Höhle am Toten Meer gefunden.

matriarchalischem Recht bildeten die Frauen die Oberschicht. In ihren Plantagen arbeiteten nur männliche Sklaven. Diese mußten, wie Strabo ausdrücklich betont, *»rein leben, keineswegs mit Frauen geschlechtlich verkehren, noch an Begräbnissen teilnehmen. Das alles nur, damit die religiöse Fiktion den Preis der Ware in die Höhe treibe.«* Die kaufmännische Tüchtigkeit der südarabischen Königinnen ging so weit, daß ihre Handelsexpeditionen im Osten bis nach Indien reichten und im Mittelländischen Meer nach Westen vorstießen. Eine der Königinnen von Saba hieß Bilqis aus Marib. Ob es die biblisch bezeugte Königin war, konnte Glaser trotz 400 Inschriften, die er entdeckte, nicht feststellen. Die historische Bilqis war bei weitem nicht so friedlich wie ihre ägyptische Kollegin, die Königin Hatschepsut. Nach arabischer Tradition war sie gleichzeitig Königin und Heerbannführerin; sie begleitete ihre Karawanen mit einem bewaffneten Kamelreitercorps durch die Wüste, um den wichtigen Binnenhandelsweg von Arabien bis zur Mittelmeerküste zu sichern. Ob Bilqis, alias Königin von Saba, diesen weiten Weg nur zurücklegte, um dem für seine Weisheit weltberühmten König Salomo in Jerusalem Rätselfragen zu stellen, oder ob sie ihn durch militärischen Druck zwingen wollte, ihre Karawanen gegen Gewinnbeteiligung sein Land passieren zu lassen, das konnte Glaser nicht feststellen.

Siegel

Die greifbarsten Beweise für das selbständige Unternehmertum der Frau geben uns die bereits erwähnten, zu Tausenden erhaltenen, aus Halb- oder Edelstein geschnittenen Siegel. Manchmal tragen sie nur Namenszüge, aber oft sind es kleine Kunstwerke. Was ist ein Siegel? Das Wort kommt vom Lateinischen »Sigillum« (Bild, Zeichen). Das Siegel wurde zum Unterzeichnen von Urkunden verwendet. Im frühen Altertum aber war es gleichzeitig ein Standeszeichen. In Babylon und Assur stolzierten hohe Herren mit Keule oder Stock (dem späteren Spazierstock), mit Strick und Siegelring, der an einer Halskette getragen wurde, durch die Straßen, um der Masse zu zeigen, daß sie die adligen Herren waren. Den königlichen Beamten dienten die zylinderförmigen Rollsiegel, ein bis sechs Zentimeter groß, dazu,

Siegelabdruck einer Judäerin um 700 v. Chr. Er trägt die Inschrift: »(Siegel) der Alid, Mutter des Hamanel.« (Israel-Museum, Jerusalem)

Urkunden und Sendschreiben zu beglaubigen sowie Gefäße und Verschlüsse zu sichern. Die Steuerbehörden plombierten damit z. B. Krüge. Siegelberechtigt waren nur anerkannte, geachtete Bürger und hohe Amtspersonen.

In Ägypten gelangten die Skarabäen zu besonderem Ruhm. Zunächst wurden sie von hohen Beamten in Mesopotamien auch als gewöhnliche Siegel benutzt. Erst später erhielten sie als magisches Amulett eine außergewöhnliche Bedeutung. Die Unterseite trug die Unterschrift oder Inschrift oder ein schützendes Zeichen, entsprechend dem Zweck des Skarabäus oder Siegelzylinders. *»Es wäre interessant«,* schreibt Jean Yoyotte, *»einmal die Hinweise zusammenzustellen, die uns die Siegel und Skarabäen für das wirtschaftliche, gesellschaftliche und religiöse Leben des Altertums geben.«*

Der Onomastik (Namenkunde) geben die Siegelabdrücke einen vollständigen Überblick über die gängigen Personennamen. Sie wurde in letzter Zeit besonders von israelischen Forschern eifrig betrieben. Dabei fielen ihnen zahlreiche Siegel mit Frauennamen auf. Sie zeigen laut U. Türk *»das Bestreben, der Frau eine möglichst unabhängige, nicht vom Mann aus bestimmte Stellung einzuräumen ... Sie gleichen absolut nicht dem Bild, das man sich von der hilflosen, abgesperrten orientalischen Frau macht.«* Die Forscher teilen die Siegel weiblicher Personen in drei Klassen ein: Die Siegel der ersten Klasse bezeichnen die Siegelinhaberin als »Frau des Soundso« und weisen darauf hin, daß die Frau ein selbständiges Unternehmen mit Zustimmung ihres Mannes leitete und eigenverantwortlich unterschreiben besiegeln durfte. Die zweite Klasse umfaßt Siegel, die die »Tochter des Soundso« nennen. Davon wurden die meisten gefunden; sie wurden von unverheirateten Frauen benutzt. Die dritte Klasse der Siegel, die nur selten vertreten ist, benennt die »Tochter der Soundso«. Sie drücken mit Stolz aus, daß bereits die Mutter der betreffenden unverheirateten Frau eine siegelberechtigte Unternehmerin war und ihren Betrieb der Tochter vererbte. Alle Siegel dieser drei Klassen stammen aus den Jahren 900 bis 600 v. Chr., als Israel und Judäa von Königen regierte autonome Staaten waren. Aus der judäischen Kolonie in Elephantine, Ägypten, sind aus der Zeit von etwa 550 bis 400 v. Chr. Steuerlisten erhalten. Eine davon zählt nicht weniger als 32 weibliche Unternehmerinnen auf, die laut U. Türk in Ägypten *»eine bemerkenswerte, fast unumschränkte Rechtsfähigkeit besaßen«.*

Daß es auch in Griechenland und Rom tüchtige Unternehmerinnen gab, ist selbstverständlich. In Pompeji wurden auf Hauswänden Firmenschilder von Frauen entdeckt. So gab es z. B. eine Immobilienfirma Julia Felix, die Läden und Wohnungen vermietete.

7. DAS BILD DER FRAU

Vom Fellumhang zum Pelzmantel

Der Urmensch trug ein Tierfell über die Schulter geworfen, teils zur Tarnung, teils zum Schutz gegen Kälte. Kleidung als kulturelle Errungenschaft tritt uns zum erstenmal in sumerischen Darstellungen entgegen. Die Mode entstand – in Anlehnung an das neandertalische Tierfell – als Fellimitation aus gekräuselter, langfaseriger Wolle. Ist es vielleicht ein Urinstinkt, der Frauen heute gerne kostbare Pelzmäntel tragen läßt? Aus den kürzeren und längeren Fellimitationen entstand bei den Babyloniern, Assyrern und Aramäern das hochgeschätzte, langgeknüpfte, bis an die Fußknöchel reichende Fransengewand, ein Modell, das von Männern und Frauen mehrere Jahrtausende lang getragen wurde. Einen Unterschied zwischen männlicher und weiblicher Mode gab es nicht.

Entwicklung der Frauenmode: Sumerin um 3000 in einem Fellimitationsrock und griechische Priesterin um 600 v. Chr. im langen Chiton mit Überhang. Jede Mode zeigt augenfällig den jeweiligen Kulturstand, zugleich Freiheit oder Rückständigkeit ihrer Träger.

Ein Archäologe und Textilfachmann stellte nach vergleichenden Untersuchungen fest, daß es in der östlichen Mittelmeerwelt in den Tausenden Jahren, die zwischen dem Schurzfell und dem Ärmelkleid liegen, keine extremen Modeschwankungen und nur 40 Grundmodelle gab. Die langsame Entwicklung der Mode entspricht der Entwicklungsgeschichte der Menschheit, die erst ganz allmählich von einer »Tiergemeinschaft« zur »Kultur« fand. *»Mode«,* schreibt Verena Zinserling, *»ist ein Mittelding zwischen Kunst und Notwendigkeit, wo sich die schöpferische Phantasie am hautnächsten gibt, der Zeitgeschmack in seinen feinsten Schwankungen Gestalt gewinnt und auch weltanschauliche Konfessionen zum Markt getragen werden. Kleider machen Leute, wenn auch nicht Persönlichkeiten. Ihr eigentlicher Sinn aber ist, die Schönheit und Eigenart der Menschen hervorzukehren.«*

Aus dem Fellumhang der Primitiven entwickelte sich das wollene Fransenwickelkleid der Sumerin und der Akadin (um 1850 v. Chr.).

Die Frau weiß von jeher, daß man sie nicht nur nach ihrer natürlichen Erscheinung, ihrem Charakter oder Geist bewertet, wenn man sie betrachtet; auch aufgrund ihrer Toilette wird sie beurteilt, eingeschätzt, geachtet und begehrt. Die Kleidung ist der Spiegel ihres Selbst, aber auch der Spiegel ihrer Freiheit.

Die ägyptischen Frauen trugen zunächst leichte Wickeltücher »oben ohne«, einfach um die Lenden gewickelt, im Alten Reich bereits leinene, tief ausgeschnittene Trägerkleider mit langen Achselbändern, so daß ein Teil der Brüste frei blieb. In der Neuzeit wurde daraus ein verführerisches, faltenreiches Oberkleid aus Byssus in vielerlei Pastelltönen oder in blendendem Weiß, die weiblichen Formen mehr betonend als verhüllend. Die luftige Kleidung der Ägypterin war nicht nur dem heißen Klima gemäß, sondern sie war auch Ausdruck der freien Stellung der Frau. Anders in Mesopotamien, wo das strenge Sittengesetz von den Frauen plumpe, bis zu den

Ägypterin mit Trägerrock »oben ohne« und ägyptische Mutter mit Wickelkleid.

Knöcheln reichende Sackkleider und verhüllende Schleier forderte! Die freie Stellung der Frau unterstreichen auch die Kleider der Kreterin und Spartanerin. In Kreta trugen die Frauen lange, gemusterte Kleider mit schmaler Taille, die die Brüste völlig frei ließen.

Das Kleid der Spartanerin war an der Seite offen, damit sie kräftig schreiten konnte. Ibykos verspottete diese Mode, »die die Hüften schamlos zeigt«.

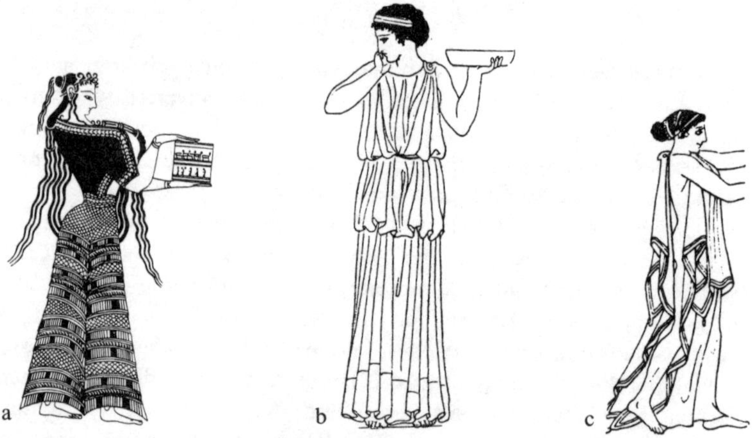

a b c

a) *Kreterin* mit stark tailliertem, gemustertem langen Gewand und offener Brust. b) *Athenerin* im gerafften Chiton. c) *Spartanerin* in einem umgürteten Gewand mit durchgehender Öffnung an der rechten Seite.

Kleid einer babylonischen Königin mit kunstvoller Stickerei oder Applikationen. Sie trägt auf dem Kopf eine Haarkrone, »neser«, die auch Bräute und adlige Damen trugen. (Unten) Teilstück ihres Rockes mit reicher Plissur und Fransenenden.

Wie kam es zu Modeschwankungen oder zur Modeentwicklung in Griechenland, dem Land, aus dem uns die meisten Zeugnisse erhalten sind? Die regnerische Jahreszeit mit Schneefällen im Hochland verlangte von den archaischen Griechen und Griechinnen Wollmäntel, die man »Peplos« nannte. Es waren dicke, viereckige Wolltüchter, die man nachts auch zum Zudecken verwendete. Sie wurden einfach über die Schultern gelegt und mit einer Nadel oder Fibel zusammengesteckt. So fiel das Tuch in breiten Falten am Körper herab, manchmal von einem Gürtel in der Taille zusammengehalten. Auch die spätere Zeit hielt am Peplos fest, nur war er in lebhafteren Farben gehalten und mit bunten Borten besetzt.

Erst als die Griechen den Orient kennenlernten. kam Bewegung in die starre einheimische Mode. Durch Reise- und Expansionsdrang in die östlichen Länder brachten die Kaufleute, die die Heere begleiteten, neue, raffinierte und kostbare Webwaren mit nach Hause. Aus dem Peplos wurde der gleichartig geschnittene, aber festlichere Pharos, der dieselbe Entwicklung vom schlichten Umhangtuch zum feinen Chiton nahm. Der Name »Chiton« kommt vom orientalischen »Keton« und bedeutet »aus Baumwolle«. (Der Begriff hat sich im englischen »Cotton« noch erhalten.)

Seit dem Zug Alexander des Großen nach Indien kannten die Griechen die »Baum«wolle. Herodot berichtet von Bäumen, auf denen Wolle wächst, aus der die Inder ihre Kleider machten. Aus

Persien brachten die makedonischen Soldaten die aus China importierte mattglänzende Seide mit, die zu horrenden Preisen vermarktet wurde. Seidenkleider galten als sündhafter Luxus. Um 16 n. Chr. versuchte ein römisches Gesetz, das Tragen von Seidenkleidern zu unterbinden. Aus Damaskus wurde der hauchdünne Musselin importiert, der in Rom »gewebte Luft« hieß.

Der Krieg ist der Vater aller Dinge – und die Mutter jeder Modeveränderung. Gegen den Trachtenwechsel in Athen nach den Perserkriegen protestierten um 420 n. Chr. sowohl der Stratege Thukydides als auch der Dichter Aristophanes. Der gewaltige Krieg hatte fast alle Lebensbereiche beeinflußt. Die Mode geriet in den Bann orientalisch-ionischer Sinnesfreude; sie war voller Eleganz und Festlichkeit und hatte ihre schlichte »alte« Bescheidenheit verloren. Jede Moderevolution ist nicht Folge sittlicher Auswüchse, moralischer Verwilderung, sondern gesellschaftlicher Umwälzungen nach schweren politischen Krisen. Das gilt für das alte Athen ebenso wie für das heutige Kairo. Kaum war dort nach dem Zweiten Weltkrieg der Schleier gefallen, trugen die Mädchen der Oberschicht gewagtere Miniröcke und hautengere Jeans als die Mädchen in Paris. Dagegen blieben die Fellachenfrauen in den entlegenen Dörfern der traditionellen arabischen Kleidung treu.

Den gleichen Unterschied in der Kleidung von Stadt- und Dorfbevölkerung beobachtete Josephus Flavius. Das Großbürgertum bevorzugte die griechische Mode, orientalisch angereichert. Die Damen Jerusalems führten die neuen Kleider im Theater vor, und die Zuschauer achteten mehr auf diese Pracht als auf die Wettkämpfe in der Arena. Josephus fügt hinzu: *»Dagegen muß man sich die galiläischen Bäuerinnen in langen, einfachen archaischen Mantelkleidern vorstellen.«*

Die sittliche Entrüstung über jede Modeerneuerung, die alle ewig Gestrigen seit Evas Feigenblatt zeigen, ist nicht neu. So schreibt der

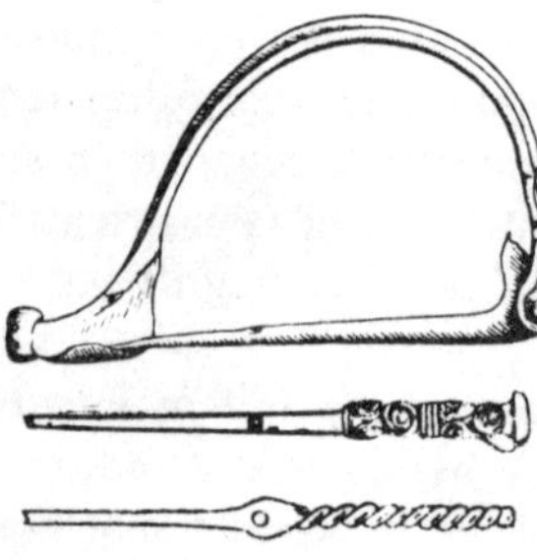

Die Kleider bestanden aus einem ungenähten Stück Stoff ohne Knöpfe oder Schnallen; sie wurden mit silbernen oder goldenen Fibeln und Schmucknadeln festgehalten. Die obere römische Fibel stammt aus dem 2. Jahrhundert n. Chr., die unteren Nadeln um 1500 v. Chr. (Israel-Museum, Jerusalem)

römische Philosoph Seneca (55 v. bis 39 n. Chr.): *»Mit den guten Sitten ist es vorbei! Das Kleiderlaster triumphiert! Tugend und Anstand sind tot! Die Menschheit wird immer schlechter! So sprach man zur Zeit unserer Väter, und wir wiederholen es heute, und morgen werden es unsere Kinder sagen.«*

Das »Selbstgeschneiderte« und alles Individuelle wurde in römischer Kaiserzeit durch lächerlich billige Konfektionskleidung verdrängt. Die Großbetriebe, die durch die Sklavenarbeiter billig produzieren konnten, überschwemmten die Märkte der Welt mit einer Art »Uniformmode«. Aus dem Anpassungswunsch wurde der Anpassungszwang der Konsumenten.

Mode und Sittlichkeit

Eine strenge Tempelinschrift in Eleusis forderte von allen Frauen, die an den Mysterien teilnehmen wollten, ihre unmoralische Putzsucht zu zügeln und zum Gottesdienst *»nur schlichte, leinene Unter- und Oberkleider zu tragen, nicht mehr als 100 Drachmen wert, bei Mädchen nicht mehr als 60 und bei Sklavinnen nicht mehr als 50 Drachmen. Keine darf Goldschmuck oder Schminke oder ein Haardiadem oder eine kunstvolle Frisur tragen ... Wenn eine Gottesdienstteilnehmerin Unerlaubtes trägt, soll es der Frauenaufseher* (!) *nicht gestatten, sie bestrafen und das Verbotene einziehen; es soll den Göttern verfallen.«* Dieselbe Forderung als Protest gegen die verderbte griechisch-römische Gesellschaft, deren Putzsucht in der gesamten östlichen Mittelmeerwelt nachgeahmt, ja, überboten wurde, erhob das paulinische Urchristentum. Es sah in der Mode ein Werk des Teufels, der mit Bijouterie und Haute Couture Neubekehrte vom rechten Weg abzubringen suchte. Keine Frau durfte in der Kirche ohne Schleier erscheinen. Heute ist er duftiges Hochzeitssymbol, mit dem sich Bräute schmücken. Vielleicht würden die jungen Mädchen ihn nicht tragen wollen, wenn sie wüßten, daß der Schleier im alten Orient als Zeichen der Unterordnung auch im paulinischen Sinne galt; die verheiratete Frau war verschleiert, ein noch lediges Mädchen nicht. Zur Zeit Hammurapis, um 1700 v. Chr., goß man einer verlobten oder verheirateten Frau, die sich mit »unbedecktem Haupt« öffentlich sehen ließ, heißes Pech über den Kopf oder schnitt ihr die Ohren ab. Noch in römischer Zeit erwartete Frauen, die sich ohne Haube oder Schleier »schamlos« auf die Straße wagten, harte Strafen, sogar Verbannung. C. Sulpicius Gallus (69 bis 26), Politiker, Dichter und strenger Moralist, verstieß seine Ehefrau, weil sie es wagte, ohne Haube auszugehen. Er selbst hatte eine Geliebte namens Kytheris, die er in vier Elegien-Bänden als Lyeoris – mit und ohne Schleier – feierte.

Philosophen der Antike behaupten, daß Moral und Sitte bei den Völkern verschieden waren, daß sie nicht einem menschlichen Gefühl entsprangen, sondern Wandlungen der Zeit und Gesinnung unterworfen waren und auch Ortsbräuche repräsentierten. Die in Babylon und Ägypten religiös fundierten Sitten galten in Griechenland als barbarisch, und umgekehrt. In Griechenland selbst gab es die verschiedensten und gegensätzlichsten Gebräuche. In Sparta trugen die Frauen hochgeschlitzte Kleider und erlaubten den Mädchen, nackt mit den Knaben Sport zu treiben. Das lehnten die Athener entrüstet als unmoralisch ab. Von daher betonten die Philosophen sowohl im Hinblick auf die Mode als auch im Hinblick auf die Sittlichkeit die Relativität menschlicher Bewertungen wie »gut« und »schön« und »häßlich« und »böse«.

Der Schmuck

Wie Schönheit und Harmonie, so bildeten im klassischen Sinn Kleidung und Schmuck eine vollendete Einheit; eines ergänzte das andere. Schon Homer wußte es: *»Als Anchises sie* (Aphrodite) *sah, da faßte ihn wunderndes Staunen über ihr Aussehen. Ihre lichten Gewänder, die hell wie Feuer erstrahlten, trug sie umwunden mit Schmuck und leuchtendem Ohrgehänge. Ihren zarten Nacken umschlag ein köstliches Geschmeide, und über den zarten Brüsten glänzte es gleich dem Monde, ein Wunder zu schauen.«* Die Schönheits- und Liebesgöttin Aphrodite hieß im alten Orient Astarte, und jeder verliebte Mann sah in seiner »vergötterten« Geliebten eine edelsteingeschmückte Aphrodite oder Astarte. Im Ugarit-Epos bittet Danel den König Pabil mit folgenden Worten um die Hand der Prinzessin: *»Gib mir Hurrija* (deine Tochter), *sie ist schön wie Astarte, ihre Haare schimmern wie Lasurstein, ihre Augenlider sind wie eine Schale mit Rubinen geschmückt. El, der Menschenvater, hat sie mir (als Braut) bestimmt.«* In Ugarit, der Handelsstadt im heutigen Syrien, gehörten zur Aussteuer einer Prinzessin im zweiten Jahrtausend v. Chr., ausreichende Garderobe und der dazugehörige Schmuck. In einer Liste werden 204 Kleidungsstücke, dazu verschiedene goldene Schmuckstücke von insgesamt 15 (in Worten: fünfzehn) Kilo Gewicht, aufgezählt. Das Bedürfnis, sich zu *schmücken,* ist so alt wie die Menschheit. Der Schmuck diente nicht nur dazu, den Träger durch die funkelnde Pracht hervorzuheben, sondern er war zugleich Amulett, der magische Schutz des Trägers;

auch Männer waren mit reichlichem Schmuck behängt. So war es bereits in den frühesten Epochen der Menschheit, als die Wilden fellbekleidet in Höhlen hausten.

Zu den schönsten Kunstarbeiten zählt eine Halskette aus winzigen Antilopenknöchelchen, die in einer steinzeitlichen Höhle am Karmel (Israel) gefunden wurde. Sie ist 12 000 Jahre alt. Mit der Bearbeitung von Edelmetallen seit 2500 v. Chr. setzte eine beachtliche künstlerische Entwicklung des Schmuckes ein. Um 1928 entdeckte der englische Ausgräber L. Woolley in den Königsgräbern von Mugajjar (das alte Ur) den Schmuck der Königin Schubad, ein Meisterwerk kunsthandwerklicher Vollendung. Das fast 4500 Jahre alte Geschmeide fasziniert noch heute jeden Betrachter. Die Ägypter, die an das Leben im Jenseits und an die Wiedergeburt glaubten, legten ihren

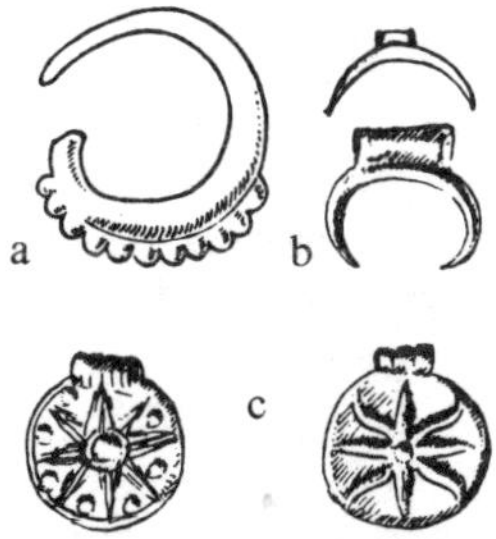

Der Schmuck jeder Art diente außer dem Schmuckbedürfnis reicher Damen auch als magisches Amulett für alle Schichten, so wurden in der Frühzeit kosmische Zeichen bevorzugt: a) Nasenring, b) Ohrringe in Mondform, c) Anhänger mit babylonischen Sternzeichen. (Israel-Museum, Jerusalem)

geliebten Toten in Gold gefaßte Kostbarkeiten mit ins Grab. Bereits die ältesten Pyramiden bei Sakkara um 2750 enthielten als Grabbeilage Schmuckstücke erlesener Schönheit, wahre Wunder der Kunst und des Geschmackes: Armreifen, Colliers, Perlen, Ketten, Gürtel, Diademe und Haarnadeln, alles aus gediegenem Gold und mit Elfenbein, Amethysten und Türkisen eingelegt. Juweliere unserer Zeit, die diese Schätze untersucht haben, zollen ihren ägyptischen Kollegen aus dem Altertum die größte Hochachtung und räumen unumwunden ein, solche Spitzenleistungen heute trotz fortschrittlicher Technik nicht mehr erreichen zu können.

Auch in Griechenland, insbesondere in den Schachtgräbern von Mykene aus dem zweiten Jahrtausend vor unserer Zeitrechnung, sind kostbare Ziergegenstände und Goldschmuck als Grabbeigaben der frommen Hinterbliebenen gefunden worden. Die Griechen der Frühzeit und Klassik begnügten sich mit Juwelen von schlichten Formen; das entsprach den allgemeinen Vermögensverhältnissen, die eine stärkere Konzentration von Reichtum vermissen ließen. Erst die

Ansprüche vermögender Gesellschaftsschichten mit der wachsenden Vermögensanhäufung in der Spätzeit ermöglichten eine Verfeinerung der Goldschmiedearbeiten.

Griechische Goldkette mit Pflanzenmotiven um 1400 v. Chr. Bereits in den Schachtgräbern von Mykene aus dem 2. Jahrtausend wurden zahlreiche Schmuckstücke jeder Art, wahre Wunder der Kunst und des Geschmacks, gefunden. (Nationalmuseum, Athen)

In Rom behängte sich manche Schöne mit ihrem ganzen Vermögen aus Gold, Edelsteinen und importierten Juwelen. Den größten und deshalb am meisten gerügten Luxus trieben die Frauen mit Perlen. Ohne Zweifel waren die Preise für Perlengehänge sehr hoch. Seneca sagt wohl ohne Übertreibung, daß Frauen zuweilen zwei oder drei Besitztümer in den Ohren trugen. Servilia, die Mutter des Marcus Brutus, erhielt von Julius Cäsar eine Perle im Wert von sechs Millionen Sesterzen (etwa vier Millionen D-Mark). Lollia Paulina, die Gemahlin des Kaisers Claudius, soll laut Plinius Schmuck im Werte von 40 Millionen Sesterzen getragen haben. Durch Vorzeigen von Dokumenten konnte sie beweisen, daß dieser Schmuck nicht ein Geschenk ihres kaiserlichen Gemahls, sondern ein Familienerbstück war. Genauer gesagt, stammte es aus den Plünderungen, die ihr Großvater M. Lollius im Orient verübt hatte.

Kosmetik

Ein altägyptisches Kosmetikrezept beginnt mit dem vielversprechenden Satz: *»Verwandeln einer Alten in eine Junge.«* Das verstanden die Ägypterinnen im wörtlichen Sinne: Schönheit bedeutete für sie ewige Jugend. Gräberfunde wie Schminktöpfe, Salbenreiben, Alabaster, Augenstifte und Handspiegel als Beigaben geben eindeutige Auskunft über den Wunsch der Frauen, auch im Jenseits ihre Schönheit zu bewahren. Wahrscheinlich haben Forschungsteams des amerikanischen Kosmetikkonzerns Helena Rubinstein Geheimrezepte in den Gräbern der Nofretete oder der Kleopatra gefunden. Doch auch ohne raffinierte Kosmetikkunst standen die Ägypterinnen in dem Ruf, die schönsten Frauen der Welt zu sein. Der kassitische König Kadaschman-Enlil I. (um 1320 v. Chr.) warb um eine Enkelin der

Nofretete, und als er eine abschlägige Antwort erhielt, schrieb er enttäuscht: *»Warum handelst Du so an mir? Es gibt ja genug schöne Töchter in Ägypten. Such mir eine Schöne nach Deinem Gefallen aus. Hier* (in Babylon) *wird keiner merken, daß sie nicht von königlichem Geblüt ist.«*

a b

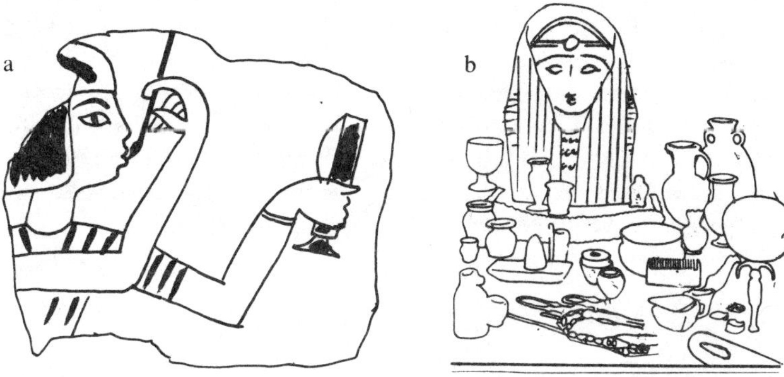

Das Schminken war aristokratische Pflicht, sogar Männer schminkten sich. Wer sich nicht schminkte, fühlte sich nackt. a) Ägyptische Prinzessin schminkt sich vor einem Handspiegel. b) Ägyptischen Aristokratinnen legte man ihre kosmetischen Utensilien mit ins Grab, um für die Ewigkeit schön zu bleiben (um 1200 v. Chr.).

Die Begegnung mit dem Osten gab der griechischen Kosmetik neue Impulse sowie wichtige Fachkenntnisse und exotische Rohstoffe. Bei der Pflege und Verschönerung nicht nur des Gesichtes, sondern des ganzen Körpers durch Bäder und Sport entfalteten die griechischen Frauen die größte Initiative. Vasenbilder geben reichlichen Aufschluß darüber, welche Sorgfalt die Frauen darauf verwandten. Schönheit bedeutete im Lande des klassischen Schönheitsideals Kultur; Häßlichkeit bzw. Ungepflegtsein bedeutete Barbarentum. Kosmetik und Körperpflege sind nach Platon wesentliche Voraussetzungen für ein menschenwürdiges Dasein und müßten daher Unterstützung durch den Staat finden. Der Talmud erlaubte der Frau, zehn Prozent des Haushaltsgeldes für Kleidung und Schmuck auszugeben. Der kosmetische Aufwand erfuhr in der Spätzeit bei allen zivilisierten Völkern eine Steigerung, die jeden Vergleich mit der Gegenwart aushält. Ein Fragment des Aristophanes enthält einen ganzen Katalog von »Schönheitsmitteln«; unter anderem werden genannt: Haarfärbemittel, Perücken, rote Schminke (Anchusa), Bleisulfid, Myrrhe, Bimsstein, Algenschminke, Augenschminke, Goldstaub und Goldschmuck fürs Haar, goldene Haarnetze, Haarspangen, Schönheitspflaster und unzähliges mehr, wovon wir heute nicht einmal den Namen wissen. Ovid, der frivole Berater des weiblichen Geschlechts (20 v. – 18 n. Chr.), nannte den Damen einige Mittel, womit sie ihre angeschlagene Schönheit auffrischen könnten: Eselsmilchkuren, Teigmasken, Perücken aus echtem blonden Germanenhaar, Ersatzzähne aus Elfenbein oder von Sklavenkindern, Salbe von Rhodos, die häßliche Runzeln und Furchen glätten und auf die welken Wangen »rosige Morgenröte« zaubern sollte. Keine Frau war bereit, sich dem Zwang der Zeit zu beugen und älter zu erscheinen, als sie sich im Herzen fühlte. Eine römische Matrone, die bereits ein sagenhaftes Alter erreicht hatte, schrieb an ihren in Rhodos stationierten Schwiegersohn: *»Schick mir eine Dose von der rhodischen Honigsalbe, die meinen Krähenfüßen an den Augen so gut getan hat.«*

Ohne Gesicht und Individualität

Bei jedem internationalen Schönheitswettbewerb in klassischer Zeit hätten die Griechen, führt man sich die lebendigen Modelle hinter den marmornen Skulpturen eines Praxiteles, Lysippos oder Pheidias vor Augen, zweifelsohne den ersten Preis erhalten. Alle diese jugendlichen Damen, zartgliedrig, schmalhüftig und anmutig, hatten vollkommen »ideale« Körperformen, die der Liebe dienten. Es waren Hetären. »Anständige« bürgerliche Frauen durften nicht Modell stehen. Die treibende Kraft der schöpferischen Künstler war das erotische Erlebnis; auf das Nachempfinden des Weiblich-Körperlichen in seiner ganzen faszinierenden Ausstrahlung legten sie alles Gewicht, aber das Gesicht, die einmalige Individualität ihrer Modelle, interessierte sie nicht, im Gegenteil, sie verwischten die Züge durch ein völlig regelmäßiges, leeres Profil. Die Hetären erscheinen – in Marmor geschlagen – wie göttliche Wesen, die sich hinter ihrer vollendeten Nacktheit verstecken – oder hinter den enganliegenden Faltenröcken, die »halb« verdeckten, um »alles« ahnen zu lassen; das Erotische des »beachtlichen Frauenkörpers« war den Künstlern wichtiger als Physiognomien.

Darunter verstanden die Griechen »eingegrabene Zeichen«, äußere Merkmale, an denen eine Person erkannt wird. Heute verstehen wir die Physiognomie als Ausdruck der charakterlichen Eigenschaften eines Menschen, die nur ihm eigentümlich sind und sein besonderes Wesen widerspiegeln; ein »fester Charakter« ist jener Mensch, der sich selbst treu bleibt und nach bestimmten Grundsätzen handelt. Ein amerikanischer Psychologe drückt es so aus: Jeder

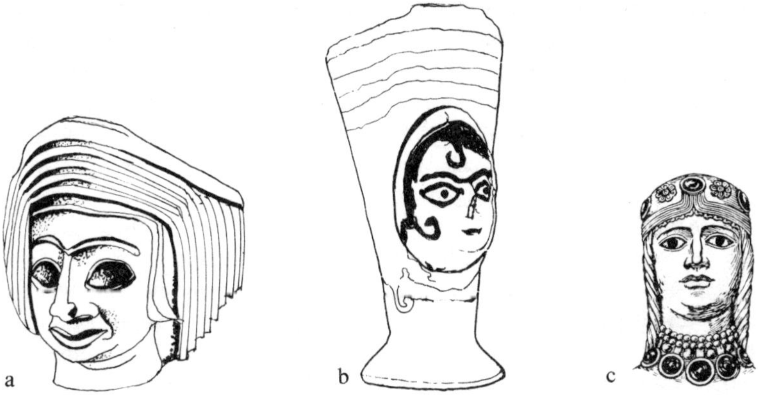

Eine Porträtstreue gab es in der antiken Kunst nicht, dennoch überraschen manche Gesichter durch individuelle Züge. a) Sumerin um 3000 aus Tell Agrab, b) Hethitische Kopfvase um 1250 v. Chr., c) Babylonische Königin um 650 v. Chr.

Mensch ist in gewisser Hinsicht wie *alle* anderen Menschen, wie *einige* andere Menschen und wie *kein* anderer Mensch. Kein Mensch gleicht dem anderen, jeder hat eine individuelle Eigenart. Zwar wußten die griechischen Künstler, daß jeder Mensch ein einmaliges, unverwechselbares, personales Wesen mit bestimmten geistigen und körperlichen Anlagen, Fähigkeiten und Eigenschaften ist, aber sie verwischten absichtlich jede Eigenart, um Allgemeingültiges zu schaffen.

Die differenzierenden Persönlichkeitsmerkmale leitet Hippokrates aus den verschiedenen Temperamenten ab; diese entstehen nach seiner Ansicht durch ungleiche Mischung der vier körperlichen Grundsäfte, nämlich des Blutes, des Schleimes (griechisch: »Phlegma«), der gelben und der schwarzen Galle (»Chole«). So unterscheidet er: Sanguiniker, Phlegmatiker, Melancholiker und Choleriker. Platon dagegen kennt nur drei Varianten. Den drei Ständen in seinem Idealstaat entsprechend – Lehrstand (Philosophen und Herrscher), Wehrstand (Krieger und Beamte) und Nährstand (Bauern und Handwerker) –, unterteilt er die Menschen in drei Schichten: Die unterste Schicht bilden die Triebmenschen, bei denen der Selbsterhaltungs- und der Sexualtrieb am stärksten ausgeprägt sind. Die zweite Schicht nennt er »Thymos«-Menschen; es sind die mit geradem, ehrlichem Durchschnittscharakter. Die oberste oder Herrenschicht ist die der geistig ausgerichteten Menschen.

Der Mensch lebt als Individuum, als Mann oder Frau, beide sind verschieden in ihren individuellen Anlagen, Eigenschaften und Fähigkeiten, genauso wie sie von ihrem Körperbau her und vielen damit gegebenen Tätigkeiten und Fähigkeiten ganz verschieden sind; deshalb machten andere Philosophen es sich leichter; sie teilten die Menschen in zwei spezifische Typen auf: den männlichen und den weiblichen – mit »typisch« geistig-seelischen, unauswechselbaren, verschiedenen Veranlagungen und Verhaltensweisen.

Aristoteles meint, es gebe nur einen Typ: den männlichen. Er deutet das Weibliche als negative Form: Die Frau ist Frau nur aus Mangel an Männlichkeit. Aus diesem Mangel entspringen ihre Schwäche, ihre Unausgeglichenheit und ihre Anfälligkeit. Das Biologische reichte für ihn und andere griechische Denker nicht aus, um eine Antwort auf die Frage zu geben: Warum ist die Frau »*das* Andere«?

Die Griechen sahen als Urwesen einen Hermaphroditen an, ein zweigeschlechtliches Wesen, das männliche und weibliche Charakterelemente in sich vereinte. Der Historiker Peion erwähnt einen doppelgeschlechtlichen Gott, Aphroditos. Er ist ein bärtiger Gott wie Zeus, der aber weibliche Körperformen und weibliche Geschlechtsteile wie Aphrodite hat. Seine männlichen Verehrer, die seinen Tempel in Zypern besuchen, tragen weibliche und die weiblichen männliche Kleidung. Die Sage erzählt von einem schönen Knaben, dem Sohn des Hermes, den die Nymphe Salmakis liebte. Sie trafen sich, als er an der gleichnamigen Quelle badete. Vergeblich bettelt Salmakis um die Liebe des schönen Jünglings. Als er in die Quelle steigt, um zu baden, umklammert sie ihn verzweifelt und erfleht von den Göttern unauflösliche Vereinigung mit dem von ihr Geliebten. So entsteht der Hermaphroditos, das zweigeschlechtliche Wesen. Auf seine (oder ihre?) Bitte hin geben die Götter dem Bächlein die Kraft, jeden badenden Mann zu verweiblichen und eine Frau zu vermännlichen. So kamen die Griechen zu der Vorstellung, daß kein Mann einen 100prozentig männlichen und keine Frau einen 100prozentig weiblichen Charakter besitzt. Zu der gleichen Erkenntnis gelangte 1903 der junge Wiener Sexualpsychologe Otto Weininger in seinem Werk »Geschlecht und Charakter«. Er sah zwischen dem theoretischen Extrem M (männlich) und dem Extrem W (weiblich) einen kontinuierlichen Übergang und bezeichnete Menschen, bei denen beide Geschlechtsprägungen zu gleichen Teilen vorhanden sind, als »Intersexuelle«. Frauen wie Medea, die von einer elementaren Energie sind, oder Frauen wie Sappho, die besonders auf geistigem Gebiet hervorragende Leistungen vollbringen, werden danach zu der Gruppe M gerechnet.

Die Polarität männlicher und weiblicher Charakterzüge, die in verschiedenen Graden in jedem Menschen liegt, beschäftigte auch den Schweizer Psychologen und Psychiater C. G. Jung, und er baute sie in seine Lehre von den Archetypen (Urbildern) ein. Das Männliche in der Frau bezeichnet er mit »Animus« und das Weibliche im Mann mit »Anima«. Entsprechend der physiologischen Tatsache, daß Mann und Frau jeweils auch Hormone des anderen Geschlechts haben, birgt jeder Mann in seinem Unterbewußtsein ein »inneres Weibliches«, jede Frau ein »inneres Männliches« in verschiedenen Graden in sich. Aus Anima und Animus entsteht die Polarität des Charakters mit positiven und negativen Schattierungen. Jung erzählt von einer Patientin, die sich als besonders zart, empfindsam und weiblich-weich empfand. Als der Arzt sie erstmals auf ihre männlichen Züge aufmerksam machte, sprang sie, entrüstet über diese ihr gänzlich verfehlt erscheinende Diagnose, auf und verließ den Arzt für immer. Die Wahrheit über sich selbst will niemand hören.

Wann wurde in der Antike »die Seele der Frau« entdeckt? Zum erstenmal tauchen physiognomisch-realistische Porträts sehr spät, erst um die Zeitwende, in Ägypten auf. Die Ägypter wandelten den ursprünglichen Brauch, das Kopfende des Sarges als Menschenantlitz zu gestalten, ab und legten dem Verstorbenen eine Maske, meist aus Holz oder Leinwand, auf das Gesicht; darauf waren die Züge des

Die Mumienporträts aus Fajum um 150 n. Chr. geben eine fast fotogetreue Wiedergabe der Physiognomie der Frau in der späthellenistischen Epoche. Der Gesichtsausdruck der meisten ist ernst und melancholisch, die schwerlidrigen Augen sind hervorgehoben, die sinnlichen Lippen kräftig unterstrichen. (Louvre, Paris)

Toten – etwas verjüngt – enkaustisch oder in Temperatechnik aufgemalt. Die Gesichter der Totenmasken gleichen in ihrem gesammelten Ausdruck und in ihrer klassischen Ruhe retuschierten Fotoporträts. Diese Sitte wurde hauptsächlich im griechischen Siedlungsgebiet ausgeübt; in Fajum wurden über 600 Mumienbilder aus dem 1. Jahrhundert vor bis zum 4. Jahrhundert nach unserer Zeitrechnung gefunden.

Aus den Frauengesichtern strahlt in der Regel niemals bewußte Heiterkeit. Stets spricht Melancholie aus dunklen, matten Augen, und der Beschauer ist fasziniert von der erschreckenden Lebendigkeit dieses Blicks. Die Frau, die von der Männerwelt zur Sprachlosigkeit verurteilt war, mußte mit ihren Augen zum Ausdruck bringen, was ihre Lippen verschwiegen. Obwohl uns fast 2000 Jahre von ihnen trennen, glauben wir, diese Frauen zu kennen. Trotz aller Retuschen drücken diese Porträts mehr aus als lange Lebensbeschreibungen. *»Man spürt«,* wie es ein englischer Ausgräber formuliert, *»bei allen eine Art heimwehkranker Insichgezogenheit, nirgends eine charakterliche Festigkeit.«*

Obwohl die Verstorbenen, die sich eine Totenmaske leisten konnten, den besseren Gesellschaftsschichten angehörten, spricht aus ihren verhüllten, uns anstarrenden Augen anklagend die Problematik ihrer Zeit und ihres Geschlechtes.

»Gepriesen sei der Herr, der mich nicht ... zu einer Frau machte«

Noch Homer schätzte die Frau als dem Manne gleichwertig ein. Er schildert sie in einer Weise, wie sie inniger gar nicht denkbar ist. Wo ist der Abschied zweier Gatten mit größerer Gemütstiefe dargestellt als in der berühmten Szene zwischen Hektor und Andromache? Als sie seine Hand ergreift, zittert in dieser Geste die ganze Besorgnis einer liebenden Gattin um das Leben des Mannes, der in den Kampf zieht und fühlt, daß sein Schicksal besiegelt ist. Und die anderen unvergeßlichen Frauengestalten des Dichters – Penelope, die treue Gattin, oder Nausikaa, das liebliche Mädchen, das den gestrandeten Odysseus rettet? Ihr wünscht der Gerettete einen Gatten, ein Haus und ein *»Zusammenleben in edelster Eintracht«*. Denn nichts ist besser, sagt Homer, als wenn Mann und Frau einträchtig in ihrem Hause leben, *»den Ihren zur Freude, sich selbst zum Glück«*.

Dann entstand – wo, wann und warum, das ist ungewiß – die Lehre, die Frau sei ein minderwertiges und bildungsunfähiges Wesen. Der Antifeminismus, der »die« Frau verallgemeinert und durch eine Zerrbrille beobachtet, kommt insbesondere in den späteren theologischen und philosophischen Schriften zum Ausdruck, und zwar nicht nur in Griechenland, sondern auch in der Bibel.

Noch in der Frühgeschichte der Hebräer begegnen wir hauptsächlich bewundernswerten Frauen, stolzen Patriarchinnen, selbstbewußten Hirtinnen, Richterinnen, Prophetinnen, Heerführerinnen; dann aber verschwimmt dieses positive Bild, und es entsteht eine allgemein abwertende Beurteilung der Frau. Diskriminierung der Frau par excellence gehörte trotz moralischem Aufputz zum »Glaubensbekenntnis« eines frommen Hebräers.

Die Hebräer und ebenso die Griechen lebten in dem geschichtlichen Bewußtsein, als Volk und Menschen einmalig zu sein und alle »barbarischen« Völker durch ihr Auserwähltsein zu überragen. Darüber hinaus glaubten die Männer in ihrer maßlosen Eitelkeit, den Frauen und jedem Ausländer überlegen zu sein. Der fromme Hebräer sprach täglich die Gebetsformel: *»Gepriesen sei der Herr, der mich nicht zu einem Heiden, einem Ungebildeten und nicht zu einer Frau machte.«* Der Mann allein besaß die Fähigkeit, sich geistig zu erheben und Gott zu erfahren. Die Frau war dem Irdischen verhaftet

Die Verspottung der Frauen gehörte als volkstümliche Belustigung zum festen Bestand in jede nichtpolitische Komödie. Von links: Der Spötter, das leicht zu betörende Mädchen, der Liebhaber als Herkules verkleidet und die glatzköpfige Alte als geschwätzige Kupplerin entsprachen der Grundauffassung des Publikums. (Römische Kopie)

und lenkte den Mann von der Hinwendung an alles Hohe und Heilige ab.

Das gleiche Überlegenheitsgefühl drückt Sokrates auf philosophische Art aus: *»Drei Dinge muß man dem Glück verdanken: daß man kein wildes Tier, sondern ein Mensch, ein Grieche und kein Barbar, ein Mann und keine Frau wurde.«*

Bei den Judäern galt Salomo als weisester König. Er soll den Ausspruch getan haben: *»Bitterer als der Tod ist das Weib.«* Fraglich ist, warum er tausend Frauen heiraten mußte; wollte er tausendfach sterben? Sokrates galt den Griechen als der Weiseste aller Denker, er äußerte sich ähnlich: *»Besser den Giftbecher (zu wählen) als Xanthippe.«*

»Xanthippe« bedeutet »Zankapfel«. Wenn Sokrates vor ihrem Wortschall auf die Straße floh, goß sie ihm einen Kübel Schmutzwasser vom Fenster des Oberstockes auf den Kopf. Seelenruhig sagte er darauf: *»Ich wundere mich nicht, auf den Donner folgt der Regen.«* Warum er es trotz aller ehelichen Auseinandersetzungen bei ihr aushielt, erklärte Sokrates seinen Schülern mit den Worten: *»Wer einmal ein wildes Pferd zugeritten hat, der kann alle Pferde zähmen; so ist mir durch den Umgang mit ihr der Umgang mit allen Menschen leicht geworden.«*

Diese häßlichen Anekdoten hat Xenophon (430 bis 354) zu Unrecht der Xanthippe angedichtet. Platon, der Übermittler von Sokrates' Lehre und Biographie, kennt sie nicht. Die von Xenophon verzerrt gezeichnete Xanthippe erreichte unsterblichen Ruhm – bis in unsere Gegenwart. Die Antike war überzeugt, nicht nur die Frau des Sokrates, alle Frauen sind Xanthippen. Alle antiken Komödien übertreffen sich in derben Frauenwitzen nach Art des Kasernenhumors, weil sie den Mann – der Großteil der Zuschauer waren Männer – in seinem Überlegenheitsgefühl abstützen, seine Potenzphantasie nähren und seinen Zynismus gegenüber dem Konsumgut »Frau« ausdrücken.

Alle attischen Bühnendichter stellen nur das Erotische dar, sie werden nicht müde, die Allgewalt der Liebe in ihrer Doppelnatur – höchste Seligkeit und brennendes Leid – in immer neuen Varianten zu schildern. Die Männer, lechzend nach Seligkeit, stellen die lichten, die nur Leid verursachenden Frauen die schwarzen Charaktere auf der Bühne dar. Auch ehrbare Bürgerfrauen denken im geheimen nur an Liebesintrigen und Ehebruch. Sie sind alle Hetären, oder wurden vielleicht die Frauenrollen nur von Hetären dargestellt? Die hellen männlichen Charaktere als Diener des befruchtenden Gottes und der Chor des Satyrspieles trugen, um das Groteske zu steigern, einen aus Leder gearbeiteten weit sichtbaren Phallus. Die deftigen Späße auf Kosten der Frauen sollten das Verlangen des Publikums nach derber Kost befriedigen, aber unverständlich bleibt, daß auch die griechischen Literaten und Denker sich dem allgemeinen Zeitgeist des Antifeminismus anschlossen, da sie im Intellekt hochmütig eine reine Männersache sahen.

Es ist befremdend, wie griechische Philosophen es fertigbrachten, aus der bürgerlichen Form von Liebe und Ehe alle persönlichen Gefühle weitgehendst zu verdrängen und die Frau, wie es Nietzsche nennt, zu einem »pflanzlichen Vegetieren« zu verurteilen. Das

Anderssein der Frau erklärt Aristoteles, sonst ein fortschrittlicher Geist, folgendermaßen:

»Die Frau ist Frau durch das Fehlen männlicher Eigenschaften. Wir müssen das Wesen der Frau als etwas betrachten, was an einer natürlichen Unvollkommenheit leidet.« Die Unterordnung der Frau entspreche laut Platon der Natur und komme als geschichtliche Ordnung in der staatlichen und gesellschaftlichen Struktur zum Ausdruck. Menander, sonst ein positiver Frauenbeurteiler, rutschen die bösen Worte aus: *»Unter den seltsamen Tieren, die Land und Meer beleben, ist das scheußlichste Tier in Wahrheit das Weib.«* Hipponax aus Ephesos scheint aus böser Erfahrung zu urteilen: *»Es gibt nur zwei Tage, an denen du Freude an deiner Frau hast, am Hochzeitstag und an ihrem Begräbnis.«* Im »Weiberspiegel« übt Semonides von Amorgos (um 650 v. Chr.) – als Tierfabel aufgeputzt – scharfe Kritik an den Frauen. Er analysiert zehn Typen von Frauen und vergleicht sie mit stinkenden, trägen, gehirnlosen, boshaften, kläffenden, gefräßigen, putzsüchtigen und läufigen Tieren. Ausgenommen sind bei ihm nur jene Frauen, die fleißig wie die Bienen unermüdlich arbeiten, mit Spinnen und Schneidern das Familienvermögen vermehren und die das Haus aufs gründlichste putzen.

Das ist nur eine sehr beschränkte Auswahl von Aussprüchen jener Männer, die im Pantheon des Geistes thronten. Enthüllungen über die weibliche Natur gehörten ebenso zur Mode der philosophischen Zirkel wie zum eisernen Repertoire jeder Männergesellschaft. Seit Urzeiten lieben es die Männer, bei der Betrachtung der weiblichen Psyche zu verallgemeinern. Aus kollektivem Argwohn sprechen sie von »den« Frauen im Plural. Oder hatte die latente Misanthropie in der griechischen Literatur und Philosophie, die die Frau – im Gegensatz zur idealisierenden Darstellung in der erotisch gesteuerten plastischen Kunst, die die Frau zum göttlichen Objekt, zum Mittelpunkt der Anbetung erhob – ganz irdisch, kritisch und nüchtern sah, andere Gründe? Vielleicht entsprang sie aus tiefverwurzelter Frauenangst den homosexuellen Neigungen der Griechen? Oder propagierten die Intellektuellen »die Macht des Weibes«, um ihre ihnen selbst nicht bewußte Flucht vor der Frau zu verdecken? Sie ist der Sündenbock für alle Unzulänglichkeiten des Lebens und der Welt:

»Denn die Frau trägt an allem großen Unheil dieser Welt Schuld ...« Oder wie es Baudelaire ausdrückt: *»Ich kann mir eine Schönheit ohne ein damit verbundenes Unglück gar nicht vorstellen.«* Bei dem großen Tragiker Euripides gibt es oft genug eine mehr oder weniger latente Konfrontierung der Geschlechter, und nicht selten gewinnt man den Eindruck, daß das weibliche Geschlecht als stärke-

res gezeichnet ist. Nicht nur auf das Erotische zielt das selbstbewußte Wort, das er einer seiner Frauengestalten in den Mund legt: *»Vergeblich schießt der Männer Tadel sein Geschoß, der Spitze bar, und redet von den Frauen schlecht. Denn sie sind besser als die Männer, sage ich.«*

Und welche sind nach Euripides' Meinung kluge Frauen: *»Jene, die mit ihrem Mann in Innigkeit verschmelzen. Wenn der Gatte unschön ist, dann muß die Frau für schön ihn halten, denn nicht das Auge soll entscheiden, sondern der Verstand. Was immer er auch schätzt, muß sie es hinnehmen und als gut gesagt rühmen. Auch muß sie forschen, was im Liebesbund Genuß ihm bringen kann. Was immer auch geschieht, gemeinsam muß an Schmerz und Freud' sie nehmen ihren Teil.«*

Nein, die Erniedrigung und Beleidigung der Frau, die es im alten Orient ebenso wie in Griechenland gab, hatte tiefere Gründe als männliche Homosexualität und Frauenangst: Sie entsprang religiösen, nennen wir es mystischen Motiven, deren Ursachen in der Vorzeit angesiedelt waren. Diese Vorstellungen schlossen die Erotik ein und bekämpften sie auch wieder. Erotik ist das Naturgesetz des Werdens und die Urquelle der Religion. Von ihr gehen gute und schlechte Ausstrahlungen aus. Das Schlechte stellen die Frauen dar...

8. EROTIK

»Herzenserhebung«

Mit kritischen Augen sah der Mann der Antike auf seine Ehefrau, mit verliebten Augen auf seine Freundin oder jede fremde Frau. Der Babylonier nannte es eine »Herzenserhebung«, wenn er eine fremde Frau im Tempel besuchte. Eine »Herzenserhebung« besonderer Art war es, wenn zum höchsten Feiertag, dem Neujahrsfest, er das gewaltige siebenstufige Marduk-Heiligtum besuchte, andächtig und mit stockendem Atem die »Heilige Hochzeit« des Königs mit der Hohenpriesterin im obersten Stockwerk verfolgte und dasselbe Zeremoniell mit einer Tempelsklavin gegen Entgelt wiederholen durfte. Unter »Herzenserhebung« verstand er Gebet, Kult und Opfer der tätigen Liebe. Der orientalische Mensch – intensiv und leidenschaftlich dem Leben zugeneigt – verlangte von seiner Religion neben Erbauung des Geistes durch Verehrung des Übermächtigen auch eine Erbauung der Sinne durch Kontaktnahme mit dem Heiligen. Das Leben ist kurz, schwer und mühevoll; die Zukunft liegt im dunkeln, deshalb muß man die seltenen Feststunden mit Gesang, Tanz und »Herzenserhebungen« anreichern.

Das Gilgamesch-Epos, vor ca. 3300 Jahren entstanden, erhält deshalb den Rat: *»Fülle dir den Bauch, ergötze dich bei Tag und Nacht, bereite täglich dir ein Freudenfest ... Beglückt sei jede Frau an deiner Brust, denn solches alles ist der Menschen Lust.«* Gilgamesch hat der irdischen und der himmlischen Liebe, letzterer im Tempel von Uruk, reichlichen Tribut gezollt. Die Tempelsklavinnen der Liebe kannte er sehr gut und teilte sie in drei Klassen ein: die Šamhati, Kezrēti und Harimati. Was die drei Klassen im hierarchisch-strengen System unterschied, konnte bis jetzt noch nicht erforscht werden. In Kleinasien und Israel trugen die Tempelsklavinnen den Sammelnamen »Qedoscha« (»qadistu« oder »qadiltu«), das bedeutet »Gottgeweihte«; in Griechenland hießen sie »Hierodulen«.

Erotisch-kultische Szenen erscheinen bereits auf den ältesten Darstellungen Mesopotamiens. Dieser Stempelsiegel stammt aus Sumer (Tepe Gawa) um 3500. Darauf ist ein Liebespaar in enger Umschlingung auf einem Altar sitzend zu erkennen, rechts von ihnen eine Schlange.

Den Tempelprostituierten fiel die Aufgabe zu, der Menschheit durch »anbetende« Liebe Zivilisation zu bringen. Gilgamesch engagierte eine Geweihte, um den wilden Enriku zu zivilisieren, ihn Sitte und Anstand zu lehren und den Verwilderten durch ihre Liebe den gesitteten Gefilden der Menschen zuzuführen. Bei seinem Tode verflucht Enriku das Mädchen für diesen Dienst, den sie ihm gegen seinen Willen erwiesen hatte. Dafür wird er vom Gott Schamasch gerügt, er habe das wahre Wesen der geweihten Gottesdienerinnen nicht begriffen; denn kultische Prostitution bedeutete opfernde Hingabe an die Gottheit, und wer mit diesen Frauen verkehrte, diente damit der Gottheit. Das bedeutet eher »Herzenserhebung«.

In der Religion gibt es kein Fragen, nur eine absolute Bereitschaft, zu glauben und zu dienen. In Babylon gab es spezielle Tempelschulen, in denen klösterlich lebende Mädchen für ihre spezielle Aufgabe in Tanz, Gesang, Saitenspiel, kultischen Verrichtungen sowie in der Kunst der Liebe unterwiesen wurden. Dank ihrer Bildung genossen sie einen hohen Ruf. Auch die Göttinnen Inanna, Nintu, Istar, Anat u. a. wurden laut Herodot ehrfurchtsvoll mit dem Empitheton »Himmelshierodule« bezeichnet. – In Babylon gab es begüterte Hierodulen aus den besten Familien; sie konnten heiraten und den Status einer legitimen Ehefrau einnehmen. Nur durften sie als geweihte Frauen keine Kinder empfangen. Entweder brachten sie für diesen Zweck eine Leibmagd in die Ehe mit, oder sie adoptierten Kinder.

Die sakrale Prostitution und die naiv-ungehemmte Sinnesfreude der Tempelbesucher dürfen nicht mit heutigen moralischen Maßstäben beurteilt werden. Ilse Seibert erklärt das in »Die Frau im Alten Orient« ausführlicher: *»Was in den Einflußgebieten der christlichen Konfessionen nahezu in den Bereich der ›Sünde‹ gerückt worden ist,*

Liebespaar auf einem attischen einhenkligen Weingefäß (Oinochoe) um 430 v. Chr. Immer wieder begegnet man in der griechischen Vasenmalerei, besonders auf Weingefäßen, erotischen Szenen. (Staatl. Museum, Berlin-Charlottenburg)

nämlich die Geschlechtslust, besitzt in den altorientalischen Religionen eine natürliche Verankerung. Die geschlechtliche Vereinigung wurde im Kult zu einer geheiligten Handlung erhoben und besaß in ihrer sakralen Bedeutung nichts Verwerfliches oder Unmoralisches. Eine Religion, die die Götter in anthropomorpher Gestalt darstellte und sie wie die Menschen agieren ließ – auch was die Liebe und die Geschlechtslust betraf –, brachte es mit sich, daß das Sexuelle einen Raum und einen Platz einnahm – auch in der Öffentlichkeit –, wie wir es uns nur schwer vorstellen können. Über Liebe und Zeugung bei Göttern und Menschen äußerte sich der altorientalische Mensch, entsprechend seiner spezifischen, völlig natürlichen Einstellung, ohne Scheu und moralische Bedenken.«

Der Besuch einer Hierodulin wurde nicht wie im heutigen Sinne als »anstößig« empfunden. Im Gegenteil, es war Gebet, Opfer und heilige Liebe zugleich. Tempelmädchen aus dem Fenster der Liebesgöttin Astarte blickend, wurden oft von den Phöniziern und Syriern in Stein oder Elfenbein dargestellt. (Kleine Elfenbeinschnitzerei um 800 v. Chr. aus Kalaat-Nimrud. Iraq-Museum, Bagdad)

Leider, so berichtet Ilse Seibert, vermodern wegen dieser »unmoralischen« Offenheit zahlreiche Keilschrifttafeln in den Kellerräumen diverser Museen; etliche Wissenschaftler glauben, dem breiten Publikum solche »Obszönitäten« nicht zumuten zu können. Selbst eine Glosse wie diese: *». . . ich will mit dir im Mondlicht das Liebesspiel spielen. An dem reinen Bett, das voller Üppigkeit ist, will ich dir die Kämme lösen«,* mußte 80 Jahre warten, bis sie veröffentlicht wurde.

Schon sehr früh, etwa 9000 Jahre vor unserer Zeitrechnung, als der Mensch noch nicht zu schreiben verstand, stellte man offen kultische »Herzenserhebungen« dar, um auf magische Weise die Fruchtbarkeit bei Mensch, Tier und Pflanze zu fördern. Auf einer bronze-

»Herzenserhebung« nannte der Babylonier den Besuch bei einem Tempelmädchen. Dagegen bezeichnete er die Liebe zu seiner Gattin nur als erniedrigende »Pflicht«. (Kleine Plakette aus Assur um 800 v. Chr. Vorderasiatisches Museum, Berlin)

nen Plakette, heute im Staatlichen Vorderasiatischen Museum in Berlin, ist eine kultische Umarmung dargestellt. Das geweihte Mädchen liegt auf einem etwa 80 Zentimeter hohen gemauerten Altar. Die Füße ruhen auf der Schulter des vor ihr stehenden Mannes, der sie an einer Hand und am Schenkel festhält und koitiert. Man beachte: Sie liegt auf dem Altar! Ihm war es vollkommen bewußt, daß er am Altar eine heilige Handlung beging.

Wahrscheinlich fand der Liebesakt im mystischen Halbdunkel statt, begleitet von Musik und Psalmengesang. Dabei wurde der Besucher zärtlich als »Bräutigam« der Göttin bzw. ihrer Vertreterin bezeichnet. *»Ich will mein Bett und mich schmücken«* heißt es in einem kultischen Empfangslied aus Sumer. *»Er wird seine Hand in meine legen, er wird sein Herz an mein Herz legen. Hand in Hand – sein Schlaf ist so erquickend, Herz auf Herz gepreßt – die Wonne ist so süß . . .«*

Die höchsten Priesterinnen entstammten der Aristokratie, sogar dem Königshaus. In Südarabien fanden sich beschriftete Stelen, nach denen Stammesfürsten ihre Frauen und Töchter als Oberpriesterinnen und Gottesbräute weihten; in Israel soll die Königin Maacha Vorsteherin eines Tempelfrauenhauses gewesen sein. Die niederen Tempeldienerinnen waren Findelkinder oder verarmte, verschuldete Frauen und Mädchen aus den mittleren und unteren Bevölkerungsschichten. Milieutheoretiker erkannten heute wie damals die Armut als die eigentliche Ursache der Prostitution, sowohl der kultischen wie der profanen.

In einem babylonischen Text um 550 v. Chr. erklärt die Witwe Banatinnin: *»Mein Gatte ist gestorben. Im Lande ist Hungersnot. Deshalb habe ich meine beiden Kinder mit einem Sternzeichen* (der Venus) *gezeichnet und der Herrin anvertraut. Sie gebe ihnen dafür den Lebensunterhalt.«*

Dirne und Heilige

Ständige Kriege und Wirtschaftskrisen rieben im Laufe der Zeit den Mittelstand in Mesopotamien auf. Es entstand ein Überangebot von Töchtern verarmter Bürger, die der Tempel nicht aufnehmen konnte. Die Abgewiesenen mußten ihren Lebensunterhalt im ordinären Liebesgewerbe suchen und das Angebot des Tempels im Preis und durch marktschreierische Werbung unterbieten. So verwischten sich bald die Grenzen zwischen sakraler und profaner Prostitution. Die Zahl der verkauften Kinder wurde so groß, daß die verarmten Eltern froh waren, sie auch ohne Entgelt in öffentliche Häuser oder Schulen für das Liebesgewerbe weggeben zu können. Daher ist in den erhaltenen Besitzübertragungsurkunden nicht von »Kauf«, sondern von »Adoption« die Rede. So heißt es: *»Sie soll zur Prostitution erzogen werden, und ihre Einkünfte gehören ihrer Adoptivmutter.«* Die Adoptivmutter stand einem Privatsalon vor. Wenn sich das Kind aber widerspenstig zeigte oder davonlief, durfte die Adoptivmutter es in ein öffentliches Bordell verkaufen, wo das junge Mädchen mit Peitschen zu jeder Perversion gezwungen werden konnte. Vom berühmten babylonischen Bankhaus Muraschu und Söhne, einem Großunternehmen, das jede Art von »Geschäften« tätigte, gibt es Eintragungen, wonach sie »gute« Frauen und Mädchen an »öffentliche Häuser« verkauften oder zeitweise vermieteten.

Mit dem Anwachsen der Städte stiegen Armut und Sittenverfall. Bald gab es eine bestürzende Anzahl von »öffentlichen« Prostituierten, so daß die »kultischen« sich auf Straßen und Märkten unter sie mischen und mit ihnen konkurrieren mußten. Daraufhin erließ Assur ein Gesetz, das beiden bei strengster Strafe verbot, sich wie ehrbare Ehefrauen zu verschleiern, um die Männer irrezuführen.

Ebenso durfte keine Bürgerin mit offenem Haar die Straße betreten, um nicht wie eine »freie« Frau auszusehen.

Die »Freiheit der Straße« war ganz gewiß keine erstrebenswerte Freiheit. Nach Sumerer-Urkunden um 3000 gab es zwei Arten von »freien« Frauen: Die einen waren die Charimtu, »die in der Gosse lebten« wie herrenlose Hunde, die sich »öffentlich bespringen ließen«, »deren Männer Legionen bilden«, die »als Liebesbettlerin im Mauerschatten« »von jedermanns Geschenk« lebten, und die anderen waren – nach ihrem Lockruf »kulmasi« benannt – die Kulmasitu, die nur heimlich, nur gelegentlich buhlten, sonst aber als sittsame Mädchen oder Frauen auftraten.

Die gewerblichen oder gelegentlichen Gunstgewerblerinnen gaben sich für ein paar Maß Gerste hin oder, wie es der Prophet Hosea berichtet, für zwei Feigen. Tatsächlich fand man babylonische Preistafeln, wonach die »billigsten« Mädchen sich für zwei Feigen oder den Gegenwert von einigen Pfennigen hingaben. Zehn Pfennige sind nicht viel, aber manchen Mann, der wie ein leidenschaftlicher Roulettespieler nicht von seinem Laster lassen konnte, kosteten sie letzten Endes das Leben. Der ägyptische Weise Ptah-hotep ermahnt: *»Nur ein kleiner Augenblick der Liebesfreude, einem kurzen Traum vergleichbar, und schon fällt man* (wie rauschsüchtig) *dem Tode anheim. Tausende gehen ihretwegen ins Verderben: Man wird zum Narren an ihren gläsernen Gliedern, und das Ende ist häßlich.«* Nicht viele hörten auf Ptah-hoteps Ermahnung, und gerade die Alten, die zur Besonnenheit hätten neigen müssen, machten sich zum Narren und liefen den jüngsten Mädchen nach, »denn je älter die Kater, desto jüngeren Mäusen jagen sie nach.« Die alten Dirnen wurden trotz Schminke und Raffinesse kaum noch beachtet. Eine alte Babylonierin schrieb resigniert auf einem Tonbrief: *»Meine Vulva ist noch fein, ich weiß nicht, warum meine Leute sagen: ›Es ist zu Ende mit dir.‹«*

Treffpunkt der Unterwelt waren die Schenken und Herbergen. Einer kultischen Hetäre war es laut Hammurapi-Codex bei Todesstrafe verboten, eine Schenke zu betreten oder im Matronenalter eine Schenke zu erwerben. Jede Schankwirtin galt als Kupplerin. In der Schenke fanden die Männer doppeltes Vergnügen; sie löschten ihren Durst und ihre Lust. Ein sumerisches Lied schwärmt: *»O Gott, wie ist der jungen Weinmagd Trunk so süß; so süß ist ihre Vulva, süß wie ihr Rausch ist ihr . . .«*

Von allen Schankwirtinnen der Alten Welt ist die Kanaanäerin Rahab von Jericho am berühmtesten; sie beherbergte in ihrem Etablissement an der Stadtmauer zwei israelitische Spione. Im Alten und im Neuen Testament wird sie als Dirne und Heilige bezeichnet, und laut Matthäus soll sie auch die Stammutter Davids und damit Jesu gewesen sein. Ein talmudischer Rabbi lobt die Doppelnatur der Jerichoer Schankwirtin: Zwar habe Rahab *»durch buhlerisches Beiwohnen und schlechten Wein Tausende Männer geschwächt, aber zwei Seelen* (der Spione) *gerettet, deswegen soll sie zur Heiligen erhoben werden«.*

Mädchen »zur Lust«

Der griechische Reiseschriftsteller Herodot (484 bis 425) schrieb eine Weltgeschichte, wobei er, nach seinen Worten, Ereignisse aus mythischer Zeit wegen ihres unkontrollierbaren Wahrheitsgehaltes ausklammerte. Er besuchte auch Babylon. Allerdings stand die Stadt zu der Zeit bereits fast 100 Jahre unter persischer Herrschaft und hatte ihre Eigenart völlig verloren. Herodot behauptete, jede Frau in Babylon lasse sich durch einen kultischen Brautritus im Tempel der Mylitta deflorieren. Diese Sensationsmeldung findet bei keinem anderen antiken Schriftsteller eine Bestätigung. Wenn man bedenkt, daß die Perser die Ehegesetze verschärften und daß es zu Babylon in jener Zeit des nationalen und wirtschaftlichen Niedergangs ein Überangebot an kultischer und freier Prostitution gab, muß Herodots Bericht fraglich erscheinen – es sei denn, er wäre durch den Besuch einer »Heiligen Hochzeit« getäuscht worden. Auf jeden Fall hätte der Grieche seine sittliche Empörung besser zurückhalten sollen, denn in seinem eigenen Land nahm die staatlich gelenkte Prostitution trotz der kulturellen Blüte erheblich an Umfang zu. Die Griechen lebten offiziell monogam, doch die Prostitution diente als Ventil. Selbst im Zukunftsstaat akzeptiert und befürwortet Platon den Umgang mit gekauften Frauen, *»aber nur im geheimen vollziehbar«.* Man müsse die Scham als einen *»unverwüstlichen Wert des öffentlichen Lebens retten«.*

In Athen ist die erste Errichtung von staatlich beaufsichtigten Bordellen durch Solon belegt, und zwar »um es den Männern zu ersparen, nach verbotenen Ehebetten zu spähen«. Einem flüchtigen Ehebrecher soll der Philosoph Antisthenes (444 bis 366) nachgerufen haben: *»Du Elender, um einen Obolos in Solons Salon hättest du die Gefahr vermeiden können.«* Der Staat setzte die Preise für Liebesdienste fest und verlangte für die Erlaubnis zur Ausübung des Gewerbes eine Steuer. Die Dirnen (griech: »Porne«) konnten Sklavinnen oder Freie sein. Aufgrund der allgemeinen Überzeugung, daß *»kein Mann nur einer Frau treu sein kann«,* sah man in einem Bordellbesuch keine Schande, sondern etwas Selbstverständliches, womit sich die Ehefrauen abfinden mußten. Nicht ohne Grund warnt deshalb der Vater in Menanders »Schiedsgericht« seine frischverheiratete Tochter: *»Schwer ist, Pamphile, für eine anständige Frau der Kampf mit einer Dirne (die ihr Mann besucht) aufzunehmen. Hat sie doch mehr List, mehr Wissen, schämt sich nicht und schmeichelt mehr.«* Der athenische Tragiker Euripides läßt Andromache, Hektors Gemahlin, resigniert sagen: *»Eine Frau, die ihren Mann wirklich liebt, muß, ohne es sich anmerken zu lassen, Nebenbuhlerinnen dulden.«*

Zechende Männer lassen sich bei einem Gelage von einem musizierenden und tanzenden Mädchen unterhalten. Von einem rotfigurenen attischen Schalenbild um 480 v. Chr. (Britisches Museum, London)

Die sakrale Prostitution sollen die Griechen von Kleinasien übernommen haben. Aphrodite, Göttin der Üppigkeit und der Liebe, der Anmut und des Reizes, soll ursprünglich eine kleinasiatische Naturgöttin gewesen sein. Die vielseitige Göttin besaß die Beinamen Urania (»die Himmlische«) und Pandemos (»die Irdische«); der erstere bezieht sich auf die ferne Himmelskönigin, der letztere auf die irdisch-sinnliche Geliebte, in ihren Diensten standen Abertausende Hierodulen.

Die kritischen griechischen Denker, die an ihren Ehefrauen nur häßliche Eigenschaften fanden, sahen in den Mädchen der Aphrodite nur die schönen, verlockenden Seiten, *»das Lächeln, den süßen Trug, das holde Vergnügen, die Zärtlichkeit und die Sanftmut«.* Die sonst nicht religiös veranlagten Griechen empfanden beim Besuch eines der Aphrodite geweihten Mädchens weniger die irdische als die himmlische Erhebung. Ein Liebesfest im großen Aphrodite-Tempel in Korinth wurde nach Mitteilung des griechischen Schriftstellers Lukian (um 120 n. Chr.) wie das Osiris-Fest in Ägypten als »Auferstehungsfest« gefeiert. Die Liebe sollte eine »Auferstehung« der Lebenskraft in diesem und im jenseitigen Leben bewirken. Mit ihrer übergroßen Phantasie und ihrem Hang zu Übertreibungen überboten die Griechen bei ihrem Auferstehungsfest der Aphrodite, die lebendig machte, das ägyptische Auferstehungsfest des Osiris, der lebendig wird. Der Tempel der Aphrodite in Korinth soll 1000 Tempelsklavinnen »zur Lust« gehabt haben. Hübsche, zutrauliche Tempelmädchen in den verlockendsten Posen schmückten zahlreiche Vasen, die jeder Wallfahrer aus Korinth zur bleibenden Erinnerung mitnahm.

»Heute ist es schwierig«, schreibt Verena Zinserling, *»die Naivität und unbezweifelte Bejahung des Körperlich-Sinnlichen, die griechisches Wesen und griechische Kunst ausmachen, zu begreifen ... Existierten die hübschen, zutraulichen Mädchen mit den durchscheinenden Gewändern und den zur Begehrlichkeit reizenden Körpern nur in der Phantasie der Vasenmaler?«* Das ist zu bezweifeln.

Liebe nach der Wasseruhr

Derselbe griechische Schriftsteller Lukian (120 bis 180 n. Chr.) verdammte die sakrale und verteidigte die profane Prostitution, denn nach seiner Auffassung war *»nichts schändlich, wenn man es selbst nicht für schändlich hält«.* Die sakrale Prostitution entspränge einem religiösen Wahn, die profane Prostitution aber einer von der Gesellschaft verschuldeten sozialen Notwendigkeit. Er schildert in seinem »Hetärengespräch« eine durch politischen Umsturz verarmte athenische Familie, die in der Preisgabe ihrer Tochter den einzigen Ausweg aus ihrer finanziellen Misere sieht. Kribyle, die Mutter, läßt er dabei zu ihrer Tochter Korinna mit Überzeugung sagen:

»Auf andere Weise können wir mit dem Leben nicht fertig werden, liebe Tochter. Als dein Vater, der beste Kupferschmied in Piräus, noch lebte, hatten wir alles zur Genüge. Seit zwei Jahren, seit seinem Tode, leben wir immer kümmerlicher. Ich mußte seine Werkstatt für zwei Minen verkaufen, verdiente mühselig mit Weben und Krempeln von Wolle einige Groschen; aber wie lange reichte es? Ich zog dich unter

Entbehrung auf, in der einzigen Hoffnung, daß du eines Tages uns, mir und dir, helfen wirst ... indem du dein Leben mit jungen Männern verbringst und dich dafür bezahlen läßt.« Die Mutter beschreibt ihrer Tochter als Vorbild eine berühmte Hetäre der Stadt. *»Sie kleidet sich immer adrett, ist allen gegenüber heiter und aufgeräumt, kichert nicht bei jeder Gelegenheit, zeigt sich verständig, und stets spielt ein süßes, gewinnendes Lächeln um ihre Lippen. Die Männer behandelt sie klug, liest ihnen jeden Wunsch von den Augen ab und enttäuscht keinen. Niemals betrinkt sie sich in Gesellschaft, nippt nur am Gläschen, berührt die Speisen nur mit den Fingerspitzen, redet nicht mehr als nötig und schaut nur den an, der sie eingeladen hat.«*

An einer anderen Stelle spricht Lukian von seinen persönlichen Erfahrungen: *»Hetären sind besser als die feinen Damen. Die Halbwelt? Die ist ehrlich, da weißt du ganz genau, wofür du's Geld berappst ...«* Ein anonymer griechischer Schriftsteller mit reicher Erfahrung im »Nachtleben« gesteht: *»Ich fand bei Freudenmädchen die edelsten Charaktere, den spröden, kaltherzigen, kleinbürgerlichen Ehefrauen an Selbstentsagung, Gemütswärme und Klugheit weit überlegen.«* Und wie ein Werbetext klingt es, wenn der athenische Finanzpolitiker Eubulos um 350 n. Chr. fragt: *»Weißt du nichts von den musizierenden, Gold herauslockenden Vogelstellerinnen, den aufgeputzten, leichtgeschürzten Aphrodite-Pferdchen, wie sie in einer Schauparade in durchsichtigen Spinnfädenröckchen wie die Nymphen an den heiligen Wassern des Eidanos die Gäste empfangen?«*

In Rom wurden die kasernierten Damen »Lupae« (Wölfinnen) genannt, und die öffentlichen Häuser hießen »Lupanaria«. An den Straßen gab es billige Herbergen mit »kleinen Eselinnen«, wie ein verlockendes Schild in der Via dell'Abbondanza in Pompeji anpreist. Wenn ein Wirt einen Reisenden fragte, ob er ein Zimmer »mit oder ohne« wollte, so bedeutete das nicht »mit oder ohne Bad«, sondern »mit oder ohne Mädchen«. Auf einer Herbergsrechnung, die man in Pompeji fand, sind für Wein 1/6, Brot ein, Braten zwei, Heu für Maultiere zwei und für ein Mädchen acht As aufgeführt. In den Bordellen standen an jeder Kammer der Name des dort wohnenden Mädchens und ihr Mindestpreis angeschrieben. Hatte ein Mädchen Besuch, so schloß es die Tür ab und hing ein Schild mit der Aufschrift »Besetzt« daran.

Vor vier Uhr nachmittags durfte der Liebesbetrieb nicht geöffnet werden, um die Jugend nicht vom Lernen abzuhalten. Die Mehrzahl der Besucher waren extrem junge oder extrem alte Herren, letztere bevorzugten minderjährige Mädchen. Petronius, römischer Welt- und Lebemann, Günstling Neros, der sich selbst »Elegantiae Arbiter«

(Schiedsrichter des feinen Geschmacks) nannte und in der übersättigten Gesellschaft unzählige Orgien mit und ohne Nero erlebte, empörte die Anpreisung eines siebenjährigen Mädchens. Auf seine Beschwerde antwortete die Kuppelmutter Quartilla mit vulgärer Ausfälligkeit: *»So?! Ist sie etwa jünger, als ich es war, als ich den ersten Mann auf mich nehmen mußte? Der Zorn der Juno komme über mich, wenn ich mich darauf besinnen kann, jemals Jungfrau gewesen zu sein. Schon als Kleinkind wurde ich von Knaben und älteren Männern mißbraucht.«* Die Kupplerin zitierte das Sprichwort: *»Einen Stier kann nur tragen, wer als Kälbchen dazu trainiert wird.«* Doch wer mag sich darüber empören, wenn doch auch unsere Gegenwart nichts anderes duldet:

In den Vergnügungszentren von Bangkok bieten heute Hunderte »chinesische Appartments« sieben- bis dreizehnjährige Mädchen an, die die Puffbesitzer für ein oder zwei Jahre den armen thailändischen Eltern für etwa 2000 Mark abkaufen. Dafür muß das Kind von Touristen, darunter auch viele Deutsche und Japaner, zu deren »Vergnügen« alle Perversitäten ertragen, und es wird zum seelischen Krüppel.

Mehr als das Gymnasium galt ein staatlich kontrolliertes Bordell als Schule der Lebenskunst für die heranwachsende Jugend. Der sittenstrenge Cato ermuntert einen verlegenen Jüngling zum Besuch eines Bordells. Als er aber merkt, daß der Lerneifrige zum Stammgast des Etablissements wird, herrscht er ihn an: *»Ich empfahl es dir damals, in der Annahme, daß du ab und zu hierher kämest, nicht aber, daß du dich hier für ständig einquartiertest.«*

Nach dem Motto, »wer nicht genießt, ist ungenießbar«, war der Bedarf an solchen Etablissements in der lebensfrohen klassischen Welt sehr groß. In Pompeji, das kaum 20 000 Einwohner zählte, wurden bis jetzt sieben Bordelle gefunden, drei davon in Verbindung mit Schankstuben, eines mit einem Friseurladen. Dabei ist Pompeji noch nicht völlig ausgegraben. Im »Vicolo del Lupanare« kann man noch heute die höhlenartigen Räume mit ihren gemauerten Betten besichtigen. Wer sie gesehen hat, wird das abschreckende Bild nicht vergessen. Die Mädchen bekamen den Spitznamen »Wasseruhr«; ihre Kunden durften nur so lange bleiben, bis die Wasseruhr ablief. An die Außenwände sind anzügliche Bemerkungen gemalt: *»Liebende verbringen wie Bienen* (in diesen Zellen) *honigsüß ihr Leben.«* Auf einem anderen Bordell stand die Aufschrift: »hic habitat felicitas (hier wohnt die Lust).«

»Hetären hält sich jedermann zur Freude«, rief in rhetorischer Begeisterung der Strafverteidiger Demosthenes (384 bis 322) auf der Agora zu Athen im Prozeß gegen die Hetäre Neiaira den Richtern zu – unter dem Beifall des Publikums –, und er fuhr fort: *»Ja, zur Freude; ehrbare Frauen heiratet man aus Pflicht, um ebenbürtige eheliche Kinder zu zeugen und im Hause eine treue Wächterin zu besitzen.«* Mit fortschreitender Verfeinerung der Kultur entstand aus der niederen Porne (Dirne) eine »aristokratische« Schicht auserwählter Hetären. Das Wort bedeutet im Griechischen »Gefährtin« nach der Auslegung Demosthenes' »Gefährtin der Freude«. Die Hetären spielten in der höheren Gesellschaft eine hervorragende Rolle.

Schäferstündchen mit einer Hetäre. Von einer rotfigurenen attischen Schale um 550 v. Chr. des Gales. Um 600 v. Chr. etwa erließ Solon ein Gesetz zur Errichtung staatlich beaufsichtigter Bordelle, und zwar »um es den Männern zu ersparen, nach verbotenen Ehebetten zu spähen«. (Museum Newhaven)

Sie verfügten nicht nur über eine erlesene Schönheit, sondern auch über eine hohe Bildung in Musik, Literatur, Philosophie, Politik und anderem mehr. Sie waren die einzigen weiblichen Vertreter der Kultur. Lais von Korinth war Freundin und Schülerin des Diogenes und galt selbst als anerkannte Philosophin; Diotina gehörte zum Kreis um Sokrates und Platon und wird vom letzteren rühmend im »Symposion« erwähnt und zur Priesterin erhoben. Liontion soll die Anregerin der epikureischen Lehre gewesen sein, die »konservative Geister« als äußerst anstößig empfanden.

Die Hetäre Phryne stand unter der Anklage der Gotteslästerung; sie war es, die dem großen Bildhauer Praxiteles zur Aphrodite von Knidos Modell stand. Wer Phryne kannte, lächelte, wenn er die Statue der Aphrodite sah, und wer die Statue kannte, blickte anbetend auf Phryne, wenn er sie sah. Die Hunderttausende Besucher, die im Aphrodite-Heiligtum von Knidos betend die Arme hochstreckten und der Marmorstatue Küsse zuwarfen, riefen laut: »Aphrodite, herrliche Aphrodite!« Aber leise flüsterten sie: »Wie schön bist du, Phryne, du göttliche Schönheit!« Ihr Verteidiger im Gotteslästerungsprozeß war Hypereidos. Als ihm im Kreuzfeuer der klerikalen Ankläger die Worte ausgingen, entblößte er die Brust seiner Klientin und rief: *»Hier, schaut her!«* Mit einem Schlag gewann er die Gunst der hochbetagten Richter: Von ihrer Schönheit geblendet, schlugen sie das Verfahren nieder. Doch das ist selbstverständlich nur eine vortreffliche Anekdote.

Streit zweier Hetären oder einer Frau mit einer Hetäre, symbolisch als Kampf der Adikia mit der Dike dargestellt. Dike lebte im Goldenen Zeitalter unter den Menschen und wurde am Ende desselben als Sternbild der Jungfrau in den Himmel versetzt. Detail eines attischen Vasenbildes um 500 v. Chr. (Britisches Museum, London)

Der große Staatsmann Perikles (500 bis 429), dem Athen seine politische und kulturelle Blüte (das »Goldene Zeitalter«) zu verdanken hatte, gibt zu, von der Hetäre Aspasia oft beraten worden zu sein und von ihr Rhetorik erlernt zu haben; seine glänzenden Parlamentsreden wären formell und inhaltlich von ihr beeinflußt. Als er Witwer wurde, heiratete er Aspasia und berief sie als beratendes Mitglied ins Unterrichtsministerium. Die adlige Oppositionspartei protestierte gegen Aspasia – nicht wegen ihres einstigen Gewerbes, sondern wegen ihrer plebejischen Abstammung – und verklagte sie, genau wie die Hetären Neiaira und Phryne, wegen Gottlosigkeit. Die Griechen, sonst in religiösen Dingen tolerant, verstanden unter Gottlosigkeit eine Bedrohung der bestehenden Gesellschaftsordnung. Die Anklage der Opposition vertrat die Auffassung, Perikles habe dieser Frau nicht nur zu Reformzwecken ein Amt im Unterrichtsministerium, sondern gleichzeitig das Monopol über die Bordelle anvertraut, damit sie dort die Jugend in ihrer Art erziehen oder mit ihren Ansichten verderben könne. Auf Perikles' persönlichen Einspruch und von der Volksmehrheit gestützt, mußte Aspasia freigesprochen werden.

Im Salon der geistreichen Frau verkehrten die großen Geister Athens, auch Sokrates. Es waren die Sokratiker, die den aufgeklärten Geist dieser Frau besonders schätzten und propagandierten. Sokrates selbst wurde von der Oppositionspartei ebenfalls der Gottlosigkeit angeklagt, und sie zwangen ihn, als Gottesurteil den Schierlingsbecher zu trinken. Epikur von Samos (341 bis 270), Begründer der Glückseligkeitslehre, sagt: *»Die Lust ist das höchste Ziel der Menschheit und gelingt nur durch vernünftige Abwägung und sittliches Verhalten.«* Auch er gibt zu, durch eine Hetäre namens Leontion zu seiner

Aspasia. Zu den »edlen« Hetären von hoher Bildung zählt Aspasia, die Geliebte und spätere Gattin des berühmten Politikers Perikles. (Nach einer attischen Büste um 500 v. Chr. Staatl. Museum, Berlin)

Philosophie angeregt worden zu sein. Er hielt ihr die Treue bis zum Tode und äußerte über sie die schönen Worte: *»Sie lebt mit mir und in mir.«*

Menander (342 bis 290), der bedeutende, aber damals oft geschmähte Komödiendichter, gibt ebenfalls zu, daß er ohne die Unterstützung Glykeras, seiner Geliebten und Lebensgefährtin, niemals die Mißachtung durch die Kritiker und die Beschimpfung durch das Publikum hätte ertragen können. Einmal kehrte er von einer durchgefallenen Premiere deprimiert zurück und war bereit, alle seine Manuskripte, sein Lebenswerk, zu vernichten. Sie reichte ihm wortlos eine Schale Milch. In seiner Verärgerung lehnte er ab zu trinken, da eine Milchhaut darauf schwamm. Doppelsinnig tröstete ihn Glykera: *»Blase sie weg und genieße, was darunter ist.«* Das heißt: Achte nicht auf den äußeren Schein, die inneren Werte zählen! Das schönste literarische Denkmal setzte Platon der Hetäre Diotima von Mantineia in seinem »Gastmahl«. Sie habe ihm und Sokrates Denkanstöße gegeben. Warum errang Diotima den Lorbeer bei allen akademischen Disputen unter den Männern? Weil sie als Frau das Gebären kennt, *»denn alles Kreatürliche zum Guten und Schönen entspringt dem Zeugungstrieb. Alles Gebären ist ein Wunder, also etwas Göttliches im Menschen, erst recht da, wo es sich um das Keimen und Werden sittlicher Vollkommenheit, um Gotteserkenntnis in uns handelt.«*

Durch Diotima soll Sokrates zur Deutung der Liebe als Sehnsucht nach dem Schönen gefunden haben. Unter Schönem versteht Sokrates die Philosophie. Doch primär ist Schönheit laut Diotima die Sexualität. Der eindrucksvollste Teil ihrer Erklärung lautet: *»Oder bemerkst du nicht, in wie starker Aufregung alle Tiere sich befinden, wenn sie zu zeugen begehren, wie sie krank und vom Verlangen erregt sind, erstens um der Begattung willen, sodann wegen der Ernährung der Jungen, und wie sie für sie bereit sind, und seien sie die Schwächsten, mit den Stärksten zu kämpfen und für sie zu sterben, wie sie selbst sich von Hunger foltern lassen, nur um jene großzuziehen, und sonst alles tun? Bei den Menschen könnte man ja glauben, sie täten das aus Überlegung, bei den Tieren aber – was mag da die Ursache sein, daß sie so vom Verlangen erregt sind?«* Eros, der griechische Gott der Liebe, galt ihr als eine kosmogonische Urkraft. Seine Geliebte und Ergänzung ist Psyche (»Seele«). Daher sah Diotima in Eros die Hingabe an die Ausformung der Seele und des Geistes verkörpert und das Verlangen nach Zeugung im Schönen.

Diotima fährt in Platons »Symposion« fort: *»In einem gewissen Alter begehrt auch die menschliche Natur zu gebären, gebären kann sie nicht im Häßlichen, nur im Schönen.«* Und sie fügt hinzu: *»Denn jedes Zusammensein von Mann und Frau ist ein Gebären.«* Diotima, deren Name im Griechischen »Gottesfürchtige« bedeutet, soll im Jahre 429 v. Chr. die Athener bei einem Pestausbruch entsühnt haben und wurde deshalb zur Priesterin erhoben.

Um diese Zeit konnte nur eine solche Frau, die in Freiheit zu leben den Mut hatte und auf das heilige Ritual der Ehe verzichtete, zur Selbständigkeit, Bildung und Entwicklung ihres Geistes finden. Sie widerstand dem öffentlichen Druck und sicherte ihre Existenz einzig und allein durch den Verkauf ihres Körpers. Die Frau, die dem »Ehegatten« zustrebte, »versorgt« werden wollte, also materiell sorgenlos leben wollte, mußte unmündig und ungebildet bleiben. Für sie hatten die griechischen Literaten und Philosophen nur Hohn und Verachtung, für die Hetären dagegen höchste Bewunderung.

9. EHEKONFLIKT

Zweierlei Maßstab

Während nach der damaligen Auffassung dem von Natur aus gesellig veranlagten Mann jede sich bietende außereheliche Verbindung und auch Vielweiberei gestattet waren, sollte man bei Frauen aufgrund ihres leichtfertigen Wesens höchst mißtrauisch sein. Ein römischer Censor erklärte um das Jahr 30 v. Chr. in einer öffentlichen Rede: *»Wenn wir ohne Gattin leben könnten, ersparten wir uns diese ganze Last. Aber nun richtet es die Natur so ein, daß man mit Frauen höchst unbequem, ohne Frauen aber überhaupt nicht leben kann.«* Nach der antiken Literatur waren alle Frauen mehr oder minder mit pathologischer Untreue, die Männer mit pathologischem Mißtrauen behaftet, was nur wenig mit Liebe und Eifersucht gemeinsam hatte.

Der englische Volkskundler J. G. Frazer behauptet, das latente Mißtrauen gegen Frauen sei bereits im Brauchtum der Naturvölker als Dämonenfurcht nachweisbar. Der geringste Verdacht gegen seine Ehefrau konnte dem Mann bei der Jagd oder im Krieg Unglück bringen. Während die Männer des Clans auf längeren Jagd- oder Kriegszügen waren, mußten ihre Frauen streng zurückgezogen leben, durften sich weder kämmen noch ölen, nicht ausgehen und keine Besuche empfangen, mit keinem Fremden sprechen und sich von niemandem berühren lassen. Sie wurden auf strengste bewacht; das führte zu solchen Absurditäten, daß ganz primitive Stämme vor schicksalsentscheidenden Kriegen ihre Frauen töteten, damit während der Schlacht die Dämonen der Eifersucht die Kämpfer nicht ablenken und gefährden konnten. Eine Frau stellte einen Besitz dar, und der Primitive lebte in der ständigen Angst, dieser Besitz könnte ihm entgleiten oder geraubt werden.

Daß Mißtrauen ebenso oder noch mehr als Untreue jedes echte menschliche Miteinander zerstört, war den Alten nicht bekannt. Uns Heutigen ist es unverständlich, daß die antike und auch die mittelalterliche Gesellschaft dem Manne alles erlaubte, die Frau aber für das geringste Vergehen, selbst beim leisesten Verdacht auf Untreue, auf die Anklagebank stellte. Sollte nicht, fragt der römische Komödiendichter Plautus (250 bis 184), für Männer und Frauen dieselbe eheliche Treue gelten? Wörtlich: *»Wahrhaftig, für die Frauen gilt ein strenges Gesetz, das von den Männern ungerecht ihnen auferlegt ist; denn wenn der Mann sich heimlich eine Dirne nimmt und wenn die Frau dahinter kommt, geschieht ihm nichts. Doch wenn die Frau geheim nur aus dem Hause geht, so hat der Mann zur Ehescheidung Grund genug. Ach gälte doch dasselbe Recht für Mann und Frau! Die gute Frau begnügt sich ja mit einem Mann, warum begnügt sich nicht der Mann mit einer Frau? Wahrhaftig, wenn man die Männer nach dem gleichen Gesetz verurteilt, dann gibt es Witwen mehr als jetzt geschiedene Frauen.«*

Seitdem es Ehen gibt, gibt es auch Ehescheidungen, und immer war die Frau die Angeklagte. In Nuzi, heute Jorgan-Tepe im Irak, entdeckten E. Chiera und F. R. S. Starr um 1930 Tontafeln aus der Mitanni-Zeit (ca. 1450 v. Chr.) mit ausführlichen Prozeßprotokollen, Anklagen eifersüchtiger Männer gegen ihre Ehefrauen. Zog der Kläger seine – unbegründete – Anklage zurück, »brauchte« er ihr keinen Dolch in den Rücken zu stoßen. Statt dessen durfte er ihr zur Warnung »nur« Ohren oder Nase abschneiden – oder, wenn er seine Frau liebte und ihr »verzieh«, einen Finger. Aber eine empfindliche Verwarnung mußte laut Gesetz jedesmal erfolgen; völlige Straffreiheit gab es ebensowenig wie völlige Schuldlosigkeit bei Frauen. Manche Frau in Nuzi zeigte ihren Freundinnen mit Stolz ihre mehrfach verstümmelte Hand: ein Zeichen, daß ihr Mann »sehr verliebt« in sie war.

Das Ordal

Die »Othellos« aus Nuzi lehnten vor oder während eines Verleumdungsprozesses jede Vermittlung oder Versöhnung ab und forderten, wenn sie ihrer Frau nicht das geringste nachweisen konnten, ein *Gottesurteil* (Ordal). Ein Protokoll besagt: *»Du mußt schwören, mit Belschunu nicht geschlafen zu haben. Ich bin fest überzeugt, daß du (wenn ich nicht zu Hause war und es keiner sah) mit ihm – wie mit jedem anderen Mann, wenn du Gelegenheit dazu hattest – Ehebruch triebst. Du, er und alle anderen Männer habt verabredet, gegen mich aufzustehen und Meineid zu leisten. Wenn du nicht sterben willst, überführe mich der Unwahrheit und überzeuge mich durch ein Gottesurteil.«*

Die Jungfrau Maria trinkt als Probe, um ihre Unschuld zu beweisen, das von einem Priester gereichte Bitterwasser. Hinter ihr schwebt der sie schützende Engel Gabriel. Das Motiv stammt aus einem apokryphen Evangelium. (Detail aus der Elfenbeinkathedrale des Bischof Maximilian [546–554], Erzbistum Ravenna)

Sowohl das sumerische, akkadische wie auch assyrische Gesetz bestimmten: *»An dem Tage, an dem ein Bürger seine Frau ›in flagranti‹ erwischt, stirbt sie durch einen eisernen Dolch; sie lebt nicht länger. Hat er es nur von anderen gehört oder vermutet und kann es nicht beweisen, darf er ein Gottesgericht fordern. Sie wird gebunden ins Wasser geworfen. Ist sie aus dem Fluß zurückgekehrt, so ist sie straffrei. Die Gesamtkosten des Ordals muß dann der Mann ersetzen. Dem Denunzianten, der gesagt hat: ›Deine Gattin beschläft man!‹ und es nicht beweisen kann und auch nicht bewiesen hat, wird man 40 Stockschläge versetzen, einen Monat wird er Königsarbeit leisten und wird kastriert.«*

Um die allgemeine Gesellschaftsordnung nicht zu gefährden, die im Orient in erster Linie als religiöse Verpflichtung mit kollektiver Haftung verstanden wurde, mußte beim leisesten Verdacht auf Untreue ein Gottesurteil verlangt werden. Das Mosaische Gesetz bestimmt: *»Wenn irgendeinen Mann der Geist der Eifersucht quält, ohne daß er Zeugen dafür hat, so soll er seine der Untreue verdächtigte Frau zum Priester bringen und ein Opfer ihretwegen darbringen, das die Schuld offenbaren soll. Der Priester bringe die Frau vor den Altar, löse ihr Haupthaar und reiche ihr den Kelch mit dem bitteren, fluchbringenden* (Ordal-) *Wasser. Vorher soll er die Frau beschwören und ihr sagen: ›Wenn kein Mann bei dir gelegen ist und wenn du deinem Mann nicht untreu geworden bist, so wird dir dieses bittere, fluchbringende Wasser nicht schaden. Wenn du aber untreu und unrein wurdest,* (wirst du das Wasser erbrechen) *und der priesterliche Verwünschungsfluch wird dich treffen: Der Herr verfluche und verwünsche dich unter dem ganzen Volke. Mögen deine Hüften schwingen, dein Bauch anschwellen, deine Eingeweide brennen* (usw.).‹«

Nach jeder Verfluchungsformel mußte die Frau sagen: *»Amen! Amen! So soll es mir geschehen!«* Der Priester schrieb alle Flüche auf einen Papyrus, verbrannte diesen, streute die Asche zusammen mit Staub vom Tempelfußboden in den Kelch mit dem Fluchwasser und reichte diesen unter suggestiven Beschwörungen der Frau zum Trinken. Die Wirkung war verschieden, je nachdem, wie die verängstigte Frau sich beeinflussen ließ. War sie ein starker Charakter und trank das scheußlich schmeckende Gebräu ohne Folgen, galt es als Unschuldsbeweis; war sie schwach und beeinflußbar, erbrach sie das Getrunkene und galt als überführt. Im Extremfall konnte eine besonders empfindsame Frau an dem Schock sterben. Dann hatte Gott sie gerichtet und vernichtet.

Im alten Rom gab es ein ähnliches Verfahren: Am Tempel der Juno Lanuvina gab es einen Orakelstein mit faustgroßer Öffnung. In diesen mußte die Verdächtige ihre Hand mit einer Speise tief hineinstecken. Wenn die Schlange, die da nistete oder nisten sollte, sie biß oder wenn die verängstigte Frau ihre Hand zurückzog, galt sie als überführt. Ein Gedicht von Properz lautet: *»Mädchen, bedenke, ehe du deine Hand hineinsteckst! Erblasse nicht, wenn die geweihte Schlange mit Gezisch aus dem Dunkel sich ringelt! Vertrau dem Reptil nicht blindlings deine Hand! Sind die Mädchen als keusch erwiesen, kehren sie erleichtert heim zu ihren Eltern, und die Landsleute jubeln: ›Dies wird ein fruchtbares Jahr!‹«* Das letztere beweist, daß im Volksglauben das von einer sich als rein erwiesenen Jungfrau dargebrachte (Speise-)Opfer in Verbindung stand mit dem Allgemeinwohl und dem Vegetationsritus.

Nicht viel anders war die Beurteilung und Verurteilung einer Ehebrecherin oder einer des Ehebruchs Verdächtigen in Griechenland. Agamemnon, oberster Heerführer der Griechen, durfte sich vor Troja Kriegssklavinnen halten, soviel er wollte, selbst seine Tochter Iphigenie opfern und eine zweite Tochter Achilles im Tausch für eine Sklavin anbieten, weil, wie Homer sagt, *»Wollust die Triebkraft seines Lebens«* war. Als aber Klytämnestra, seine Gattin, Gleiches mit Gleichem vergelten wollte, wurde sie von der Volksmeinung verurteilt und mußte durch den Dolch ihres Sohnes, der das Gottesurteil vollzog, sterben, weil *»es die Götter so verhängt hatten«*.

Der Fehltritt einer Braut und Jungfrau galt kultisch und moralisch als besonders schwerwiegend; er konnte um keinen Preis der Welt gesühnt werden und wurde aufs schwerste geahndet. Aischines von Athen (389 bis 314) gibt folgenden Bericht: *»Unsere Vorfahren waren gegen Entehrung einer Jungfrau* (aus kultischen Gründen) *sehr streng; wenn ein Bürger feststellte, seine Tochter habe ihre jungfräuliche Blüte* *nicht sittsam bis zur Hochzeit bewahrt, ließ er sie mitsamt einem Hengst einmauern und verhungern. Diese Stätte heißt im Volksmund nach dem Verfahren ›Beim Pferd und Mädchen!‹«* Demosthenes, der berühmte Redner und Strafverteidiger, zitiert in einer »Rede gegen Neaira« ein athenisches Gesetz: *»Wenn eine Frau ›in flagranti‹ beim Ehebruch ertappt wird, ist es ihrem Ehemann nicht gestattet, weiter mit ihr in ehelicher Gemeinschaft zu leben. Tut er dies dennoch, soll er seiner Ehre und aller seiner bürgerlichen Rechte verlustig gehen. Es soll auch der Ehebrecherin* (wenn ihr der Mann verzeiht) *nicht gestattet sein, weiter einen Tempel zu besuchen. Betritt sie ihn dennoch, so soll sie unverzüglich jeder Mißhandlung ohne Straffolge für die Täter ausgesetzt sein.«*

Dasselbe Gesetz aber, betont Demosthenes, erlaubt dem Manne jeden Seitensprung, ohne sein bürgerliches und kultisches Ansehen zu schmälern. Plutarch berichtet aus Kyme, daß eine mutmaßliche Ehebrecherin, selbst wenn ihr der Mann verzieh, auf einen Esel gesetzt, zur allgemeinen Abschreckung zum Markt gebracht, auf ein weithin sichtbares Podest gestellt und von allen bespien wurde.

Von einem höchst sonderbaren Ordal-Verfahren berichtet ein griechisch beschriebenes Ostrakon (Scherbenbrief), in Fajum gefunden und heute im Louvre, Paris, aufbewahrt. Darin versichert eine Frau vor einem Priesterkollegium eidesstattlich, mit keinem anderen, nur mit ihrem eigenen Mann geschlafen zu haben. Diese schriftliche Treueerklärung verlangte ein chronisch eifersüchtiger Ehegatte als Bestätigung für das Jenseits. Nach dem ägyptischen Religionsgesetz darf nur eine treue Frau ihren Mann ins Jenseits begleiten, und der betreffende Mann beteuert in dem Scherbenbrief feierlich, seiner Frau alles, was sie unter Eid aussagte, zu glauben, denn er wolle auch im künftigen »ewigen« Leben trotz seines krankhaften Mißtrauens mit ihr zusammenbleiben. Er zahle, heißt es zuletzt, die hohe Summe von vier Talenten und 100 Silberlingen gerne, damit der Treueeid seiner Frau vor einem geistlichen Kollegium abgelegt werde und vor dem Gericht der Ewigkeit rechtskräftig sei.

Die Steinigung

Weigerte sich eine Verdächtige, das Ordal anzunehmen, wurde sie gesteinigt. Diese Bestimmung blieb zwar auch mit fortschreitender Zivilisation erhalten, aber vor ihrer Durchführung standen immer wieder neue Prüfungen und Einschränkungen, so daß eine Steinigung aus der Spätantike nicht bekannt ist. Zeugen mußten das Verbrechen des buhlerischen Paares mit ihrer Aussage vor Gericht erhärten, außerdem den Nachweis erbringen, daß sie das Paar vor der Tat unter Hinweis auf die Folgen gewarnt hätten. Erst wenn das Paar trotz der Verwarnung in »Sünde« fiel, sollte die Strafe an beiden vollzogen werden. Ayatollah Khomeini, der Erneuerer der Religionsdisziplin des Korans, begann 1979 die alte Moral wiederherzustellen, doch nicht mit der Waffe der Steinigung, sondern mit modernen Schnellfeuergewehren. Zu den Delinquenten, die nach seinen Worten »das Recht verspielt haben, in einem islamischen Staat leben zu dürfen«, zählen auch die Ehebrecherinnen. Sie sollen auf eine Anzeige hin ohne Gerichtsverfahren von den Exekutionskommandos liquidiert werden. Ein gerechteres Bild der antiken Verhältnisse im Iran vermittelt der folgende Reisebericht:

»Die Ehebrecherin wurde von zwei Gendarmen gefesselt und verschleiert an den Rand des Abgrunds geführt. Um die Hinrichtungsstelle bildeten die Männer, die eigentlichen Steinwerfer, den inneren, die Frauen und Mädchen als passive Zuschauer den äußeren Kreis. Was ich jetzt zu sehen bekam, versetzte mich in die dunkelste Zeit der Menschheitsgeschichte. Es war kaum glaubhaft. Zwei schwarz gekleidete Mullas (Priester) beteten murmelnd und riefen dauernd: ›Allah korusum (Gott soll schützen)‹. Die Gendarmen entfernten sich gleichzeitig. War es für sie ein alltägliches, uninteressantes Schauspiel, oder wollten sie nicht gesetzliche Zeugen einer religiösen Exekution sein? Die beiden Hauptzeugen, die ›Helden‹ der Szene, schrien: ›Hure! Hure!‹ und warfen die ersten Steine. Fast schien es mir, als ob sie damit ihren persönlichen Haß oder ihre Enttäuschung gegen die junge schöne Frau abreagieren wollten. Ein dritter Mulla rief: ›Hier steht die leibhaftige Beschimpfung aller Menschen, die an Allah glauben. Rottet die Sünde aus eurer Mitte aus, hat der hochgebenedeite Prophet befohlen.‹ Ein schmächtiger Mann rief: ›Nein, nein, Gnade!‹ Der erste Werfer rief: ›Schaut auf ihre freche Haltung! Habt ihr ihr sinnliches Lachen gehört? Jetzt wird ihr das Lachen vergehen! Mit zwei Männer wollte sie . . .‹ Der Schmächtige fiel ihm ins Wort: ›Sie wollte nur . . .‹ Der Mulla rezitierte einen Koranvers und betonte mit gesteigerter Stimme: ›Auch das Nur-Wollen einer Frau ist Sünde. Rottet die Sünde aus eurer Mitte aus, befiehlt der hochgebenedeite Prophet. Masa-Allah! (Was Gott will!)‹

Dann folgte ein Wettschießen aller Männer mit der gleichen Freude, mit der die Knaben im Orient Hunde mit Steinen verjagen. Die Frau schrie nicht, dafür schrie die Menge um so mehr. Ein kräftiger Schütze traf die Frau mit einem besonders schweren Stein so hart im Gesicht, daß Blut aus ihrem Schleier tropfte. Das löste ein Jubelgeschrei der Menge aus. Die Frau wankte nach hinten und stürzte vom Felsen. Ich wollte davonlaufen, wurde aber von den rasenden Dorfbewohnern daran gehindert. Ich wußte recht gut, daß ein Fremder nicht Zeuge eines solchen Schauspiels sein darf, und durch den kleinsten Fehler hätte ich mein Leben riskiert. Die Männer hoben weitere Steine auf, liefen zum Rand des Abgrunds und schmetterten mit Siegesgeschrei ihre Geschosse ab. Den Steinhagel spürte die Frau gewiß nicht mehr. Die Besessenen hörten nicht auf, als sich ein Steinhügel über der Verurteilten türmte – als Mahnmal für ewige Zeiten.

Ein sattes Schweigen trat ein. Die sinkende Sonne warf ihre immer länger werdenden Schatten über die gespenstige Szene. Langsam verließen alle den Schauplatz, als letzter der schmächtige Mann, der abseits stand und sich am Steinewerfen nicht beteiligt hatte. Er flüsterte weiter: ›Sie wollte nur ... Sie wollte nur ...‹«

Verlassen, entlassen oder verstoßen?

Eine Scheidung war schnell durchgeführt. Der Mann brauchte nur in Gegenwart von drei Zeugen die Worte zu sprechen: *»Ab heute bist du nicht mehr meine Frau«* und ihr schriftlich eine Eheentlassungsbescheinigung zuzustellen, dann mußte die Frau sogleich das Haus verlassen. Eheschließung stellte keinen Rechtsakt dar, deshalb konnte auch die Scheidung ohne jede juristische Intervention erfolgen; der Mann entschied selbst ganz nach seiner Willkür. Ein Verschuldungsprinzip gab es nicht, Unterhaltsansprüche von seiten der Frau auch nicht. Nach mesopotamischem Recht durfte der Mann seine Frau ihren Eltern oder ihrem Bruder zurückschicken, wenn er etwas Schändliches an ihr fand, wenn ihre Nase tropfte, wenn sie ihr Arbeitspensum nicht erfüllte, wenn sie kein schmackhaftes Essen kochte oder es anbrennen ließ, wenn sie heimlich am Weingläschen nippte und wenn sie *»ihm Kopfschmerzen bereitete«*. (Tatsächlich ließ sich Ammistamriu II. von Ugarit um 1250 v. Chr. von seiner Frau, der Tochter eines amoritischen Großkönigs, scheiden, »weil sie ihm Kopfschmerzen bereite«.)

Auch konnte der Mann die Frau entlassen, wenn sie ihm »nicht aufs Wort gehorchte«, den Beischlaf verweigerte oder in ihm keine Lust zum Beischlaf erweckte, wenn sie unfruchtbar war, keinen Sohn gebar, Verhütungsmittel verwandte, wenn sie abtrieb oder wenn er einfach an einer anderen Frau mehr Gefallen fand. Bei den alten Arabern durfte ein Mann seine Frau allein aus dem Grund verstoßen, weil sein Haus irgendein Unglück traf oder treffen konnte und die Frau als Hüterin des Hauses für jedes Unglück verantwortlich war.

Da die Ehe in der Antike nicht als die lebendige Gemeinschaft zweier liebender Menschen gesehen werden kann, muß jede moderne Ehescheidungs-Problematik ausgeschaltet werden. Mann und Frau bildeten nur einen Zweckverband, und wenn die Frau ihre Hauptaufgabe nicht erfüllte – Sicherung der Nachkommen und Pflege und Erweiterung des Familienbesitzes –, durfte, ja mußte der Mann sie notgedrungen entlassen und statt ihrer einen zweckentsprechenden Ersatz suchen.

Welche Scheidungsrechte hatte eine Frau? Das mesopotamische Gesetz bestimmte: *»Wenn eine Frau zu ihrem Gatten sagt: ›Du bist nicht mein Mann‹, soll er ihr die Kleider abstreifen, sie nackt davonjagen und auf den Zinnen des königlichen Palastes schimpflich zur Schau stellen.«* Selbst wenn der Mann erwiesenermaßen geisteskrank, brutal oder lebensgefährdend war, durfte sie nicht an Scheidung denken.

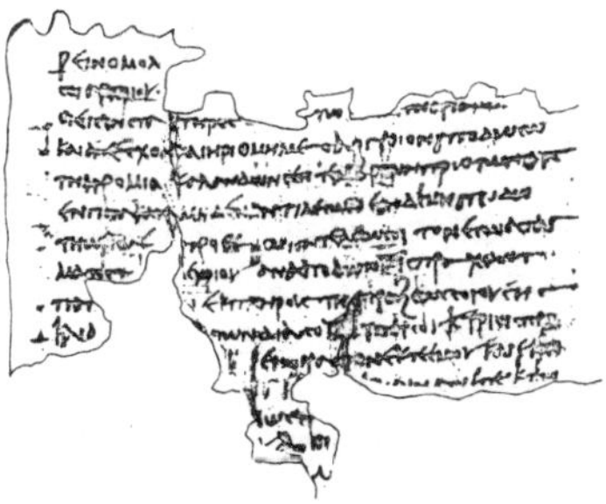

Scheide-Urkunde um 100 n. Chr. in hebräisch-griechisch, darin heißt es: »Ich gebe dich frei und verstoße dich nach meinem eigenen Belieben (Datum), ich Josef, Sohn des Naqsan, dich Mariam, Tochter des Jonathan, die du vorher meine Frau warst, so daß du frei bist wegzugehen und die Frau jedes anderen Mannes werden kannst ... Die Hochzeitssumme übergebe ich dir sowie alles Eingebrachte.« Unterschrift des Mannes und dreier Zeugen. (In einer Höhle des Toten Meeres gefunden)

Im religios-sozialen Bereich bildete die »Verstoßung«, wie eine Scheidung genannt wurde, die schwerste Strafe nach dem Todesurteil. Verstoßen wurde ein Mensch aus der Gemeinschaft des Familien-, Stammes- und Kultverbandes wegen Mißachtung der aufgestellten Normen. Die Frau, die aus der ehelichen Gemeinschaft verstoßen wurde, hatte die Normen der Ehepflicht nicht erfüllt und damit auch gegen die allgemeinen gesellschaftlichen Normen verstoßen. Die Scheidung war keine Aufkündigung einer privaten Zweisamkeit, keine rechtliche Auflösung einer Partnerschaft, sondern immer eine Brandmarkung der Frau; sie wurde aus der Volksgemeinschaft ausgestoßen. Aus diesem Grunde durfte kein Mann eine geschiedene Frau heiraten, auch der Exgatte durfte seine verstoßene Frau nicht zurückholen, und einem geschiedenen Paar war es nicht erlaubt, weiter unter einem Dach zu wohnen. *»Denn«,* erklärt der Prophet Jeremia, *»eine verstoßene Frau ist wie ein Land, das unrein geworden ist und unrein bleibt.«* – *»Wer eine Geschiedene heiratet,* *begeht Ehebruch«*, verkündet Jesus in der Bergpredigt (Lukas 16, 18; Matthäus 5, 32), aber aus einem ganz anderen Grund: *»Was Gott zusammengefügt hat, soll der Mensch nicht scheiden.«* Der Prophet Maleachi ruft den Männern erbost zu: *»Warum das? Warum tut ihr das? Der Herr war Zeuge zwischen euch und der Frau eurer Jugend, der ihr treulos wurdet. Eure Lebensgefährtin, mit der ihr einen Bund vor dem Herrn für ewige Zeiten geschlossen habt. Keiner tut so etwas, in dem ein Rest von Geist ist! Wer seine Frau verstößt, der handelt frevelhaft und bricht den Treuebund.«* Und Rabbi Schamai, ein Oberrichter in Jerusalem um die Zeitwende: *»Die Entlassung der Frau ist erlaubt, aber von allen erlaubten Dingen ist sie Gott am meisten verhaßt.«*

Paragraph 37 des assyrischen »Frauenspiegels« lautet: *»Wenn ein Mann seine Frau verstößt, wird, entsprechend dem Wunsch seines Herzens, er ihr etwas geben. Wenn es nicht dem Wunsch seines Herzens entspricht, wird er ihr nichts geben. In ihre Leerheit geht sie fort.«*

In ihre Leerheit geht sie fort! Welch ein Wort: Leerheit. Für die Frau bedeutet es, in die Einsamkeit, in die Verzweiflung gestoßen zu werden, nutzlos zu sein, sexuell versagt zu haben, minderwertig und gebrandmarkt zu sein – und obendrein ohne Existenzmittel und Existenzberechtigung. Wenn die geschiedene Frau keine verständigen Eltern oder Geschwister besaß, zu denen sie zurückkehren konnte, mußte sie durch Betteln oder Prostitution ihren Lebensunterhalt verdienen. Ihre Lage war wenig beneidenswert.

Auch in Griechenland galten trotz Aufklärungs- und Humanitätsphilosophie ähnlich einseitige Scheidungsgebräuche wie im Orient. In Athen war es für einen Mann sehr leicht, beim Archonten eine Scheidung anzuzeigen. Schon der Wortlaut des Gesetzes wie ihn Plutarch überliefert, ist aufschlußreich: Scheidung bedeutet, der Mann schickt seine Frau fort, die Frau verläßt den Mann. Als die Männer ehemüde wurden und spät heirateten, bestimmte der Staat, alle jene Ehefrauen wegzuschicken, die die »Nachkommensproduktion« boykottierten, den normalen Beischlaf verweigerten, empfängnisverhütende Mittel benutzten oder ihre Leibesfrucht abtreiben ließen. Einziger Zweck jeder Ehe war es, dem Staat Nachkommen zu sichern. Erschwert wurden Ehescheidungen erst durch vertragsgebundene Mitgiftehen, bei denen sich der Mann verpflichtete, im Falle einer Trennung die eingebrachte Mitgift der Frau samt Zins und Zinseszinsen sowie ihren Anteil an dem in den Ehejahren angewachsenen Familienbesitz zu erstatten. Das mußte für den Mann eine empfindliche wirtschaftliche Schädigung bedeuten. Deshalb sind – zur Überraschung aller Forscher– aus dem »klassischen« Altertum zahlreiche Scheidungsgesetze, aber wenig Scheidungsfälle bekannt.

Man rühmte in Rom, daß in den ersten 500 Jahren seit der Gründung der Stadt keine Ehescheidungen vorgekommen sind. Dagegen sind einige Fälle bekannt, in denen römische Ehemänner, um die verpönte gesetzliche Regelung zu umgehen, die Frauen zum Selbstmord veranlaßten. Der Praetor Plautus Silvanus stürzte laut Tacitus seine Gattin aus dem Fenster des Schlafgemaches und sagte vor Gericht kaltblütig aus, er habe nach reichlichem Weingenuß fest geschlafen und nicht gehört, wie seine Gattin Selbstmord verübte.

In der Kaiserzeit lockerten sich durch den ungeheuren Wirtschaftsaufschwung und grenzenlosen Wohlstand des Rittertums die Sitten, und die Kaiser mußten mit verschärften Gesetzen gegen die Eheverwilderung einschreiten. Tacitus schreibt: »(Entgegen dem Ritterstand), *lebten die einfachen Leute – ungeachtet aller Gesetzesveränderungen – ohne Lockerung der Familienbande, ohne Ehewechsel und ohne Erbschaftskalamitäten.*« Und er fügt hinzu: »*Wie früher an Verbrechen, so krankt man jetzt an Gesetzen.*« Diese Parole könnte auch heute Geltung haben.

Wie es kaum Berichte über Scheidungsprozesse aus dem frühen Altertum gibt, so fehlen auch Berichte über das Schicksal der verstoßenen Frauen. Kein Historiker, kein Dichter, kein Philosoph verschwendete an diese, die nach der Scheidung ein unauffälliges Schattendasein führten, nur einen Gedanken. Desto mehr muß diese Grabinschrift aus Athen auffallen: »*Fremdling, sieh das Grab hier vor dir und beweine die Unglückliche, die in der Fremde, aufgeschwemmt vom Wasser der Meere, die Tiefe der Erde geborgen hat. Sie war irgendwo im Phönizien zu Hause, verstoßen, umhergetrieben, alleinstehend, eine arme Frau aus dem Volke; so rufe ich, Apes* (der Grabspender), *dir zu. Aus Mitleid wende dich hierher und weine eine Träne; danke auch dem, der sie hier edelmütig bestattet hat.*«

Die Rache der Medea

Um eine geschiedene Frau in totale Einsamkeit zu stoßen, wurden ihr auch die Kinder weggenommen. Nach patriarchischem Recht gehörten die Kinder, sowohl vor wie auch nach der Trennung, dem Vater. Das hat mit dem heute vieldiskutierten Scheidungsrecht nichts zu tun. Eine Frau, die nach dem Gesetz selbst als unmündig galt und vor amtlichen und rechtlichen Einrichtungen eines beständigen Vertreters und Vormunds bedurfte, konnte kein Recht auf ihre eigenen Kinder beanspruchen. Der judäisch-griechische Philosoph Philon von Alexandrien sprach sich – ebenso wie Jesus – gegen alle Ehescheidung aus, und zwar deshalb, *»weil sie die schlimmsten Folgen für die Kinder nach sich ziehen«*.

Beim »Konkurs« einer Ehe verlor das Kind Mutter und Elternhaus. Das betraf auch Säuglinge und Kleinkinder, die vom Vater bis dahin überhaupt nicht beachtet worden waren. Nach der Scheidung konnte der Mann, der zwar das Gewaltrecht über die Kinder besaß, aber sich um ihre Erziehung aus Stolz nicht kümmern konnte oder wollte, die ihm lästig fallenden Kinder aussetzen, verkaufen oder zur Adoption freigeben, ganz wie die andere Frau, die er bald darauf heiratete, also die Stiefmutter, es wollte.

Wenn es um Scheidungsfragen geht, werden auch heute noch die am meisten Betroffenen nicht befragt: nämlich die Kinder. Damals mußte eine Frau die Scheidung nicht als weltliches, sondern als göttliches Gericht auffassen, und der Kindesentzug galt als Strafe.

Aufbegehren gegen was? Eine geschiedene Frau, das war eine eigenwillige Frau, die sich nicht fügen wollte und aufbegehrt hatte gegen ihren Mann, gegen die ihr aufgezwungenen Gesellschaftsnormen, gegen die religiös verankerte Tradition der weiblichen Unterordnung – oder noch schlimmer: eine Frau, der weibliche Funktionen fehlten und die sexuell versagte. Dieser fehlte jedes weibliche Empfinden, jener jegliches weibliches Verantwortungsgefühl; beiden Typen konnte man unmöglich Kinder anvertrauen.

Der Mythos um Medea zeigt, welche Gefühle der Leidenschaft und Verzweiflung eine Frau bei der Scheidung bewegen konnten. Der schöne griechische Held Iason kommt nach Kalchis am Schwarzen Meer, um das aus Griechenland entwendete Goldene Vlies zu rauben. Als er am Hof des Königs von Kalchis seine Aufwartung macht, verliebt sich die Königstochter Medea in den blonden Athleten. Das Goldene Vlies, ein mythisches Widderfell, bewacht im Hain des Kriegsgottes Ares ein Drache, der nicht mit der Kraft selbst von 50 Muskelathleten, nur mit der Kraft des Verstandes zu überwinden ist. Die Prinzessin Medea besitzt eine überragende Intelligenz; ohne ihre Hilfe hätte Iason die Heldentat niemals vollbracht. Betört von den Versprechungen des schönen Fremden verläßt Medea Eltern und Heimat und folgt ihm nach Griechenland. Sie fliehen zunächst nach Iolkos. Sie heiraten, und es werden ihnen zwei Kinder geboren, aber nach einigen Jahren müssen sie, da Iason sich unbeliebt macht, die Stadt verlassen und nach Korinth emigrieren. Wieder macht der schöne griechische Held dreist seine Aufwartung am königlichen Hof und gewinnt die Gunst der Prinzessin Glauke, Tochter des Königs Kreon, die ihm ihre volle Unterstützung verheißt, aber nur dann, wenn er sie heiratet und Medea verstößt.

Der charakterschwache Held sieht durch Glauke bereits den goldenen Thron von Korinth winken. So ist er gerne bereit, sich von Medea zu trennen, die er schon längst verlassen wollte. *»Jaja«*, denkt Medea, als sie den Scheidungsbrief erhält, *»meine Ehe war von Anfang an eine zweckmäßige Fälschung, eine erfüllungsarme Episode; unsere Kinder, in diese Fälschung eingebaut, dienten nur als trügerische Sicherung und Faustpfand, aber nur für mich. Für Glauke bilden meine Kinder eine Verunsicherung, Mahnung, eine sperrende Wand, die sich zwischen ihre Zukunft und meine Vergangenheit schiebt. Können die Kinder nach der Trennung alles Falsche weiterschleppen? Was wird aus ihnen werden?«* Die Kinder sind ein Teil ihres Selbst; sie von ihr zu trennen hieße, ein Teil ihres Fleisches wegzuschneiden. Rasend vor Schmerz drückt Medea die Kleinen an sich. Trotz ihrer hervorragenden Intelligenz kann sie in diesem Augenblick zu keiner klaren, nur zu einer impulsiven, von blindwütiger Leidenschaft getragenen Entscheidung kommen. Sie tötet ihre beiden Kinder auf der Stelle und auch die Nebenbuhlerin. – In der griechischen Überlieferung wird Iason zum großen sonnenstrahlenden nationalen Helden erhöht, der mit feuerschnaubenden Stieren zu pflügen, Drachenzähne zu säen und asiatische Königreiche samt den Königstöchtern zu überwinden verstand. Aus der fremdländischen Medea wird dagegen ein finsteres Nachtgeschöpf, ein dämonisches Weib, eine Hexe und Zauberin.

Erforscher der Mythologie wollen in Medea eine Muttergöttin der Urbevölkerung am asiatischen Ufer des Schwarzen Meeres sehen. Als dieses Gebiet von den Griechen – vielleicht durch List oder durch die Hilfe einer eingeborenen Frau – unterworfen wurde, »verstießen« sie die Muttergöttin und dichteten die geschichtliche Episode in einen Mythos um, in dem das Siegesbewußtsein des Mannes über das Mutterrecht in Kalchis triumphiert.

Das Schicksal einer verstoßenen Frau, die zwangsläufig zur Kindesmörderin wurde, konnte in seiner ganzen Tiefe nur ein aufgeklärter Grieche, der große Dramatiker Euripides (486 bis 406), nachempfinden und gestalten. Ihm gelang es, die gegensätzlichen Eigenschaften der Frau, sowohl ihre positiven wie auch ihre negativen Seiten, richtig zu erfassen. Er schuf aus dem Stoff des Mythos ein Drama, das die geistigen und sozialen Probleme der Menschen seiner krisenreichen Zeit verdeutlichte. Seine Darstellung der Medea-Sage mit all ihrem Rationalismus und Skeptizismus wirkt auch heute noch aktuell. Medea kämpft als geistige Heroin gegen alles Überkommene und gegen jedes herkömmliche Vorurteil.

Euripides' zeitlose Sätze im Drama, wie »der Mann, welcher seiner Frau die Kinder nimmt, ihr gleichzeitig das Leben nimmt« oder »es

Medea, von Iason verstoßen, nicht bereit, ihre beiden Kinder nach damaligem Gesetz ihrem Mann zu überlassen, tötet diese in einem Anfall rasender Wut. Später wurde sie von der Gesellschaft zur Hexe und herzlosen Mörderin herabgesetzt, dagegen Iason zum Nationalheros erhöht. (Sarkophag aus der römischen Kaiserzeit, Staatl. Museum, Berlin)

ist von der Frau barbarisch, einem Mann, den sie nicht liebt, ein Kind zu gebären«, gehören zu den Perlen der Weltliteratur. Der große Menschenkenner wählte an seinen zahlreichen Dramen meist protestierende Frauengestalten, die ihren Männern und ihrer Zeit geistig überlegen sind. Die einen leiden durch die schlichte Selbstverständlichkeit ihres Daseins, die anderen durch die unheimliche Vitalität ihres Temperaments oder durch die Dämonie des Eros. Alle zerbrechen an der Legitimität der Männerwelt und müssen ihr Aufbegehren bitter büßen. Es sind herrschende und beherrschte, rasende und vernünftige, liebende und verstoßene, immer aber überdurch-

Trunkene Alte. Das einzige, was der ausgemergelten alten Frau in ihrer armseligen Verlassenheit übrigblieb, ist die Weinflasche, die sie wie ein Kind in ihrem Schoß wiegt. Aus ihrem offenen Mund scheint das trunkene Stammeln eines Selbstgesprächs zu kommen. Hellenistische Marmorstatue um 270 v. Chr. (Glyptothek, München)

schnittliche Frauengestalten, die – aus psychischer Erschütterung oder aus ihrer emotionellen Veranlagung heraus – stets im Affekt handeln. Alle Frauengestalten Euripides' sind voll provozierender Aktivität; keine unterwirft sich den allgemeinen Trägheitsgesetzen. Medea, die zur rasenden Furie und Kindesmörderin wird, läßt Euripides sagen: *»Von allen Wesen dieser Erde sind wir Frauen die elendsten ... Zuerst müssen wir einander überbieten, um uns einen Herrn und Meister über unseren Körper zu erlisten. Reiner Zufall, ob sich dieser als Schurke oder Ehrenmann entpuppt. Empören wir uns wider die Willkür und löcken wider den Stachel, dann ist es besser zu sterben.«*

10. ALTER

Witfrau – Bittfrau

Eine Frau, die verstoßen, ein Mädchen, das vergewaltigt und nicht geheiratet wurde, eine Braut, deren Bräutigam vor der Hochzeit verschied oder verschwand, und eine Frau, deren Mann starb, wurden in den altsemitischen Sprachen mit dem Sammelnamen »Witwe« bezeichnet, denn ihr aller Los war, falls sie mittellos waren, das gleiche. Die graue, sackartige Witwentracht konnte ein zehnjähriges Mädchen ebenso wie eine uralte Matrone tragen. Bei den Hirtenvölkern und alten Arabern fand eine Witwe, deren Mann bei einem Raub- oder Kriegszug gefallen war, aus kollektiver Verantwortung im Zelt eines Stammesgenossen als Beifrau oder Sklavin Aufnahme. Arbeitsunfähige wurden in der Wüste ausgesetzt.

In fortgeschrittener Zeit, als der Bodenbesitz bei Seßhaften eine entscheidende Rolle spielte, mußte der Schwager die Verwitwete heiraten, um den Familien- und Stammesbesitz zu erhalten. Nach eschatologischem Glauben durfte eine Witwe mit Kindern nicht noch einmal heiraten, eine Witwe ohne Kinder dagegen mußte den Bruder ihres verstorbenen Mannes heiraten. Der in der Schwagerehe gezeugte Sohn galt als erbberechtigtes Kind des Verstorbenen; nur dieser konnte ihm als Fortsetzer ein Fortleben im Jenseits ermöglichen. Wer keinen männlichen Erben zur pietätvollen Totenpflege hinterließ, mußte als ruheloser Geist umherschweifen. Daher bestimmte Paragraph 193 des hethitischen Codex: *»... wenn der Mann stirbt, soll dessen Bruder die Witwe nehmen oder einer der Brüder oder der Vater des Verstorbenen, gleichviel welche Frauen sie bereits genommen haben.«* Die Leviratsehe (lat.: »Levir« – »Mannesbruder«) war Brauch bei Babyloniern, Ägyptern, Elamiten, Hebräern, Hurriten, in Nuzi, Ugarit und Griechenland. Und zwar weniger aus mythisch-kultischen als aus realen erbrechtlichen Gründen; sie beinhaltete die Besitzübertragung.

Wenn der Mannesbruder die verwitwete Schwägerin nicht heiraten wollte, mußte er in aller Öffentlichkeit ein Löse-Zeremoniell durchführen, das ihn von dieser Pflicht »loslöste«. Dabei zog ihm die Witwe einen Schuh aus und schlug ihn dem Schwager mit folgenden Worten ins Gesicht: *»Da hast du es, weil du das Haus deines Bruders nicht wieder aufrichten und mir nicht zu einem Kind verhelfen willst.«* Alle, die dieser beschämenden Szene beiwohnten, riefen: *»Pfui über ihn!«* Das Schuhausziehen bedeutete in der Frühzeit eine Abtrennung und Eigentumsübertragung; dasselbe Zeremoniell wurde auch beim Verkauf eines Grundbesitzes u. ä. vollzogen, allerdings ohne daß dabei die eine Partei der anderen ins Gesicht schlug. Nach dem Ablösungsakt konnte oder mußte der nächste Verwandte die Witwe nehmen. In Griechenland war es Äschylos, der als erster gegen die archaische Leviratsehe protestierte, *»wonach eine Witwe, um den Familienbesitz des Mannes zu erhalten, mit und ohne ihren Willen sowohl ihren Leib als auch ihr Eigentum einem Mannesbruder übertragen muß«.*

War die kinderlose Witwe aber ohne Grundbesitz und hatte kein Elternhaus, in das sie zurückkehren konnte, so wurde sie, wie es im Altarabischen hieß, »in die Wüste verstoßen« oder, nach assyrischem Sprachgebrauch, *»in die Leere geschickt«.* Eine staatliche Altersversorgung gab es nicht. Platon forderte für seinen Zukunftsstaat, mittellose Vollbürger »in würdiger Form« zu unterstützen. Cato nahm das Problem leichter: Man solle Arme und Sklaven verkaufen. Doch konnte er nicht angeben, wer solche wenig Nutzen einbringenden »Arbeitnehmer« kaufen würde. Das Schicksal anhangloser Witwen kennzeichnet treffend das griechische Wortspiel »χῆζαι-Πηζῦαι« das man frei mit »Witfrau-Bittfrau« übersetzen kann.

Die mittellosen Leute waren als Bettler auf die private Mildtätigkeit angewiesen. War die Witwe noch jung und begehrenswert, verlangte der Almosengeber auch eine persönliche Gegenleistung. Aus Ugarit kommt bereits um 1200 v. Chr. die Mahnung: *»Die Einsame verriegle ihr Haus, und die Witwe verschließe ihre Kammer mit besonderen Bolzen«,* denn sie ist Freiwild geworden. Aristophanes gibt die Klage einer Blumenverkäuferin folgendermaßen wieder: *»Bevor sie verwitwet war, kauften die Kavaliere bei ihr Blumen für ein Liebesstündchen für ihre Damen. Seit sie verwitwet ist, wollen die Kavaliere keine Blumen, nur die Blumenhändlerin selbst für ein Stündchen kaufen.«*

Ruth, die Ährenaufsammlerin

Immer wieder mahnt die Bibel, aus sozialer Verantwortung den Witwen und Waisen zu helfen, und zwar nicht nur – wie es bei Platon heißt – den Vollbürgern, sondern auch den Fremden. Jeder müsse ihnen die Ränder der Felder, Weinberge, Olivenhaine und Obstgärten überlassen sowie alles, was herabfiel oder zurückgelassen wurde. *»Wenn ihr die Ernte schneidet, sollt ihr die Felder nicht vollständig abernten und nach der Ernte nicht Nachlese halten ... dem Armen und dem Fremdling sollst du sie lassen* (3. Mose 19, 9 ff.).«

Die biblische Erzählung »Ruth« demonstriert neben völkerversöhnenden Tendenzen in realistischer Weise das Los einer Witwe und dazu einer Ausländerin:

Zwei Witwen, eine junge und eine alte, treffen zu Ostern aus Moab in Bethlehem ein, als die Gerstenernte in vollem Gange ist. Die Schnitter lassen ihre Sicheln sausen, flinke Mägde binden und häufen die Garben, dahinter gehen zerlumpte Bettler und sammeln die ihnen zustehenden herabgefallenen und zurückgelassenen Reste.

Ihnen schließt sich die junge Witwe aus Moab an. Dem Gutsherrn Boas fällt die auffallend schöne, wenn auch nicht mehr ganz junge Frau – denn Ruth ist bald zehn Jahre verwitwet – auf und fragt seinen Oberknecht: *»Wem gehört dieses Mädchen?«* Diese Frage wirft erhellendes Licht auf die Zeit: Ein Mädchen, ein Dingsda, gehörte immer irgendwem, sonst war es ein hergelaufener Niemand, war Freiwild. Boas nickt wohlwollend der Fremden zu: *»Bleib da, ich habe meinen geboten, dich nicht zu belästigen.«* Ruth fällt vor ihm in die Knie und flüstert: *»Wie kommt es, daß du so gütig gegen mich bist und mich so freundlich beachtest? Ich bin ja nur eine Fremde.«* Boas gibt ihr Sicherheit und sagt: *»Du kannst dich zu meinen Mägden einordnen.«* Als es Abend wird, findet es der Gutsherr nicht unter seiner Würde, mit den Feldarbeitern beim Kornhaufen zu schlafen, um selbst das kostbare Getreide zu bewachen. Da schleicht sich um Mitternacht, auf Anraten der Schwiegermutter, die Moabiterin zu dem Herrn, schlüpft unter seinen Mantel, die ihm als Decke dient, und legt sich zu seinen Füßen. *»Da schrak der Mann auf und fragte: ›Wer bist du?‹ Und sie flüsterte: ›Ich bin Ruth, deine Magd, breite deine Flügel über mich aus.‹ Und er tröstete sie: ›Fürchte dich nicht, alles, was du wünschst, werde ich dir tun. Bleibe bei mir diese Nacht liegen.‹«* Die Formel, *»sein Gewand über eine Frau werfen«* oder *mit einer Frau unter einem Mantel liegen«,* bedeutete im Orient »Verlobung«, ebenso war rechtlich die Besitzergreifung der Frau durch Beischlaf ein Hochzeitsakt. Boas denkt nach der Liebesnacht zunächst nicht daran, Ruth zu heiraten, und zahlt ihr am Morgen für den Liebesdienst sechs Maß Gerste, das Sechsfache, was sie am Tag mühsam zusammengeklaubt hat. Bevor es dämmert, schickt er sie fort, *»damit niemand sie erkennen kann«*.

Die Novelle, die bei Erntefesten als Mysterienspiel vorgelesen oder gespielt wurde, verdeutlicht neben vielen religiösen Gedanken ein Stück einstiger Wirklichkeit und bestätigt, daß eine Witwe tatsächlich vom Abfall der Felder leben mußte. Das Buch »Ruth« wurde von

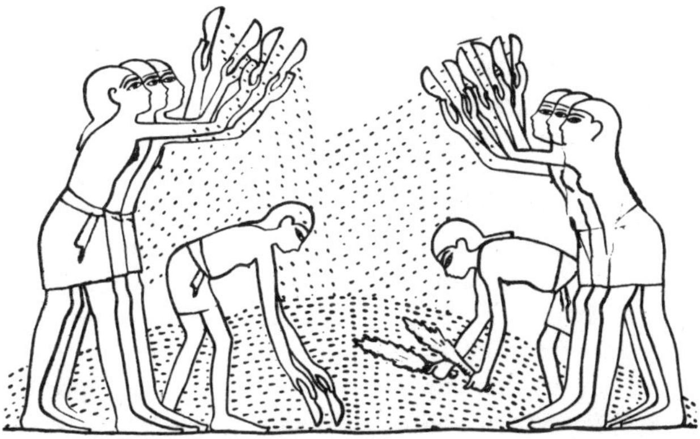

Die biblische Erzählung von der Witwe Ruth spielt vor dem Hintergrund harter Erntearbeit. Die Mägde gehörten der niedrigsten Gesellschaftsschicht an, sozial noch tiefer standen die Witwen, die die Überreste der abgeernteten Felder aufsammelten. Im biblischen Märchen heiratet ein reicher Gutsbesitzer – Prinz aus Bethlehem – eine Aschenbrödel-Witwe. (Grabbild der Nacht in Schech abd el-Qurna)

Goethe als *»das lieblichste kleine Ganze, das uns episch und idyllisch überliefert ist«,* bezeichnet. Der lyrische Dichter Rudolf Alexander Schroeder behauptet sogar: *»Kein Dichter der Welt hat eine schönere Novelle geschrieben.«*

Zur Erbauung und Freude jeder verwitweten Leserin endet die Ruth-Novelle mit einem märchenhaften Happy-End: Boas, der begüterte Großgrundbesitzer, heiratet die ausländische Ährenaufleserin Ruth, und sie wird die Urgroßmutter des Königs David und Ahnin Jesu Christi.

Frauen, die in »goldenen Käfigen« gehalten wurden, erwiesen sich nach dem Tode ihres Mannes häufig als völlig lebensuntüchtig. Das belegt eine griechisch-ägyptische Urkunde aus Fajum, nicht aus archaischer Vorzeit, sondern aus der Zeit um 300 v. Chr., dem Beginn der Epoche der Aufklärung. Eine begüterte Witwe mit großem Bodenbesitz, deren Mann eben verstorben ist, verdingt sich und ihre Kinder dem Tempel des Sobek: *»Du* (Sobek) *sollst mich behausen, beköstigen, gesund erhalten und von allen bösen Geistern bewahren. Dafür zahle ich dir* (an den Tempel) *1¼ Kupferkite monatlich, 99 Jahre lang.«* In den vier Wänden des Klosters, von der rauhen Umwelt abgeschlossen, glaubte die fromme Dame, allen Belästigungen, denen Witwen sonst ausgesetzt waren, zu entfliehen, eine »keusche« Witwenschaft zu leben. Eine »keusche« Witwenschaft wurde als lobenswerte Tugend betrachtet und jede Wiederverheiratung als unsittliche Entgleisung gebrandmarkt. Die Matrone und die Witwe sollten sich auf die Religion konzentrieren, die ihnen Auferstehung und »neues Leben« versprach. Um 200 n. Chr. schrieb der Sklave Livius für den Frauenchor des plebejischen Pudicita-Tempels ein Ruhmeslied auf die keusche Witwenschaft jener, *»die ihre Fleischgelüste zu dämpfen wissen und dem Himmel näher sind«*. Die Kantate fand so begeisterte Aufnahme, daß Livius das Bürgerrecht erhielt und fortan auch »aristokratische« Tempel betreten durfte. Um die Witwen vom Gedanken an eine Zweitehe abzubringen, verfaßte Titinius eine dickbändige Anthologie von Aussagen berühmter und erfundener keuscher Witwen. Eine schlägt das Angebot eines Heiratsagenten mit den Worten aus: *»Ich finde keinen Mann wieder, der mich so lieben wird, wie mich mein Mann liebte.«* Eine zweite antwortet erschrocken: *»O nein, fände ich einen zweiten so guten Mann wie meinen ersten, so würde ich um sein Leben zittern müssen genauso wie bei meinem ersten; fände ich einen schlimmeren, wozu noch solches Übel sich aufhalsen?«* Eine dritte erwidert kurz: *»Servius lebt noch immer in mir!«*

Berühmt ist die Sage von Dido, jener phönizischen Prinzessin, die Begründerin und Königin von Karthago war. Um ihrem ermordeten Gatten die Treue zu halten und dem drängenden Werben des Königs Iarbas zu entgehen, ging sie auf dem Scheiterhaufen in den Tod. Berühmter ist die Version Vergils, nach der Dido den gestrandeten Aeneas, der aus Troja floh und später Rom gründete, aufnahm und in Liebe zu ihm entbrannte. Darüber vergaß sie zeitweise ihren verstorbenen Gemahl. Aus Furcht, sich durch die Liebe zu Aeneas von

Treue über den Tod hinaus. Mittelstück eines marmornen Lekythos (Totenkrug) um 375 v. Chr. aus Athen. Es zeigt Menschentum von hohem Adel und überzeitlicher Gültigkeit. (Staatl. Antikensammlung, München)

einer *»seelenerfüllenden und seelenzerstörenden Leidenschaft«* hinreißen zu lassen und dabei gegen das Gebot fraulicher Untadeligkeit im Witwentum zu verstoßen, gab sie sich selbst den Tod. Der Römer Vergil (70 bis 19) schrieb sein Gedicht als Mahnung für die von einer Scheidungsepidemie befallenen Frauen zur Zeit Augustus'. Er wollte ihnen die Worte des griechischen Schriftstellers Plutarch wieder ins Gedächtnis rufen: *»Glücklich zu preisen ist die erste Ehe der Frau, verwünscht aber die zweite.«*

Die Doppelmoral der Zeit verlangte von der Frau ihre angeblich rein sinnliche Natur zu unterdrücken und nicht wieder zu heiraten, dagegen sollte der Mann gerade wegen seiner sinnlichen Natur so schnell wie möglich wieder heiraten, um nicht auf Abwege zu geraten. Als Kuriosum diene ein Brief aus Ägypten aus dem Jahre 1250 v. Chr., den ein vom Geist seiner Frau (oder von seinem Gewissen) drei Jahre gequälter Mann in ihr Grab legen ließ: *»Was habe ich dir getan, du Geist der Anehiry? Warum hältst du mich Unglücklichen so fest gepackt, obwohl ich niemals schlecht an dir, als du lebtest, gehandelt habe? Ich habe dich jung geheiratet, war immer nur mit dir zusammen und habe dich nie mit einer anderen Frau betrogen. Ich habe in der ganzen Zeit aufs sorgsamste vermieden, dich zu kränken. So habe ich, solange du lebtest, stets gut an dir gehandelt. Warum hinderst du mich daran,* (nochmals zu heiraten und) *wieder glücklich zu werden?«*

Ganz anders klingt der Brief, den eine römische Frau vom Sterbebett aus an ihren verreisten Mann und ihre Kinder richtete: *»Du, mein teurer Mann Paulus, mußt mich, wenn ich von euch gehe, bei den*

Kindern vertreten, sei zärtlich zu ihnen, und wenn du sie küßt, so füge einem jeden noch einen Kuß von mir zu. Heirate wieder! Und ihr Kinder, seid freundlich zu der Stiefmutter und lobet mich nicht offen vor ihr, denn es könnte sie kränken. Bleibt der Vater allein, so lindert ihm das kommende Alter und laßt ihn keine Sorgfalt vermissen. So viele Lebensjahre der Tod mir raubte, so viele Jahre sollen Paulus und euch hinzugefügt werden. Mögest du, Paulus, durch deine Kinder Freude haben, alt zu werden. Eure Cornelia.«

Vorzeitiger Herbst

Eine Frau blickt ängstlich fragend in den Spiegel, ob die Zeit auf verräterische Weise auch in ihrem Gesicht Spuren hinterließ. Stärker als das Leben des Mannes hängt ihr Leben von den physiologischen Vorgängen in ihrem Körper ab. Ihr Dasein ist von diesen relativ regelmäßig ablaufenden Vorgängen bestimmt. Plötzlich setzt eine Veränderung ein, die durch organische Störungen charakterisiert wird.

Wie kann sie das Unbehagen des Klimakteriums aufhalten, jung bleiben, den Spiegel und den Kalender überlisten? Der schicksalhafte, unwiderrufliche Prozeß setzt sein Zerstörungswerk ein. Der Augenblick ist gekommen, einen Strich zu ziehen und das biologisch Gegebene hinzunehmen, ohne sich an die Illusion eines »neuen Lebens« – sei es durch Kosmetik, neue Abenteuer oder Religiosität – zu klammern.

Nur die Göttin Hera war glücklicher: Wenn sie die drei Lebensphasen – Mädchen, Gattin, Vereinsamte – durchlaufen hatte, badete sie in der Quelle Kanathos und stieg verjüngt aus dem Wasser, um die drei Lebensphasen von neuem zu beginnen. *»Ach, alt zu werden«*, seufzt Sappho, *»wer wünscht sich das nicht, und wer fürchtet das nicht?«* Die große Dichterin von Lesbos spricht vom Tod mit bitterem Humor: *»Er ist ein Übel. Wäre er etwas Schönes, dann würden auch die Götter sterben.«* Die Angst vor dem Altern hatte sie selbst bis zur Neige gekostet; organische Veränderungen, Schwinden der Kräfte, Erschöpfung, Krankheiten und Pflegebedürftigkeit traten in steigendem Maße ein. Eine irrwitzige Sehnsucht erfaßte die alternde Frau: noch einmal geliebt zu werden, nur ein wenig, nur durch ein liebes Wort ermuntert zu werden. Nachts, wenn sie aufwachte und sich ihres Alleinseins bewußt wurde, kamen ihr die Tränen. Das letzte Lied der Sappho ist ein Gestammel: *». . . starr wird meine Zunge, meine Augen blind, kalter Schweiß rinnt über mich hin. Ein Zittern* *durchjagt mich. Farbloser als welkes Gras bin ich geworden, und von Sinnen erschein' ich mir selber.«*

Bei Aristophanes lesen wir die Klage Lysistratas: *»Schnell ist die Jugend der Frau dahin, sobald sie diese verpaßt hat, sitzt sie verlassen da und blättert im Traumbuch.«*

Das Altwerden besingt in lyrischer Form »Das Lied von Jugend und Tod« des Predigers Salomo: *»Gar bald, wenn es dunkelt und alles leise verstummt, wenn das Zwitschern der Vöglein erstirbt, wenn gedämpft werden alle Töchter des Gesanges, wenn der Mandelbaum weiß blüht* (im Greisenhaare), *die silberne Schnur der Parzen zu zerreißen droht und bald die goldene Ampel erlischt, dann denke daran«*, mahnt der Prediger, *»daß es Zeit ist, dich deines Lebens so lange wie möglich zu erfreuen.« – »Wandle, wie dein Herz gelüstet, und genieße,*

Bronzekopf des Aristophanes. Als bedeutendster klassischer Komödiendichter kritisierte er die politischen und sozialen Mißstände in Athen und griff oft Frauenthemen auf, so in »Lysistrata« – »Die Frauen beim Thesmophorifest« und das »Frauenparlament«. (Römische Kopie)

was deine Augen erschauen!« – »Wenn die Schatten länger werden, wenn der Herbst naht, betrachte die noch vor dir stehenden Jahre als Geschenk des Schicksals, das man dankbar empfangen muß.« Auch der Herbst kann schön sein. Auch »herbstliche Bäume« haben ihre Schönheit.

Zu Recht vergleichen Schriftsteller der Antike die Lebensdauer des Menschen mit der der Eintagsfliege: Sie war zu ihrer Zeit sehr kurz. Mit wenigen Ausnahmen erreichten – nach Untersuchungen von Archäologen an Leichen – einfache Menschen ein durchschnittliches Lebensalter von 28 Jahren, die Frauen etwa zwei Jahre weniger. Erst in späterer Zeit stieg die Lebenserwartung durch eine verbesserte Ernährungsweise auf 35 Jahre. (Laut Erhebung der UNESCO im Jahre 1962 betrug die durchschnittliche Lebenserwartung in Indien 38 Jahre, in anderen Entwicklungsländern lag sie viel niedriger.)

Jene »alten« Witwen, deren Rechtlosigkeit im sozialen Leben die Propheten und auch Jesus immer wieder hervorheben, waren etwa 20 bis 35 Jahre alt. Diese fühlten sich schon, bevor sie die Wechseljahre erreicht hatten, wie ausgediente Matronen. Man erinnere sich, daß Mitte des vorigen Jahrhunderts zur Zeit Honoré de Balzacs Roman »Die Frau von 30 Jahren« eine solche in Frankreich dazu verurteilt war, Abschied zu nehmen von der Liebe und von allen Freuden des Lebens. Erst die medizinischen Errungenschaften unserer Zeit verdoppelten ihre Lebenserwartung und ihre Lebenschancen.

11. TOD

Trauersitten

Eine Frau starb nachts im Schlafe – so still, wie eine Kerze erlöscht. Der Tod war durch das Fenster gestiegen und hatte sein Opfer geholt. Am Morgen standen ratlos, furchtsam und in bedrücktem Schweigen die Anverwandten an ihrem Bett. Damit der Tod sich keine weiteren Opfer holte, begannen die Angehörigen zu beten – wenn man archaische Beschwörungen mit Gebet bezeichnen will – sowie alle Trennungsriten zu befolgen, die die Lebenden von den Toten distanzieren. Sie ritzten ihre Haut auf, rauften sich Haarbüschel aus, streuten Sand auf ihr Haupt, zerrissen ihre Kleidung, warfen sich zu Boden und schrien immer wieder den Namen der Verstorbenen, um sie aufzuwecken oder sich davon zu überzeugen, daß kein Scheintod vorlag. In Wirklichkeit sollten diese Handlungen jedoch dazu dienen, die Seele, die als Geist weiter im Raum und im Hause schweifte, zu erschrecken und davonzujagen.

Auch Homers gepanzerte Helden vor Troja, sonst stark und todesmutig, beweinen lautstark ihre gefallenen Kameraden. Straton fordert, nicht stumm zu trauern, sondern den Tränen freien Lauf zu lassen und seine Klage so laut wie möglich zu äußern, denn Zeus selbst habe es so angeordnet.

Die unterschiedlichen Gebräuche beim Tod eines Menschen entsprangen alle der Furcht, vom »Totenbazillus« infiziert zu werden. Auch wenn die Seele ins Geisterreich eingezogen war, galten die Leiden kultisch als unrein. Ein Friedhof mußte außerhalb des Wohnbereichs der Lebenden angelegt werden, die Gräber waren nach Osten gerichtet, jener Himmelsrichtung, in der der Tote zum neuen Leben erwachen würde.

Kein Priester durfte einen Verstorbenen berühren, das Haus eines Toten besuchen oder einen Friedhof betreten. Die Stadt Tiberias am See Genezareth (26 n. Chr. gegründet) wurde von allen Judäern prie-

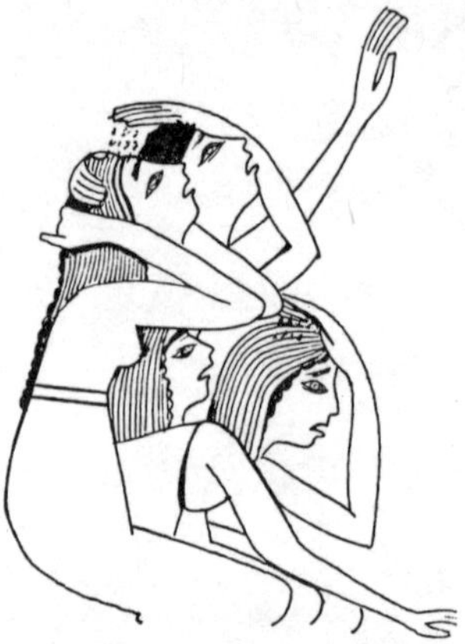

Seine Klage gab der antike Mensch bei »Schicksalsschlägen, die er nicht verstand«, laut zum Ausdruck. Er entblößte und schlug seine Brust, löste sein Haar auf und streute Asche auf sein Haupt. (Ägyptische Grabmalerei vom Grab des Ramose um 1400 v. Chr.)

sterlicher Abstammung gemieden, auch von Jesus, weil man ein Friedhofsgrundstück in den Stadtbezirk einbezogen hatte.

Die Vorbereitungen für die Beerdigung und die Trauerfeierlichkeiten lagen bei einer Gruppe von Ehrenmännern. Sie betteten die Verstorbene behutsam auf den Boden oder auf Stroh, stellten ein Licht zum Vertreiben der Geister neben ihrem Kopf auf, salbten oder besprengten den Leichnam mit Öl – ölen hieß damals waschen – und wickelten ihn in ein Leinentuch. Unverheiratete wurden bräutlich gekleidet. Man gab der Frau ihren Schmuck, mindestens eine Perle, mit und legte ihr in den Mund oder auf die Stirn ein Geldstück als Fährgeld für die Überfahrt in den Hades. Dann löschten die Männer das Feuer im Herd, das die Tote ein Leben lang treu gehütet hatte.

Je stärker sich der Jenseitsglaube mit der Zeit ausprägte, desto komplizierter wurden die Trauersitten. Wehe, wenn man nur die geringste kultische Vorschrift überging: Das konnte für die Hinterbliebenen verheerende Folgen haben. Deshalb überließ man später alles Zeremonielle berufsmäßigen Trauergesellschaften oder Vereinen. Eine Bestattung wurde dadurch zur kostspieligen Ausgabe. Selbst gutbürgerliche Familien mußten dafür ein ganzes Leben in einem Sterbekassen-Verein sparen, Unbemittelte mußten Darlehen aufnehmen – oder sich wie verreckte Hunde auf den Schindacker werfen lassen. Das Eintrittsgeld in einem Sterbekassen-Verein um die Zeitwende war 100, der jährliche Beitrag fünfzehn Sesterzen.

Nicht nur die oder der Verstorbene galt als kultisch unrein; auch der Raum, worin die Leiche lag, und das Haus, das der oder die Tote bewohnt hatte, waren von den Totengeistern »verseucht«. Um die Verunreinigung nicht nach draußen zu tragen, mußte ein Gefäß mit

Laut dem ägyptischen Glauben eines Totengerichts führt Anubis den Verstorbenen zur Waage und wiegt sein Herz, während Thot das Ergebnis notiert, dann wird er vor den richtenden Gott Osiris geführt. Unter der Waage lauert der löwenartige »Verschlinger«, ein Unterweltdämon. (Papyrus des Hunefer, Neues Reich, Britisches Museum, London)

geweihtem Wasser vor die Haustür gestellt werden. Jeder, der das Haus verließ, wusch sich darin die Hände. Noch mancherorts blieb der Brauch erhalten, sich beim Verlassen des Friedhofs die Hände zu waschen. In der Regel wurden in alter Zeit alle Verstorbenen, auch Gefallene oder Gehenkte, noch vor Beginn der Dämmerung bestattet, damit die Nachtgeister sie nicht ergreifen konnten. Wer in der Nacht starb, wurde am zweiten Tag bestattet. Nur einbalsamierte Patrizier begrub man erst am siebten Tag.

Wenn nun der »Tote« gar nicht tot war, sondern nur in tiefer Bewußtlosigkeit lag? Viele Wundertäter sollen im Altertum Scheintote wieder zum Leben erweckt haben. Mehrere an Wunder grenzende Totenerweckungen wurden vom griechischen Arzt Apollonios von Tyana (gest. um 184 n. Chr.) erwähnt. In Rom rief er eine Braut, die bei den Hochzeitsvorbereitungen tot umgefallen und zu Grabe getragen war, ins Leben zurück. Im Augenzeugenbericht heißt es: *»Ob er* (der geschulte Diagnostiker) *einen Funken des Lebens in ihr fand, der den anderen Ärzten unbemerkt geblieben war – das Gesicht des Mädchens soll gesprüht und gedunstet haben –, oder ob er das erloschene Leben therapeutisch wieder anfachte und zurückrief, dies zu entscheiden ist allen, die dabei zugegen waren, unmöglich.«* Das zum Leben erwachte Mädchen sprang von der Totenbahre auf und eilte schnurstracks zu ihrem ins Stocken geratenen Hochzeitszug.

Kaiser Alexander Severus (222 bis 235 n. Chr.), der in seiner Hauskapelle Bilder von Wohltätern der Menschheit sammelte, wählte Alexander den Großen, Orpheus, Abraham, Jesus Christus und Apollonius von Tyana, letztere als »Lebenswiederbringer«.

Im alten Griechenland galt der Scheintod als wirklicher Tod. Der Scheintote, der von der Bahre plötzlich wieder aufstand, mußte einen Wiedergeburtsritus begehen, um die Erinnerungen, die er aus dem Jenseits mitbrachte, völlig auszulöschen. Er wurde unter den Schoß einer Frau gelegt, dann gewaschen, in Windeln gewickelt und mit einem Milchtrank gestillt; erst dann durfte er sich wieder unter die Lebenden mischen.

Stille und laute Trauer

Im Hebräischen heißt eine laute Trauerklage »Zaaka« (Schreien), das stille Leiden »Ebel« (Trauer). Zu den beiden Arten von Trauer sagt ein Weiser: *»Die laute beruhigt die Öffentlichkeit, die leise ruht tief im Herzen«,* und er fügt hinzu: *»Bei den feierlichen Bräuchen wäre es besser, schlicht als hochtrabend zu sein, denn bei einer Trauer kommt es mehr auf inneres Gefühl als auf äußerliche Kundgebungen an.«* Wirklicher Schmerz entlädt sich nicht in einem heftigen Ausbruch, der nur die eigene Furcht vor dem Tode verdeckt; der echte Schmerz bleibt im Innern verkapselt als unauslöschliche Erinnerung. In einem Trauerlied zürnt die griechische Dichterin Erinna von Rhodos den Naturgewalten wegen der »Stille der Toten«, des »Schweigens des Himmels«, der »klanglosen Töne der Leere« und der »hörbaren Finsternis«. Konnte eine laute Klage den tiefempfundenen Schmerz vertreiben?

Einige Philosophen hatten für ihre toten Gattinen ein letztes Verslein übrig: *»Für alles gibt es Ersatz auf der Welt, nur nicht für die Frau der Jugend.« – »Wem die Frau stirbt, um den wird es finster und still in der Welt.« – »Wer die Frau verliert, der geht dahin.«* Schöne Worte! Solange ihre Frauen lebten, blickten diese weisen Männer sehr kritisch und abfällig auf sie; erst als sie einsam zurückblieben, äußerten sie sich mit rührseliger Sentimentalität über deren Wert. Müssen wir erst etwas verlieren, um den Wert des Verlorenen richtig zu schätzen?

In der lateinischen Welt galt Proporz (50 v. bis 16 n. Chr.) als »Troubadour« von Größe. Er trauerte um seine geliebte, von einer Rivalin vergiftete Cynthia (Pseudonym für seine Freundin Hostie). Ihr Schatten erschien dem untröstlichen Dichter im Traum und raunte ihm zu: *»Auch im Tode bleib' ich dir treu. Ich warte auf dich. Wenn die Zeit kommt, da du sterben wirst, schmiege ich mein Totengebein an das deine, und du bist mein für immer, mein allein.«*

Jeder Tote kam nach ägyptischem Glauben vor ein Totengericht, ein Gremium von 22 Richtern der Unterwelt. Der Verstorbene hatte zu bestätigen, daß er »rein« gelebt und nie Unzucht getrieben habe, nie seiner Frau untreu gewesen sei, usw. Zuletzt mußte er beteuern: *»Ich bin rein, ich bin rein, ich bin rein!«* Hier zögerte der Ehemann, wie ein Totenbuch um 1580 v. Chr. erzählt, der am gleichen Tag wie seine Frau gestorben war. Da trat die Ehefrau vor und bat das strenge Richterkollegium, die schlechten und die guten Taten ihres Mannes, die sie wohl kannte oder erahnte, mit den ihren zusammenzulegen und über sie beide gemeinsam zu richten, denn sie wolle sein Schicksal in der künftigen Welt teilen.

Liebe über den Tod hinaus – dazu war nur eine Frau fähig. So schildert es die Sage von der Königin Alkestis. Als ihr Gatte, der König Admetos von Pherai (Thessalien), sterben sollte, ging sie statt seiner freiwillig in den Tod. Die Parzen forderten das Leben des Königs, waren aber bereit, jemand anderen an des Königs Stelle mitzunehmen. Der König wandte sich an sein Volk, seine Freunde, seine greisen Eltern – alle schlugen es ab, nur Alkestis, seine Frau, war dazu bereit. Obwohl die Parzen noch einmal die verlockenden Bilder ihres Glückes, dem sie entsagte, vor ihr aufsteigen ließen – das Heim, ihre beiden Kinder und das Leben mit dem geliebten Gatten –, zögerte sie nicht und blieb bei ihrem Entschluß. Ihre Größe und der Adel ihrer Persönlichkeit gehen aus ihrer letzten Bitte an ihren Gatten hervor: Er möge so bald wie möglich eine neue Frau nehmen, »wenn auch nicht treuer, so gewiß glücklicher als sie«. Der Stückeschreiber Euripides hat den Abschied der Alkestis meisterhaft gestaltet. Der moderne Mensch würde in dieser Szene nach psychologischen Ursachen und Verknüpfungen suchen; des Dichters Intention ist jedoch viel unkomplizierter: Er will sein Publikum bewegen und anschließend mit einem Happy-End erfreuen. So entreißt Herakles die wegen ihrer Liebe und Treue beispielhafte Frau dem Thanatos, dem geflügelten Todesdämon, in einem Ringkampf »auf Leben und Tod« und führt Alkestis zu ihrer Familie zurück.

Klagefrauen

Die Totenklage im allgemeinen blieb Sache der Frauen. In der Bibel heißt es, die Väter müssen die Söhne die Bogenlieder (Kriegslieder), die Mütter ihre Töchter die Klagelieder lehren. Ebenso wie die Trauerbräuche waren auch die Klagelieder in Form, Inhalt und wahrscheinlich auch Melodie streng vorgeschrieben. Sie zeigten im gesamten alten Orient den gleichen dreiteiligen lyrischen Aufbau. Im ersten Teil wurde das Schicksal beklagt, im zweiten das Wesen des

Klagefrauen aus Tyros. Ihr Haar ist aufgelöst, ihre Oberkörper entblößt, das Obergewand hängt beidseitig vom Gürtel herab. Die einen raufen das Haar, die anderen schlagen die Brüste als Zeichen der Trauer. (Relief vom Ahiram-Sarkophag um 1000 v. Chr. aus Tyros. Staatl. Museum, Beirut)

Toten gepriesen und im dritten der Schmerz der Hinterbliebenen zum Ausdruck gebracht. Am Anfang aller hebräischen, ägyptischen und mesopotamischen Klagetexte stand das Wort »Eka« (Ach). Jeder Trauerzug wurde als Gang in die Ewigkeit verstanden. Bald bildete sich eine Zunft professioneller Klagefrauen, bezahlter Heuler und melancholischer Sängerinnen. Von ihnen hing es ab, ob ein Begräbnis schön war, ob »ihr Gesang unsere Augen von Tränen überfließen« ließ (so Jeremia).

Ein uraltes Klagelied läßt der Prophet Ezechiel die Klageweiber von Jerusalem singen: *»Ach, mein Bruder, ach, mein Gatte, über dein Dahingehen muß ich Klage erheben; wie ein Haus, das verwitwet ist, wie eine Stadt, die verwüstet ist; wie ein Baum, der welkt und verdorrt, wie ein Bett, das kahl und leer geworden ist, so bin auch ich: eine Frau, die müde wird und ewige Zeit allein bleiben muß.«*

Die Klagefrauen gingen mit aufgelösten Haaren und entblößtem Oberkörper. In Ägypten schritten sie als Begleiterinnen des »Osiris und der Isis« hinter den Statuen der Totengötter her und riefen immer wieder den Namen des Verstorbenen in Verbindung mit dem Namen »Osiris« aus: »Ach, Osiris Soundso!« So wie der Gott durch die Klage der Isis wieder auferweckt worden war, sollte der oder die Verstorbene durch die Klage der professionellen Klageweiber zurück ins Leben finden. Die Ägypter nannten diese Frauen »Dienerinnen, die den Namen des Herrn wieder leben lassen«.

In der Grabkammer des Tut-ench-Amun blieb die Totenklage erhalten, die seine Frau Anchsen-Amun mit den Klageweibern bei der Bestattungszeremonie sang: *»Ach, mein Bruder, ach, mein Gatte, erwache, erwache, du Kranker, der du nur scheinbar schläfst. Erhebe dein Haupt dem Horizont entgegen. Erscheine! Erscheine!«* Tut-ench-Amun war erst achtzehn Jahre alt, als er starb. Wahrscheinlich begleiteten seinen Leichenzug nicht nur professionelle Klageweiber, sondern auch große Teile des Volkes. Es scheint, daß sich dieser jahrtausendealte Brauch in Ägypten bis heute erhalten hat. Gaston Maspero, französischer Archäologe, Chef der Altertümerverwaltung in Kairo, berichtete im Juli 1881 folgendes Erlebnis: Als er eine ausgegrabene Königsmumie in Luxor auf eine Nilbarke verladen ließ, *»geschah etwas höchst Merkwürdiges. Von Luxor bis Kuft folgte dem Schiff auf beiden Ufern des Nils eine ständig wachsende Zahl von Fellachenfrauen. Sie rauften sich die Haare und stießen laute Totenklagen aus. So begleiteten die Frauen aus dem Volke das Schiff mit der Mumie wie einst ihren unvergessenen König.«* Anders die Steuerbeamten in Port Said: Mit bürokratischer Starrheit diskutierten sie mit Maspero lange darüber, wie die ungewöhnliche »Ware« zu taxieren sei. Schließlich belegten sie sie mit dem Ausfuhrzoll für getrocknete Fische!

Im Haus der Ewigkeit

In epischer Breite schildert Petronius die Trauer einer griechischen Witwe aus dem kleinasiatischen Ephesos: *»Als die besagte Frau ihren Mann begraben mußte, gab sie sich nicht damit zufrieden, wie andere Frauen nach herrschendem Brauch ihren geliebten Toten mit aufgelöstem Haar bis zum Friedhof zu begleiten oder die entblößte Brust vor den Augen der Trauergäste zu schlagen, nein, sie ließ sich nicht davon abhalten, ihrem Verschiedenen sogar in die Gruft zu folgen und den nach griechischer Sitte in einem unterirdischen Tonnengewölbe auf einer marmornen Bank aufgebahrten Leichnam zu bewachen, zu beweinen und sich abzuhärmen. Nicht einmal ihre Eltern oder Verwandten konnten sie bewegen, innerhalb von fünf Tagen – das ist die begrenzte Trauerzeit – die Gruft zu verlassen oder Speisen zu sich zu nehmen. Ihre Mutter sprach vernünftig zu ihr: ›Betrübe dich nicht mehr, du vermagst nichts gegen solche Dinge auszurichten. Meinst du etwa, das merkt der Entschlafene oder seine Manen* (die Totengeister)*? Kehre wieder zum Leben zurück! Lebe! Gerade der leblose Körper, der hier liegt, müßte dir eine Mahnung sein zu leben!‹ Sie aber blieb taub für jeden Trost, zerfleischte sich die Brust um so heftiger und warf sich weinend, ihr Haar zerraufend, über den Aufgebahrten, der völlig ohne Regung blieb.«*

Die Szene spielt in einer marmorgetäfelten Familiengruft mit speziell eingerichteten Kammern für Trauerandachten und Totenschmaus. Solche Gewölbe dienten ursprünglich als Doppelgrab; beide Ehepartner sollten hier eine Ruhestätte finden, deren Pracht

Grabstein für eine Frau aus Pergamon mit der Aufschrift: »Julios Bassos der Otakilia Polla, seiner süßen Gattin, die ihren Gatten und ihre Kinder liebte und eine untadelige Lebensgefährtin war. 30 Jahre.« (Staatl. Museum, Berlin)

auch nach außen hin die gesellschaftliche Stellung und die Wertschätzung der Toten demonstrierte. In den steinernen Denkmälern verschmelzen Wohlstand und Innerlichkeit.

Gräber als Zeichen glücklichen Zusammenlebens zweier Ehepartner waren im Altertum bei Großgrundbesitzern und vermögenden Bürgern nicht selten, und daraus entstand – auf altägyptische Vorbilder zurückgreifend – das Mausoleum, das überdimensionale Grabdenkmal der Liebe. Es ruhte auf griechischen Säulen und trug ein ägyptisches Pyramidendach. Um 350 v. Chr. erbaute die Griechin Artemisia ihrem verstorbenen persischen Gemahl, dem Satrapen Mausolos, ein 50 Meter hohes Prachtmonument in Harlikarnassos, das zu den sieben Weltwundern zählte. Von daher kommt der Name »Mausoleum«. Über einem mächtigen Sockelunterbau erhob sich ein

Mausoleum, 50 m hoch, das die Griechin Artemisia ihrem verstorbenen persischen Gemahl, dem Satrapen Mosolos um 350 v. Chr. in Halikarmassos errichtete. Das Reliefband ist heute im Britischen Museum, London. (Rekonstruktion nach F. Krischen)

Grabtempel, umgeben von ionischen Säulen, und darüber ein Pyramidendach. Gekrönt wurde das Ganze von einem Vierergespann, das die Kolossalstatuen des idealen Paares, des Mausolos und der Artemisia, trug. Teile des Sockelfrieses mit Darstellungen von Amazonenkämpfen befinden sich im Britischen Museum in London. Artemisia hat sich selbst als Amazonenkönigin verstanden und regierte nach dem Tode Mausolos' über Karien.

Zahlreicher erhalten sind Monumentalbauten, die dankbare Ehemänner ihren Frauen errichteten. Ptolemäus II. Philadelphos ließ seine schwesterliche Gattin Arsinoë II. nach ihrem Tode zur Göttin erklären und errichtete in einer Stadt in Fajum, die er nach ihr benannte, einen prachtvollen Totentempel. Der judäische König Herodes I., sonst kein besonders gefühlvoller Mensch, erbaute für seine ermordete Gattin Marianne einen Tumelos (Rundbau) auf dem Steilabhang von Masada am Toten Meer. Der Triumvir Crassus ließ für seine Gattin Cäcilia Metella ein gewaltiges Mausoleum an der Via Appia erstellen, noch heute ein stimmungsvoller Anziehungspunkt für alle Rombesucher. Nach dem Tode seiner Gemahlin Faustina Maior ließ der Kaiser Antonius Pius einen Westraum des Artemis-Tempels in Sades am Fuße der Akropolis mit herrlichen Säulen zu ihrem Gedächtnis schmücken.

Grabsteine reden

Die Grabsteine sind nicht tot, sie reden. Die ältesten Grabsteine enthalten keine Inschriften, sondern nur Symbole; was die Trauernden am Grabe und Vorübergehende dachten, empfanden und still beteten, konnte mit Worten nicht ausgedrückt werden. Alle Phasen des Lebens ziehen in den Symbolbildern der Grabsteine an uns vorüber. Da sieht man ein kleines Mädchen mit seiner Lieblingspuppe, die es ins Grab mitnimmt; auf dem Grabstein einer Mutter, die bei der Geburt ihres Kindes starb, reicht eine Amme das Neugeborene der Mutter, die im Kreißstuhl zusammengesunken sitzt. Oder man sieht Frauen, die sich von ihrem Mann und ihrer Familie – sie stumm tröstend – verabschieden. Es ist das Stumme der Symbole, das uns mehr anspricht als langatmige Epigraphe. Das Epigraph (Aufschrift) ist eine ureigene Schöpfung der Griechen. Ursprünglich war es Aufschrift auf Denkmälern; erst vor der Zeitenwende entwickelte es sich zum Grabepigraph von wundervoller Schlichtheit und Verinnerlichung, die dem Forscher (Epigraphiker) nahezu alle Bereiche des gesellschaftlichen und privaten Lebens der Antike erschließen. Über

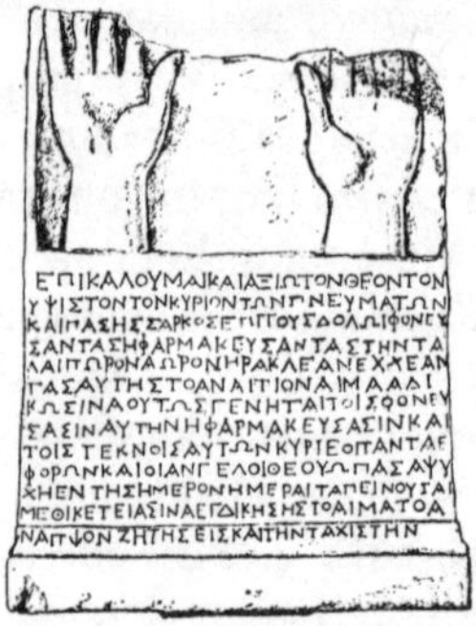

Grabstein mit einem Rachegebet für die ermordete Heraklea von Delos (um 100 v. Chr.): »Ich rufe Gott, den Herrn der Geister und allen Fleisches, wider die, so in Arglist umbrachten die arme allzu junge Heraklea, daß es ihren Mördern und deren Kindern ebenso ergehe, ermordet oder vergiftet zu werden...« (Museum Bukarest)

100 000 gesammelte echte griechische Epigraphe, die nicht von sogenannten Berufsdichtern verfaßt wurden, sind uns erhalten geblieben.

Selbst wenn in einer Vernunftehe die Liebe fehlte und die Kompliziertheit der menschlichen Natur kein ideales Zusammenleben ermöglichte, drücken die Grabinschriften, sofern sie das Schablonenhafte und Heuchlerische verlassen, teilweise die gegenseitige Achtung und Anerkennung der Ehepartner aus. Nüchtern-realistisch verzeichnet eine lateinische Grabinschrift: *»Wir lebten in keiner glücklichen Ehe und haßten uns doch nicht. Keiner trug Schuld daran. Vor dem strengen Richter der Unterwelt wird uns ein gnädiges Urteil nicht verwehrt werden.«* Andere Männer waren glücklicher und schämten sich nicht, auf den Grabsteinen in aller Öffentlichkeit ihre wahren

Auf altägyptischen Grabsteinen erscheinen oft Ehepaare, die gemeinsam an einer Tafel sitzen und damit den Wunsch zum Ausdruck bringen wollen, ihr gemeinsames Leben auch in der »Ewigkeit« fortsetzen zu wollen. (Nach Ernemann)

Gefühle zu bekunden: *»Leb wohl, Annonia Paula, ganz seltene Gattin, die Du 33jährig dahingehen mußtest und Deinen Mann in schrecklicher Trauer zurückließest.«*

Eine Inschrift auf einer Marmortafel um das Jahr acht, die der französische Forscher M. Durry 1950 als »Laudatio auf Turia« veröffentlichte, enthält 180 Zeilen Text. Es handelt sich um die Gedenkrede eines vornehmen Römers auf seine nach mehr als 40jähriger Ehe verstorbene Frau. Die Laudatio beginnt mit einer Klage über das schwere Schicksal seiner Frau und würdigt dann in einer knappen Zusammenfassung ihre Vorzüge – wie Tugend, Sauberkeit und tiefe Sittlichkeit. Ihr Gatte weist insbesondere darauf hin, wie selten es sei, daß eine langjährige Ehe in höheren Gesellschaftskreisen durch den Tod – und nicht durch eine Scheidung, die in jener Zeit an Häufigkeit alles übertraf – ihr Ende fand. Zu den aufgezählten Tugenden der Frau gehören Ehrfurcht vor den Göttern, Achtung der Eltern, Eintracht mit den Verwandten, Gehorsam gegenüber den Guten und Rechtschaffenen. Hervorgehoben werden auch ihr beständiger Fleiß in Wollarbeiten und die Bescheidenheit ihres Lebensstils.

Mutter und Tochter auf einem Grabmal der Hegeso. Die Tochter hält eine Schmuckschatulle und blickt mit sinnigem, wehmütigem Blick auf ihre verstorbene Mutter. (Nationalmuseum, Athen)

Aus räumlicher und zeitlicher Entfernung erkennt auf einer anderen Inschrift der griechische Arzt Gloykon an, daß seine Gattin Pantheia nicht nur das Heim behaglich zu gestalten wußte, sondern ihm auch im Beruf zur Seite stand und ihm an Können in der Ärztekunst in nichts nachstand. Die Inschrift lautet: *»Gruß Dir, mein Weib Pantheia, vom Manne, der nach Deinem Hingang ob des verderblichen Todes trägt unvergeßliches Leid. Noch nie sah die Göttin Hera solch eine Gattin, gleich schön an Gestalt und Verstand wie auch an sittlicher Art. Du hast sicher das Steuer des Lebens geführt im Hause, und Du* *standest, obwohl eine Frau, mir an Können in nichts nach. Drum hat Gloykon, dein Mann, Dir dieses Grabmal erbaut, und hier will ich auch selbst einst ruhn. Wie ich das Ehebett einzig mit Dir nach Schicksalsschluß teilte, hüllt uns die Erde des Grabs dann in dasselbe Gewand.«*

Frau Tod oder Herr Tod

Als Totenbeschützerin galt den Ägyptern die Himmelsgöttin Isis, die die Erde überwölbt, die Toten einhüllt und beschützt so wie ihren Geliebten Osiris. »Sie ist die gleiche Totenmutter, die wir aus der christlichen Vorstellung der Pieta kennen, als Madonna, die den toten Christus auf ihrem Schoß hält, der wieder zu ihr zurückgekehrt ist«, schreibt die englische Ägyptologin Veronica Ions. Schon seit Urzeiten bestand zwischen Grab und Mutter eine innige Verbindung. Die ältesten Gräber waren Höhlen, Grotten, Felsspalten, gleichsam der Uterus der Mutter Erde. Aus dem Erd*leib* entstand der Mensch, und zu ihm kehrt er wieder zurück. Die elementare Mutterbindung, von der sich jeder Mensch einmal losreißt, tritt mit dem Tode wieder in Kraft.

Viele frühe Völker haben den Tod als Mutter aufgefaßt, die das durch sie entstandene Leben wieder in ihren Schoß zurücknimmt. Denn Tod bedeutete für die Alten, in den »Sog des Mütterlichen« zurückzukehren. Deswegen begruben Amoriter, Hurriter und andere Völker ihre Verstorbenen in der zusammengekauerten Stellung eines Embryos und drückten damit das tiefste Gefühl seliger Geborgenheit aus. Der indische Rigweda-Text drückt es bildlich aus: *»Wie die Mutter den schlafenden Sohn mit dem Zipfel ihres Gewandes, so bedeckst du ihn, o Erde.«*

Auch Goethe empfand das Urmütterliche so. In »Faust, II. Teil« läßt er Emphorion, den Sohn von Faust und Helena, bei einem tollkühnen Flugversuch abstürzen und »aus der Tiefe« die letzten Worte sprechen: *»Laß im düsteren Reich, Mutter, mich nicht allein.«*

Der griechische Mythos verschmilzt Geburt und Tod zu einer Einheit. Deshalb mußte der Tod ein weibliches Wesen sein. Das griechische Wort »Mitos« (Webfaden) bezeichnet den männlichen Samen. Es sind die Frauen, die Spinnerinnen, die Schicksalsweberinnen, die den Lebensfaden, den Samen des Mannes, verspinnen, umgarnen, verweben, in Knoten verschlingen und schließlich abreißen. Sie werden »Moira« genannt. F. Otto schreibt über sie in seinem Buch »Die Götter Griechenlands«: *»Anfang und Ende, Geburt und Tod sind die großen Zeiten dieser Moira und dazu als dritte die Hochzeit. Das sind* *die drei Krisenstellen des weiblichen Lebens; die Schicksalsgöttinnen sind immer Geburtshelferinnen und Ehestifterinnen. Gebären und Tod, ebenso wie Hochzeit und Tod, gehören für das Weibliche wesensmäßig zusammen.«*

Um seine unvergeßliche Gattin zu verewigen, ließ um 450 v. Chr. ein Mann, den Orpheus-Mythos auf sich beziehend, von einem Grabbildhauer in einem Marmorrelief darstellen: In der Mitte die verschiedene Eurydike, rechts Orpheus mit der Harfe, der sie ins Leben zurückholen möchte, links der Seelenbegleiter Hermes. (Jetzt in der Villa Albani, Rom)

Mit jeder Rückkehr zu seinem Ausgangspunkt ist der Kreislauf eines Daseins vollendet und ein neuer im Begriff zu beginnen. So ist der Tod unauslöschlich mit dem Leben verbunden. In Plutarchs Trostschreiben an Apollonius heißt es: *»Der Sterblichen Geschlecht geht, wie das Pflanzenreich, im Kreise stets. Der eine blüht zum Leben auf, indes der andere stirbt und abgemäht wird.«* Auch der judäisch-griechische Philosoph Philon von Alexandrien äußert sich in diesem Sinne: *»Alles Ende ist anderer Dinge Anfang. Das Ende des Tages ist Anfang der Nacht und umgekehrt. Werden wird bewirkt durch Vergehen, so daß der Spruch wahr ist: ›Nichts stirbt von dem Gewordenen, es zeigt sich nur in einer anderen Gestalt.‹«*

Das Judentum sah den Tod, da es keine weiblichen Halbgottheiten anerkannte, als männliche Persönlichkeit, als Sensenmann und blutrünstiges, unersättliches Monster an. Israel war ein Durchgangsland zwischen zwei großen Völkern, die es bei ihren ständigen Kriegen im Vorbeimarschieren zertraten und zermalmten. Seine Bewohner konnten sich den Tod daher nicht als stilles Aushauchen, als freundlich auflösenden Traum und sanften Schlaf vorstellen; für sie war er der unbarmherzige Schnitter, der seine Opfer reihenweise niedermähte. Noch im europäischen Mittelalter erhielt sich die biblische Vorstellung vom Bangemachen mit dem Sensenmann.

Entspricht unserer modernen Vorstellung mehr die männliche oder mehr die weibliche Personifizierung des Todes? In unserem Jahrhun-

Einer Mutter, die bei der Entbindung starb, setzte man diesen Grabstein. Die Hebamme rechts ist eine der Moiren (Parzen), die den Lebensfaden spinnen und abschneiden. (Nationalmuseum, Athen)

dert – nach dem ersten und zweiten Weltkrieg sowie bei der heutigen angespannten politischen Weltsituation – ist die Frage nach dem Tod gerade den Frauen besonders nahe gerückt. Mit zunehmender Gefährdung des Lebens durch mögliche Kriege, die atomare Entwicklung u. a. m. ist die Steigerung der Lebenskraft zur Bewältigung der Lebenskrise unerläßlich; dazu müssen heute wie zu allen Zeiten Frauen Erhebliches beitragen.

ZEITTAFEL

70000 bis 10000
Steinzeitliche Jägerperiode geht in Hirtenwirtschaft über.
10000 Anbau von Kulturpflanzen durch Frauen.
8500 Erste dörfliche Siedlungen im Vorderen Orient mit Darstellungen der »Großen Mutter«.
3500 Aufstieg der Sumerer und Ägypter. Erfindung der Schrift.
3000 Kreta. Frühminoische Epoche. Matriarchat.
2300 Erstes Semitisches Großreich (Akkad-Zeit).
2000 Gründung eines indoeuropäischen Hethiterreiches in Kleinasien.
1850 Altassyrische Zeit.
1830 Silhaha, Stammutter der Elamiter: die »begnadete Mutter«.
1700 Großkönig Hammurapi von Babylon (1792–1750 v. Chr.).
1600 Verfall Babylons. Das Reich der Mitanni-Churriter bildet die dritte neue Großmacht.
1480 Königin Hatschepsut in Ägypten (1490–1468 v. Chr.) organisiert Handelsexpeditionen nach Punt.
1450 Einwanderung griechischer Stämme in Kreta. Vernichtung des Matriarchats.
1250 Hebräische Stämme dringen in Kanaan ein.
1200 Ionische Seevölker dringen in Kleinasien und Ägypten ein. Untergang von Mykene, Troja, Ugarit und des Hethitischen Reiches. Die Vernichtung Trojas wird dichterisch als Racheakt für den Raub der Königin Helena motiviert.
1000 Blütezeit Israels. Erste Niederschrift der Bibel.
800 Königin Semiramis von Assyrien (811–806 v. Chr.).
800 Beginn der griechischen Kolonisation in Kleinasien.
700 Homer.
625 Neubabylonische Zeit. Nebukadnezar II. (604–562 v. Chr.) legt »Hängende Gärten« für seine Gemahlin Amytis an.
600 Sappho von Lesbos, griechische Dichterin.
560 Persisches Großreich von Kyros II. (559–530 v. Chr.) begründet.
500 Atossa, Einfluß auf das geistige Leben in Persien.
500 Das klassische Zeitalter: Perikles, Sophokles, Euripides und Aristophanes.

440 Aspasia, Hetäre und Geliebte Perikles'.
400 Tod des Sokrates. Platon.
376 Olympia, Mutter des Alexander (376–316 v. Chr.).
334 Alexander der Große (356–323 v. Chr.).
323 Die hellenistische Epoche. Gipfelpunkt der Emanzipation der Frauen.
316 Königin Arsinoe II. (316–270 v. Chr.) wird in Ägypten göttlich verehrt.
247 Einfall der nordiranischen Parther in Persien und Mesopotamien.
200 Rom erobert Griechenland.
100 Rom dehnt seine Besitzungen im Osten aus.
69 Kleopatra VII. (gest. 30 v. Chr.), letzte ägyptische Königin.
7 Jesus von Nazareth (7 v. – 30 n. Chr.).
40 n. Chr. Paulus von Tarsus.

LITERATURVERZEICHNIS

Adams, B., Paramoné und verwandte Texte, Studien zum Dienstvertrag im Lichte der Papyri, Paris 1964
Adler, A., Über den nervösen Charakter (NA) Frankfurt 1977
al-Zeebari, A., Altbabylonische Briefe d. Iraq-Museums, Köln 1964
Alain (Émile A. Chartier), Propos sur la religion (deutsch: Gedanken über die Religion, Frankfurt 1948)
Albright, W. F., From the Stone Age to Christianity, Baltimore and London 1940
Allgrove, G., Liebe im Orient, 1963
Bachofen, J. J., Das Mutterrecht, Basel 1948 (NA)
–, Mutterrecht und Urreligion, Leipzig 1926
Baschwitz, K., Hexen und Hexenprozesse, München 1963
Beauvoir, Simone de, Le deuxieme Sexe, Paris 1949 (deutsch: Das andere Geschlecht, Hamburg 1951)
Bergmann, E., Erkenntnisgeist und Muttergeist, Breslau 1933
Bethe, E., Ahnenbild und Familiengeschichte bei Römern und Griechen, München 1935
Billerbeck, P. und *Strack, H.*, Kommentar zum Neuen Testament aus Talmud und Midrasch, München 1922–1928
Bitter, W., (Hrsg.) Krisis und Zukunft der Frau – Psychotherapie, Religion, Gesellschaft, 1962
Böckle, F., Glaube und Gebote in einer sexualisierten Umwelt, in: Themen der Katholischen Akademie in Bayern, 1970
Bornemann, E., Lexikon der Liebe I, II, 1968
Briffault, R., The Mother I–III, London and New York 1927
Bringmann, L., Die Frau im ptolomäisch-kaiserlichen Ägypten, Bonn
Burck, E., Die Frau in der griechisch-römischen Antike, München 1969
Chiera, E., Sie schrieben auf Ton, Zürich 1941
Cole, W. G., Liebe und Sexus in der Bibel, 1961
Conzelmann, H., Korinth und die Mädchen der Aphrodite, Göttingen 1967
d. Avino, M., The Women of Pompeji, Neapel 1967
Deines, H. v., Grapow, H., Westendorf, W., Grundriß der Medizin der alten Ägypter IV, Berlin 1958

Delling, G., Paulus' Stellung zu Frau und Ehe, Stuttgart 1931
Deschner, K., Das Kreuz mit der Kirche, Düsseldorf 1974
Dietrich, A., Mutter Erde, Leipzig 1925
Donner, H., Art und Herkunft des Amtes der Königsmutter im A. T., Heidelberg 1959
Drews, A., Die Marienmythe, Jena 1928
Durant, W., Caesar und Christus, Bern und München 1959
Ebeling, E., Reallexikon der Assyriologie I, II, Berlin 1928–1971; Liebeszauber im Alten Orient, Leipzig 1925
Eberharter, A., Das Ehe- und Familienrecht der Hebräer, München 1914
Edgerton, W. F., Notes of Egyptian Marriage chiefly in the Ptolomain Period, Chicago 1931
Epstein, L. M., Marriage Laws in the Bible and the Talmud, Chicago 1942
Erdmann, W., Die Ehe im Alten Griechenland, München 1934
Erichsen, W., Ein demotischer Ehevertrag aus Elephantine, Berlin 1939
Ermann, A., Ranke, H., Ägypten und ägyptisches Leben im Altertum, Tübingen 1923
Evans, A., The Palace of Minon at Knossos I–IV, London 1921–1936
Fabian, B., Liebeslieder der Antike, 1963
Faulhaber, M., Charakterbilder der biblischen Frauenwelt, Paderborn 1925
Fischl, H., Die Frau im alten Rom, München 1935
Flury, P., Liebe und Liebessprache bei Menander, Plautus und Terenz, 1968
Francero, C. M., Kleopatra, München 1957
Frankfort, H., The Birth of Civilisation in the Near East, London 1951
Frazer, J. G., Toemism and Exogamy I–IV, London 1910; The golden bough I–XII, London 1953 (deutsch: Der goldene Zweig, gekürzte Ausgabe, Leipzig 1928)
Freud, S., Fragen der Gesellschaft, Ursprünge der Religionen, Studienausgabe IX, Frankfurt 1974
Friedan, B., The feminie Mystique (deutsch: Weiblichkeitswahn oder die Mystifizierung der Frau, Hamburg 1966)
Friedländer, L., Sittengeschichte Roms, (NA) Köln 1957
Frischauer, P., Knaurs Sittengeschichte der Welt, I, II, München 1968, 1974
Frobenius, E., Väter und Töchter, Berlin 1933
Galahad, Sir (Berta Eckstein-Diener), Mütter und Amazonen, München 1932
Glaser, E., Reise nach Marib, Wien 1913
Greifenhagen, A., Griechische Erotik, 1957
Grimal, P. (Hrsg.), Mythen der Völker I–III, (NA) Frankfurt 1977
Günther, H. F. K., Formen und Urgeschichte der Ehen, München und Berlin 1940
Haag, H., Vor dem Bösen ratlos?, München 1978

Haase, R., Die keilschriftlichen Rechtssammlungen in deutscher Übersetzung, Wiesbaden 1963
Helek, W., Betrachtungen zur Großen Göttin und den ihr verbundenen Gottheiten, München 1971
Hepding, H., Attis, seine Mythen und sein Kult, Gießen 1903, (NA) 1967
Irmscher, J., Lexikon der Antike, Leipzig 1977
Jastrow, M., The Religion of Babylonia and Assyria (deutsch: Die Religion Babyloniens und Assyriens, I, II, Gießen 1905, 1912)
Jeremias, A., Handbuch der altorientalischen Geisteskultur, Berlin–Leipzig 1909, 1910
Josephus Flavius, Jüdische Altertümer (Übersetzung von H. Clementz), Berlin und Wien 1923; De Bello Iudeico, Der jüdische Krieg (Anmerkungen von O. Michel u. O. Bauernfeind), Darmstadt 1959
Jung, C. G., Die Beziehung zwischen dem Ich und dem Unbewußten, Darmstadt 1928; Psychologie und Religion, Zürich 1942
Kierkegaard, S., Leben und Walten der Liebe
Kinsey, A. C., Das sexuelle Verhalten der Frau, Frankfurt 1954
Kerényi, K., Töchter der Sonne, Zürich 1944; Die Mysterien von Eleusis, Zürich 1962
Kohler, J., Ungnad, A., Hammurabis Gesetz III IV, Leipzig 1903
Kornemann, E., Große Frauen des Altertums, Wiesbaden 1952; Die Stellung der Frau in den vorgriechischen Mittelmeerkulturen, Heidelberg 1927
Kramer, S. N., Mythologios of the ancient world, New York 1961; The Sacred Marriage Rite, London 1969
Kraus, F. R., Briefe aus dem British Museum, Leiden 1964
Kretschmer, E., Körperbildung und Charakter, Berlin 1931
Lacey, W. K., The Familiy in classical Greece, London 1968
Layard, J. W., The Lady of the Hare, London 1944
Leese, K., Die Mutter als religiöses Symbol, Tübingen 1934
Leipoldt, J., Die Frau in der antiken Welt und im Urchristentum, Leipzig 1965
Licht, H., (Pseudo) Sittengeschichte Griechenlands (Neuaufl.) Stuttgart 1959
Littmann, E., Kairiner Volksleben, Leipzig 1941
Lo Duca, J. M., Die Geschichte der Erotik, 1965
Lofts, N. R., Women in the OT, New York 1949
Lüddeckens, E., Ägyptische Eheverträge, Wiesbaden 1960
Mahir, F., Geist und Wert der Familienerziehung im Altertum, 1928
Mac Lennan, J. F., Primitive Marriage, London[2]) 1876
Marquardt, J., Das Privatleben der Römer I, II (NA), Darmstadt 1964
Mead, M., Sex and Temperament in Three Primitive Socientier, New York 1935
Morgan, L. H., Systems of Consanguinity and Affinity of the Human Family, Washington 1871
Morton, H., Women of the Bible, London[12] 1949

Müller, H. W., Die stillende Gottesmutter in Ägypten, Hamburg 1963
Musil, A., Arabia Petraea, Wien 1908
Nesle, W., Griechische Religiosität I–III, 1930–1934
Neumann, E., Zur Psychologie des Weiblichen, Zürich 1954; Die große Mutter, Darmstadt 1957
Otto, W., Beiträge zur Hierodulie im hellenistischen Ägypten, 1950
Paoli, E., Die Frau im alten Hellas, 1955
Pantz, W., Monogamie und Polygamie (ZfATW), Berlin 1963
Paret, R., Zur Frauenfrage in der arabisch-islamischen Welt, Stuttgart und Berlin 1934; Der Koran, Stuttgart 1962
Peek, W., Griechische Grabgedichte, Berlin 1960
Preisigke, F., Antikes Leben nach den ägyptischen Papyri, Leipzig und Berlin 1925
Pritchard, J. P. (Hrsg.), Ancient Near Eastern Texts Relating of the Old Testament, Princeton 1950
Queen, S. A., Habenstein, R. W., Adams, J. B., The Family in Cultures, 1961
Ramsay, W. M., Expositer, London 1906
Rank, O., Der Mythos von der Geburt des Helden, Leipzig und Wien 1909
Reitzenstein, R., Die hellenistische Mysterienreligion, Tübinen 1910
Rohde, E., Psyche, Seelenkult und Unsterblichkeitsglaube der Griechen I, II, 1925
Rowley, H. H., The Marriage of Ruth, London 1952
Sartori, P., Sitte und Brauch, Leipzig 1910
Schadewaldt, W., Sappho, Potsdam 1950
Schmökel, H., Heilige Hochzeit und Hoheslied, 1956
Schott, S., Altägyptische Liebeslieder, Zürich 1950
Seltman, Ch., Women in Antiquity, London 1956 (deutsch: Geliebte der Götter, Stuttgart 1958)
Soden, W. von, Die Hebamme in Babylonien und Assyrien (AfOF), 1957–1958
Sonnet-Altenburg, H., Hetären – Mütter – Amazonen, Heidenheim 1963
Steele, F. R., Nuzi Real Estate Transaction (AOS), 1943
Thierfelder, O., Urkunden der Antike, Gütersloh 1963
Türk, U., Die Stellung der Frau in Elephantine, ZdAW 46 (NF5), 1928
Vogt, J., Von der Gleichwertigkeit der Geschlechter in der bürgerlichen Gesellschaft der Griechen, Wiesbaden 1960
Volkmann, H., Kleopatra, 1953
Vorberg, G., Über das Geschlechtsleben im Altertum, 1925; Die Erotik in der Antike in Kleinkunst und Keramik, 1921
Webster, T. B. L., From Mycenae to Homer, London 1958
Weindler, Geburts- und Wochenbettdarstellungen aus altägyptischen Tempelreliefs, München 1915
Weininger, O., Geschlecht und Charakter, Wien 1903
Weitzmann, K., Ancient Book Illumination, Cambridge Mass. 1959

Wendt, H., Es begann in Babel, 1959
Werner, R., Die hethitischen Gerichtsprotokolle, Wiesbaden 1967
Westermarck, E., History of Human Marriage, New York 1921
Wilken, A. G., Das Matriarchat bei den alten Arabern
Wilson, L. M., Ancient Textiles from Egypt in the University of Michigan Collection 1933
Wolf, W., Kulturgeschichte des alten Ägyptens, Stuttgart 1962
Zimerling, V., Die Frau in Hellas und Rom, Leipzig 1972

REGISTER

Abendmahl der Geweihten 63
Abraham 80, 293
Abstarte, orientalische Göttin 240
Achilleus, griechische Sagengestalt 42, 44, 169, 198, 271
Adam 27, 87f., 111, 114, 182
Adonis 68f.
Agamemnon 169, 198, 271
Agrippa I., judäischer Feldherr 167
Ägypter 29f., 35, 59, 96, 100, 125, 165, 188, 204, 208, 216, 228, 235, 241ff., 247, 282, 296, 302
Aischines, attischer Redner 271
Aischylos, attischer Tragiker 60, 283
Akkader, babylonischer Volksstamm 225
Akrisios, König von Argos 143
Albertsen, Elisabeth, Schriftstellerin 215
Albright, W. F., Archäologe 78
Alexander II., Papst 139
Alexander der Große 33, 37, 42f., 66, 92f., 95, 99, 165, 170, 200, 237, 293
Al-Gazali, islamischer Gelehrter 197
Alketis, griechische Sagengestalt 295
Alkmene, griechische Sagengestalt 122
Allah 54, 121, 155f., 158, 192, 273
Amazonen 21, 31, 41ff., 299
Amazonenheere 43f.
Amenophis III., ägyptischer König 196
Amenophis IV., ägyptischer König 138
Amme 129ff., 140, 299
Ammistamriu II. 274
Amoriter, babylonischer Volksstamm 52, 55, 302
Amos, Prophet 47
Anat, orientalische Göttin 70–74, 76, 254
Anat-Aschera, orientalische Göttin 71, 74f.
Anchises, trojanischer Held 240
Anchon-Amun, Braut des Tut-ench-Amun 167
Anchsen-Amun, Tochter des Echnaton 188, 200, 296
Anchsen-pa-Aton, Tochter des Echnaton 138
Andromache, griechische Sagengestalt 248, 260
Annimismus 83
Antifeminismus 248, 250
Antigone, griechische Sagengestalt 109, 190
Antipatros von Tarsos, griechischer Philosoph 191
Antisthenes, griechischer Philosoph 259
Anu, babylonischer Gott 216
Aphrodite 68, 75, 78, 101, 126, 140, 178, 208, 240, 246, 260–265
Aphroditos, griechischer Gott 246
Apis, heiliger Stier 100f.
Apollo 77, 81, 104, 194
Apollonius von Rhodos, Dichter 176f., 303
Apollonius von Tyana, Philosoph 293
Appu, Urvatergott der Hethiter 125
Apuleius, Lucius, römischer Gelehrter 36f.
Araber 126, 129, 136, 197, 213, 282
Arachne, griechische Sagengestalt 221
Aramäer, Volksstamm 234
Ares 50, 278
Aristarch, Schüler des Sokrates 226
Aristeides, griechischer Staatsmann 166

Aristophanes, griechischer Dichter 226, 238, 243, 283, 289
Aristoteles 93, 191, 200, 246, 251
Arsinoë II., ägyptische Königin 96f., 299
Artaxerxes II., persischer König 138
Artemidoros von Ephesos, griechischer Geograph 164
Artemis 41f., 50, 66, 109ff., 126, 167, 194, 208f., 299
Asaph, Psalmist 85
Aschera, orientalische Göttin 72–76, 78f., 82f.
Aschnan, sumerische Göttin 220
Asia, Frau der Machatas 92
Asklepios, griechischer Gott 100
Äskulap, griechischer Gott 202f.
Aspasia, 2. Frau des Perikles 265
Assurbanipal, Assyrerkönig 170
Assyrer 59, 69, 234
Astarte, siehe Aschera 73, 240
Athene 78, 81, 208, 221
Athener 240
Aton, ägyptische Gottheit 204
Attis, orientalische Gottheit 67ff., 81
Auferstehung 63
Augustus, römischer Kaiser 99f., 168, 287

Baal, babylonischer Gott 69–74, 79
Babylonier 56, 59, 85, 234, 253, 258, 282
Bachofen, Johann Jakob, Rechtshistoriker 20ff., 63
Balzac, Honoré de 290
Baudelaire, Charles 251
Baumkult 77, 79
Beauvoir, Simone 215, 228
Beerdigung 292
Bebe-Hadendan-Beduinen 43
Beschneidung 136, 213f.
Bes, ägyptischer Gott 208
Bibel 27, 54, 56, 72, 76, 80f., 84ff., 96, 109, 125, 131, 138, 140, 144, 147, 150ff., 159, 169, 171, 182, 192, 194f., 200, 207, 222, 230, 248, 284, 295
Bigamie 99
Bilgis, Königin von Saba 232
Bloch, Ernst, Philosoph 146, 150
Boas, Urgroßvater von König David 150f., 284f.
Borgia, Cesare, Erzbischof von Valencia 138
Borgia, Lucrezia 138
Borgia, Rodrigo 138
Botta, P. E., französischer Konsul 54
Braidwood, R. J., Archäologe 24, 26f., 45, 49
Braut 64f., 78, 147, 153f., 158, 160f., 164, 167f., 171–179, 183, 239f., 259, 271, 282, 293
Brautgemach 59, 67
Brautkauf 159
Brautpreis 159f., 222
Brautzug 175, 177, 179
Brisëis, griechische Sagengestalt 198
Bruder 21, 36, 96, 98, 113, 130, 138f., 153, 186, 274, 282, 296
Brutus, Marcus 242

Caesar, Julius 98ff., 242
Caesarion, Sohn des Caesar 98, 100
Caligula, römischer Kaiser 102
Carnarvon, Lord Henry Howard 188
Carter, Howard, Archäologe 188
Cato, Marcus Porcius 124, 198, 219, 263, 283
Cicero 226
Chaldäer, Volksstamm 55
Champollion, Jean-Francois, Gelehrter 35, 38
Chiera, E., Archäologe 269
Chnum, ägyptischer Gott 207
Chosra I., König der Sassaniden 196
Christen 104, 112, 177
Christentum 69, 91, 103f., 108
Christus; siehe Jesus
Churriter, Volksstamm 69
Clans, Familienverbände mit Mutterfolge 21
Claudius, römischer Kaiser 111, 242
Cornelia, Tochter des Scipio 217
Cromagnonmensch 45

Dagan, Männergottheit 52, 71
Danae, griechische Sagengestalt 143
Danaos, König von Argolis 53
Danel, Gestalt aus dem Ugarit-Epos 240
Daphne, Nymphe 77
Darius III., Perserkönig 170
Darwin, Charles, Naturforscher 138
David, König 151, 259, 285
Debora, Rebekkas Amme 80, 131
Deianeira, griechische Sagengestalt 198
Delling, G., Theologe 112

Demeter, griechische Göttin 19, 46, 49, 60–65, 68, 75, 78, 101
Demosthenes, griechischer Strafverteidiger 264, 272
Dichterin 43, 128
Dido, phönizische Prinzessin 286
Dindyme, kleinasiatische Göttin 122
Diodor, griechischer Historiker 119, 122f., 165
Diogenes, griechischer Philosoph 212, 264
Diomed, griechische Sagengestalt 77
Diotima, Figur aus Platons Symposion 264, 266f.
Dirne 257ff., 264, 269
Diskriminierung der Frau 249
Durry, M., Forscher 301

Echnaton, ägyptischer König (siehe auch Amenophis IV.) 188, 204
Ehe 63, 93f., 96, 99, 102, 104, 107f., 113, 134, 138, 159, 163, 166, 168, 171, 179, 181, 183, 188, 190–194, 197, 199, 201, 209, 215, 221, 227, 250, 254, 267, 269, 275f., 278f., 287, 300f.
Ehebruch 107, 185, 250, 269, 271f., 276
Ehefrau 122, 134, 140, 160, 179, 183, 189, 194, 198, 215, 240, 253f., 258, 260, 262, 268f., 276, 295
Ehegesetze 184, 190f., 195, 259
Eileithyia, griechische Göttin 208
El, semitische Gottheit 74f., 80, 85, 170, 240
Elamiten, Volksstamm 282
Emanzipation 94f., 100, 102f., 111, 123, 165, 228
Enki, sumerische Sagengestalt 86
Enriku, Gestalt aus dem Gilgamesch-Epos 17, 181f., 254
Epikur, griechischer Philosoph 266
Erdgöttin 52, 61
Erdmutter 46, 50, 52, 60
Eros 174, 267
Erotik 252f.
Euridike, griechische Sagengestalt 176
Euripides, griechischer Dichter 168, 199, 251f., 260, 279, 295
Europa, griechische Sagengestalt 37, 39
Eurykleia, Amme des Odysseus 130f.
Eva 86ff., 91, 107, 111f., 114, 207, 238
Evans, Arthur, Archäologe 38ff.
Ezechiel, Prophet 121, 296

Faulhaber, Michael, Kardinal 111
Faustinus, römischer Staatssekretär 201
Feministin 42
Fetisch 78
Fetischismus 78
Findelkind 122, 124, 257
Flavius, Josephus, jüdischer Historiker 75, 238
Frauenarmee 43
Frauenemanzipation 42
Frauengemächer 183, 186
Frauengottheiten 52, 77
Frauengöttin 42
Frauengräber 25f.
Frauenherrschaft 21, 42
Frauenraub 169f.
Frauenvolk 41f.
»Frau Gott« 24, 79
Frazer, James, George, Ethnologe 59, 143, 145, 268
Freud, Sigmund 22f., 126, 132, 135
Friedländer, Ludwig, Philologe 104
Fromm, Erich 87, 90
Fruchtbarkeitskult 84

Gallus, C. Sulpizius, römischer Politiker und Dichter 240
Gamaliel, Rabbi, Lehrer des Paulus 173f.
Geb, ägyptischer Erdgott 31
Gebrüder Grimm 78
Geburt 31, 63ff., 77, 119ff., 126, 129, 136, 147, 200, 204, 207ff., 212ff., 299, 302
Geburtenrate 28
Gehurt, Liebesgöttin des Orients 76
Gentes, Sippen mit Vaterfolge 21
Germanen 124
Geschäftsfrau 229
Gilgamesch, sumerischer König 181f., 253f.
Gi-Sin, mesopotamische Göttin 207
Glaser, Eduard, Forscher 230ff.
Glauke, Tochter des Kreon 278f.
Glaukos, griechische Sagengestalt 77
Gloykon, griechischer Arzt 301
Goethe, J. W. v. 285, 302
Gorgias, Sophist 198
Gott 80, 93, 107, 109, 150, 152, 155, 186, 195f., 249, 271, 276
Göttermutter 69
Gottesmutter 37, 63
Gottesurteil 269ff.

Gracchen, die 217
Griechen 21, 29, 34, 41, 43f., 46, 53, 59, 61, 63f., 77f., 93, 97, 100f., 108, 112, 123, 125f., 132, 134, 137, 142ff., 149f., 159f., 165f., 168f., 173, 180f., 183, 188, 194f., 197, 204, 208, 212, 214, 216, 226f., 237, 241, 244, 246, 249, 251, 259ff., 265, 271, 279, 298f.
Gynaikokratie, Mutterrecht in reinster Form 21

Haafmann, Georges, Archäologe 66
Hades, griechischer Gott 64f., 100
Hammurapi, amoritischer Großkönig 55, 69, 129, 159, 161, 184, 186, 239
Handelsunternehmerin 229f.
Harem 105, 138, 170, 196
Harpokrates, Weltgott 37
Hathor, ägyptische Muttergöttin 125
Hatschepsut, ägyptische Königin 229f., 232
Hauptfrau 194f.
Hausfrau 218f., 221f., 227f.
Haynes, Archäologe 54
Hebamme 207, 209, 226
Hebräer, siehe auch Israeliten 79, 81, 125, 132, 144, 151, 171, 194, 204, 214, 227, 248f., 282
Heichelheim, F. M., Forscher 26
Heilige Straße 61
Heirat 149, 159, 164, 166, 177
Heiratsalter 167f.
Hekate, griechische Sagengestalt 196
Hekate, ägyptische Göttin 30, 101, 201, 207
Hektor, griechischer Sagenheld 248, 260
Helena, griechische Sagengestalt 169, 171
Helios, griechischer Gott 100
Hepding, Hugo, Volkskundler 68
Hera 78, 96, 101, 122, 125f., 208, 216, 288, 301
Herakles, griechische Sagengestalt 42, 122, 181, 198f., 295
Heraklit, Philosoph 180
Herder, J. G. 152
Hermes, griechischer Gott 246
Herodes I., judäischer König 299
Herodot, griechischer Geschichtsschreiber 21, 29, 36, 56, 126, 138, 167, 230, 237, 254, 259
Herophilos, griechischer Arzt 205
»Herr Gott« 24, 59, 79
Herzenserhebung 253f., 256
Hesiod, griechischer Dichter 168
Hethiter, Volksstamm 59, 69, 125, 170, 188
Himmelsmilch 129
Himmelsmutter 47
Hiob, biblische Figur 85
Hippokrates, griechischer Arzt 193, 245
Hipponax, griechischer Dichter 251
Hochzeit 64, 72, 154ff., 160, 168, 172–177, 184, 272, 282, 302f.
Hochzeit, eilige 71
Hochzeit, heilige 57–61, 63, 67, 78, 172, 253, 259
Hochzeitsfest der Demeter 60
Hochzeitsschmaus 174f.
Hohes Lied (Salomonis) 151ff., 156, 158, 171, 174
Homer 41, 43f., 60, 62, 76, 126, 130f., 134, 144, 148, 159f., 167, 169, 174, 189f., 196, 208, 218, 220, 240, 248, 271, 291
Horus, ägyptischer Gott 32, 35f., 187
Horuskind 32, 35
Hosea, Prophet 258
Hure 54, 273
Hurerei 113
Hurrija, Gestalt des Ugarit-Epos 240
Hurriter, orientalischer Volksstamm 188, 282
Hymen, griechischer Gott 178
Hypatia, griechische Philosophin 95
Hypereidos, Strafverteidiger 193, 265

Iason, Regengenius 60
Ibn-Saud, sudischer König 197
Ibykos, griechischer Lyriker 236
Inanna, sumerische Göttin 254
Initiationsritual 143, 145, 213f.
Inzest 138f.
Iole, griechische Sagengestalt 198f.
Ions, Veronika, Ägyptologin 302
Iphigenie, griechische Sagengestalt 143, 145, 271
Irenäus, Gnostiker 114
Ischtar, babylonische Göttin 57, 59, 73
Ischtarat, Frauengottheit 52
Ischtar-virilis, Frauengottheit 52
Ischtup-ilum, Frauengottheit 52
Isis 32f., 35ff., 40, 75, 100ff., 187, 207, 215, 296, 302

Isis-Osiris-Kult 68
Israeliten 72, 76, 227
Istar, orientalische Göttin 254

Jahwe 72, 76, 82f.
Jakob, biblische Gestalt 80, 147f., 150, 158, 161, 195f.
Jason, griechischer Sagenheld 278f.
Jephtah, einer der großen Richter Israels 143, 145
Jeremia, Prophet 82f., 275, 296
Jesaja, Prophet 80, 85
Jesus 80, 91, 104–110, 114, 151, 175, 193, 196f., 202, 259, 276f., 285, 289, 292f., 302
Jesuskind 35, 127
Jo, griechische Göttin 101
Johannes, Evangelist 86
Josia, Reformationskönig 82
Judäer 106, 111, 142, 249, 291
Juden 75
Judentum 91, 103
Jung, Carl Gustav, Psychologe 20, 89, 182, 247
Jungfrau 132, 143ff., 159, 169, 175f., 178, 204, 263, 271
Jungfrauenopfer 39
Juno, römische Göttin 263
Juno Lanuvina 271
Jurfs, Dr. Fritz, Historiker 84
Justinian I., oströmischer Kaiser 155
Justinius, römischer Historiker 104

Kabylen, Stammeskonföderation der Berber 54
Kadaschman-Enlil I., kassitischer König 242
Kanaanäer 59, 76, 79, 81f., 170
Kant, Immanuel 37, 133
Kapelrud, Arvid S., Textforscher 72
Karthager 124
Kaufehe 159ff., 164, 171
Kenyon, Kathrin, Archäologin 47, 82
Kerényi, Károly, Psychologe 65, 122, 145
Khomeini, Ayatollah 273
Kierkegaard, Sören, Philosoph 109
Kindbettfieber; siehe auch Wochenbettfieber 208
Kinder 45, 49f., 104, 123, 129, 132f., 137, 144f., 163, 166f., 182f., 185, 192ff., 200f., 205, 207, 210f., 214, 257, 264, 277ff., 282f., 286f., 295, 300
Kindermord 120f.
Kindesehe 167
Kinyras, griechische Sagengestalt 140
Klagefrauen 295f.
Kleopatra VII. 97ff., 242
Klimakterium 143, 288
Klitorisdektomie 136
Klytämnestra, griechische Sagengestalt 271
Knaben 39, 134, 146, 240, 246, 263
Köchly, H. 178
Koldewey, Robert, Archäologe 54ff.
Koran 154, 172, 192, 197, 273
Kore, griechische Göttin 19, 61ff., 132
Kornemann, Ernst, Kulturhistoriker 39, 43
Kosmetik 242f.
Kramer, S. N., Assyrologe 27, 80
Kreon, griechische Sagengestalt 190, 278
Kresilas, griechischer Bildhauer 42
Kreter 40, 236
Kubaba, hethitische Gottheit 66
Külpe, Oswald, Philosoph 105
Kultur 22, 28, 30, 38, 44, 69ff., 84, 92, 96, 135
Kybele, kleinasiatische Göttin 66f., 75, 92, 123
Kybele-Attis-Religion 68f.
Kydippe, griechische Sagengestalt 216

Laban, biblische Gestalt 148, 158, 161, 195
Lamuschtu, orientalische Gottheit 208
Lea, biblische Gestalt 158, 194f., 200
Leviathan, biblisches Ungeheuer 85f.
Leviratsehe 282f.
Libyer, Volksstamm 214
Liebe 50, 59, 64f., 67f., 73ff., 87, 89, 91, 94, 98, 100, 107f., 113f., 127, 137, 140f., 146, 148–153, 157, 179–183, 190, 192, 194, 200, 216, 244, 246, 250, 253ff., 260f., 264, 267f., 286, 290, 295, 298, 300
Liontion, griechische Hetäre 264, 266
Lollia Paulina, Gemahlin des Kaisers Claudius 242
Lollius, M., Großvater des Lollia Paulina 242
Lot, biblische Gestalt 140
Lucilius, Gaius, römischer Dichter 221
Lukas, Evangelist 276

Lukian, griechischer Schriftsteller 261f.
Lulla, sumerischer Name des ersten Menschenwesens 27f.
Luther, Martin 89, 108, 144
Lydier, Volksstamm in Kleinasien 126, 221
Lykier, Volksstamm in Kleinasien 21, 76f.
Lykurgos, Gesetzgeber Spartas 195
Lysippos, griechischer Bronzebildner 244
Lysistrata 289

Maacha, Königin in Israel 257
Machatas, Makedone 92
Mädchen 39, 43, 62, 82, 120–124, 131f., 134ff., 139f., 142–147, 149, 153, 159ff., 166–171, 173, 177f., 181, 184, 190, 196, 211, 226, 238ff., 248, 254, 256–263, 271ff., 282, 284, 288, 293, 299
Mädchenschulen 134
Magie 199
Maion, König 122
Makedonier 92, 96
Maleachi, Prophet 277
Mama, sumerische Muttergöttin 27
Mandäer, jüdische Sekte 21
Marcus Antonius, römischer Kaiser 99f.
Marduk, babylonische Gottheit 55ff., 71, 74, 85, 230, 253
Maria, Gottesmutter 63, 108, 127
Maria von Magdala 108
Mariette, Auguste, Archäologe 101
Markus, Evangelist 107
Maspero, Gaston, Archäologe 297
Massageten, persischer Volksstamm 21
Matriarchat 19, 23, 37, 41, 64, 89, 91, 125f.
Matthäus, Evangelist 108f., 175, 259, 276
McLennan, J. F., Rechtsforscher 20
Medea, griechische Sagengestalt 246, 278f.
Mellaart, James, Archäologe 26f.
Menander, griechischer Dichter 93, 251, 260, 266
Menarche 143, 145
Menelaos, griechische Sagengestalt 171
Menstruation 144, 204, 212
Meschenet, ägyptische Göttin 207
Michaux, Botaniker 54
Minotaurus 39, 41
Mitgift 164ff., 179, 196, 228, 276
Mitgiftehe 164ff., 276
Moabiter, aramäischer Volksstamm 150, 284
Mode 235–240
Mohammed 172, 196
Monogamie 190, 195ff.
Monotheismus 79f., 82, 93
Morgan, Jacques, Archäologe 184
Morgan, L. H., Ethnologe 20f.
Moses 79, 121, 163, 171, 196, 214
Mot, ugaritischer Unterweltgott 74f.
Mumie 35, 137, 167, 223, 297
Mutter 18, 30ff., 45f., 49f., 62–66, 89, 98, 100f., 103, 107–111, 119–131, 133–141, 144ff., 153f., 169, 174, 183, 187, 190, 193f., 199, 204f., 207–211, 214ff., 219, 233, 238, 262, 278, 295, 297, 299, 302
Mutter, große (Demeter) 61
Mutter Erde 24f., 28, 47, 302
Muttergottesbild 48
Muttergottesfigur 35, 48
Muttergottheit 26, 30f., 36, 39, 47, 50, 57f., 71f., 91, 128
Muttergöttin 23, 27, 31, 33, 35, 45, 52f., 60, 64, 68, 86, 107, 125, 201, 207, 215, 218, 289
Mutterland 40, 66, 101, 189
Mutterliebe 37, 215
Muttermilch 129, 204
Mutterrecht 17, 19, 21, 29, 37, 77, 89, 110, 279
Mutter-und-Kind-Idole 48
Myrrha, griechische Sagengestalt 140
Mythos 15, 19, 21ff., 28ff., 34, 38f., 42ff., 49, 60, 63ff., 68f., 74, 80, 84–89, 91, 113, 122, 125, 139ff., 170, 180ff., 187, 213, 219f., 224, 278f., 302

Nabonid, König von Babylon 58
Nächstenliebe 108, 113f.
Namensgebung 124ff.
Napoleon 33ff., 99
Nasomomen, libyscher Volksstamm 21
Nausikaa, griechische Sagengestalt 132, 134, 154, 248
Neandertaler 45
Nebenfrau 186, 194ff.
Nebukadnezar II. 55, 82f.

Nechbet, ägyptische Göttin 30
Neiaira, griechische Hetäre 264f., 272
Neith, ägyptische Göttin 31
Nephthys, ägyptische Göttin 207
Nero, römischer Kaiser 168, 262f.
Nietzsche, Friedrich 250
Nikias, athenischer Staatsmann 203
Nikostratos, Sophist 94
Nikolaos von Damaskus, griechischer Historiker 43, 126
Ninchursag, sumerische Göttin 52, 86
Ninni-Zaza, sumerische Göttin 52
Ninti, sumerische Göttin 86
Nintu, sumerische Göttin 254
Niobe, griechische Sagengestalt 194
Nigmadu II., ugaritischer König 71
Nisaba, sumerische Göttin 224
Nofretete 138, 242f.
Nubier, Volksstamm 21
Nut, ägyptische Göttin 31

Obed, biblische Gestalt 15
Ödipus 34, 84, 139, 190
Odysseus 130ff., 167, 190, 220, 248
Omphale, Königin von Lydien 66, 181
Ordal; siehe Gottesurteil
Orpheus, griechische Sagengestalt 75, 176, 293
Osiris 36, 100, 187, 261, 296, 302
Otto, F., Schriftsteller 302
Ovid, römischer Dichter 244

Pabil, Gestalt des Ugarit-Epos 240
Pallas Athene 29, 89, 126
Pantheismus 83
Paris, griechische Sagengestalt 169
Parrot, Andre, Archäologe 51f.
Parzen, griechische Sagengestalten 295
Patriarchat 19, 49, 52, 57, 82, 89f., 140
Paulus, Apostel 42, 80, 103, 110–114, 186, 199
Peion, doppeltgeschlechtlicher griechischer Gott 246
Penelope, Gattin des Odysseus 130, 190, 220, 248
Penthesilea, Amazonenkönigin 44
Perikles 265
Persephone; siehe auch Kore 49, 61–66, 68, 201
Perser 188, 259
Perseus, griechische Sagengestalt 143
Peters, Archäologe 54
Petronius, römischer Schriftsteller 168, 262, 297
Petrus, Simon, Apostel 108
Phainarete, Mutter des Sokrates 209
Phallus-Tanz 78
Pharmazeutin, erste 199
Pheidias, griechischer Bildhauer 42, 244
Philippus, apokrypher Evangelist 108
Philister 188, 214
Philon von Alexandrien, Philosoph 123, 277, 303
Phintys, Pythagoreerin 95
Phönizier 197
Phradmon, griechischer Bildhauer 42
Phryger, Volksstamm 68
Phryne, Hetäre 264
Piglat-Pileser III., assyrischer König 170
Platon 40, 43, 87, 95, 109, 123, 130, 134, 146, 166, 168, 180f., 190, 193, 195, 199, 243, 245, 251, 259, 264, 266f., 283f.
Plautus, römischer Dichter 269
Plinius, römischer Schriftsteller 144, 200, 231, 242
Plutarch 40, 77, 94, 97, 102, 171, 173, 190, 198, 217, 272, 276, 287, 303
Plutos 60
Poethke, G., Wissenschaftler 19
Polyandrie 21, 28
Polygamie 195ff.
Polyklitos, griechischer Bildhauer 42
Polyneikes, griechische Sagengestalt 190
Polytheismus 91
Pörtner, Rudolf 69
Priamus, griechische Sagengestalt 196
Priesterinnen 40, 58f., 63, 253, 257, 267
Priskilla, Judäerin 111
Promiskuität 168
Properz, römischer Dichter 272
Praxiteles, griechischer Bildhauer 244, 264
Psyche, griechische Sagengestalt 174, 267
Ptah-Hotep, ägyptische Gottheit 112
Ptolemaios II., makedonischer König 96ff., 299
Pythagoras 205
Pythia, Prophetin 77

Quraisch-Beduinen, arabischer Volksstamm 120

Ra, ägyptischer Sonnengott 31
Rahab, biblische Dirne 259
Rahab, biblisches Ungeheuer 85
Rahel, biblische Gestalt 147f., 150, 158, 161, 194f., 200
Raubehe 168, 171f.
Ré, ägyptische Gottheit 187
Rebekka, biblische Gestalt 80, 131, 160
Religion 23, 25, 31, 37, 39, 45, 50, 66, 68, 72, 78, 80, 82, 84f., 91f., 100ff., 108, 128f., 134, 188, 252ff., 272, 286
Renan, Ernest, Religionswissenschaftler 165
Revolution, neolithische 25, 45
Rhea, griechische Urmutter 49, 64
Römer 77, 99, 126, 159f., 169, 214, 216, 226f., 287, 301
Romulus, römische Sagengestalt 81, 169
Ruben, biblische Gestalt 200
Rückert, Friedrich, Orientalist 227
Rumi, moslemischer Dichter 157
Ruth, biblische Gestalt 150f., 284f.

Saladin, Sultan 155
Salmakis, Nymphe 246
Salomo, König 151f., 196, 232, 249, 289
Samson, biblische Gestalt 181
Sappho, griechische Dichterin 128, 146, 149f., 178f., 189, 246, 288
Sargon, König von Babylon 58, 121
Sarmaten, iranischer Volksstamm 42
Säugling 132, 138, 167, 279
Schaeffer, Claude, Archäologe 70ff., 78
Schamasch, babylonische Gottheit 52, 254
Scheidung 107, 163f., 269, 274–278, 301
Scheintod 291, 294
Schibtu, Frau des Zimrilim 53
Schilhak-Inschuschina, König der Hethiter 170
Schmuck 240, 242f.
Schneller, Ludwig, Missionar 168
Schroeder, Rudolf Alexander 285
Schu, ägyptischer Luftgott 31
Schubad, babylonische Königin 241
Schubart, Wilhelm, Historiker 97
Schutzgeist 77
Schwangerschaft 63, 204f., 211
Schwester 31, 99, 111, 113, 130, 138, 149, 153, 156, 158, 166, 226
Scipio, Cornelius, römischer Feldherr 217
Seibert, Ilse, Forscherin 254, 256
Selene-Artemis, griechische Gottheit 201
Semonides, griechischer Dichter 222, 251
Seneca, römischer Schriftsteller 102, 168, 239, 242
Serapis, ägyptische Gottheit 100f.
Servilia, Mutter des Brutus 242
Seschat, ägyptische Gottheit 30
Siegel 228, 232f.
Sirach, Jesus 142, 228
Sittlichkeit 240
Sklavin 136, 190, 194, 197ff.
Sobek, ägyptische Gottheit 286
Sohn 19, 29, 62, 69, 74, 85, 90f., 98, 100, 107, 113, 119, 122, 126, 137ff., 163, 165, 186, 190, 192, 194, 196, 199f., 206, 212, 215ff., 271, 274, 282
Sokrates 50, 209, 226, 249f., 264, 266f.
Solon, griechischer Staatsmann 166, 218, 259
Sophokles, griechischer Tragiker 61, 109, 190, 198
Soran von Ephesos, griechischer Arzt 210
Spartaner 42, 134, 236
Sphinx 34f.
Stammbaum 77
Stammutter 28
Starr, F. R. S., Forscher 269
Steinigung 272
Strabaios, Johannes, griechischer Schriftsteller 216
Strabo, griechischer Geograph 21, 231f.
Sumerer 27, 29f., 125, 128, 224f., 258
Sündenfall 86, 107

Tacitus 277
Talmud, Hauptwerk des Judentums 87
Tefnut, ägyptische Göttin 30
Teje, Frau des Amenophis III. 196
Telemachos, griechische Sagengestalt 190
Telesilla, griechische Dichterin 43

Tertullian, Quintus Septimus, Kirchenschriftsteller 113
Theano, Pythagoreerin 95
Theokrit, griechischer Dichter 96, 183
Theon von Alexandrien, griechischer Mathematiker 95
Theseus, griechische Sagengestalt 39, 42
Thomas, Evangelist 108
Thomas von Aquin, Philosoph und Theologe 124
Thot, ägyptischer Gott 30
Thraker, Volksstamm 96
Thronbesteigungsfest 56, 71
Thukydides, griechischer Geschichtsschreiber 238
Thutmosis I., ägyptischer König 229
Tiamat, babylonische Göttin 85
Titus, Flavius, römischer Kaiser 200
Tobler, Arthur, Archäologe 48
Tochter 19, 28, 31, 49, 58, 61–65, 68, 85, 88, 95, 107, 113, 120, 122, 126, 128, 133, 135ff., 140–145, 153, 156, 160f., 164–168, 170, 174, 193ff., 198, 208, 233, 243, 257, 260ff., 271, 274, 289, 295
Tod 64ff., 75, 87, 97, 100, 106, 134, 137, 143, 152f., 163f., 188, 190, 192, 198f., 201, 209, 217, 249, 254, 258, 261, 286, 288f., 291, 294f., 299, 301ff.
Totenklage 295
Totgeburt 211
Trauer 294, 297, 301
Trauersitten 292
Triptolemos, Sohn der Demeter 19
Tryphon, griechischer Steinschneider 174
Türk, U., Forscher 233
Tut-ench-Amun 138, 167, 188, 200, 296
Tyche, griechische Göttin 101

Unternehmerin 233
Urania, Beiname der Aphrodite 218, 260
Ur-Christen 204, 239
Urfrau 18, 89
Urgöttin 64
Urhebräer 59
Urmutter 45, 49, 64, 114, 125
Urmuttergottheit 61
Urukagina, sumerischer Reformkönig 29
Urvatergott 125
Urzeitgöttin 32
Uttu, sumerische Göttin 220

Valentinian, römischer Kaiser 201
Varro, Marcus T., römischer Schriftsteller 198
Vater 30, 74, 90, 98, 100, 109, 120–124, 126, 128, 130, 134, 136, 138, 140ff., 145f., 148, 153, 156, 161, 164, 167, 186f., 194
Vatergott 50, 52f., 57f., 71f., 75, 89ff.
Vatergottheit 37
Vaterliebe 137
Vaterrecht 19, 52, 125, 137
Vatertochter 64
Venus 78
Vergil, römischer Dichter 286
Vesta, römische Göttin 145

Waisenhäuser 124
Waska, Archäologe 54
Wehen 119, 153, 207, 211
Weininger, Otto, Philosoph 246
Wendler, Dr. M., Wissenschaftler 210
Wiedergeburt 62f., 65ff., 187f., 200, 241, 294
Wiegenlied 127f.
Wilcken, Ulrich, Historiker 92
Witwe 132, 163, 167, 186, 188, 229, 257, 269, 282–286, 289, 297
Witwenkleider 36
Wochenbettfieber, siehe auch Kindbettfieber 210
Woolley, Sir Charles L., Archäologe 29, 241
Wunderheilung 202f.
Wundt, Wilhelm, Wissenschaftler 212

Xanthippe, Frau des Sokrates 249f.
Xenophon, griechischer Schriftsteller 195, 226, 250

Yam, kanaanäischer Meeresgott 85
Yoyotte, Jean, Wissenschaftler 233

Zenon von Kition, griechischer Philosoph 93
Zentauren 39
Zeus 29, 37, 39, 60f., 63ff., 74, 77, 81, 87, 89, 92, 96, 100, 122, 138, 143, 169, 180, 246, 291
Zimrilim, König von Mari (Sumer) 52f.
Zinserling, Verena 134, 235, 261
Zipora, Frau des Moses 214

Konstantinopel
Philippi
Saloniki
(Thessalonike)
Marmara
Meer
Nicaea
Brussa
Athos
Pergamon
Thyateira
Smyrna
Philadelphia
Delphi
Athen
Ephesos
Laodicea
Korinth
Mykene
Tyrins
Mistras
Sparta
Piräus
Epidauros
Nauplia
Mäander
Milet
KRETA
Mittelmeer
Alexandria
0 100 200 300 400 500 km